中國古代史學叢書

建炎以来繫年要録

【宋】李心傳 撰
辛更儒 點校

捌

上海古籍出版社

建炎以來繫年要録卷一百八十二

1 紹興二十有九年五月甲寅朔，詔福建路閔生沙田權行住賣。時有詔盡鬻諸路官田，而閩中傍江海之地，有閔生者，提點刑獄公事樊光遠審於朝，户部悉令出賣。殿中侍御史任古言：「此皆民間自備本錢興修，數年之間，償費未足，出賣太早，其擾不細。」上乃寢其命。

延福宫使、寧國軍承宣使、入内内侍省都知陳永錫提舉在京宫觀，以病自請也。永錫尋卒，贈安德軍節度使，謚温恭。永錫贈謚在辛酉。

2 丙辰，主管侍衛步軍司公事趙密乞增置幹辦公事一員，以忠翊郎周師古充，從之。師古，皇后姨夫，今年正月補官。

3 丁巳，詔殿前司選差統制官一員，官兵千人，往江州駐劄，彈壓盜賊，歲一易之。以江州之瑞昌及興國軍茶寇出没故也。尋遣統制官孟珪。

4 己未，上與宰執論儲蓄事。上曰：「比緣河流淺澀，綱運稽緩，已支内帑錢五百萬緡，以佐調度。朕自息兵講好，二十年所積，豈以自奉？蓋欲備不時之須，免臨時科取，重擾民耳。可令户部，計每歲經常之費，量入爲出，而善藏其餘。自非饑饉師旅，勿得妄動。」

敷文閣待制、知鎮江府楊揆移知湖州。敷文閣直學士韓仲通知鎮江府。時仲通未免喪，詔俟從吉之任。

中書門下省奏：「江、浙四路所起折帛錢，地里遥遠，欲就近樁管，以備軍用。臨安府、嚴州、廣德軍二百五萬八千餘緡，並起赴行在。平江府、湖、秀州四十八萬三千餘緡，並起赴平江府。鎮江府、常、徽、處州八十二萬七千餘緡，並起赴鎮務場。建康府、宣、信、洪、筠、袁、撫州一百十九萬四千餘緡，並起赴建康務場。池、饒、太平州、南康軍六十四萬八千餘緡，並起赴池州大軍庫。江、吉州、臨江、建昌、興國軍四十七萬九千餘緡，並起赴鄂州總領所。」詔：「除徽、處州、廣德軍舊折輕齎外，餘州當折銀者，並發見緡，願起銀者聽。自行在外，令浙西提刑司三總領所認數拘催，置庫樁管，俟旨支撥，毋得移用。」先是，兩路折帛錢歲爲五百七十三萬餘緡，並輸行都，至是始外儲之，以備軍用。

5 辛酉，詔：「官員豪富之家，計囑諸軍部轄人，放債與軍人，厚取利息，於請受内尅還，有害軍政，令内外諸帥譏察禁止。其有債負，日下除放。即理索及還之者，皆抵罪。自今有犯，命官取旨，仍出榜曉諭。」

進士康舉之、譽之，並送南康軍聽讀，日下出門，令本軍常切拘管。二人皆與之弟，臨安府奏其輒至行在，妄説事端故爾。

6 壬戌，昭化軍承宣使、提舉萬壽觀錢愷降授舒州觀察使，提舉台州崇道觀，日下出門。愷以私財託軍中回易，事聞，故有是命。其營運錢仍拘没，如係軍人欠負，即除之。

皇叔保康軍承宣使、知南外宗正事士䎗爲建寧軍節度使。

7乙丑，右迪功郎、大理司直劉芮爲右宣義郎，主管台州崇道觀。芮以疾乞奉祠，三省言：「芮名臣之孫，恬静有守，欲望少加甄奬。」乃有是命。

8丙寅，左武大夫、鄂州駐劄御前左軍副統制王宣爲京西路馬步軍副總管。先是，詔都統制田師中選近上兵官可往京西者，師中言宣可用，遂命之。

9丁卯，詔諸路錢物綱運，不許差承議郎已上官管押，如或差募，至交納處，更不推賞。時言者論：「近之貪官爵者，例求部綱之賞，以遷官蔭子。望自今應轉朝奉大夫及朝奉郎，毋得以恩賞遷。」下吏部看詳，而有是命。

户部侍郎趙令詪等言：「諸路屯駐大軍，例當貼降錢應副，欲下榷貨務場，印給公據關子，赴三路總領所，招誘客人等。請淮西、湖、廣各關子八十萬緡，淮東公據四十萬緡，皆自十千至百千凡五等，内關子作三年行使，公據作二年。許錢銀中半入納，依自來優潤分數。」從之。

10己巳，侍御史朱倬、殿中侍御史任古、左司諫何溥、右正言都民望、監察御史汪澈等言：「伏見直秘閣、成都府路轉運副使王之望，文行純全，政事明敏。前將漕東蜀，繼領憲臺，去經界之偏重，救監酒之久弊。及權潼川府，因行賑濟，募人修城，功同創築，斂不及民。今移節西蜀，除去横賦，以寬民力。右奉直大夫、潼川府路提點刑獄公事續觱，好謀善斷，向贊王彦軍幕，裨益居多，逮知果州，首尾六年，愛惜官物，甚於私財。今持節東川，獄訟希簡。右朝請大夫、知閬州王瀶，臨事精審，下不敢欺。昨知沅州，嘗爲部使者列薦。今知閬州，未究其才。已上三人，治行顯著，委是實迹。」詔之望直顯謨閣，龏、濯直敷文閣，俟更取旨陞擢。先是，去年正月甲申，有詔臺諫侍從三人已上，公共推薦監司治狀，三省考察。至是倬等以三人應詔。

辛相沈該、湯思退言：「近旨，令監司守臣按察所部官屬，其治績顯著者①，保舉陞擢。緣未有定立條目，致舉刺皆未能當。竊見元祐間司馬光陳請，舉按官吏八條，委是詳密，於今可行。臣等今重行修立舉薦四條，曰仁惠，謂安民利物②，衆所畏愛，非疲軟不立，曲取人情者。公直，謂心無適莫，事不吐茹，非内私外公，實佞詐直者③。明敏，謂深察情理，應機辨事，非飾詐掠美，利口矜功者。廉謹。謂安貧守分，動遵法度，非詐清釣名④，偷安避世者。按察四條，曰苛酷，謂用刑繁苛，殘虐踰法。狡佞，謂傾險巧詐，危人自安。昏懦，謂不曉物情，依阿無守。貪縱。謂饕餮無厭，任情不法。凡應薦舉者，州舉之部使者，部使者舉之朝廷，皆籍記姓名，隨材任使。又慮一路一州，官吏衆多，長吏覺察不盡。望令監司專按守倅、路都監以上，守倅按察在州兵曹職官以上，及諸縣令丞。所舉失實者，取旨竄責。失按察者，遞降差遣一資。餘所部守監司守倅，皆得舉按，但不坐失察之罪。」從之。

11 庚午，詔武舉人依府監年數與免解。用兵部請也。

詔：「自今州軍按發官吏，應申諸司差鞫者，先申提刑司。如提刑有妨礙，聽申轉運司，次申安撫使。」時湖北提刑司言：「自去年降旨之後，去年九月乙亥。諸州按發公吏，並申本路諸司，諸司據所申各選官前去。切慮紛雜併至，亦有州郡揀擇一司申乞者，皆失元降指揮之意。乞指定行下。」故有是旨。

12 壬申，金國賀生辰使資德大夫秘書少監王可道、副使定遠大將軍行太子左監門兼尚厩局副使王蔚入見。

13 戊寅，户部侍郎趙令詪等言：「客人賫錢銀赴左藏庫送納，却兑支江、浙、荆湖、福建等路合起赴行在綱錢。既免起綱勞費，又無抛失之患，公私兩利。若更加優潤，庶可兑納增廣。除福建路依元旨外，餘路州軍，每千支優潤錢自九文至五十文，凡十五等，並於應起脚乘縻費錢内支給。大約水脚費百錢者，給其半，他以是爲差，剩數令逐州樁收，附綱送納。」從之。

14 庚辰，右奉議郎梅執仁特差主管台州崇道觀。執仁，執禮兄也。

15 壬午，上諭大臣曰：「聞士大夫赴調者衆，當此炎暑，三省樞密院可速行措置差注，毋得留滯。」時在部選人七百餘員，而所榜之闕未及其半，故留滯如此。既而權吏部侍郎葉義問請諸州司法及監場官，並破格差注，其監司州郡，重疊奏舉改官，有誤選人到部者，許本部檢舉，依法以違制論。從之。義問申請在六月辛卯。

1 六月甲申朔，同知樞密院事王綸爲大金奉表稱謝使，保信軍承宣使、知閤門事曹勛副之。使名據日曆所書如此，然不知當時所謝何事也。時士大夫數言：「敵情難信，請飭邊備。」沈該等不以爲然，奏遣大臣往探敵意，且尋盟焉。

2 乙酉，詔減荆南府經總制錢四千七百緡。以左奉議郎、通判府事張震言，民力未復，無可收趁也。

太一宫道院乞買嘉興縣常平官草田三十頃，罷轉運司歲撥賫糧五百石。從之。

3 丙戌，秘書丞虞允文兼國史院編修官。

秘閣修撰、提舉台州崇道觀劉岑知泰州。

詔瓊州牢城，内侍李廣累經赦宥⑤，可特與量移。

4 丁亥，保信軍承宣使、知閤門事曹勛爲昭信軍節度使，領閤門事，依前充大金奉表稱謝副使。制曰：「念展儀而修聘，將堅好以息民。欲申有永之懽盟，無易老成之舊德。」給事中兼直學士院楊椿所草也。

權尚書禮部侍郎兼侍講孫道夫罷爲右文殿修撰，知綿州。道夫數言武事，沈該慮其引用張浚，故出之。

軍器監丞吴擣直敷文閣，添差利州西路安撫司參議官。

捧日天武四廂都指揮使、武信軍承宣使李横爲兩浙東路馬步軍副都總管，紹興府駐劄。横自鄂州前軍統制召歸，不知何故，乃有此除，當考。

詔自今六參日上殿班次已定，遇臺諫官請對，令轉對官次日上殿。

5 己丑，秘閣修撰、提舉江州太平興國宫張九成卒，年六十八。九成以病風廢，且喪明，前五日，兩疾頓除，其親舊皆喜。至是，偶與諸生讀江少虞所集皇朝類苑至「章聖東封，丁謂取玉帶」事，忽怒曰：「丁謂姦邪，雖人主物，亦以術取。」因不懌，廢卷而入，疾復作，不能言，一夕卒。訃聞，詔復敷文閣待制致仕。九成復職在閏月乙卯。

6 庚寅，權吏部尚書兼侍讀賀允中乞再致仕，不許。

右武郎、幹辦皇城司成彦忠爲右武大夫，以供職滿三年推恩也。

7 辛卯，右朝請大夫、主管台州崇道觀万俟止提點荊湖南路刑獄公事。

8 壬辰，尚書司勳員外郎任文薦守監察御史。

敷文閣直學士、知鎮江府韓仲通移知建康府。

9 癸巳，詔曰：「朕日與二三大臣，宵旰圖治，而士習驕怠，不恤事機，以偃蹇自如爲高，以緘默不言爲智。朝廷有期會而不應，省部文符屢下，監司郡守，視之邈然，豈肯協濟國事？可丁寧告戒，并宰執臺諫，率先所職。有仍前驕怠者，重寘於法，仍榜朝堂。」

寧國軍節度使、殿前司選鋒軍統制李顯忠陞本司選鋒軍都統制。楊存中爲上言顯忠才氣，豈宜處之偏裨，故有是命。

10 甲午，端明殿學士、知建康府張燾提舉萬壽觀，兼侍讀。燾以衰病力辭，詔不允，仍給寬假將理。

右正言都民望言：「資政殿學士、知洪州施鉅前帥靜江[6]，當兵火之後，不能撫綏，遂致强暴殺人。及移洪州，敗闕尤甚，盜賊横行。」詔與宮觀。

崇正寺主簿趙廱、司農寺主簿韓元龍並遷本寺丞。

中書言：「淮東帥漕，係朝廷重寄，鄧根、孟處義到任已久，有合措置便民事，並無所建明。」詔令具析，申尚書省。

詔揚州增招使臣、效用，通舊以五百人爲額。以淮東帥司言本州無兵故也。

11 丙申，知樞密院事陳誠之充資政殿學士，知泉州。誠之抗章求去，故有是命。

言者論：「比年權富之家，以積錢相尚，多者至累百鉅萬，而少者亦不下數十萬緡。奪公上之權，而足私家之欲。富者日益富，而貧者日益貧。乞爲之限。」户部請令民户積錢，毋得過萬緡，官户倍之。滿二年不易他物者，拘入官，許告賞。從之。七月乙巳所書可參考。

12 丁酉，詔：「累禁不得與苞苴交結，而邇來尚或有之。其在州縣，則科取於民。在軍旅，則掊尅卒伍。盈車接艦，珍甘技巧，以爲賂遺，可不痛革？夫居上位者，必有所欲而後人得因其所欲，以濟請託之私。宜申戒飭，有犯重寘於法，斷在必行。仍令臺諫糾彈，在外令監司按劾。」

池州駐劄御前諸軍都統制岳超乞於見管軍額外增招兵校三千人，許之。

13 戊戌，中書言：「昨令諸路州軍選禁軍之半，教習弓弩，以備朝廷抽取拍試。竊慮歲久，諸州吝於賞給，教習稍墮，緩急本處無以使唤。」詔諸郡守臣，各具見管的實弓弩手彊壯人數，及教閲次第，申尚書省。

國子博士史浩爲秘書郎，兼普安、恩平郡王府教授。太學博士劉度爲秘書省正字。太學録李石爲太學博士。

名烏江縣西楚霸王項籍廟曰英惠。

14 己亥，王綸、曹勛辭行。

參知政事陳康伯兼權樞密院事，以西府全闕故也。

資政殿學士、知泉州陳誠之未辭，侍御史朱倬、殿中侍御史任古劾：「誠之附會秦黨，旋躋顯途，冒處樞庭，無補國論。方欲論列，已見罷遣。復叨峻職，典大郡，天下何觀？」詔誠之與宫觀，免謝辭。

鄂州駐劄御前諸軍都統制田師中遣其子右承奉郎公輔入見，特遷右奉議郎、直秘閣，賜三品服遣還。時師中創增軍校三千八百人，户部請以江西經制錢總領所椿管銀應付支用，從之。

15 庚子，資政殿學士陳誠之落職，依前左中大夫，提舉江州太平興國宫。左司諫何溥、右正言都民望言：「誠之自擢右府，首尾三年，其所建明，惟禁止玳瑁鹿胎一事。而又招集富商，出入門下，以置田之多寡，爲官資之高卑。使其謀國如家，見義如利，施之職事，豈無裨益？今富貴已盈，志欲已滿，設爲詭辭，容身而出，此豈朝廷所望於大臣者哉？望將誠之鐫職罷祠，以爲具臣尸素不職之戒。」故有是命。

16 辛丑，左朝奉大夫李光守本官致仕。光既許便居，行至江州而卒，年八十二。其家乞以本官致仕，許之。三十一年三月辛卯追復。

秘書省著作郎楊邦弼爲尚書禮部員外郎。陳俊卿爲司勳員外郎。

17 壬寅，崇信軍節度使、龍神衛四廂都指揮使、主管侍衛步軍司公事趙密爲太尉，以積閥遷也。時殿前司統制官輔逵、王剛陞領防禦團練使。中書舍人洪遵言：「近制，管軍十年一遷，二人尚未滿歲。」上喜曰：「趙密去歲求遷，詞臣謂密爲節度方九年，逮今乃除太尉。卿論二人，軍中自以爲當。」命遂格。按去歲詞臣乃楊椿、周麟之二人，未知何人建言，當考。以日曆考之，輔逵此時爲右武大夫、忠州團練使，王剛爲拱衛大夫、忠州刺史。

秘書省正字魏志爲校書郎兼普安、恩平郡王府教授。時楊邦弼、陳俊卿以久次爲郎，故志與史浩並命。

志，吴縣人也。

初，左朝請郎、提舉兩浙西路常平茶鹽公事吕廣問入對，言：

常平義倉之法，廣儲蓄以待不時之須，祖宗長慮遠計也。事久廢弛，名存實亡，縱有見存，類多陳腐。主藏之吏，不過指廪固扃，執虚券以相授受而已。蓋緣法禁至重，干連猥多，上下含糊，莫敢輕發。望每路遣官一員，同提舉官偏行檢察。若干係積久欠折，驗實除豁。若干係近新借兑，責限補還。自餘實在若干，嚴切樁管。今後依條對兑，先交新米入倉，方得支撥陳米。雖目前不免有除豁之數，然虚掛文曆，有名無實，決不可得之物，存之無益。庶幾日後見在皆是的實，不與虚數相參，衮同失陷。臣契勘常平錢物，兵火以來，前後因循，全失稽考。今若付所司，盡須起獄。其間歲月浸久，逃亡貧户，無可理償。若止令申嚴，即恐依前，但爲文具。

詔户部看詳。至是，遣司農寺丞韓元龍往浙西，通判平江府任盡言往江東，餘路委漕臣覈實，仍將浸支、借兑、失陷數目，報提舉常平官措置。七月己亥，元龍奏請可考。

18 甲辰，詔：「直秘閣、知揚州鄧根無所建明，可與宫觀。秘閣修撰、新知泰州劉岑知揚州。」

左朝議大夫鄭作肅復直秘閣，知鎮江府。時居民遺火，都統制劉寶遣其下救之，因而大掠，作肅以爲言。他日又火，寶恨之，閉壁不出，下令曰：「輒出救者死。」城中半爲煨燼，倉米被燔者數萬斛。

右武郎、帶御器械吴挺爲利州路兵馬鈐轄。尋以解帶恩，遷挺右武大夫，封其妻李氏爲淑人，遣還。時上已召吴拱還朝，故因挺求歸，而有加命。

端明殿學士、提舉萬壽觀兼侍讀張燾累章告老，詔許歸饒州養疾，仍免朝辭，竢秋涼時赴闕供職。

19 乙巳，侍御史朱倬、殿中侍御史任古同班入對，共奏：「尚書左僕射沈該天資疏庸，人品凡下。自居政地，首尾數年，曾無建明，以裨國論。惟知冒寵，黷貨無厭，請託公行，賄賂坌至。縱令子弟，凌轢州縣，起造第宅，騷擾公私。貪鄙之迹，不可毛舉。上孤陛下之恩，下失四海之望。乞賜罷黜，別寘典憲。」

直秘閣、知明州趙善繼罷。善繼爲政殘酷，民有犯私酤者，毀其居，罰緡錢以千計。兩浙轉運副使趙子潚、湯沂、浙東提點刑獄公事徐度、提舉常平茶鹽公事都絜交章奏其事。詔善繼奉祠。給事中周麟之言：「善繼自知明州，瘐死者六七十人，明州之人，謂其慘酷在秦棣、王會、曹泳之上。諸司坐視已久，近方按發。觀其奏牘，亦未能盡疏其惡。鐫官褫職，以爲中外之戒。」詔善繼放罷。

20 丙午，左司諫何溥、右正言都民望同班入對，共奏：

左僕射沈該性資庸回，志趣猥陋。自爲小官，已無廉聲，徒以在州縣諂諛秦檜，遂蒙提挈，濫厠禁嚴，連帥梓、夔，略無善狀。以子弟爲商賈，以親信爲爪牙。汙穢之蹤，白簡可覆。陛下比因更化之初，録其一得之慮，起之謫籍，擢在政途，俾得自新，以圖報塞。首冠台席，亦既三年。舉措乖方，積失人望。凡是差除，莫先親舊，引所厚善，置在要津，請託公行，幾成市道。夫宰相之職，無所不統。而該乃謂軍旅、錢穀之事，各有司存，凡百文書，謾不加省。陛下近念士人留滯逆旅，特降睿旨，令速差注。旬日以來，未聞有不因介紹而得之者，道路怨嗟，惟恐其不疾顛也。伏望宸斷，亟賜罷黜。

上謂溥等曰：「朝廷進退大臣，誠非細事，祖宗自有恩數。」於是溥等皆退而俟命。尚書左僕射、同中書門下平章事沈該乞罷政，詔不允。

21 丁未，詔自今武臣不得以綱賞遷正使。中書舍人兼權樞密都承旨洪遵言⑦：「祖宗以來，武臣轉至諸司使者甚少，舉審官之籍，不滿數百人。得之既艱，人以爲重。自兵興以來，用武功賞官者衆。今自武翼大夫以上，至不可勝紀。既無員闕處之，至欲附就指使押隊之屬而不可得。朝廷雖知其然，未有以澄汰之，則遷升之路，有不可不爲之防者。臣攝承密命，每見諸路所遣押馬綱使臣，多是見任大夫者，一歲之間，當轉官者亡慮數十人。此而不革，何以善後？望倣文臣承議郎以上不得押綱條例，庶幾班列稍簡，可待立功之士。」故有是命。

尚書左僕射、同中書門下平章事沈該再乞罷政，詔不允。

初，行在諸軍馬料，歲用大麥七十萬斛，其半令浙西諸郡民以苗米折納。至是，平江、湖、秀三郡積水冒田，有司請令民間每米一斛，輸稻穀倍之。中書舍人兼權樞密都承旨洪遵言：「三郡連年水災，民食不繼，今麥價不下於米，奈何指夏以爲秋，衍一以爲二，使之剥膚竭髓，終擠溝壑？乞令三郡，盡免科折，餘郡則以苗一斛，折麥一斛五斗，庶民間可以折納，不至重困。」事下户部，復不行。遵在中書，兼承密旨，每邊防民隱，必爲上言之。北人索絳陽郭小的、安化劉孝恭等三百家，遵執不可。軍器刓弊，命遵料簡，遵區別良窳，衆謂熟於軍旅者所不及。由是上意益嚮用之。二事以遵行狀附見，其月日當考。

22 戊申，言者奏：「行在軍衣疎紕。」上謂湯思退曰：「諸郡絹綱，固有高下。聞本庫官吏分作數等，最高者應副親舊權貴，其次官吏，以其最下者給諸軍，是致人户嗟怨。自今可衮同支散，仍諭版曹譏察之。」

秘書省正字林之奇守校書郎。

左迪功郎胡憲守大理司直。制曰：「爾父子兄弟，皆以道名。而爾志行安恬，學術醇正，尤見稱於士大夫間。寘之中都，姑以示用，毋云棘寺之屬而不屑就也。」

詔：「右武大夫、永州團練使帶御器械李彦實，自藩邸事朕，至今三十六年，勤勞備著，可特落階官。」

忠訓郎、閤門祇候劉汜爲閤門宣贊舍人。汜從錡在荆南，上召見於内殿，而有此命。

侍御史朱倬、殿中侍御史任古言：

臣謹按宰相沈該，頃在蜀部，買賤賣貴，舟車絡繹，不舍晝夜。蜀人不以官名之，但曰沈本，蓋方言以商賈爲本也。其在相位，又暗大體。如以二子改合入官爲請，嘗被繳駁。其兄調身爲帥臣，捕獲小寇，而該張大其事，遽除次對，又進階官，此類繁多⑧，不敢悉數。大抵輕爵禄以市私恩，布親故以責酬賂。耄將及之，不知戒得。衰病日加，不省國事。欲望宣降累章，將該罷黜，以爲大臣簠簋不飭，背公營私者之戒。

諫官何溥、都民望亦言：

近嘗列奏宰臣沈該過惡，乞行罷黜，陛下禮貌大臣，未賜俞允。然臣等官以諫爲名，見惡不擊，與擊而不去，皆爲失職。該頃帥東蜀，繼移夔府，常令親隨人與其子弟，用官舟載川貨，公然販賣至荆南，爲守臣孫汝翼拘留，追納税錢二千餘貫。未幾召用，賜對之初，即復私讎，汝翼報罷，聞者莫不寃之。況又在相位，黷貨無厭。或啗其子而得删定，謂王方修。或賂其婿而得良官，此謂葛立方。因緣增加，以至侍從。近觀大理評事八員，而寄居霅川者五，類皆富室右族，豈無因而致哉？夫宰相如此，陛下不亟賜竄逐，而猶望其代天工，熙帝載，非臣等之所知也。

23 己酉，特進、尚書左僕射、同中書門下平章事沈該充觀文殿大學士，提舉臨安府洞霄宫。

侍御史朱倬等言：

臣聞天人相與之際，不啻影響之速，所以彌綸輔相之者，職在宰相。人君揆燮，調之當否，而拜罷陟黜之政行焉，則天道何遠之有？謹按沈該，壟斷之夫，不學無術。占籍吴興，其門如市，百姓目之爲湖州市。惡結不解，其咎動天。去歲水潦爲沴，咸曰繫該之由。漢法，陰陽不和則册免，簠簋不飭則請罪。今該之罷，兼是二者，反以大觀文寵其行，是賞姦也。姦而賞之，雖堯、舜不能爲治。又況邇者暑雨頻仍，幾於害稼。天恩俯從臣等所請，不能終日，雲陰解駁，陽光騰耀，天人之際如此，百姓之心如彼。欲望將該落職奉祠，以順天人之意。

諫官何溥等亦言：

該過惡暴著，而使得被寵名以歸，若名遂身退之所爲者，豈聖朝所以示好惡，明黜陟？伏望亟行追奪，仍降前後章疏，付外施行，以慰公論。

右承議郎、知平江府常熟縣丞江續之監登聞鼓院。此亦爲張孝祥被劾事。

直秘閣致仕王縉卒，年八十七。

24 庚戌，詔沈該依前特進、觀文殿大學士致仕。該以言者彈擊未已，上疏力辭職名，乃有是命。

1 閏六月癸丑朔，右朝請大夫王珏知真州。

2 太尉、知荆南府劉錡請益戍。甲寅，馬軍選兵千人，騎二百戍之。

3 乙卯，閤門宣贊舍人、新江南東路兵馬都監兼荆南府駐劄效用統領官劉汜特免回避⑨，用劉錡請也。錡又奏：「已招效用三千人，乞分三等。上等三分，月支錢九千，米九斗。中等三分，月支錢七千；下等四分，月支錢六千，米皆八斗。仍於初招日，先支下等錢米，俟及半年，委重臣閱試，事藝精熟者遞陞。如將來上等事藝精熟之人，依諸軍效用例，遷補官資。」從之。

敕令所删定官王萬修罷，放謝辭。

淮南轉運判官兼淮西提刑張祁言：「本路沿邊廬、濠、蔣州、安豐軍，民力凋弊，所入不能自給，即無認定本司錢物。至於蔣州，自罷榷場，却從本司支撥應副。本司全仰沿江諸郡合起窠名，以給支費。而諸郡亦自匱乏，他欠既多，無從追理。竊見無爲軍贍軍酒庫，歲收息錢八千緡，起赴御前激賞庫，乞權隸本司，應副支遣。」從之。

左朝奉郎史才卒。

4 丙辰，秘閣修撰、新知明州董苹權尚書户部侍郎。

5 丁巳，户部言：「秋成不遠，欲預行儲蓄收糴，以爲賑貸之備。今科降本錢，及取撥常平司作賑糴錢，令江、湖、浙西路漕司選官置場，或就客販增價收糴米共二百三十萬石。內浙西一百萬石，並起赴鎮江、平江府、常州。江東五十萬石，赴建康府、太平、池州。江西三十萬石，赴江州。湖南二十萬石，赴荆南。湖北三十萬石，赴荆南府。鄂、純州每石降本錢二千，以關子茶引及銀充其數。」從之。

直秘閣、兩浙西路提點刑獄公事邵大受行尚書左司員外郎。

6 戊午，左太中大夫敷文閣待制知福州沈調、左朝散大夫知袁州葛立方並罷。調降授左中大夫，仍落職。侍御史朱倬、殿中侍御史任古言：

調姦贓巨蠹，前知臨安縣，贓污狼籍。帥臣毛友枷項禁勘⑩，獄情已具，而遇大霈。弟該執政，擢自冗散，躐帥七閩，張大海寇，以爲調功，誣罔君父，濫進官職。福州寺院，自張守惡關節之弊，革以實封，調則賄賂公行。福建貨鹽之弊，已爲重困百姓，詔旨矜恤，深照民瘼，調悉不顧。自責安撫司鹽，督責嚴酷，杖背相望。乞行貶竄，爲贓吏之戒。立方污賤躁進，先因賂該之婿，自曹郎而旋至侍從。今又賂該之子，自起廢而遽守萍鄉。在秦檜時，曾乞以檜不合者立爲黨碑，檜雖不從，人皆憤怒。望賜罷黜。

故有是命。

詔歸朝歸附人，並以歸本朝日所給付身照使，雖不曾帶到僞地被受文字，亦與放行，令吏部榜諭。

淮南轉運判官張祁言：「左朝奉郎、知和州俞畢，自謂學有師承，乃中庸大學之道，而過不自反，實欺世盜名之人。去歲秋潦，境内不熟，抑勒百姓，減放至少。又於常賦之外，以和糴爲名，科米三千餘石。預借州縣來年税錢，急於星火，一郡受害。」詔放罷。

初，有詔四川隔槽酒務有敗壞處，改作官監，而總領財賦許尹言：「隔槽酒務，自改置以來，係人户自備，本所趁辦，大軍折估。若改作官監，合用年計，本錢至多，無可應副。」成都府路轉運副使王之望言：「隔槽酒務，既是槽務認定月額，其監官別無職任，又多徇私作過，甚爲公私之蠹。今欲隨宜革弊，莫若減罷官監。今見界槽户承買，如不堪倚仗，或不願接續，即別召人。委自知縣，任責驅催，量支食錢。本路隔槽一百三十四，共減監官七十一員。」從之。

7 己未，尚書户部郎中莫濛責監饒州浮梁縣景德鎮税，坐打量江、浙、淮東沙田，奉行失實，拘催及於貧民故也。仍詔所增租課皆罷，以示優恤。

8 辛酉，直顯謨閣、知臨安府張偁充秘閣修撰，知明州。直秘閣、兩浙轉運副使趙子潚直敷文閣，知臨安府。右朝奉郎、通判無爲軍孔瓚知和州。

工部言：「軍器所役人，比舊數多。昨發回兩浙路兵匠，欲揀其壯者，復令赴所。」從之。

詔諸路常平司以見管錢三分之一措置糴米，以備樁積。

9 壬戌，詔無爲軍、崑山縣礬場所收錢，權以四萬緡爲額。

10 癸亥，武功大夫、貴州團練使、鎮江府駐劄御前後軍副統制李寶添差兩浙西路兵馬副都監，臨安府駐劄，不釐務。寶與統制劉寶不協，領殿前都指揮使職事楊存中言於上，乃令赴行在，罷從軍。

11 甲子，詔觀文殿大學士沈該落職，依前特進致仕。侍御史朱倬等言：「臣等屢拜章疏，論列沈該。雖蒙聖斷罷相，然苟不削奪職名，降出章疏⑪，則四方萬里，何以知其罷黜之由？」詔臺諫章疏，令報行。倬又與左司諫何溥等論列不已，乃有是命。倬又請罷福建安撫司官賣鹽，以寬民力，復寺院實封投買之法，以其錢助軍衣，及百姓非泛雜科。從之。

尚書吏部員外郎兼權右司郎官周操提舉福建路常平茶鹽，從所請也。

詔荆南見有屯駐官軍，帥臣劉錡可帶節制屯駐御前軍馬。

12 乙丑，右朝請大夫、知道州向子忞直秘閣，知廣州。

左大中大夫李椿年卒。

13 丙寅，右承奉郎吴曾守宗正寺主簿。

左迪功郎李浩充敕令所删定官。浩，臨川人也。

詔左從政郎黄文昌已降召赴行在指揮，更不施行。文昌爲起居舍人張孝祥所厚，既辭崇德之辟，事具今年二月甲寅。有詔召之。殿中侍御史任古劾文昌陰險狂率，公私誕謾，以掠虚譽。命遂寢。

14丁卯，寧武軍承宣使、侍衛步軍司第一將統制官戚方爲本司前軍都統制，以主帥趙密薦其累立奇功，可以倚仗也。

武功大夫、忠州刺史孟邦傑爲江南西路兵馬鈐轄。邦傑，邦榮弟。

15戊辰，大省淮西冗官，自通判、教授、諸司屬官、兵職、曹官、巡檢、主簿，下至指揮、醫官，凡百六十員。以事簡民稀州郡，無以供億故也。

直徽猷閣知福州程苪、左朝散大夫通判福州趙勣之並降一官。本州左右司理參軍何綽、徐敦石並放罷。先是，本路提點刑獄公事樊光遠奉詔慮囚，而福州司理院無罪繫獄者百四十人，光遠悉釋之，乃以聞，故有是命。既而本路轉運判官趙不溢奏[12]：「苪用心詳審，但年老多忘，遂致淹延，乞與宮觀。」三省言：「建州乃不溢置司所在，便文自營，弛慢不職。」詔苪如奏，不溢降一官。不溢降官在是月丙子。

左司諫何溥言：「知徽州潘莘，乃沈該之甥婿。自該召用，引在郎曹，凡士大夫之干求差遣者，舉集其門。珍玩苞苴，何所不有？尋爲臺諫所言，劾章不下，濫從外補，士論不平久矣。望賜罷黜，仍永不得與堂除。」從之。

詔建康鎮江府起發冰段勞費人力，可並罷。

16己巳，故責授嚮德軍節度副使王庶追復資政殿學士，故責授秘書少監黃潛厚追復左通議大夫，官子孫有差。淳熙中謚庶曰敏節。

右承議郎、新通判蘄州向澹改通判平江府。澹，子諲子，用守臣敷文閣待制陳正同請也。既而左司諫何溥言：「守臣辟差通判，於法有礙。」乃罷之。澹罷在是月壬辰。

17 辛未，左司諫何溥言：「制官必正其名，然後責有所歸。治事必即其所，然後課無不辦。鄱陽永年、永豐兩監，當諸路鼓鑄之半，鉛、錫、銅、鐵，四面輻輳，祖宗以來，置其地宜矣。比年有司措置無法，所得不償所費，遂請廢罷。朝廷初欲分隸漕司，而諸路隔越，不相統轄，其勢無以通融，遂議總制於版曹。訪聞拘收銅器，所在山積，類乏鉛錫，致妨鼓鑄。正使一司官吏，措置檢察，朝夕不懈，猶懼乏事，況提領端坐省部，而可以責辦於數千里之遠者乎？人謂此議，發於沈調，而該主之。故二三年間，雖版曹亦知其非，而未敢請。自該之罷，論者翕然以爲當復。蓋利害彰灼，不待辨而自明也。」詔令給舍議。

中書舍人洪遵等議曰：

唐有鼓鑄使，國朝或以漕臣兼領，或分道置使，或釐爲二司。自中興以來，置都大提點官，事權太重，官屬太多，動爲州縣之害。但當隨時之宜，爲救弊之計。間者亟行廢罷，事出倉卒。既罷之後，又無一定之論。初委轉運使，又委提點刑獄，又委郡守貳。號令紛紛不一，鼓鑄益少。乃命版曹提領，雖以侍從臨之，然官守不專，勢難踰度。而屬官有幹辦公事，又有措置官，間一差出，州縣承迎，甚於使命，則命權視前日又重矣。罷提點一人，官屬十餘人，而總以侍從，置在京官屬四員，下至胥吏之類，額雖減而月給數倍，則官屬視前日又不少矣。異時提點坑冶，以一職名官，猶懼不濟，而況版曹錢穀之司，遠在數千里外，符檄往來，安能辦治？官屬之出，不過毛舉細事以塞責耳。遵等竊以爲復置便。今欲參照祖宗舊制，及今日利害，以江淮荊浙福建廣南路提點坑冶鑄錢公事繫銜，與轉運判官序官依舊，於饒、贛二州置司，輪年守任，專以措置坑冶，督責鼓鑄爲職。如州縣於坑冶不職，許從本司按劾。饒、贛州置屬官各一員，韶、建州置檢踏二員，別置秤銅、催綱官各一員，專差武臣。

詔依給舍議，罷提領官。

權户部侍郎董苹言：「民有常賦，國有經費。會天下之賦，以資國用，使州縣以時催供，部使者以時程督，綱目俱存，何有不足？然今賞罰有一定之格，而論賞者紛紛，被罰者甚鮮。有勸無沮，孰不弛廢？望許户部，擇違慢最甚者，具名以聞，特賜降責。庶使人知警懼，而財用無散逸，歲計可以指擬。」從之。

詔：「州縣書坊，非經國子監看詳文字，毋得擅行刊印。」以言者論私文異教，或傷國體，漏泄事機，鼓動愚俗，乞行禁止也。初，賜秘書省曝書會錢千緡，令本省自辦，罷臨安府應副。

言者論：「近者蠲除關市穀米之税，而諸郡禁民私相糴糶，皆令從官中請斛，遣官監視，每斛有收斛子錢一二百者，他費又倍之。望行禁止。」詔監司覺察。

18 癸酉，給事中、修國史兼直學士院周麟之爲翰林學士，修國史。

權尚書工部侍郎王晞亮兼權給事中。

起居舍人張孝祥試中書舍人。

秘書少監黄中爲起居郎。

殿中侍御史任古爲秘書少監⑬，監察御史汪澈爲殿中侍御史。

尚書都官員外郎楊倓直秘閣、提舉兩浙西路常平茶鹽公事，以其父存中援更迭詔書有請也。

右正言都民望言：「近降指揮，依户部措置儲蓄，收糴米斛，此大務也。然其間措置有未當，約束有未盡。倉場情弊，中外一同。交納邀求，在所不免。若和糴之價，不高於市直，人誰肯就場申糴？又物價高下，隨時低昂。官私收糴之初，略集行人，供具三等價直，後有增減，更不復問。所以民間雖與中交易，謂宜約束，依公實增，勿爲文具，隨時增減，勿爲定價。又所糴米專委知通認數樁管，緣交量損折，或積久米乾，重以鼠雀之耗，若令認定，必致增損斗面，誅求於民。又以銀折錢，須依市價折支，方使人無詞説。茶闗充本，須刷實錢應副，方得事務濟集。望申命有司，講畫曲盡。」詔户部措置。户部乞令諸州守倅，逐旬審度估定，每石量增市價一二百錢，每樁收及一年，聽除一釐充折耗之數。仍令牙人把斛交量，勿用斗子。官吏量給湯茶食錢，每糴及五萬石，減磨勘半，多者併賞。其闗子、茶引，並令漕司先兑見緡。從之。

19 甲戌，直秘閣、主管台州崇道觀范如圭知泉州。

左朝散郎馮時行知黎州，用王剛中薦也。

詔淮西馬步軍副總管兼權知廬州劉綱給真俸。

20 丙子，左從事郎、新主管户部架閣文字查籥爲秘書省正字。

武略大夫、新荆湖北路兵馬鈐轄魏震兼權知荆門軍。

21 丁丑，潭州觀察使、樞密副都承旨吴拱爲利州西路駐劄御前中軍都統制，充階成西和鳳州路兵馬都鈐轄兼知成州。拱乞依例陞充副都總管，從之。拱陞總管在是日。

22 戊寅，詔故左奉議郎、秘書省校書郎任質言特與一子恩澤。以秘書少監任古等援常明故事有請也。常明事在紹興九年十月。時校書郎洪邁當草奏，僉謂質言故諫官伯雨之孫，篤學安貧，議論勁正，乞特官其嗣，以勸忠義。正字劉望之摘邁草曰：「只如此，意似不廣，宜增數語云：『亦使四方英俊，知館閣養士，雖其不幸，亦蒙哀恤如此。』」邁既如其言，私怪之。未逾月，望之暴得疾，一夕卒，其官亦左奉議郎。同舍又請，宰相湯思退曰：「若更行此，遂成永例，恐議者不以爲然。聞其生前多著書，若悉上送官，亦可持以爲説。」秘書丞虞允文乃諭其家，盡録望之遺文，合數百卷上之。下兩省看詳。俄而思退去位，事竟寢。

23 己卯，加謚秦魯國賢穆大長公主爲賢穆明懿，以其子少傅榮國公忱援故事有請也。

軍器監主簿馬騏言：「陛下加惠蜀民，日者命有司除放州縣虚額錢，此舉所繫，利害甚重，凡所謂虚額者，皆出於鹽酒之課。蓋鹽泉有盈縮，則煎煮之數，不能無多寡。人煙有稀稠，則酤賣之數，不能無通塞。向者，有司但持目前一定之額而課其息，將新蓋舊，用實填虚，卒以無償，徒費督責。望下四路監司，取見鹽酒課利三年内所收實數，以酌中一年爲額，使之趁辦。其目前虚額之數，盡與蠲除。」詔總領所相度申省。

詔故左朝奉大夫孫佑追復直徽猷閣，官一子。以其家自訴，爲李綱私意奏劾，坐遣而死故也。

校勘記

①其治績顯著者　「績」，原作「蹟」，據皇朝中興繫年要録節要卷一五改。
②謂安民利物　「安」，原作「愛」，據皇朝中興繫年要録節要卷一五改。
③實佞詐直者　「直」，原作「真」，據皇朝中興繫年要録節要卷一五改。
④非詐清釣名　「詐清」，原作「詐稱」，據司馬光傳家集卷五八乞令監司州縣各舉按所部官吏白劄子改。
⑤内侍李廣累經赦宥　「廣」，原作「廣」，據本書卷七八「入内内侍黄門李廣除名，杖脊刺配瓊州牢城」之記事改。
⑥資政殿學士知洪州施鉅前帥静江　「政」，原作「正」，據叢書本改。
⑦中書舍人兼權樞密都承旨洪遵言　「舍人」後原衍「門下」二字，據本日下洪遵繫銜删。
⑧此類繁多　「多」原闕，據叢書本補。
⑨閤門宣贊舍人新江南東路兵馬都監兼荆南府駐劄效用統領官劉汜特免回避　「劉汜」原闕，據文意逕補。四庫館臣有按語：「此句上疑脱人名。」今删。
⑩帥臣毛友枷項禁勘　「枷」，原作「加」，據叢書本改。
⑪論列沈該雖蒙聖斷罷相然苟不削奪職名降出章疏　以上原闕，據叢書本補。
⑫既而本路轉運判官趙不溢奏　「轉」原闕，據文意補。
⑬爲秘書少監　此五字原闕，據南宋館閣録卷七少監紹興以後及本卷下文「以秘書少監任古等援常明故事有請」句補。

建炎以來繫年要録卷一百八十三

1 紹興二十有九年秋七月壬午朔，淮東安撫司言：「北邊蝗虫爲風所吹，有至盱眙軍、楚州境上者，然不食稼，比復飛過淮北，皆已浄盡。」癸未，上謂大臣曰：「此事甚異，可以爲喜，仰見上天垂祐之意。」陳康伯曰：「載籍所傳，蓋未之有。皆由聖德所感，鄰境聞之，當自懾伏。」上曰：「然。使其聞之，必不敢妄作矣。」中興聖政①：史臣曰：「古者以災異多興國，謂其誠於畏也，誠於畏則君德彰矣。朝桑所以彰太戊也，鼎雉所以彰高宗也，熒惑所以彰景公也。誠矣！今夫蝗之來，不可祝而去。蝗之孽，惟苗是食，其去而不食，果何以致之也？德聞於天，且眷之矣，金安得而不服？臣以謂非誠於畏者不能也。」

御史臺主簿馮方爲秘書省正字。

秘閣修撰、知揚州劉岑言：「右朝奉大夫張松敏給精悍，材力有餘。往年梁揚祖在虔洪，頗得松力。若使治兵訓民，必有可觀。乞增置本州通判一員，以松填闕。」從之。未幾，諫官何溥以爲非祖宗舊制，詔松改通判荆南府。

2 甲申，尚書禮部員外郎楊邦弼守起居舍人。

右朝請郎、知静江府李如岡復秘閣修撰。

3 乙酉，詔：「直秘閣、成都路轉運副使王之望充四川制置司類省試院監視，左朝奉郎、知嘉州何逢原充考試官。左朝請大夫、知邛州費行之充別試院監視，左朝奉郎、知榮州李曄充考試官。監試官依監學條法，取摘試卷詳定。」類省試敕差官自此始，仍以金字牌遞給降敕，劄付制置使收掌，俟試近發出。先是，蜀中弛挾書律，而就試者率以達旦爲常。之望始禁之，然卒不果。

右文殿修撰張子賢、子正並充敷文閣待制，提舉佑神觀，秘閣修撰張子仁充集英殿修撰，主管佑神觀，仍並令久任。初，楊偰以登第故累遷至侍從。偰，存中子。而吴拱以守邊除潭州觀察使。於是韓世忠、張俊諸子猶在庶僚，上以俊贊和議有功，手詔：「今一二大將之子皆已遷至文武侍從，而俊之子猶在庶僚。」乃有是命。仍詔自今功臣子孫叙遷，當至侍從，並令久任在京宮觀，庶幾恩義兩得，永爲定法。給事中兼直學士院楊椿封還之，曰：「爵秩，天下公器，陛下縱私之，奈清議何？」上面諭椿：「朕欲以虚名奬用勳臣子孫。」椿曰：「名器不可假人，恐倖門一開，援例者衆。」然卒除之。

4 丙戌，安化三州首領蒙自臨等來獻方物。詔以自臨爲三班差使。

5 丁亥，權吏部尚書、同修國史兼侍讀賀允中參知政事。

6 戊子，主管侍衛步軍司公事趙密，請以本司馬軍親隨二將爲中軍，餘四將爲左右前後軍。從之。親衛大夫、武泰軍承宣使、兩浙東路馬步軍副總管張守忠爲侍衛步軍司左軍統制，用趙密請也。

7 己丑，權尚書吏部侍郎兼史館修撰兼侍講葉義問兼權吏部尚書。

8 辛卯，故中奉大夫、尚書主客郎中林沖之特與致仕遺表恩澤。以其家自訴靖康中使金割地，死於金國故也。

初，朝散郎尉服死，其子紘幼，孫大廉以致仕恩入仕，約官至正郎，即任紘。及大廉累遷至右朝奉大夫，遇郊恩，任其子敦詩。紘訴於朝，吏部請官紘而罷敦詩。從之。

9 壬辰，詔潭州觀察使、知成州吴拱妻令人許氏特封信安郡夫人。

10 癸巳，左太中大夫、權尚書户部侍郎趙令詪復爲崇慶軍承宣使、安定郡王。已而令詪言：「自來未有由從官襲封者，請得任子孫京秩如舊。」上許之。

太府少卿錢端禮充秘閣修撰、兩浙路轉運副使。

中書舍人洪遵言：「近奉指揮，自今功臣子孫序遷至侍從，並令久任在京宮觀，永爲定法。臣伏思之，有大不可。臣竊計，内外將家子孫，亡慮二十人，若以序遷，不出十年，西清次對之班，皆可坐致。恭惟太祖皇帝之世，所與開國創業及南征西伐諸大臣，功如曹彬、潘美、王審琦、石守信、王全斌、慕容延釗之徒，其子若孫，不過諸司使。惟彬之子琮、瑋以功名自奮，王承衍、石保吉以聯姻帝室，皆爲節度使。初不聞有遞遷侍從之例。今指揮一出，使十年之間，清穆敞閒之地，類皆將種，非所以示天下之美觀，望收還前詔。」從之。

11 丁酉，左朝奉大夫、知吉州魏安行爲尚書户部員外郎。安行自訴：「爲秦檜挾妻家私忿，奪去墾田之賞，置臣罪籍。天下守令，以臣爲戒，法遂不行。望檢舉原降指揮，使州縣樂於勸課，田野日闢。」

12 戊戌，翰林學士、修國史周麟之言：「左宣教郎、知雙流縣李燾，燾，丹稜人。已見。嘗著續皇朝公卿百官表九十卷。詔給劄，録付史館。」燾博學剛正，張浚、張燾咸器重之。秦檜盛時，嘗遣人諭意，欲得燾一通問，即召用之。燾惡其誤國擅權，迄不與通，故偃蹇州縣垂二十年。四川安撫制置使王剛中聞其名，奏以爲幹辦公事。初，燾父中仕至左朝奉大夫[2]，通習本朝典故。燾以司馬光百官表未有繼者，乃徧求正史實録，傍採家集野史，增廣門類，起建隆迄靖康，合新舊官制，踵而成書。其後續資治通鑑長編蓋始於此。

右朝請郎韓髦知無爲軍。

右正言都民望言：「朝廷自紹興二十六年，緣諸路州軍縣鎮税場猥多，減併一百三十四處，減罷九處，免納過税五處，實仁術也。然議者謂經總制錢係州縣以百色官錢分隸，今既減省輸錢之源，即上件錢自合裁減。乞命有司，除豁年額，庶幾州縣不敢巧作名目，並緣爲姦。」從之。

是晚，福州大雨，溝澮皆溢，潮水因之冒城而入，侯官縣民田頗爲所壞。

13 己亥，司農寺丞韓元龍覈實浙西常平米還，言：「一路糴米錢，毋慮六十萬緡，乞別行收糴。」從之。

14 庚子，右朝請大夫、江南東路轉運判官李植爲直秘閣[3]、江淮等路提點鑄錢公事，填復置闕。上諭宰執曰：「泉司利害，大概有四，坑户、銅本、人工、木炭是也。卿等宜諭植講究利害，令鼓鑄復額，以稱朕意。」

15 壬寅，利州東路駐劄御前諸軍統制兼知興元府姚仲言：「被旨增招官兵三千人，乞下總領所，支給器甲。」從之。

16 乙巳，右僕射湯思退等乞以上親書近降戒驕惰、禁賂遺二詔，立石於尚書省，以墨本頒於中外。從之。

思退因贊雲章奎畫，超冠古今。上曰：「朕自少時留心翰墨，至今不倦，然迄不能臻妙。在唐惟太宗好二王書，一時翕然相尚。歐、虞、褚、薛皆有可觀。朕有舊藏文皇數帖，其間有『好謙自牧，上畏天，下畏羣臣』等語，不惟字畫可喜，其用心實後世所矜式也。」

初，敕令所删定官聞人滋面對，言：

按察之吏，例舉選人。改官任使，委責匪輕，誠爲良法。然習行既久，不能無弊。凡爲薦舉，本欲選取材能，而或以相成，或以彼此貿易，或奪於勢力而不能自便，其出於誠心薦舉者，蓋亦無幾。且小官孰不求進？則皆務得而争先，奔競成風，無復操守。及被舉之人，他日負犯，則一狀自陳而已。夫舉非其人，責豈容免？欲乞詔諭有司，申言同坐之條，重其陳首之法，庶幾舉者知所戒，其弊可革矣。

臣復有管見，凡在官者，歷任及十考以上，則入仕亦積有歲年矣。委無公私過犯，則其人亦知愛重矣。若此之類，雖舉狀偶不及格，伏望取自聖斷，以次量材，許其降等遷改，既不廢舊制，開此公道一門，使孤寒廉退者，亦有寸進之望。或有疑其失於濫者，即乞賜裁酌，取吏部每年以來改官中人數，約爲限格，舉狀年勞，參酌並用，少抑貪冒之弊，養成廉素之風，似爲有補。

詔吏部長貳同加參酌，務要精審，久遠可行。至是，中書舍人洪遵、張孝祥、權工部侍郎兼權給事中王晞亮議曰：

臣等竊詳選人改官之法，自祖宗以來，行之二百年，法令章程，燦然並具，至於今日，不能無弊者，非法之不善也，患在士大夫以私情汨之耳。夫自一命以上，仕於州縣之間，雖有真賢實廉，勢不能以自達於上。故爲立監司郡守薦舉之法，必使之歷任六考，所以遲其歲月，而責其赴功。必使之舉官五員，所以多其保任，而必於可用。姦贓巨蠹者，既有安治之科，而齷齪冗懦之輩，既無材可以被薦，又無過可以斥逐，寧予之幕職、曹掾之禄，使足以代耕，至於没齒，而不敢望致身於京官。所以分别材否，可謂至矣。舉之而非其人，有才而不見舉，是則監司郡守之罪，所謂失舉之罰，必行之可也。

今臣僚所建，欲以歷任十考，舉主不及格者，與降等改官。揆之人情，雖爲至公。然恐此路一開，則有力者惟圖見闕，無材者苟冀終更，率不過出官十餘年，可坐以待京秩，此其不可一也。今欲約每歲改官之員，減其分數，以待無舉削者，則當被舉之人，必有失職淹滯之歎，此其不可二也。京官易得，馴至郎位，任子之恩，愈不可減，非所以救入流之弊，此其不可三也。祖宗法度，非有大害，未易輕議。今一旦欲以二百年之成法，舉而易之，此其不可四也。有四不可，事理著明，難以如臣僚所請，竊謂宜如故便④。

從之。滋，嘉興人也。按元降指揮，令吏部長貳參酌，今乃是給舍議上，恐日曆或有脱字，當求他本參考。隆興元年三月己酉減舉主員。

17 己酉，詔殿前司破敵軍以五千爲額。時左翼軍之改隸者，與統制官陳敏所募士纔二千人，乃於本司諸軍那摘，以充其數。

荆湖南路提點刑獄公事彭合入對，言：「湖南州縣，於民間二税之外，别令輸土户錢，又以税科本色布，而高價折取其直，謂之折絶。以至受納官物，收領詞狀之際，則取醋息錢。又一例均科麴引錢，隨科送納，名色不一。臣在官之日，已行禁止，乞下本路監司覺察。」合又言：「州縣出賣官田之害，望痛減定價，毋令抑勒。」户部言：「自降指揮，僅及半年。據江浙諸路，日前賣到田一百十餘萬緡，即非賣不行，難以減價，乞不得抑令田鄰承買。」從之。

18 庚戌，詔撥四川經總制并田晟錢糧錢八十四萬緡⑤，應副四川增招軍兵歲計。成都路二十萬，潼川十萬，利路十五萬，夔路五萬，此據四川財賦冊明年八月甲寅所書，可參考。時總領官司農少卿許尹言：「增招兵校萬人，歲費錢糧二百四十萬引，乞將每年應副田晟寨名錢盡行截撥。」户部奏：「田晟寨名錢帛，係指擬應副江上軍衣，難以盡行截留，外有二分錢引三十四萬緡，係買發川布赴行在，別無支使。欲令總領所取撥，并令就截合赴行在經總制錢五十萬緡，通已得旨，於田晟錢糧内撥五十萬緡，共一百三十四萬緡，應副支遣。」從之。

右朝奉郎、通判安豐軍向汋知安豐軍。

1 八月壬子朔，殿中侍御史汪澈言：

中書舍人張孝祥，輕躁縱横，挾數任術。年少氣鋭，寖無忌憚。孝祥繼母，纔以父官封孺人，孝祥輒乞用己官職躐封恭人。父亡即隨子官，著令也，孝祥蓋有無父之心焉。事見今年正月辛巳。交遊郭世模，受財奪官久矣。孝祥曲爲經營，與之改正，復齒仕列。世模改正事未見。此以私意而壞陛下之法令也。黄文昌浮薄沽名之士，孝祥則宛轉吹噓，致被召命。事見今年六月丙寅。張松駔儈胥吏之子，孝祥則强令劉岑辟倅揚州。事見今年七月癸未。江續之狡猾貪饕，孝祥則愛其奉己，爲之提携，遂得登聞鼓院。事見今年六月辛亥。韓元龍資淺望輕，孝祥以姻親爲之維持，欲得總領。今年七月己亥以司農寺丞使浙西回。此以詭計而誤陛下之除命也。又養俠士左鄯輩，刺探時事，交通權貴，蹤跡詭秘。方登從班，而所爲已如此，若假以歲時，植黨連羣，其爲邦家之虞，當不在盧杞之下。望早折其萌，速從竄殛。

詔孝祥與外任，世模改正指揮勿行，鄯押歸本貫，續之、元龍並放罷。既而孝祥乞宫觀，乃以孝祥提舉江州太平興國宫。自是，湯思退之客稍稍被逐矣。

秘書丞虞允文、秘書省校書郎洪邁並爲尚書吏部員外郎⑥，仍兼國史院編修官。

太府寺丞陳洪爲尚書倉部員外郎。

左朝請大夫彭合爲尚書户部郎中，總領湖廣江西財賦、湖北京西軍馬錢糧。

左朝請郎、兩浙路提舉市舶張闡爲御史臺檢法官。

2 癸丑，詔田師中妻衛國夫人蕭氏給内中俸。從其請也。

3 甲寅，司農少卿、總領四川財賦軍馬錢糧許尹言：「諸州縣年額贍軍錢物，拖欠數多，乞候歲終，從本所取其尤甚者，具申朝廷，重行黜責，庶幾事任歸一。」舊州縣贍軍錢，皆從所隷漕司拘催，其有稽違，漕臣按劾，總領所不與，故尹以爲請。三十一年四月己未，王之望申明。

兩浙轉運副使錢端禮言：「諸路所糴樁積米斛，移易借兑者，乞以違制論。」從之。

詔責授靖州團練副使、惠州安置傅選，嘗立戰功，理宜矜宥，可復右武大夫、容州觀察使，充兩浙東路馬步軍副總管。

4 丁巳，執政以皇后生日，用例從激賞庫進銀三萬兩充禮物。詔今自除皇太后生辰内教犒賞將士外，朕生日，皇后生日，冬至寒食節並減半⑦，餘並免。宰執奏：「仰見陛下約己便民，恭儉之德，度越前代遠甚。」上曰：「前後所進尚有餘，若留之，不過椿管，以備不時之需耳。」宰執復奏曰：「此陛下盛德事。」各再拜以賀。

5 戊午，兩浙市舶司言：「高麗賈人販到銅器，乞收税出賣。」詔付鑄錢司。

起居郎黄中兼權中書舍人。

右武大夫、和州防禦使、殿前司統制賈和仲以母老，乞補外，改添差兩浙西路馬步軍副都總管，常州駐劄。

6 庚申，詔四川等處見在行在進士，歸鄉赴試不及，可特令就兩浙轉運司附試一次。試者七百五十人，詔令解發十五人。

7 壬戌，左奉議郎、知大宗正丞劉珙爲秘書省正字，用賀允中薦也。

大理司直胡憲守秘書省正字。

8 癸亥，秘書省校書郎林之奇以疾求去，改知大宗正丞，紹興府供職。

初，侍御史朱倬等言江西漕司米綱積弊。詔提轄文思院吕靖往江西措置。殿中侍御史汪澈言：「靖乃惠卿曾孫，傾邪凶狠，蓋其家法。去年被命往饒州措置鑄錢事，妄作威勢，干請受財，衆所鄙笑。」詔靖放罷，更遣軍器監丞朱商卿措置。

詔皇后宅教授，依太學博士格例，通理成資。

翊衛大夫、忠州防禦使、利州西路駐劄御前選鋒軍統制吴琦知洋州。

9 甲子，言者乞：「倣祖宗舊制，許商人般載米斛，輸行在諸倉，願以茶鹽乳香礬鈔，或犀象布帛香藥償其直者聽。」從之。

右奉議郎、諸王宮大小學教授沈濬爲監察御史。濬，畸之子也。

詔：「左朝請郎兩浙東路提點刑獄公事徐度、左朝請郎兩浙西路提點刑獄公事吕廣問、左迪功郎朱熹並召赴行在。右通直郎、知建州建安縣韓元吉令任滿日赴行在。」皆用輔臣薦也。既而左司諫何溥言：「仰度聖意，必以百里之民，方安元吉之政，不欲遽奪其去。然度、廣問近除提刑，方及數月，使果得人，則爲陛下平反庶獄，刺舉百吏，兩路受賜，所繫非輕。今遽令造朝，高不過爲郎，而使兩路失賢監司，視一邑之令，反不重耶？近者朝廷屢擇郎吏以爲監司，每患才難。今既知其可用，而復不使少安厥職，兼恐來者未必如舊，重爲勞擾。望須其終，更特加召擢。」詔度、廣問並俟任滿日，與在内陞等差遣。溥所奏在是月己巳，今聯書之。元吉，元龍弟。熹，松子也。少孤，從延平李侗學，弱冠中進士第，調泉州同安簿。官滿，當路尊敬，不敢以屬吏相待。同安之民，不忍其去，五年而後罷。於是慨然有不仕之志，築室武夷山中，四方游學之士從之者如市。上聞其賢，故召之。熹卒不至。

10 丙寅，翰林學士兼修國史周麟之兼侍讀。權尚書刑部侍郎黃祖舜兼侍講。武功大夫、侍衛馬軍司後軍統制劉澤帶御器械，以周麟之、洪遵、張孝祥應詔論薦也⑧。

中書奏：「臨安府老人全富等四人上表賀皇太后壽八十。」詔皆授官有差。

11 丁卯，左朝散郎、知英州陳克勤請除南雄、英、連三州經界後州縣所抱丁米舊額。從之。時克勤已滿秩，新守吴名世怒其迎接不如禮，摭其用舊例多請驛券，遣小校至南雄州追之，克勤憤懣死。

主管侍衛馬軍司公事成閔丁母憂。

12 戊辰，詔起復右武大夫、忠州團練使、殿前司右軍統制輔逵改充本司右翼軍統制，贛州駐劄。用主帥楊存中請也。按：右翼軍統制官郭蔚，此月方自右武、忠團以賞轉遥防，未見改除事故，當考。

是日，户部郎中、總領湖廣財賦彭合入辭。自休兵後，户部歲科江西、湖、廣、京西諸路上供錢五百一十萬緡，付本所贍軍。其間有不敷額錢，朝廷貼降一百十六萬緡矣。合言：「樁積寖多，歲計久乏。」己巳，輔臣請以御前激賞庫樁積錢五十萬緡與之。上曰：「此乃一時之事，合所陳歲計也。」乃詔歲以四川經總制錢三十萬緡與之。

13 庚午，詔御前軍器所官吏工匠並特轉一官資。以創造精緻故也。

14 辛未，詔成閔母鄭氏特贈衛國夫人。

15 壬申，中書舍人洪遵等言：「太學、武學、臨安府學諸生，以皇太后聖壽八十，上表稱賀，文理可採。」詔兩學大職事十六人，並永免文解。兩學小職事四十五人，府學正録三人，並免解一次。大學五百三十三人，武學三十六人，府學職事四十人，並倍賜束帛。小學生四十人，及府學諸生，皆賜束帛焉。

殿中侍御史汪澈言：「直龍圖閣、新知洪州蘇簡貪鄙病悴，直秘閣、知廣州向子忞暴虐苛察。」詔並落職放罷。

16 甲戌，侍御史朱倬、殿中侍御史汪澈、左司諫何溥、右正言都民望、監察御史任文薦等言：「奉旨同議裁減諸司官兼局，竊見修書局四處，歲費官吏犒設等錢十五萬餘緡。今參照祖宗古制，自元豐置宗正寺，以玉牒隸之。今欲不置玉牒所檢討官，只以本寺卿丞領編修事。又國史院見修神、哲、徽三朝正史，乞依舊宰臣提舉。其修史、同修史，共置二員，及編修官二員。日曆所文字，自有秘書省承行，不須創局。敕令所見修吏部法，乞催促投進外，官吏盡罷，今後或遇特旨編法，臨時委刑部或大理寺官編修。應内侍充提舉、承受等官，及三省吏人供檢並罷。」從之。

户部言⑨：「兩浙、江、湖諸路歲認發米四百六十九萬石有奇，今實發四百五十三萬石。兩浙一百五十萬，除三十五萬，折錢一百一十萬緡，今發八十五萬。江東九十三萬，今發八十五萬。江西一百二十六萬，今發九十七萬。湖南六十五萬，今發五十五萬。湖北三十五萬，今發一十萬。且欲依減下之數，以憑科降，照依限數足。」熊克小曆載此法於去年九月壬申，蓋差一年。

17 丙子，詔右迪功郎、廣州南安縣尉傅若贈右承務郎，與一子下州文學。以若與兇賊徐大刀戰死，特録之也。

18 戊寅，資政殿學士、提舉臨安府洞霄宮樓炤知廣州。

閤門祇候、江南東路安撫司準備將領趙應熊爲武學博士。翰林學士周麟之奉詔薦應熊拔自武科，通於文義，素饒膂力，洞達兵機。故有是命。

19 己卯，起居舍人楊邦弼言：「紹興起居注未修者凡十六年，緣久無正員，因循積壓。望令兩省逐月循進外，其前未修者，每月帶循一月。」從之。

詔知縣獨擅收支錢物，不簽押佐官者，杖八十。用直秘閣、知江州汪若海奏也。

左朝請大夫、知邛州費行之爲夔州路轉運判官。邛州歲以鹽市民絹四萬二千有奇，一絹之直，爲鹽十五斤，吏相承爲姦。行之增其二，盡以予民，且除其負四萬五千緡。朝廷知其材，復進用之。

龍圖閣直學士、提舉江州太平興國宮張宗元卒。

1 九月辛巳朔，秘書少監任古直龍圖閣、知洪州，從所請也。

太尉、知荆南府劉錡引疾乞致仕，不許。

詔諸州營田糴稻麥，並起赴本路總領所椿充馬料，仍令左藏庫計直撥還御前激賞庫。用户部請也。

殿前司中軍都統制邵宏淵添差荆湖北路馬步軍總管，罷從軍。既而殿中侍御史汪澈奉詔薦宏淵奮不顧身，真萬人敵。乃移江東總管。十二月癸酉移江東。

2 壬午，詔委官詳定閩、浙、廣三路市舶司條法。用御史臺主簿張闡請也。舊蕃商之以香藥至者，十取其四。十四年，詔旨即貴細者十取其一。十七年十一月詔丁蔻、沉香、龍腦皆十分抽一。闡前提舉兩浙市舶還朝，爲上言：「三舶司歲抽及和買，約可得二百萬緡。」上謂輔臣曰：「此皆在常賦之外，未知户部如何收支，可取見實數以聞。」

殿中侍御史汪澈言：「右宣教郎、知英州吴名世所爲貪酷，自到任數月，民之逃徙者二千餘家，籍貲者已數十。淫刑以逞，不可名狀。」詔放罷，令提刑司取勘。其後法寺言：「名世贓罪絞。」詔貸死除名，藤州編管，仍籍没家財。

是夜雷。

3 甲申，詔建炎以來奉使未還後嗣無人食禄者，並予一子官。

4 乙酉，奉使大金稱謝使同知樞密院事王綸、副使昭信軍節度使領閤門事曹勛等還朝，入見，言：「鄰國恭順和好，無他。」

5 丙戌，宰相湯思退等皆再拜賀。上曰：「朕自綸等歸，中夜以思，不寒而慄。蓋前此中外紛紛之論，皆欲沿邊屯戍軍馬，移易將帥，及儲積軍糧之類，便爲進取之計。萬一遂成輕舉，則兵連禍結，何時而已？故朕所慮者，不在於此，而在於彼也。今而後宜安邊息民，以圖久長。」思退曰：「遣使尋盟，和好益堅，皆陛下威德所致。」然金主亮已定寇江之計，綸所見蓋妄也。

6 戊子，右奉議郎王炎通判湖州。

7 辛卯，左朝散大夫、提舉兩浙東路常平茶鹽公事都絜特轉一官，以本路出賣官田及五萬緡，户部奏爲諸路倡也。

初，以運河春冬水涸，詔江湖諸路糧舟，皆自鎮江府轉江陰而來。至是，司農少卿張宗元入對，論：「近糧舟自下江來，有全舟俱失，人物俱亡者。是守閘則有關津之阻，轉江則有艱險之慮，二者皆非良便。今宜於沿流權就下卸，命户部計行在儲蓄之數，豫行量度。因河流濟通之時，令兩浙轉運司隨宜轉般，公私兩便。」先是，浙西提點刑獄公事邵大受嘗請置轉般倉於鎮江之海鮮堰。今年閏六月戊辰。未及行，於是户部乞如二人言，令淮東總領所措置。

8 壬辰，言者奏：「吏部依格注授縣令，多不得人。望倣祖宗故事，於京朝官及判司簿尉有考第人内，令兩省、臺諫、卿監、郎官各舉所知一二人，充江、浙、荆湖、福建繁難縣令，仍令監司、郡守察其治狀，連銜以聞。如果有美政，京朝官則增秩再任，選人則減舉主就任磨勘。其他擢用，固在臨時。若此數路得宜，則兩淮、四川、二廣皆可次第而行矣。吏部請卿監以上聽保舉，如有惠民實迹，監司、郡守連銜奏聞，並陞一任。仍以山陰等知縣四十闕依舊歸堂。其見任老疾或不任職人，令監司、郡守體量與祠廟。」詔給舍詳議以聞。三十年正月癸未議上。

忠訓郎楊賡爲閤門祇候、利州路第五將。賡，政子，特録之。

9 甲午，尚書右僕射湯思退遷左僕射，參知政事陳康伯守右僕射，並同中書門下平章事。上謂康伯曰：「卿静重明敏，一語不妄發，真宰相也。今與思退共政，如有可否，不憚商量。」康伯曰：「大臣論國事，進退人材，自當用心。若媕婀取容，植黨以自固，臣不敢也。」故事，宰臣初除，例賜銀絹。至是思退等辭，上曰：「此舊格，何足辭？」思退等言：「今國用匱乏，自人主及百司皆當節省，庶幾有濟。臣等若盡受，何以風百僚？」力請減半。上從之。

省樞密院機速房。

10 乙未，以皇太后服藥，赦天下，命輔臣祈禱天地、宗廟、社稷。自是不視朝，召輔臣奏事於内殿。

11 丙申，放臨安府公私僦錢半月。詔諸路四等以下户去年未納税賦，兩浙、江東西去年水災賑貸物料，及浙東、江西民田爲螟螣損稻者，其租税皆蠲之。

12 丁酉，減僧道今年免丁錢之半。

13 己亥，詔見監贓罰及賞錢並與除放。皆爲東朝祈福也。

14 庚子，皇太后韋氏崩於慈寧宮，年八十。國朝典故，自南渡後，多有司省記，至恤章又諱不録。至是，一時斟酌，皆出於太常寺少卿宋棐，而博士杜莘老又以古誼裁定。

15 辛丑，百官班慈寧殿，宣遺誥。時百官入臨，皆吉服。吏部員外郎虞允文獨易服，有非之者，允文不改。俄詔百官易服。

入内内侍省副都知衛茂實都大監，領大行皇太后葬事。睿思殿祇候馮孝宗造梓宮。凡葬事之費，皆以慈寧殿錢物給之。詔三衙、皇城司官並依故事宿直。

16 壬寅，詔權吏部侍郎沈介時暫兼權禮部侍郎。

17 癸卯，大殮。殿前馬步軍司統制官以下，並許就本寨成服。自是日再臨。前一日，宰相召太常博士杜莘老赴堂曰：「有旨，問含玉之制。」莘老曰：「禮院故事所不載，以周禮典瑞鄭玄所注製之，其可。」因立具奏。上覽之曰：「是真禮官也。」

翰林學士周麟之爲大金奉表哀謝使，吉州團練使、知閤門事蘇曄假崇信軍節度使副之。時朝廷已議定遺金金繒等物，麟之固請增幣而後行。此以梁仲敏劾麟之章疏修附。麟之至金，金主亮喜其辨利，錫賚加厚，燕之二日。中貴人至館，密賜金瀾酒三尊，銀魚、牛魚各一盤，尊盤皆金寶器，併令留之。麟之以例辭，金主不許，曰：「一時錫賚，出自朕意，何例之有？」麟之歸，以其物繳進，上復賜之。此據趙甡之遺史及麟之墓誌修入[10]。范成大桂海虞衡志載「金蘭酒事」云：「金蘭，燕京山名。」而麟之墓誌所書，乃用此瀾字，當考。

18 甲辰，有司以辰日罷哭臨[11]。起居郎權中書舍人黄中爭之曰：「此非經，且唐太宗猶以是日哭其臣，況臣子於君母乎？」

19 丁未，百官以上未聽政，詣文德殿門進名，自是不復臨。

20 戊申，尚書吏部侍郎葉義問充按行攢宮使，內侍衛茂良副之。

四川茶馬司言：「昨來差殿前馬步兩軍自就宕冒、峰鐵兩場取馬，係本司遣使臣管押，立定賞罰，故倒斃數少。今兩軍遞送，無人任責，則倒斃數多。乞依舊從本司差人押赴興元府，交付兩軍。」從之。

1 冬十月辛亥朔，不視朝，文武百僚詣文德殿門進名奉慰。自是朔望皆如之。

2 壬子，小祥，上詣几筵殿行禮。

3 癸丑，皇太后殿攢，有司以權制已訖，請百官以吉服行事。黄中復曰：「唐制，啓攢雖在易月之外，猶曰各服其初服。今以易月故，而遂吉服以殯，非禮也。」朝廷用之。於是百官常服黑帶入朝，衰服行事。

4 甲寅，上始聽政，御慈寧殿之素幄，召輔臣奏事。

命參知政事賀允中撰大行皇太后哀册文兼書并篆諡寶，同知樞密院事王綸撰諡册文并書。兵部侍郎兼直學士院楊椿撰諡議。

起居舍人楊邦弼爲賀大金正旦使，右武大夫、榮州刺史、兩浙西路馬步軍副都總管張説副之。太府卿李潤爲賀生辰使，閤門宣贊舍人張安世副之。

詔：「以保康軍節度使、開府儀同三司、萬壽觀使吴益爲攢宫總護使。尚書户部侍郎董苹爲橋道頓遞使。」

5 乙卯，太尉、主管步軍司公事趙密爲修奉總管。入内内侍省押班王晉錫爲都監。睿思殿祗候馮孝宗爲承受應營奉事。委知臨安府趙子潚、知紹興府王師心、兩浙漕臣錢端禮應副，具數報都大監領所支還。時兩使及按行監領修奉五司，共辟官屬八十五員，而兩浙帥臣監司之屬不與焉。

6 丙辰，侍從、臺諫、兩省郎官以上議皇太后謚於尚書省。

7 己未，左朝奉郎、福建路提點刑獄公事樊光遠特降一官。先是，福州水災，而守臣辛次膺、提舉常平公事周操皆未知，光遠並攝其事，不即賑濟。上聞之，乃有是命。

8 辛酉，詔監司守臣在外，諸軍帥並免進賻贈，應已科市於民者皆歸之。

9 壬戌，尚書兵部侍郎兼侍講兼直學士院楊椿上皇太后謚議曰顯仁。

10 癸亥，直秘閣、提舉兩浙西路常平茶鹽公事楊倓兼權兩浙轉運判官，應副頓遞司隨行支費。

11 甲子，大祥。上衰服行禮，百官常服陪位。

12 丙寅，禫祭。

13 戊辰，上始御前殿。直敷文閣、知臨安府趙子潚言：「將來梓宮渡江，江岸止有渡船二十隻，乞下三衙，各借馬軍船十隻并水手應副津渡。」從之。

是日，頓遞使董萃辭行。

14 辛未，雨。同知樞密院事王綸因奏事言：「梓宮進發，河道無淺涸之患。」上因論溝洫利害云：「往年宰臣曾欲盡乾鑑湖，云歲可得米十萬石。朕答云：『若遇歲旱，無湖水引灌，即所損未必不過之。』凡慮事須及久遠也。」綸曰：「貪目前之小利，忘經久之遠圖，最謀國之深戒也。」

15 癸酉，同知樞密院事王綸言：「密院大事，每與三省同議。」上曰：「樞庭雖五代之制，疑太祖、太宗曾入思慮。五代弊法，祖宗掃除略盡，惟存此一二大者，必有深意。都民望嘗有疏言：『軍政豈可令宰臣不與？』意謂樞庭非法，朕已收之矣。」上又曰：「大臣固不當疑，雖人告其不軌，朕亦不信。若有姦邪，即罷之，不當任而疑也。」綸曰：「自古帝王用人之道，無越於此矣。」

16 乙亥，詔：「禁止沿淮私渡盜買鞍馬，博賣物色，已是嚴切。尚慮冒利之人，或假托貴要，或作軍中名目，往來買賣。令帥憲知通，加意禁約，有違戾去處，即時奏劾。當繼遣御史，遍行譏察犯人。如有假托，追赴大理寺根究，從軍法處斷。其失察故縱官吏，並當編竄遠方，旬具有無，申三省樞密院。」

詔：「諸路和糴米斛，並募土豪及子本客人，自備船裝載，每石千里支水脚錢二百文，二萬石補進義校尉。其他皆以遠近多少爲差，除耗及搭帶一分税物如舊。」用户部請也。江西元旨見二十八年七月庚申。

17 丁丑，奉皇太后謚册告於太廟，行事官常服吉帶。

18 戊寅，上册寶於慈寧殿。

是日，攢宫破土，作新城門於候潮、嘉會二門之間，直跨浦橋江次，以梓宫所由出也。凡經由道隘民居，權撤之，每楹賜錢二十千，爲遷徙之費。

19 己卯，左朝請大夫、提舉江南西路常平茶鹽公事王傳主管台州崇道觀，理作自陳。先是，户部員外郎魏安行自吉州召還，言：「本州官田當賣者，計直一百三十八萬餘緡，而傳覈實，以爲可賣者二十二萬緡而已。」

朝廷疑其高下遼絶，故有是命，仍令提刑司看詳以聞。日曆於傅祠命下注云：「因依未見。」今以紹興三十年五月辛卯臺諫章疏内掇取修入。提刑司看詳，明年四月丁丑所書。

是月，金主亮再役諸路夫匠，造軍器於燕京，令尚書右丞李通董之。又令户部尚書蘇保衡、侍郎韓錫造戰船於潞河，夫匠之死者甚衆。此據宋翌金亮本末修入。張棣正隆事迹，二事並在來年正月，與此不同。

1 十有一月按是月辛巳朔。甲申，日南至。命尚書工部侍郎王晞亮祀昊天上帝於南郊，以輔臣皆奉册寶，不克齋故也。

2 丁亥，參知政事賀允中、保信軍節度、使領閤門事、提點皇城司鄭藻爲皇太后遺留國信使副。故事，使者入北境，當服黑帶鞹。至是，朝廷慮北廷不從，已命允中等隨宜改易。允中等至汴京，金主亮命吾故叛將孔彦舟押宴，且用常例賜花。允中辭曰：「使人之來，致太母遺物，國有大喪，樂何忍聞？況戴花乎？」其天使怒，謂將殺之。允中曰：「王人無暴，事固有體。吾年餘七十矣，當守節而死。」彦舟解曰：「兩國通好久，參政勿動心也。」揖允中坐，命左右捧花侍側而已。隨宜改易帶鞹，據會要，乃十月丙辰詔旨，今附見。熊克小曆載允中至汴京事在月末。按日曆，允中十一月三十日庚戌方發臨安，則其至汴京當在十二月、正月之間，克蓋誤也。

3 己丑，大行皇太后啓攢。上服初喪之服以祭，禮畢，更素服還内。百官亦如之。

4 庚寅，百官朝臨。左武大夫、昭慶軍承宣使董仲永兼權入内内侍省押班。

5 壬辰，右朝請大夫、知真州王珏降一官放罷，今後永不得與知州軍差遣，以淮東諸司言其用刑慘酷也。晁公遡撰珏墓誌銘：「知真州，益務爲寬大，出俸錢糴米五千餘石以減民輸。訟者至，諭之其情⑫，得深自悔謝以去。强猾者，然後刑之。隨部使者有與公不相能，誣奏，貶秩一等免。兵部尚書洪遵、殿中侍御史汪澈論其枉⑬，召還所貶秩，提舉淮南東路常平茶鹽公事。」

6 甲午，中書舍人洪遵暫兼權直學士院，以楊椿將渡江故也。

7 乙未，百官朝晡臨。

8 丙申，顯仁皇后靈駕發引，上啓奠於慈寧殿，祖奠於庭，遣奠於麗正門外。禮畢，上易吉服還宮，太史焚衰服。

是日，行在文臣路祭於城外。自選人以上，月俸每千輸三十錢，祭畢，以其餘輸左藏。而后妃、宰輔、侍從、臺諫、外戚、内侍、諸軍將佐皆以壓祭絹賜之。有司以鹵簿儀物未備，請權以儀衛服紫青褐衣，執持儀物代充，用昭慈權攢禮也。

9 戊戌，上御後殿，輔臣榻前慰問，上哽咽流涕。

10 己亥，命入内内侍省押班張去爲提舉欽奉几筵。

責授成州團練副使符行中卒於南雄州。

11 辛丑，閤門宣贊舍人劉炎帶御器械。

左朝請大夫、淮南轉運判官兼淮南東路提點刑獄公事孟處義爲江南東路轉運判官。

尚書户部員外郎魏安行直敷文閣，爲淮南轉運副使兼淮南東路提點刑獄公事，專一措置淮東營田。

左朝散大夫、主管台州崇道觀徐康知真州。

12 丙午，顯仁皇后掩攢宮在永祐陵之西，去顯肅攢宮十九步。舊下宮分前後殿，至是，更築前殿以奉徽宗，中殿以奉顯肅、顯恭、顯仁三后神御，而後殿奉懿節如故。於是始立四隅，以二十里爲禁城，居民皆徙之。又有士庶丘墓雜錯其間，陰陽家請悉挑去。宗正寺主簿、權太常丞吴曾從而和之。時監察御史任文薦奉詔監掩攢宮，就令按視，乃挑其近攢宮者百七十有二穴而已⑭。此以會要參修。熊克小曆言：「獲免者七百六十餘穴。」此乃汪澈奏請事，見明年四月辛未。

13 丁未，殿中侍御史汪澈言：「祠部員外郎兼權國子司業張洙，神識昏蒙，常如醉夢，於課程、規矩恬不介意。國子博士陳豐素無行檢，居官蓄妓，士所不齒。太學博士李石好立邪說，敗壞文體，傲視流輩，不安分義。太學正田興宗操心彊狠，使氣忽下，今春公試，嘗取落韻賦入選，士人至今傳笑。」詔並罷。先是，武成王廟生芝草，學官白宰相，欲稱賀。石謂於五行乃金沴木，將爲兵兆。執政不樂，故遂罷。學官四人俱罷，必有其故也。他書不見，今以李石方舟集和張益州芝草詩修入。按：此時朱熙載爲武學博士。熙載實湯思退所薦，或者武學官欲賀，而兩學議論不同故也。此事當與黄中相關，已見今年四月壬寅。李石詩附於後：「紹興己卯武成廟，廟殿之楝三秀芝。太學奔走概多士，日遞百匝不蹔離。欲奉九重望恩幸，寒餓水火如切肌。先期到堂白宰相，宰相曰可甚易爲。樂工伶倫飾金玉，以薦清廟載歌詩。石時官忝博士職，豈敢立論超等夷？曰此五行金沴木，木不曲直嘗聞之。將軍鷹揚兆異氣，弄兵往往憂潢池。矧今裕民民未裕，聖慮日軫天下饑。斯言一出至捩目，再召再逐彌歲時。」

14 戊申，端明殿學士、提舉江州太平興國宮折彦質告老，特遷左中奉大夫致仕。

右宣教郎、知池州南陵縣葛騏特轉一官，再任，仍令中書省籍記姓名。先是，邑民陶滋等詣行在言：「本縣昨經兵火，被害最甚，民多流移。駢注意愛民，流移之人，接踵而歸，田野開闢，相次復舊，乞令再任。」事下本路，提點刑獄公事陳良翰等究實，如滋言，故有是命。

15 庚午，虞主渡江。

1 十有二月辛亥朔，有司於浙江亭行六虞畢，百官奉迎虞主還慈寧殿，上行安神禮。初議反虞，或謂上哀勞，欲以宰相行事。主議者甚力，乃命兵部侍郎兼權禮部侍郎楊椿權宗正卿行事。太常博士杜莘老曰：「古今無是比。」卒正之。

2 癸丑，上服素黄袍、黑帶、素履，詣慈寧殿行七虞之祭。八虞九虞皆如之。

左朝請郎、知蘄州章燾主管台州崇道觀，從所請也。

右武大夫、吉州刺史、知杭州崔邦弼移知蘄州⑮。

3 甲寅，諜報北界揭榜，禁安傳起兵事。上曰：「此事有無，固不必問。朕觀其科擾勞役，民不聊生，豈是久長之道？朝廷精擇牧守，務爲自治。安邊息民，静以待之耳。」湯思退曰：「彼失人心，陛下以聖德兼愛南北，天命不歸而焉往？恢復之期，可指日而俟矣。」

4 乙卯，秘閣修撰知揚州劉岑、直秘閣知襄陽府向伯奮並別與差遣。時言者奏：「岑志廣而才疏，輕財而尚氣。雖久更練，而天資素稟，未易頓革。伯奮褊中而浮外，多誕而不情，雖無過而緩急恐不可恃。望移別路監司郡守，使各當其才。別選静重端愨之人，往守二邊，以固吾圉。」從之。尋移伯奮提點荆湖南路刑獄公事。岑明年二月癸亥改除。

是日，吏部員外郎洪邁面對，論：「本朝尤重告老之制。宣和以前，士大夫未有既死而方乞致仕者。南渡之後，故實散亡。朝奉、武翼郎以上率爲此舉，甚者宰輔大臣考終於内，其家發哀舉服，已降旨聲鐘給賻，而方且爲之告庭出命，制辭中不免有親醫藥、介壽康之語。如故相秦檜、万俟卨、知樞密院沈與求是已。其在外者，非易簀屬纊，不復有請。乞令吏部立法，今後當得恩澤之人物故者，即以告所在州。州上省部，然後考其平生。於式無累者，輒官其後人。若真能陳義引年，或辭榮知止者，則厚其禮節，以勵風俗，賢於率天下爲僞也。」上曰：「朕記得此事之廢，方四十年，當如卿語。」時執政多以爲然，而左僕射湯思退難之，其議遂寢。

武功大夫、帶御器械劉澤領榮州刺史，知襄陽府。澤初爲侍衛馬軍司後軍統制，周麟之、洪遵、張孝祥奉詔薦其才，故復此授。澤八月丙寅自統制爲御帶。

5 己未，幹辦内東門司謝琢罷，日下押出門，以盜賣翠錢入己也。

6 庚申，尚書左僕射湯思退以永祐陵奉迎録上之，藏於敷文閣。

是日，金國賀正旦使施宜生等入境。先是，宜生坐范汝爲事遠竄，遂奔僞齊。事見紹興二年二月甲子。齊廢，復爲金用，累遷禮部尚書。至是，以翰林侍講學士來賀來年正旦，侍衛親軍馬步軍副都指揮使耶律翼副之。接伴使宗正少卿金安節、帶御器械韓俣迓之於淮岸，安節發舟至中流，互問聖躬已，宜生遣人謂安節：「此特賀禮而來，迓使安得服黑帶？」安節答曰：「太后上仙未遠，若純吉服，恐或失禮。」北人曰：「既以日易月，豈得至今未葬？」安節曰：「以日易月，乃太后遺誥耳。主上至孝，以未卒哭，尚衣素服，朝廷百官，皆是黑帶。」北人曰：「頃者，哀謝使之來朝廷，以宋國有喪，尚令止樂。今宜生等持賀禮而行，迓使當以吉禮相待。」安節曰：「往者哀謝使雖在制中，不敢易服，尊上國也。今在境内，自當如禮。」久之，宜生遣人來云：「請使、副自便。」安節疑其語不誠，即召其引接宋國趙選諭之云：「此事上有朝廷，非使、副所專。日已向暮，幸速赴宴。」有頃，宜生等答曰：「且從所諭。」相距踰兩時，乃至岸。先是，禮官疑北人不聽，奏令接伴使、副量度施行，十一月辛丑。安節固争乃已。

7 辛酉，右承議郎、知蔣州龔濤直秘閣。先是，蔣州羣盗謀作亂，濤先事擒戮之。事聞，故有是命。

左朝奉大夫、主管台州崇道觀王揚英卒。

8 壬戌，上親行卒哭之祭。

9 甲子，祔顯仁皇后神主於太廟徽宗室。尚書左僕射湯思退爲禮儀使，上服袍履，步導虞主至麗正門外奉辭，遂命端明殿學士張燾題神主，命嗣濮王士輵、安定郡王令詪、安慶軍承宣使同知大宗正事士街享於太廟祖宗，皆用特羊，備樂舞。故事，題神主畢，附享於祖姑之下。及是，以太廟殿室隘，乃設幄於英宗室外之東西鄉，用權禮也。十月己巳太常寺申。初議升祔後百官純吉服，而金之弔使未至，朝廷疑之。禮官楊椿等乃請俟正旦使還，條具取旨。明年二月甲子純吉。

10丙寅，端明殿學士、提舉萬壽觀兼侍讀張燾試吏部尚書。初，上知普安郡王之賢，欲建爲嗣，而恐顯仁皇后意所未欲，故遲回久之。顯仁崩，上問燾以方今大計所在⑯。燾曰：「儲貳者，國之本也，天下大計無踰於此。今兩郡名分，宜早定。」上喜曰：「朕懷此久矣。卿言適契朕心，開春當議典禮。」燾頓首謝。時風俗侈靡，財用匱乏。燾勸上：「止北貨之貿易，省非時之賜予，罷土木，減冗吏，躬行節儉，民自富足。」上嘉獎再三。此並以燾行述修入。顯仁皇后所未欲等事，詳見日曆明年二月甲子。

侍御史朱倬試御史中丞。左司諫何溥試右諫議大夫。左正言都民望爲右司諫。

初，上命淮南、京西帥漕司，講究兩淮、荆襄，使無曠土以聞。直敷文閣新淮東轉運副使魏安行乞募民力田，其法曰：身勸民墾田及七十五頃者，補副尉。五百家者，補承信郎。大率每招一户，墾田三十畝，賞錢四千，自是等而上之。已仕者，遞遷有差。諸軍所汰官兵願耕者，予三月俸，牛種廬舍，皆從官貸。滿五年，仍償其田，並爲永業，仍免十年租。從之。

三十年三月癸未所書。

11丁卯，以顯仁皇后升祔，釋臨安、紹興府杖以下罪囚。

尚書兵部侍郎、直學士院楊椿進尚書，仍兼權翰林學士。

延福宫使、德慶軍承宣使、入内内侍省押班張去爲爲入内内侍省副都知。

右武大夫、昭慶軍承宣使、權入内内侍省押班董仲永爲入内内侍省押班。

12戊辰，直秘閣汪應辰試秘書少監。左承事郎王十朋守秘書省校書郎。

成州團練使、知閤門事劉允升爲和州防禦使，以解帶恩也。

右朝奉大夫陸廉知楚州。藍師稷移知純州。

13 辛未，同知樞密院事王綸進知院事。

成都府路轉運判官路允修罷，仍永不得與知州監司差遣，以殿中侍御史汪澈言其貪墨也。

初，三省樞密院激賞庫及諸書局，歲用錢三十八萬五千餘緡，銀六千餘兩，而絹不與焉。御史中丞朱倬指爲永費，又言：「諸路圭租，歲收二十三萬斛有奇，錢帛、絲麻、枲漆雜物不與，州縣有過給者。」倬上此議在四月辛亥，時爲侍御史。上命倬與臺諫給舍議之，中書舍人洪遵等奏減給賞等錢二十萬緡。舊堂厨萬五千緡，東厨萬二千緡，玉牒所歲用二萬四千緡，日曆敕令所、國史院各二萬餘緡，尚書省犒設萬三千緡，中書省七千緡，密院九千緡，今皆捐其數。二十二年七月壬戌又減。又請州縣圭租如格則止。壬申，從之。

左迪功郎鄭聞守太學博士。

直龍圖閣、知鼎州凌景夏乞減程昌寓所增蔡州官兵衣糧錢六萬四千餘緡。詔減四分之一。

14 甲戌，詔減西和州官賣鹽直之半。先是，州之鹽官井，歲産鹽七十餘萬斤，半爲官吏柴茅之費，半鬻於西和、成、鳳州，歲得錢七萬緡，爲利州鑄錢之本。十五年始。鹽多地狹，每斤爲直四百，民甚苦之。上聞，故有是命。

是日，夔州大火，燔官寺民居甚衆，焚死者凡六人。

15 乙亥，户部言：「昨令兩浙、江、湖六路轉運司市軍儲，今已糴到一百萬石。乞就整更糴二十五萬石。」上從之。

中書舍人洪遵、刑部侍郎黃祖舜奉詔薦左武大夫、忠州防禦使、新浙江兵馬副都監李寶勇足冠軍，知能料敵。以寶爲帶御器械。時寶自鎮江軍中統制官纔離軍也。

16 丙子，金國賀正旦使施宜生、副使耶律翼見於垂拱殿。以諒闇故，命坐賜茶。正侍郎、觀察使以上皆與。上服素黃袍、黑帶，供張皆用素黃，衛士常服去銀鵝對鳳，侍坐者錦韉易以紫素。既見，命大臣就驛，賜燕不用樂，辭亦如之。時吏部尚書張燾奉詔館客，宜生素聞其名，畏慕之。一見，顧翼曰：「是使南朝不拜詔者也。」宜生，閩人。燾以首丘桑梓語之，宜生敬燾，頗漏敵情。燾密奏之，且言：「宜早爲之備。」上深然其説。亮又隱畫工於中，即使密寫臨安之湖山城郭以歸。既則繪爲屏，而圖己之像，策馬於吳山絶頂，後題以詩，有「立馬吳山第一峰」之句，蓋亮所賦也。此據金亮本末增修。宋翌云此詩翰林修撰蔡珪作，詭曰御製。按世傳亮詞句頗多，未必珪作也。王敦詩作王之望文集序曰：「亮贈其相温暾詩曰⑰：『一醉吳山頂上峰。』與此小異。」

17 己卯，資政殿學士、知潭州魏良臣奉詔薦淮西馬步軍副都總管兼知廬州劉錡臨戎果敢，馭衆嚴明，浙東馬步軍副總管李橫知勇無前，廉靜不擾。詔樞密籍記姓名。時錡在廬州，籍淮西之民，得百餘萬，奏言皆可用爲精兵。其意謂淮南與淮北相接，其民習戰故也。

是歲，宗室子賜名授官二十有五人。

兩浙等十六路上户部主户七百六十四萬，口一千二百八十萬。客户三百四十四萬，口三百九十五萬，皆有畸。都計户一千一百九萬一千八百八十五，口一千六百八十四萬二千四百一。

校勘記

①中興聖政　叢書本作「宋史全文」。

②壽父中仕至左朝奉大夫　「仕」，原作「任」，據皇朝中興繫年要録節要改。

③右朝請大夫江南東路轉運判官李稙爲直秘閣　「稙」，原作「禎」，據皇朝中興繫年要録節要、宋史卷三七九李稙傳及夷堅乙志卷五李南金條所載「李南金，紹興二十七年登科……得光化軍教授，未赴，來謁提點坑冶李稙」之記事改。本書卷一九〇作「李租」，亦誤。

④竊謂宜如故便　「故」後原衍「事」字，據叢書本删。

⑤詔撥四川經總制并田晟錢糧錢八十四萬緡　「詔」，原作「在」，據叢書本改。

⑥秘書丞虞允文秘書省校書郎洪邁並爲尚書吏部員外郎　「邁」，原作「遵」，叢書本同。此條之前已書洪遵爲中書舍人，則此校書郎必非洪遵。南宋館閣録卷八校書郎紹興以後：「洪邁，字景盧，鄱陽人，湯思退榜博學宏詞同進士出身。二十八年三月除，二十九年八月爲吏部員外郎。」因據改。

⑦冬至寒食節並減半　「至」，原作「年」，據叢書本改。

⑧以周麟之洪遵張孝祥應詔論薦也　「論」，原作「諭」，據叢書本改。

⑨ 户部言　「言」原闕，據叢書本補。

⑩ 此據趙甡之遺史及鱗之墓誌修入　「遺」，原闕，據叢書本補。

⑪ 有司以辰日罷哭臨　「哭臨」，叢書本作「朝夕臨」，中興小紀卷三八作「朝暮臨」，宋史全文卷二二下、資治通鑑後編卷一一八作「朝夕哭」。

⑫ 諭之其情　「諭」，原作「論」，據叢書本改。

⑬ 兵部尚書洪遵殿中侍御史汪澈論其枉　「兵」，原作「某」，嵩山集卷五四王少卿墓誌銘謂「兵部尚書洪遵、殿中侍御史汪澈論其枉，詔還所貶秩」，據改。

⑭ 乃挑其近攢宫者百七十有二穴而已　「二」，叢書本作「三」。

⑮ 右武大夫吉州刺史知杭州崔邦弼移知蘄州　「杭」，此字有誤。杭州時爲臨安府，不應復稱杭州，且崔爲武臣，南渡以來，無以武臣知都城者。咸淳臨安志卷四七郡守題名亦無其名，知其甚誤。本卷之前記崔事尚在紹興五年，見卷八七記事。其後則見於卷一九四，有紹興三十一年十一月「右武大夫吉州刺史知通州崔邦弼棄城走」之記事。然則崔邦弼自何州移知蘄州，史無考矣。以諸書皆無記載，無從改正，故一仍舊文。

⑯ 上問燾以方今大計所在　「方今」二字原闕，據皇朝中興繫年要録節要補。

⑰ 亮贈其相温暾詩曰　「暾」，原作「都」，據金人地名考證改。

建炎以來繫年要録卷一百八十四

1 紹興三十年歲次庚辰。金海陵煬王亮正隆五年。春正月庚辰朔，不受朝。金國賀正旦使施宜生等詣西上閤門進名奉慰，命兵部尚書楊椿假資政殿大學士兼侍讀，就驛燕之。

户部郎中、總領湖廣財賦彭合言：「荆南府新招效用六千兵，又馬軍司遣戍兵千二百人，歲當用錢六十五萬緡，米七萬三千餘石。乞科撥。」户部言：「所招效用，見止有三千人，難以全行科降。乞將江西茶引錢二十萬緡，廣東合起赴行在鈔鹽錢十萬緡，湖南北經制錢十萬緡①，湖南上供米五萬石，應副本所支遣。」從之。

2 壬午，中書門下省言：「贍軍諸酒庫，舊委左右司官專一點檢。近年趁辦不敷，拖欠額錢。緣户部事務繁冗，獨員點檢不前。」詔今後從三省擬差官一員或兩員，專一點檢措置，其户部每年息錢依舊應副。尋以命左司員外郎邵大受。

3 甲申，賜北使宴於都亭驛，命宰相陳康伯押伴。

4 乙酉，北使入辭。

中書舍人洪遵兼權尚書禮部侍郎。

5 丙戌，北使施宜生等出國門。故事，北使以八日出門，九日宴赤岸。至是，宜生等不肯用例，是晚抵赤岸，宴罷即行。

6 戊子，太尉、知荆南府、節制屯駐御前軍馬劉錡言：「所招效用六千人，乞以荆南駐劄御前效用中軍、左軍爲名，分四將，仍以右武大夫周贇充左軍統制，閤門宣贊舍人、荆湖北路兵馬都監劉汜充中軍統制②。」皆從之。先是，賜錡回易錢四十萬緡。及是，錡請益三十萬緡，詔出御前激賞庫錢榷貨務通鈔與之，如其數。增支回易錢在是月庚寅。

吏部員外郎虞允文面對，論：「金決敗盟，時時爲南牧之計。必爲五道出蜀口，出荆襄，止以兵相持，淮東沮洳，非用騎之地。他日正兵必出淮西，奇兵必出海道，宜爲之備。」上頗納其言。

是日，北使至秀州，遣人告伴使金安節，以欲趲程前去。副使耶律翼即遣人持挺擊逐挽舟之人，俾用力牽挽，夜漏下二十刻，抵平江府。

7 己丑，賜宴北使，纔至府治，右都管不赴③，即俾其徒，逐所乘舟出城。宜生等宴罷，馳出閶門七里乃及之。

8 庚寅，權尚書户部侍郎董苹充集英殿修撰，知湖州。

右承議郎周淙知滁州。淙，歸安人也。

右朝奉郎、知通化軍方扔知蘄州。

9 辛卯，北使施宜生等至鎮江府，賜宴不受，遂即時渡江。

10 壬辰，提舉兩浙西路常平茶鹽公事楊倓乞：「常平米斛，許糴稻穀，别廒安頓，庶幾可以停久。」從之。

11 癸巳，詔：「諸州守臣間有闕官，可令六曹尚書侍郎、翰林學士、臺諫官正言已上，各舉曾任通判資序，公勤廉明，治狀顯著，可充郡守者二人，仍保任終身，犯贓及不職與同罪。其嘗任郡守，雖有公累，而實材可用者，亦聽舉。」

尚書左司員外郎邵大受權户部侍郎，仍兼點檢贍軍激賞酒庫。此又與今年正月壬午中書奏畫指揮不同，詳此，恐止是不令董苹干預，故苹以此求去耳。當求他書參考。

左宣教郎、尚書司封員外郎鮑彪引年告老。吏部郎官楊樸、虞允文、葉謙亨、胡沂、洪邁、司勳郎官陳俊卿、考功郎官陳棠等言：「彪篤學守道，安於静退。甲科及第，處選調二十年，了無遺佚阨窮之歎。其博物洽聞，可以備議論，清介端慤，可以表搢紳。春秋雖多，不見老人衰憊之態，而勇退戒得，陳義甚高。望表而出之，以勵士大夫之節。」制曰：「壯而仕，老而歸，君子出處之大致也。故朕於知止之士愛之，重之，思所以致其厚者。爾以經明行修，早擢上第，擁閼不試，幾二十年。龐眉郎潛，垂上清近，今纔七十耳，幡然上歸老之章，爾之志決矣，朕何忍閔勞以官職之事乎？褒進文階，華以命服。且詔有司，上其子若孫一人。大夫其修身守道，以昌高年，優游里閭，以須三老五更之召。可特授左奉議郎、守尚書司封員外郎，賜緋魚袋致仕。」

省御厨兵二百人，翰林司兵百人，付步軍司填闕額。

是日，北使至楚州，其下奪巡檢王松所乘馬。松不與，乃誣松從者云：「以杖擊我。」副使耶律翼怒，命捕松，覆面，以馬捶捶之二百餘，幾死。

12 甲辰，至洪閘，編閘官郝定以潮來應，不即啓閘。翼怒，執而鞭之。晚至盱眙軍，宴罷，風雨作，不可渡淮，乃止。

13 甲午，詔修内司并潛火兵共千五百人，可減五百人，付步軍司填闕額。

是日，雷作非時。

14 乙未，金國賀正旦使施宜生等渡淮。故事，北使既登舟，即舟中與伴使置酒三行而別去。是日，天欲明，送伴使金安節等至淮岸，國信副使耶律翼已先渡淮北去，宜生已下皆不及知，安節遂於中流瞻送而已。

15 丙申，尚書吏部侍郎、同修國史兼侍讀葉義問同知樞密院事。

廢御書院。

詔御輦院下都輦官減一百人，付步軍司，願放停者聽。

16 丁酉，宰執奏三衙彊刺平民充軍，乞約束。上曰：「已先戒三司，不得强刺。大抵既非情願，不惟長短强弱不應程式，其心亦不肯爲用，緩急如何使令？」王綸等曰：「誠如聖訓。」上又曰：「聞場務復於米斛巧作名以收税，致商販不行。」綸曰：「此由監官不得人，致專攔作弊。」上曰：「昨見河朔有步擔米，專攔猶於十里外收税。況舟船之多，其擾可知，當嚴禁止之。」

罷軍容班。本殿前司樂工也，九年以二百人爲額，及是罷之。

先是，御前置甲庫，凡乘輿所所須圖畫什物，有司不能供者，悉取於甲庫，故百工技藝精巧者，皆聚於其間，日費亡慮數百千。禁中既有内酒庫，而甲庫所釀尤勝，以其餘酤賣，頗侵户部贍軍諸庫課額，以此軍儲常不足。前一日，吏部尚書張燾因對，論：「甲庫萃工巧以蕩上心，酤良醞以奪官課。教坊樂工，員數日增，俸給賜賚，耗費不貲。皆可罷。」上曰：「卿可謂責難於君。」明日，罷甲庫諸局，以酒庫歸有司，減樂工數百人。燾之從容補益，皆此類也。此以燾行述修入。日曆：「正月十七日丙申，張燾已見進對。十八日丁酉，有旨，軍容班可罷。」故知行述所云，即此事也。

權吏部侍郎沈介等言：「奉旨接伴大金弔祭人使。伏見去年以來，使命往來頻併，竊慮州郡財用不足，横取於民。兩淮流民未復，尤爲費力。望令逐州具今次實支錢數，轉運司勘驗保明，申朝廷給降。」從之。

詔：「今後奉使大金使、副，不以兩府侍從，過界後，並依常例坐車馬，不得妄於例外索覓轎子前去，盱眙軍不得應副。」

17 戊戌，爲滎州刺史愭納婦錢氏。錢氏，秦魯國大長公主曾孫也。禮官言：「愭於顯仁皇后無服紀，故成婚。」

太常寺言：「諸路州軍縣鎮，有與顯仁皇后謚號同稱者，欲改爲顯正，宮觀爲顯真，寺院爲顯慈，廟額封號爲顯烈。」從之。

18 庚子，命輔臣朝獻景靈宮，以上未純吉服故也。先是，禮官引熙寧故事，乞分命宰執行禮。既從之矣，權吏部侍郎兼權禮部侍郎沈介復言：「今祔廟禮畢，天地、宗廟、百神之祀並皆如儀。將來大享明堂，亦合朝享景靈宮，朝獻太廟。若於四孟獨否，恐無以副主上之誠孝。乞依典禮躬詣。」上終以爲疑。會介出迓使人，後五日有詔：「郊祀行事，稽之禮經，蓋無可疑。若四孟朝獻景靈宮，元豐以來自有典故，可令給舍、臺諫、禮官，詳悉討論，參以古誼，議定聞奏。」於是，上不出，而命輔臣分詣，自是遂爲永制。禮部乞躬詣在正月甲申，得旨詳議在癸巳，今併書之。

19 壬寅，淮南轉運判官兼淮南西路提點刑獄公事、提領營田張祁言：「本路係官荒田共四十八萬餘，緣並江圩埠、近山陂塘，兵火後，民間無力修築。乞從本司支官錢修築開浚，募人開耕，仍許百姓承佃。其見今爲業之人，亦聽借請牛糧，盡數開墾。」從之。

是日，金主亮殺其翰林副使祁宣。先是，宣上封事，略曰：「民爲邦本，本固邦寧。今北有造軍器之煩勞，南有修大内之重役，百姓久苦轉戍，不勝疲弊。願陛下權罷其一，俟一成而再計之。兼來歲害氣在進，不利興師。望陛下以天下爲念，社稷爲心，曲從臣請。」亮怒，令執而戮之。宣神色自如曰：「臣年七十，死固足矣，但恐陛下將來不及臣耳。」語未竟，左右以刃刺其頰，遂誅之。此據張棣正隆事迹修入。棣以爲庚辰年正月二十三日事，故附於此。壬寅，二十五日也。煬王江上録云：「正隆二年八月，在京，值中秋設宴，百官翫月。忽黑雲遮月，亮索筆作鵲橋仙小詞。翰林學士祁宣奏曰：『陛下敗盟興師，無故舉事，興工動土，勞役生靈。望陛下察天地之不祥，收兵罷役，通和南宋，復還故都，天下幸甚。』亮大怒，斬之，滅其族。」按：正隆二年乃紹興二十六年，比時亮舉兵之謀未露於外，不應云「背盟興師」，恐録誤也。棣以祁宣爲翰林醫官使，而江上録以爲翰林學士，亦復不同。按：大定金詔有云：「頓遺信誓，動衆興兵。醫人祁翰副陳諫不可，便行誅戮。」與棣所記正同，今從之。

20 癸卯，户部奏：「科撥諸路上供米斛。鄂州大軍歲用米四十五萬餘石，係於全、永、郴、邵、道、衡、潭、鄂、鼎州科撥。荆南府大軍歲用約米九萬六千石，係於德安、荆南府、澧、純、復、潭州、荆門、漢陽軍科撥。池州大軍歲用米十四萬四千石，係於吉、信州、南安軍科撥。建康府大軍歲用米五十五萬餘石，係於吉、撫、饒州、建昌軍科撥。鎮江府大軍歲用米六十萬石，係於洪、江、池、宣、太平州、臨江、興國、南康、廣德軍科撥。行在合用米一百十二萬石，就用兩浙米外，係於建康府、太平、宣州科撥。其宣州見屯殿前司牧馬，一歲約用米并折納馬料共三萬石，係於本州科撥，並令逐路轉運司收樁起發。」時内外諸軍，歲費米三百萬斛，而四川不與焉。先是，魏安行爲户部員外郎，請度地里遠近而均撥之，故有是命。内有州府地里遠近不同處，仰轉運司開具申省。

左朝奉大夫守宗正少卿金安節、武翼郎帶御器械韓俣各特降一官，坐送伴失職也。尋詔敦武郎楚州馬邏巡檢王松特轉一官，與陞擢差遣，仍賜錢五百緡。

敷文閣待制楊揆卒。

21 甲辰，詔御輦院三營，共以九百人爲額，今後不許增置招填。

權户部侍郎邵大受乞增置贍軍激賞新中酒庫。從之。此未知有無與前日罷甲庫事相關，當考。

22 乙巳，詔今後侍從臺諫右正言以上，在外帥臣前兩府及侍從以上所舉統制、統領官各遷一官，防禦使已上取旨，將官以下令赴三省樞密院審察，不願赴闕者，令本軍遇闕，先次陞差，三省樞密院籍記，以備擢用，餘人所薦並籍記，三省樞密院審訪材能以聞。先是，有旨，令中外薦武臣，而被薦者衆，朝廷無以處之，故有是命。

右武大夫、侍衛馬軍司中軍統制趙撙特轉行一官，以右諫議大夫何溥、左司諫都民望奉詔共薦撙「策慮深沉，可備邊帥」故也。

詔潼川府銅山縣出産銅，依舊中賣入官，月以五百斤爲額。先是，秘書省正字馮方乞：「更不立額，令窟匠自採打，盡赴官中賣，依條抽三分入官。」而户、工部言：「恐窟匠不肯盡數打採，損失官課。」方議遂格。

23 丙午，直敷文閣知臨安府趙子潚、秘閣修撰兩浙轉運副使錢端禮、直秘閣提舉兩浙西路常平茶鹽公事楊倓，並進職一等。顯謨閣直學士、知紹興府王師心落「直」字。兩浙轉運副使湯沂、兩浙東路提點刑獄公事徐度並直秘閣。以應副攢宫有勞也。

左朝散大夫、提舉兩浙東路常平茶鹽公事都絜爲尚書户部郎中，總領淮西江東軍馬錢糧。

24 丁未，右内率府副率愷爲右監門衛大將軍。

中書舍人兼權樞密都承旨洪遵試尚書吏部侍郎。權工部侍郎王晞亮試給事中。太常少卿宋棐權禮部侍郎。

敷文閣待制、提舉佑神觀楊偰奉詔舉閤門祗候、殿前司準備將岳建壽，令都堂審察，既而以爲閤門宣贊舍人，陞正將。建壽除命在三月甲戌。

履正大夫、安德軍承宣使、興元府駐劄御前前軍統制傅忠信知洋州，用都統制姚仲奏也。先是，命金州前軍統制吴琦守洋州，而仲言：「琦所統軍馬隸屬金州節制，與仲所部事不相干，乞移琦他郡。」故有是旨。

左朝請郎王墨卿卒。

尚書吏部員外郎葉謙亨兼權中書舍人。

奉國軍承宣使、提舉台州崇道觀韓世良卒。

1 二月庚戌朔，屯田員外郎韓彦直言：「度牒之爲國蠹久矣。陛下確守禁止，十數年來，户口增闢，民庶蕃衍，蓋由此耳。伏見諸州縣寺觀僧道事故，多隱而不申，輒復求人代名，州縣無由知覺。望令禮部歲具諸州軍見在僧道人數，并繳納到度牒數目，開項具申臺省，比類考據，摘其弊之尤者，取旨施行，庶幾有官守者知所懲畏。」從之。

2 辛亥，左武大夫、洪州觀察使、淮南西路馬步軍副都總管兼權知廬州劉綱領武康軍承宣使、知廬州，以攝帥踰年，職事修舉也。

3 甲寅，罷夔州路茶引。先是，右朝請大夫董時敏知忠州，嘗請罷榷夔茶，都大主管四川茶馬公事許尹不可。既而尹復言：「商旅不通，委於民夷不便。」而都茶場以其前後異説，持之不行。及是，成都府路轉運副使權提舉茶馬王之望復以爲言，遂弛其禁。董時敏申請在紹興二十七年，今併書之。

4 乙卯，大金弔祭使金吾衛上將軍左宣徽使大懷忠、副使太中大夫尚書禮部侍郎耨盌温都謹行禮於慈寧殿④。朝散大夫、充翰林修撰同知制誥石琚讀祭文。琚，中山人。已見。先是，朝廷聞懷忠等之來，命吏部侍郎沈介、帶御器械劉炎接伴，既而邊吏奏有讀祭文官，乃詔直秘閣、淮南轉運副使魏安行假太常卿準備引接。懷忠等行禮畢，見上於殿之東楹。故事，弔使當服素羅衫、黑鞓帶，有司既製以待之。禮官又疑當罷天竺觀濤之游，恐北人不聽，乃請館伴使副洪遵、曹勛審度説諭，從宜施行。於是，遵言：「元祐八年例，北使詣寺觀燒香，又至凝祥池觀看。今來弔祭，使副自入界後，常服金帶，欲依故事排定觀潮燒香衣服，聽從其便。」正月壬寅得旨説諭，二月庚戌申明，有旨依。初，禮部、御史臺、閤門、太常寺議上縞服焚香畢，與大臣皆立於几筵前褥位。北使祭奠已，御東楹之素幄。北使升殿，上舉哭受書。詔侍從、臺諫參考典禮同議。議者吏部尚書張燾等皆以爲當。正月壬寅所定。既而閤門續擬定上宫中先行燒香之禮畢，赴御幄，簾降，人使入門，幄中舉哭。人使陞殿，吏部員外郎葉謙亨、胡沂攝中書舍人捧祭文。人使行禮畢，退赴殿門外。簾捲，人使捧書陞幄，北面立，稍前跪進。上起立，舉哭接書，以授内侍。人使還立位，復前跪傳金主語，問聖體，退立。客省官承旨宣問金主聖體，人使跪聽訖，上復座，人使下殿。入内内侍省都知啓書以授宰執，同進呈，人使起居六拜，出殿門。已上續定節次，係二月癸丑晝旨，内葉謙亨等攝舍人係正月癸卯先降旨，今併書之。館伴傳旨，别賜使、副器幣各二百匹兩，讀祭文官百四十四兩。正月丙午晝旨。既退，命輔臣就驛燕之，不用樂。

是日，慈寧殿幄帟皆用素，御幄以黃，館設以青。正月己亥晝旨。琚嘗爲接伴副使，禮官初欲以使介禮待之，正月辛卯申明。既而北引接言，止係屬官，於是見辭賜物，皆以副使例裁定。正月甲辰國信所狀，讀祭文、見辭、謝射例物，總爲銀七百九十三兩，錦羅綾絹共二百九十七疋，衣三襲，各五事。金二十兩，荔枝腰帶一條十二兩，束帶二條，錦被褥、靴、笏、幞頭、弓箭依使副例。

是日，雪。

5 丙辰，北使觀潮。上遣中使就驛，特賜使副及讀祭文官襲衣、金帶、器幣，如初見之數。初，國信所援故事請，正月丙午畫旨。而館伴使以爲重疊，乃罷之。二月庚戌申明。尋有旨祭奠、弔慰兩事作一事，可並支賜。二月癸丑奏審。於是，都管已下，皆特賜銀帛有差。二月甲寅有旨，都管各特賜銀絹五十匹兩，上節三十匹兩，中下節遞減十匹兩。自使、副已下共賜金六十四兩，衣二十事，銀一千四百九十兩，雜色絹一千四百九十匹。

6 丁巳，四川安撫制置使王剛中言：「本司引試四路特奏名進士，乞降敕差官。」詔左朝請郎、利州路轉運判官蘇欽監試，左朝請大夫、知簡州房與之充考試官，自是以爲例。與之，成都人也。剛中奏下在去年十一月二十四日，今併附差官之日。

監察御史任文薦罷。先是，文薦爲別試所監試，有告舉人劉侯度、吴漸傳義者，文薦不依條扶出，而移之簾前，且以狀申都省。詔給事中王晞亮密究其事，二人皆避知舉官御史中丞朱倬親，而文薦里人也。於是詔與文薦外任。

是日，北使游天竺寺。

7 戊午，命同知樞密院事葉義問、和州防禦使知閤門事劉允升假崇信軍節度使，充大金報謝使、副，謝其來弔祭也。上亦恐金有南侵意，因使義問覘之。

貢院言：「應博學宏詞科西安尉唐仲友合格。」詔與堂除。仲友，堯封子也。

8 庚申，左文林郎蔣芾爲太學博士。芾，瑎孫也。瑎，之奇子⑤，仕至徽猷閣待制。

左修職郎周必大爲太學録。

翰林學士周麟之使金國還，入見。

9 辛酉，北使辭於几筵殿，次辭上於垂拱殿。

10 癸亥，上諭王綸等曰：「近聞馬步軍司從雜賣場市川布甚多，恐其搭息，刻剥軍人，不可不察。卿等可同三省詳議禁止，自今毋得售與軍中，以革抑配之弊。」於是令追還户部。既而主管步軍司公事趙密言：「本司前軍先買川布共四萬匹，其實低於市直，並係諸隊情願前來取買。乞只依所立價錢，赴官送納，特免拘收。」詔今後不得收買。後旨在二月癸酉。

直徽猷閣、知臨安府趙子潚權尚書户部侍郎。

秘閣修撰、知揚州劉岑移知温州，辭不赴，改提舉江州太平興國宫。

修武郎、利州西路駐劄御前中軍第三正將曲之績陞充中軍統領。之績，端子，吴璘所薦也。

11 甲子，百官純吉服。

是日，宰相湯思退、陳康伯奏事畢，樞密院官將退，上留王綸、葉義問，同諭之曰：「朕有一事，所當施行，似不可緩。普安郡王甚賢，欲與差別，卿等可議除少保使相，仍封真王。」衆皆前賀。綸、義問退。上曰：「朕久有此意，深惟載籍之傳，並后匹嫡，兩政耦國，亂之本也。朕豈不知此？第恐顯仁皇后意所未欲，故遲遲至今。」思退曰：「陛下春秋鼎盛，上天鑒臨，必生聖子。爲此以係人心，不可無也。」上復曰：「此事出於朕意，非因臣下建明。」且顧康伯曰：「去年卿留身，朕亦嘗及此事，甚無難者。卿等宜檢點故事進呈。」宰執退。思退留身言：「適奉聖訓，非古帝王所及。」上曰：「朕覽唐宣宗事，羣臣有議及儲嗣者，輒怒斥去，可謂不達理矣。」於是普安郡王自育宮中，至是已三十年。而王天資英明，豁達大度，左右未嘗見有喜愠之色。趨朝就列，進止皆有常度，騎乘未嘗妄視。平居服御儉約，每以經史自適，嘗與府僚曰：「聲色之事，未嘗略以經意。至於珠寶瑰異之物，心所不好，亦未嘗蓄之。」騎射翰墨皆絶人。上嘗謂近臣曰：「卿亦見普安乎？近來骨相一變，非常人比也。」

右文殿修撰、兩浙路轉運副使錢端禮知臨安府。直秘閣、知秀州黄仁榮爲兩浙路轉運副使。

直秘閣、淮南路轉運副使魏安行知揚州。左朝請大夫、提舉淮南東路常平茶鹽公事董將爲淮南轉運副使兼淮南東路提點刑獄公事。

大理國遣使遺邛部川蠻衣甲、金器、鞍馬，且言：「大雲南皇帝欲遣左右使臣，持貨物入宋買賣。」虚恨鬼主蒙備言於黎州。四川安撫制置使王剛中不答，遂已。此據知州馮時行繳申蒙備狀修入。狀稱「二月十五日，準大理國大雲南皇帝賜到恩澤」云云，故附本日。

12 乙丑，大理評事元徽之言：「高祖母安人鞏氏卒，乞解官承重。」許之。時徽之亦年幾五十矣。

13 丁卯，吏部尚書兼侍讀張燾充資政殿學士致仕。時上欲用燾，而燾以衰疾力辭，且言：「禮義廉恥，國之四維。四維不張，何以爲國？臣年齒已暮，氣力已衰，是用抗章，乞賜骸骨。今言愈切而寵彌厚，懇愈力而位益崇。儻恃鴻私，不知退避，高爵厚禄，處之自如，則是前後告老之辭，悉皆僥倖進取之計。要君罔上，欺世盜名，公議沸騰，臣節掃地。雖强顔於此，陛下欲安用之？」疏入，上察其誠，乃有是命。未幾復命遷一官爲左中大夫，仍給真俸。

14 戊辰，三省樞密院進呈普安郡王加官移鎮，進封國名及宣制吉日。湯思退曰：「少保開府，自元豐以來不並入銜，更取聖裁。」上曰：「封真王，須帶開府儀同三司，可且除使相。」思退曰：「臣等按典禮，非至親不封真王。今進封，則當冠以屬籍，如環衛官稱皇侄之類，不知聖意如何？」上曰：「可便以爲皇子。此事朕志素定，已九年矣，顧外庭未知爾。若如此，即瑗諸子亦合加恩數，卿等可擬定進呈。」陳康伯曰：「聖慮高遠，豈前代帝王所可跂及？臣敢爲天下賀。」上曰：「更有一事，如恩平郡王璩亦與少恩禮，令判大宗正事，置司紹興府。如此，則皆定矣。」思退言：「立皇子，當降詔及遣官告郊廟。」上可之。

兵部尚書兼權翰林學士楊椿兼侍讀。御史中丞朱倬、給事中王晞亮並兼侍講。

權尚書吏部侍郎沈介試中書舍人。

起居郎黄中權工部侍郎。起居舍人楊邦弼守起居郎。

吏部員外郎兼國史院編修官葉謙亨守起居舍人。

15 辛未，詔：「近羣臣三上表，請依典故，以吉服御殿。朕雖勉從，深惟人子之孝，未能割情，且服淡黄袍、紅鞓帶，俟朞年易之。」

16 癸酉，上始服淡黄袍、黑犀帶，御垂拱殿。

宰臣湯思退等奏：「立皇子，恐合依故事，改賜名，并具名乞留中奏事。」退，御筆付三省：「瑗可立爲皇子，改名瑋。令學士院降詔。」遂召翰林學士周麟之赴中書諭旨，草詔進入。

軍器少監劉堯仁守兵部員外郎。

權户部侍郎邵大受言：「淮、浙鹽場諸弊，乞於通貨錢内，每袋留三百文，就場送納，帶還積欠亭户本錢。」又言：「紹興府一歲賣鹽，止及十六萬斤，而衢州乃及三百萬斤，婺州五百萬斤，灼見人户盡食私鹽，乞嚴爲禁止。」皆從之。先是，提舉官取鹽本錢爲羨緡以獻，而本錢遂乏，因令亭户先輸鹽而後給本，又以所輸出額之鹽，理爲正額，於是犯法者衆。土軍反與私販爲市，諸場積鹽不售者至五百萬石有奇，故大受以爲請。

詔右迪功郎沈直清送大理寺究治。先是，直清求爲葉義問奉使禮物官，而義問已辟寶應縣主簿趙磻老偕行，因拒其請。直清怒，揚言詆義問。義問劾之，故有是命。既而法寺奏：「直清比附私罪徒，勒停，特送袁州編管。」直清，西安人也。

17 甲戌，内出手詔曰：「朕荷天祐，序承列聖之丕基，思所以垂裕於後，夙夜不敢康。永維本支之重，彊固王室，親親尚賢，厥有古義。普安郡王瑗，藝祖皇帝七世孫也。自幼鞠於宮闈，嶷然不羣，聰哲端重。閱義有立⑥，亢於宗藩。歷年滋多，厥德用茂。聞望之懿⑦，中外所稱⑧。朕將考禮正名，昭示天下。夫立愛之道，始於家邦，自古帝王，以此明人倫而厚風俗者也。稽若前憲，非朕敢私。其以瑗爲皇子，仍改賜名瑋。」詔，翰林學士周麟之所草也。是日，以麟之兼權吏部尚書。

18 丙子，制以皇子爲寧國軍節度使、開府儀同三司，進封建王。制既出，朝士動色，中外大悦。熊克小曆，手詔在丙子，會要亦同，今從孝宗玉牒。蓋甲戌降詔，乙亥鎖院，丙子宣麻耳。熊克小曆「乙亥召學士楊椿諭以旨意，鎖院甚嚴，丙子詔略曰」云云，此蓋據陳良祐撰椿墓誌所言，而不細考之。椿所草，乃進封麻制爾。玉堂草制，亦具著二人姓名。克直院累年，不知胡爲差誤如此。詔許民間作樂。

19 丁丑，宰執入賀。上曰：「昨日宣詔，想見人心喜悦。」湯思退曰：「豈惟士大夫，雖閭巷細民，無不鼓舞。仰見睿謀英斷⑨，合天人之心如此。」上又與王綸等論淮上盜賊。因曰：「自古銷盜賊之術，無如輕徭薄賦。」綸曰：「陛下一語盡之矣。夫姦凶喜亂，世固有之。然千萬人中無一二也，其餘悉是善良。徭役誠輕，賦斂誠薄，則民安居樂業，雖驅之爲盜賊，不從也。昨罷榷場，南北之商棄物而逃，困於道路，無所得食，漸至抄掠。是時皆勸陛下嚴責州縣捕之，陛下非惟不殺，且給之裹糧，使各歸業，不久遂定。」上曰：「知此道者，惟唐太宗。」綸曰：「貞觀之治，庶幾三代者，豈虚乎哉？」

是日，葉義問等發行在。

左朝奉郎、主管台州崇道觀沈長卿與義問善，至是辟爲書狀官。長卿至燕而病，比還，卒於保州。

20 戊寅，殿中侍御史汪澈言：「祖宗故事，凡政刑紀綱，禮文法度，可以備討論者，莫具於會要一書，捨是則漫散無統矣。章得象、王珪所編次，止於熙寧十年。自元豐以迄於今，八十年間，未有編次。恐歲月浸遠，不無漏逸。臣竊見秘書省官常不下十餘人，苦無職事。望令起自元豐以後，討論纂述，以成一代之縟典，傳於無窮。」詔禮部、秘書省條具取旨。

提舉江南東路常平茶鹽公事王義朝罷，以殿中侍御史汪澈論其抑勒民户，請買官田也。

21 己卯，左承議郎薛良朋爲國子監主簿。

詔滁州上供錢依濠州、盱眙軍例，更展免一年。上優假淮民，自休兵至今，未嘗起税也。

1 三月庚辰朔，户部郎中、總領淮西財賦都絜入辭，言：「江東屯軍，歲費緡錢七百萬，米以石計者近七十萬。科撥雖有名，限期雖有日，尚慮監司守貳恬不加意。望將弛慢尤甚者，許臣按劾黜責。」從之。

太府少卿方師尹守尚書左司員外郎。吏部員外郎兼國史院編修官胡沂守右司員外郎，兼職如舊。

2 辛巳，秘書省校書郎史浩、魏志權兼建王府教授兼恩平郡王府教授。

詔自今除授館職，並先召試學官，依格選除。議者言：「儒林册府之官，祖宗以來，必試可而後授。比年召用人材，故事浸廢，使州縣小吏皆有僥倖超躐之心。望特命大臣舉行召試之典。」事下吏、禮部，而權吏部尚書周麟之等言：「景德二年，命學士邢昺等與堪充國子監直講者十人，得太子洗馬張穎等試經義於學士院而命之。自後考試學官，即不該載，止有差注學官格法。」故有是旨。

敷文閣待制、知平江府陳正同提舉江州太平興國宫。秘閣修撰、知宣州朱翌知平江府。

集英殿修撰、知臨安府錢端禮言：「本府自紹興二十八年以後，未償鋪户、國信等買物錢二萬九千餘緡，屢經進狀，或省部投牒，照應本府。緣去年揀汰將兵，今按月將糧料等錢四千五百餘緡，赴左藏庫送納。望自三月以後，截撥上供窠名，盡數當官支還。所損不多而所惠甚衆。」從之。

兵部尚書楊椿奉詔舉利州西路駐劄御前左部統制楊從儀、右部統制李師顔可備將帥，而左朝散郎、利州路提點刑獄公事富元衡薦師顔忠節尤力。詔進從儀一階，令樞密院籍記，召師顔赴行在。

自岳飛得罪，而湖北轉運司拘收前宣撫司庫務金幣物料計直六百九十餘萬緡，有未輸者八十九萬緡，至是踰二十年，拘催不已。轉運判官王趯言：「此皆出軍支使，及回易逃亡之數，即非欺盜，無所追償，望悉除放。」從之。

3 癸未，吏部言：「職制令諸王、開府儀同三司立班叙位，在左右僕射、同平章事之下。」宰相湯思退奏：「太宗朝，宋琪乞班楚王元佐等下，臣等欲依故事上表。」上曰：「祖宗典故，親王在宰相下舊矣。卿等不必請，建王立班叙位，並依吏部所定。」

初，淮東轉運副使魏安行既上募民力田法，而淮西轉運判官張祁亦徙民於近江和州、無爲軍，補葺楊柳、嘉成二圩堤岸，官給牛種，使之就耕。至是，詔賜安行錢十萬緡。後四日，又賜祁本路鹽司錢三萬緡，爲牛種等費，然卒無成。

資政殿學士、新知廣州樓炤薨，後謚襄靖。

4 乙酉，保康軍節度使、開府儀同三司、萬壽觀使吴益遷少保，太尉、崇信軍節度使、主管侍衛步軍司公事趙密開府儀同三司，二人皆以攢宫之勞，故有是命。

尚書吏部員外郎陳俊卿爲樞密院檢詳諸房文字。

5 丙戌，尚書吏部員外郎洪邁移禮部。

6 丁亥，左奉議郎、通判平江府任盡言爲京西南路轉運判官。直秘閣、知撫州王秬提舉淮南東路常平茶鹽公事。先是，陳正同在平江，弛縱不治，盡言能助之，朝廷録其勞，故有是命。既而盡言乞至都堂白事，自陳母老，不願居邊，尋命秬與盡言兩易。二人易任，在四月丙寅。

軍器監丞朱商卿通判平江府。商卿，去年八月十二日有旨差措置江西米綱，不知後來如何結局，日曆未見。

詔臨安府在城，自紹興二十一年以後，官司續置到房廊賃錢，並減三分之一。

7 戊子，上策試禮部舉人劉朔等於集英殿。既而得右迪功郎許克昌爲首，用故事降爲第二，遂賜晉江梁克家等四百十二人及第、出身、同出身。朔，莆田人。克昌，襄邑人也。

直徽猷閣、知盱眙軍楊抗落職放罷。御史中丞朱倬論抗「私遣監渡官郭貫之等夜渡淮爲商，所得金錢動以萬計」，故黜之。

8辛卯，參知政事賀允中等使金國還，入見，允中言：「敵勢必敗盟，宜爲之備。」

9壬辰，池州奏「龍神衛四廂都指揮使、昭慶軍承宣使、本州駐劄御前諸軍都統制岳超卒」。寧國軍節度使、殿前司選鋒軍都統制李顯忠充池州駐劄御前諸軍都統制。顯忠言：「本軍有諸州配到罪人不少，乞揀選堪披帶之人充軍，將怯弱人發遣附近州軍牢城收管。」從之。二月戊戌行下。

右朝奉郎知常州莫伯虛、右朝散大夫通判常州梁興祖並降一官，放罷。以户部言「去歲諸路違欠上供諸色窠名，本州最多」故也。

10癸巳，上謂大臣曰：「監司郡守，所寄非輕，須平日選擇有人望者，以待有闕，便可除用。」

右正言沈濬言：「權户部侍郎邵大受病不任事。」詔與外任。大受乞宫觀。後三日，以大受充秘閣修撰、提舉江州太平興國宫。

11乙未，樞密院進呈有劉穎者上書，陳廣中利便五事。上曰：「所言有益於公私者，皆即行之。惟結好南蠻，其意不過欲誘説蕃商，利其寶貨。朕於此等物，舉無所好，何苦自擾？假令設十玉觥飲酒，酒味則一，一觥足矣，餘安用哉？」王綸曰：「不貴異物，賤用物，民乃足。陛下了然與六經合，故能託物指諭，以曉臣下。」上亦誦「不寶遠物，則遠人格；所寶惟賢，則邇人安」，至再三而止。

太府卿李潤權尚書吏部侍郎。

左朝議大夫、主管台州崇道觀王普提舉江南東路常平茶鹽公事。左宣教郎、通判荊南府張震提舉荊湖北路常平茶鹽公事。

右武大夫、忠州刺史、荆湖北路馬步軍副總管馬羽移京西路兼權知郢州。

12 丙申，左武大夫、榮州刺史、江南東路馬步軍副總管劉光輔移淮南東路副總管，楚州駐劄。

先是，山東之民，怨金暴虐。會歲饑，東海縣民因起爲盜。有次首領李秀者，密詣淮東副總管宋肇納欵，願得歸附，朝廷却之，且疑其或致衝突。諜者因謂其與金結約，將大興師南來，乃命光輔駐楚州，以爲之備。光輔未至，秀又遣其徒至楚州，見右朝奉郎、通判權州事徐宗偃，求濟師。宗偃諭遣之，因貽書大臣。大略謂：「東海饑民，困其科斂苛擾，嘯聚海島。一唱百和，犯死求生。初無能爲，金主蒙蔽，下情不通，猶未之聞。若知，則偏師一至，即便撲滅。縱使猖獗得志，必自沂密横行山東。失利則乘舟入海，誠不足爲吾患。今添置兵官，招集叛亡，適足以生邊釁。」宗偃，江山人也。此據徐宗偃紀實。

右朝奉大夫、新知楚州陸廉與右朝請郎、新知滁州周淙兩易。楚州易守，恐亦與東海縣事相關。

13 丁酉，以立皇太子，命兵部尚書楊椿告昊天上帝，權禮部侍郎宋棐告皇地祇，嗣濮王士輵告太廟，安定郡王令詪告諸陵。

宗正寺主簿吴曾試太常丞。

保寧軍承宣使、知金州兼金房開達州安撫使、節制屯駐御前軍馬王彦爲龍神衛四廂都指揮使，充金房開達州駐劄御前諸軍都統制，兼知金州。金房都統制正名自此始。

14 庚子，敦武郎趙益爲紹興府兵馬鈐轄。益，普遠孫也。

15 辛丑，秘閣修撰、知池州周執羔移知饒州。

詔今後臣僚重疊奏舉，令吏部具名劾奏。

16 壬寅，直秘閣知夔州程敦臨、左朝散郎通判夔州郭篪與本州兵將官四人，貶秩各一等，坐不救州城火，爲提刑司所劾也。火事見去年十二月丙子。

17 癸卯，詔興州都統制吴璘每歲進羊，道遠勞費，可自今罷。

18 甲辰，賜特奏名進士黄鵬舉等五百十三人同進士出身至助教。

是日，取應宗子彦髣等三十一人、武舉進士樊仁遠等十九人、特奏名一人，並授官有差。鵬舉，信州人。仁遠，福州人也。

19 丙午，檢校少保、武康軍節度使、恩平郡王璩開府儀同三司，判大宗正事，置司紹興府，始稱皇侄。

20 丁未，上謂知樞密院事王綸曰：「璩昨日之除，何如？」綸曰：「陛下春秋鼎盛，已爲宗社無窮之計，今日談笑裁決，略無難色。」上曰：「朕決此計已九年。建王所佩玉魚，乃置榷場之初，令買此玉，以備今日之用。舉此即可知矣。二王，朕育之宫中三十年。瑋始育之張婕妤，璩育之皇后。自張之没，后收而併視之。雖一食必均，略無等差。今二王之除，后意與朕合。」

詔建王府置直講，贊讀各一員，以郎官兼，小學教授一員，以館職兼。

詔每歲遣中使賜諸將帥暑臘藥，所至皆迎，不無勞費，自今令進奏院遞賜。

四川總領所乞增印錢引一百七十萬緡以備軍費。至是許之。通前後兩界，爲四千萬緡有奇，視天聖所書數，凡三十倍。明年十二月庚子所書可參考。

加封梁昭明太子統爲英濟忠顯王。

校勘記

①湖南北經制錢十萬緡　「南北」後原衍「京」字，據文義逕删。

②閤門宣贊舍人荆湖北路兵馬都監劉汜充中軍統制　「制」，原誤作「領」。本書卷一九三作「中軍統制」，據改。

③右都管不赴　「右都管」，叢書本作「左都管」。

④副使太中大夫尚書禮部侍郎耨盌温都謹行禮於慈寧殿　「耨盌」，原作「諾延」，據金人地名考證改。

⑤瑎之奇子　「之奇子」，原作「之子奇」，叢書本同。按：宋史卷三四三蔣之奇傳載：「子瑎，至侍從。曾孫芾，别有傳。」故據乙正。

⑥閱義有立　以上四字，原闕，據皇朝中興繫年要録節要、宋史全文卷二三上、清波雜志卷三等書補。

⑦聞望之懿　「聞望」，皇朝中興繫年要録節要作「望實」。

⑧中外所稱　「稱」，皇朝中興繫年要録節要作「聞」。

⑨仰見睿謀英斷　「謀」，皇朝中興繫年要録節要作「謨」。

建炎以來繫年要録卷一百八十五

1 紹興三十年夏四月按是月戊申朔。己酉，皇孫右監門衛大將軍、榮州刺史愭爲蘄州防禦使。右監門衛大將軍愷爲貴州團練使。右内率府副率惇爲榮州刺史。皇孫女碩人進封永嘉郡主。

2 庚戌，户部言：「左藏西庫見在錢銀，止可支至明日，約至月終，闕錢一百二十六萬餘緡。乞下榷貨務場，於入納到茶鹽并椿管錢銀内，預借百司諸軍七月、八月分券食錢，同日後到來綱運應付支遣。」從之。日曆四月二日庚戌户部狀，左藏西庫錢銀，止可約支四月三日終，今删潤附此。百司諸軍券食錢，每月朝廷於務場應副三十七萬緡，狀稱近已預借到六月，未知預借起於何年，當考。

3 辛亥，尚書左司員外郎方師尹專一點檢措置贍軍酒庫。

4 壬子，秘書丞劉珙、左奉議郎知大宗正丞祝公達，並守尚書吏部員外郎。

詔天申節州縣並免排宴。以上在諒闇故也。

5 甲寅，紹興府奏，以浙東提舉茶鹽司爲恩平郡王府第。從之。

6 乙卯，秘書省校書郎兼權建王府教授史浩守尚書司封員外郎，兼建王府直講。秘書省校書郎兼權建王府教授魏志爲祠部員外郎，兼贊讀。一日，浩講周禮至「酒正」，因言：「膳夫掌膳羞之事，歲終則會，惟王及后世子之膳羞不會。至酒正所掌飲酒之事，歲終則會，惟王及后之飲酒不會，而世子不與焉。以是知世子之膳羞可以不會，而世子之飲酒不可以無節也。」王作而謝曰：「敢不佩服斯訓。」

7 丙辰，參知政事賀允中兼權同知樞密院事，以葉義問使北也。

尚書吏部員外郎劉珙、秘書省校書郎王淮並守監察御史。

8 丁巳，詔以顯仁皇后升祔禮畢，親屬於后爲子行者遷三官，孫行二官，餘人一官。於是進秩者十有四人，授官者三人。諸女、諸婦封夫人者九人，令人三人，安人五人。

龍圖閣待制、四川安撫制置使兼知成都府王剛中陞敷文閣直學士。剛中重修成都城，是月始畢，週四千六百丈有畸。熊克小曆載剛中進職在去冬，蓋誤。

詔恩平郡王璩恩數請給，並依前宗室士㒟例。璩奏：「一行官吏請給，乞令紹興府以上供經制錢支。」從之。璩奏乞在乙卯日。

9 辛酉，資政殿學士、知潭州魏良臣言：「根括到本州民間開耕荒田七十八萬餘畝，自今年爲始，起理二税，計增茶鐵錢絹米草共六萬六千六百斤貫匹石束。外有荒田四十六萬餘畝，據人户自陳，實無力開耕，願納入官。已依條出賣，仍免三年税賦。」從之。

右朝請大夫沈邦直知黄州。

10 乙丑，詔自今臣僚陳乞上殿，令徑投狀通進司，不許於都堂納劄子，永爲例。

秘書省正字馮方、劉度並爲校書郎。秘書省校書郎王十朋兼建王府小學教授。先是，教授入講堂，則與皇孫叙賓主，而教授居賓位。十朋不可，王特爲之加禮，而位教授於中。

崇慶軍承宣使、安定郡王令詪提舉江州太平興國宮，從所請也。

殿前司準備使唤李師顔、師雄並爲閤門祇候。二人皆顯忠子，特録之。

初，命户部於鎮江、建康各别儲米百萬斛，以備水旱，助軍食。其後鎮江所儲至九十五萬餘，建康所儲至六十二萬餘。至是，左司員外郎方師尹言：「户部及漕司頗有借兑，乞令户部措置補還。」從之。

11 丙寅，右武大夫、貴州防禦使、殿前司摧鋒軍統制兼知循州張寧主管台州崇道觀，以病自請也。寧守循州凡十年。

12 丁卯，武經郎、閤門宣贊舍人、殿前司正將郭振爲摧鋒軍統制兼知循州，用楊存中薦也。

徽猷閣待制、提舉成都府玉局觀劉觀充敷文閣直學士。觀奉祠里居，屢召不至。詔：「觀建炎初爲侍從，任待制三十年，廉靖自守，時推老成。」特有是命。

右文殿修撰孫覿告老，復敷文閣待制致仕，後三日不行。

13 戊辰，進士梅綰特補將仕郎。綰，韋淵館客。投匭自言：「嘗蒙顯仁皇后許以恩顧。」故有是命。

14 庚午，龍神衛四廂都指揮使、鎮南軍承宣使、鄂州駐劄御前前軍統制李道爲荆南府駐劄御前前軍右軍統制。先是，朝廷以彈壓茶寇爲詞，命田師中遣道以所部五千人戍荆南府。至是，帥臣劉錡奏改爲前軍右軍，以道統之。於是，荆南之戍，合錡所募效用爲萬有一千人，然猶未成軍也。

右武大夫、添差利州路兵馬鈐轄吴挺爲利州東路駐劄御前前軍同統制，用都統制姚仲請也。

15辛未，左朝請郎、兩浙西路提點刑獄公事吕廣問直秘閣，爲兩浙路轉運副使。初，顯仁皇后既掩攢宫，而大理少卿張運因請建立四隅，其中皆屬禁地，乃撤籬寨而甓。城之四隅之内，有士民丘墓八百餘，判太史局李繼宗謂：「並在國音風水形勢之間，悉合挑去。」顯謨閣學士、知紹興府王師心言：「其間形勢迫近者，不可不去。或地里稍遠，山隴隔絶，望視不見，恐在陰陽家了不相干。乞委太史局再行覆視，如無妨礙，取自聖裁。」詔可。（張運見請，不知在何時。改牆寨作塼牆，亦不見降指揮月日，此據今年正月八日、二月二十日檢察宫陵所狀中所云修入。王師心申明，正月五日甲申行下。）既而檢察宫陵所言：「紹興府續根括到墳冢通約一千餘處。」（正月八日丁亥。）太常少卿都民望時爲左司諫，請：「委太常禮官，與本府官同太史局公共按視，定奪聞奏。庶幾攢宫大事，舉合先王典禮，不至專徇陰陽相罔之説。」（正月九日戊子。）乃命權太常丞吴曾偕太史局官楊彦民往視之。曾言：「已挑之冢九十二，未挑者八百六十四，内七百四十五家，相去稍遠，崗隴遮映，欲依宫陵故實，攢宫近例，更不挑移。（昭慈禁地内有小墳四所，永祐禁地内有六所，並不曾遷改。）其西北一百一穴，彦民以謂依經合挑。臣等非陰陽伎術之流，禮經不載，難以定奪。欲望更加詳定。」詔本府更切相度，如係崗隴遮映稍遠處，亦免挑移。（正月二十八日丁未降旨。）後二日，檢察宫陵所又言：「竊本府不知經意，乞令彦民等四人，與王師心同共相度指示。」（正月三十日己酉。）既又遣殿中侍御史汪澈將李繼宗往看定之。（三月七日丙戌。）至是還朝，澈上奏言：「攢宫之地，舊占百步，亦有士庶之墳在其間，經今三十年，無有議其非者。去冬新立四隅，回環不啻二十里。居民寸土尺木，率入於官，而今皆爲禁地，乃謂其間丘墳，盡合挑去，何前後之不相侔耶？臣書生，素不曉方技，請以史傳及祖宗故事明之：秦樗里子葬於渭南，漢興，長樂宮在其東，未央宮在其西，當時不聞遷其墓也。今七百餘穴皆在禁地，一旦悉令挑去，恐頓泄地氣，兼於人情未安。乞從本朝宮陵儀制所載，民戶舊墓願遷出者，聽令自陳。不願遷者仍舊。」上從之。事初已見去年十一月丙午。今年十月朔，王師心奏準詔遷移攢宮附近士庶墳墓，倍給價直，已於城下兩縣根刷無用官山，許令就葬，與此差不同，更當詳考。

言者論：「廣西轉運司昨申明將攝官四十一闕，差選人小使臣。其請給比攝官數倍，州郡難以支吾，且失攝官榮進之望，乞依舊注攝官。」從之。

16 壬申，太常博士杜莘老守秘書丞。莘老因對，又及江、淮守備。上曰：「卿每言必及此，憂國深矣。」

議者以爲：「川、廣、荆湖每歲漕綱至行在者，既入浙江，即須守閘，且有沮淺之患，而建康府溧陽之鄧步，溧水之銀林皆有陸路，止二十里，乃舟楫經從之地。謂宜於此地，置轉般倉兩處。中間陸路舊曾開通，見有溝港可考，問其所廢之由，則曰：『宣州地高，每遇水漲無以遏水，爲患於湖州等處。』臣謂只當留最高處二三里，不必開通，以爲倉基，則般運尤易。」又言：「建康上供米，自溧陽一夕而可達宜興；廣德軍上供米，自西安一二日而可至湖州。皆於兩浙漕司撥船般運，不數日而可至，誠爲利便。」詔江東轉運司相度。

17 癸酉，詔：「建王歲賜公使錢三千緡，逐月均給。其初除推恩合得承信郎四人，令依例陳乞。」

左奉議郎沈樞言：「新除福建路提舉常平茶事，緣常字係父名。」詔特不回避。

右朝散大夫曾緯知台州，令赴都堂稟議訖之任。

18 丁丑，左朝散郎、江南西路提點刑獄公事黄應南言：「奉詔覆視吉州應賣官田三千六百五十餘頃，計直一百三十八萬餘緡。内已有人承佃一千三百十七頃，計直三十一萬緡，乞減價直三分。無人承佃荒田、山林、陂澤二千三百四十一頃，計直六十萬餘緡，乞別行估定。」從之。議者謂魏安行虛張其數，實非可售之田，應南懲王傅之罷而不敢斥言之也。事初已見二十九年十月己卯。今年十一月辛巳，王傅知建州。明年四月丁丑，魏安行罷江東漕。

是月，詔建王賜字元瓌。玉牒在此月，日曆不書。

1 五月按是月戊寅朔。己卯，御史臺檢法官張闡、右正言沈濬並爲尚書吏部員外郎。先是，濬言：「新除兩浙漕臣湯允恭不孝其母。」詔刑部侍郎黄祖舜覈實。祖舜言：「允恭無不孝事迹，不應罪之。」遂罷濬言職。濬求去，乃除知舒州。濬補外在是月戊子。

左從政郎芮曄行國子正。左迪功郎陳騤爲國子録。

初，淮東馬步軍副總管劉光輔既至楚州，因招集叛亡。是日，歸明人吴皐率其黨持兵毆鬬北神鎮，居民爲之驚避，已而其黨殺之，金人尋復東海縣。事聞，移光輔江南東路副總管，饒州駐劄。光輔移官在六月壬戌，日曆不書所以，此據徐宗偃兩淮紀實修入。

2 辛巳，上書「玉堂」二字賜翰林學士周麟之。麟之奏依淳化故事，就都堂宣示宰執，仍以石本分賜侍從館閣官。從之。

左從政郎新紹興府府學教授徐履、右從事郎陸游，並爲敕令所删定官。游，山陰人也。

太尉、知荆南府劉錡兼本府駐劄御前諸軍都統制。先是，領殿前都指揮使職事楊存中建言：「諸重地如四川、鄂渚、池陽、建康、京口皆已宿兵嚴守，獨荆南歷代用武之地，今爲重鎮，而九江上流要害之地，緩急不相應援，請各置都統制，以廣屯備。」朝廷從之。荆南府、江州創軍自此始。

忠訓郎趙廞、趙庾並爲閤門祗候。二人皆密子，特録之。

詔建王府官吏各轉行一官資，白身人補進武校尉。

故左太中大夫李椿年、曾開各與子孫恩澤一資。以吏部言：「寄禄皆侍從，坐責死，其遺澤當取裁也。」

初，給事中王晞亮詳議薦舉縣令事。事初見二十九年九月壬辰。乞以山陰等四十縣並堂差卿監已上薦舉之人，京官任滿無遺闕，與減二年磨勘。選人到任及一年與循資任滿無遺闕，與減改官舉主一員。如政績優異，許監司郡守同銜奏聞，別與陞擢。癸未，從之。

3 甲申，編管人前直秘閣汪召錫死於容州。

4 乙酉，初置江州駐劄御前諸軍都統制一員，以殿前及步軍司兵各三千人，馬軍司及新招兵各二千人隸之，以龍神衛四廂都指揮使、寧武軍承宣使、侍衛步軍司前軍都統制戚方爲江州駐劄御前諸軍都統制。江州創軍及戚方除命，日曆全不見，但於此月庚寅書馬軍司奏依已降指揮，撥官兵三千人前去江州。辛卯，又書殿前司奏依已降指揮，差官兵三千人前去江州，步軍司奏都統制戚方已差江州駐劄，其闕未差人，乞差張玘充本軍統制。而趙甡之遺史，方除江州都統制在此日①，今從之。王曮撰楊存中神道碑云：「王建言荊南、九江各置都統制，朝廷從之。戍卒皆三衙分遣，他司率汰羸弱以往，王獨以全隊精鋭行。」按荊南創軍乃是劉錡先募效用六千人，又馬軍司遣戍千人，鄂州移屯前軍五千人，既又以贛州左翼、循州摧鋒軍隸之，未嘗於三衙分遣。循、贛兵雖隸殿司，其實但遥爲節制，碑蓋有所緣飾也，今不取。

5 丙戌，出内庫銀十萬兩，下兩浙轉運司糴馬料大麥。

初，直秘閣、江淮等路提點坑冶鑄錢李植以巡歷過行在，言：「歲額錢内藏庫二十三萬緡，左藏庫七十餘萬緡，皆是至道之後額數。自紹興以來，歲收銅止及二十四萬斤，鉛二十萬斤，錫五萬斤，此最多之數，紐計鑄錢一十萬緡。外有拘到諸路銅器二百萬斤，搭以鉛、錫可鑄六十萬緡，乃暫時所拘。乞據逐年所産，權立爲額。」事下工部，至是本部言：「若依所乞，委是數少，且以酌中之數五十萬緡爲額。」從之。

6 戊子，賜江東轉運司銀七萬兩，糴大麥二十萬斛。

殿中侍御史汪澈言：「攢宮四隅之内，良田千畝，耕植盡廢，非惟可惜，亦恐將來山林蓊密，人迹不通，爲虎狼窟穴，盜賊潛伏之地。乞募民承佃，歲收米斛，可給衛卒數百人，猶有餘饒。」又乞：「倣典故，命官兼陵臺令，凡攢宮公事，盡以委之。」詔禮部太常寺議。其後紹興府按視，得良田八百餘畝，請以付泰寧寺，捐其税，量納官租，以贍衛卒，其餘皆與之。得旨在七月辛丑，今併書之。仍令會稽知縣兼帶主管攢宮事務。

初，金主遣殿前右副都點檢蕭榮等來賀上生辰，命權工部侍郎黄中充接伴使。榮等當謝錫宴，故以天暑爲辭，欲拜宇下，中持不可，乃拜於庭中。是日，榮等過平江，欲觀姑蘇臺、百花洲，非例也，中許之。此以中墓誌及國信所狀參修。

7 辛卯，參知政事賀允中免兼同知樞密院事，以同知樞密院事葉義問將及境也。初，義問入北境，見敵已聚兵，有入寇意②。及還，密奏：

敵人以尅剥不恤爲能，以殺戮不恕爲威，窮奢極侈，似秦、隋之所爲。如燕京已劇壯麗，而修汴京。伐木琢石，車載塞路，民勞而多死於道。天人共怒，觀此豈能久也？又海州賊黨未盡，而任契丹出没太行，臣去時聞破濬之衛縣，回時聞破磁之邯鄲。北使三人皆被賊傷，奪去銀牌，不驚南使，在處不寧。今欲遷汴京，且造戰船，敵人皆有深意。以臣度之，若果遷都，則在彼已失巢穴。今江淮既有師屯，獨海道宜備。臣謂土豪官軍，不可雜處。土豪諳練海道之險，憑藉海食之利，能役船户，平日自如。若雜以官兵，彼此氣不相下，難以協濟。今欲於江海要處分寨，以土豪爲寨主，令隨其便。使土豪撓於舟楫之間，官兵扼於塘岸之口，則官無虚費，民無横擾，此策之上者也。

兵部尚書兼權翰林學士楊椿言於右僕射陳康伯曰：「北朝敗盟，其兆已見。今不先事爲備，悔將何及？」因與康伯策所以防慮之術：其一，兩淮諸將，各畫界分，使自爲守。其二，措置民社，密爲寓兵之計。其三，淮東劉寶將驕卒少，不可專用。其四，沿江州郡增壁積糧，以爲歸宿之地。康伯見上言：「敵謂我和好滋久，而兵備弛，其南牧無疑。」因條上兩淮守禦之計，上嘉納之。熊克小曆載楊椿四策於紹興三十一年四月，蓋因陳良祐撰椿墓誌，書此事於除參政之後，而椿以是年三月執政故也。然劉寶紹興三十年十月已罷鎮江都統，則非執政後所上明矣。詳考良祐所書，有云

「三十一年拜參知政事，未幾，朝廷再遣樞臣葉公義問報聘，歸言金已聚兵境上。公語左僕射陳康伯」云云，則椿所議，實在此時，而良祐誤記之也。又按：康伯此時爲右僕射，而左相乃湯思退，不知何以全不與聞，當考。

殿中侍御史汪澈亦條陳利害曰：

慮之有素，則事至而安静。慮之無素，則事至而倉卒。靖康之變，可爲龜鑑。今舊將自和好以來，各擁重兵，高爵厚禄，坐而寵榮，養成驕志。朝廷宜有以攝其心，服其氣。戰士以伎藝回易，專於雜役，而又有老弱疾病之不汰，逃亡之不補，宜有以蒐閲之，使有鬭心，而樂爲用。文武職事，平居常患其多，差除不行，臨事要人，則悟其無有。當務選實才，不宜泥資格，視閥閲，緩急非有益。

議者謂三者皆當今急務。中興聖政、龜鑑曰：「安石既去，而珪、確之行新法自若也。子厚既去，而曾布、李清臣之紹述自若也。主和誤國，固檜之罪，今檜死矣，改圖可也，而當國者執政如初，是一檜死而一檜復生也。紹興末年，逆亮新立，營汴久矣。湯思退、沈該之徒，豈不知金將有叛盟之志？特恐和議敗則張浚之徒進，而已復退，此其用心，是即秦檜之用心也。張浚論事，而二相笑以爲狂，且加竄斥。至紹興二十九年，孫道夫使金回，言金將求釁於我。未幾，黄中再使回，又言金治汴兵矣，不數日可至淮上。而時宰且詰之，曰：『沈少監歸不聞此言，公安得爲此？』而不之信。王綸阿附，妄言鄰國恭順，和好無他，而湯思退遽爾稱賀，此正趙子砥所謂金人講和以用兵，我國斂兵以待和也。及至葉義問使還，見金已聚兵，有入犯意。於是右僕射陳康伯言：『敵謂我和滋久，兵備弛，其南牧無疑。』因條上兩淮守禦之策，而遣將命帥，始皇皇焉。吁！二十年講和之久，張俊、岳飛往矣③。解潛、吴玠死不復生，劉錡、顯忠擯不復用。意其頽敗廢棄之餘，無復英鋭果敢之氣，而一日分屯列戍，四川則有王剛中，襄陽則有吴拱，江淮則有劉錡，海道則有李寶，蜀則有吴璘、姚仲、王彦，江則有戚方、王權、李顯忠，雲合響應，氣勢翕張。則知人心忠義，雖更秦檜銷鑠之餘，而亦不能使之泯没也。」

是日，大雨。於潛、臨安二邑山水暴至。夜，安吉縣洪水作，居民屋廬多壞，人死者甚衆。後四日，詔轉運司賑恤之。其田決爲溪者，蠲其税。

8 壬辰，太常丞吳曾特降一官。先是，曾奉詔與太史局丞楊彦民等按行攢宮地。彦民等妄乞挑去民間冢墓，曾依隨奏聞，故黜之。

9 癸巳，左奉議郎任文薦提舉江南西路常平茶鹽公事。

修武郎姚公興爲右武郎。公興，仲子也。

10 甲午，殿中侍御史汪澈言：「監登聞鼓院王直中奴事丁禩，嘗知金壇縣，彊取士人家書畫古器以奉王曮。」詔放罷。

北使之過淮、浙州縣也，居人皆闔户不出，使者以爲言，國信所奏其事。詔尚書省行下，並毋得閉門。趙甡之遺史，紹興三十一年五月，王全、高景山來賀生辰也，自入境有兇悍之狀，過平江、秀州，舟中以弓矢射夾岸居人，官司莫敢誰何，但報告居人闔户而已。不知即此年事，甡之誤繫之明年，或自是兩事也，姑附此，當考。

白身人林觀特補承信郎。時海賊陳演添等掠高、雷境上，觀爲所執，既而殺演添及其黨，聚被掠者九十餘人歸南恩州，故有是旨。

11 乙未，直秘閣、新京西轉運判官王秬知江州。上以江州新戍大軍，兵民雜處，故選秬守之。

左朝散郎、知隨州蔣汝賢爲京西南路轉運判官，兼提刑、提舉常平公事。

12 丙申，金國賀生辰使輔國上將軍、殿前右副都點檢蕭榮，副使中大夫、太子右諭德張忠輔入見。自休兵以後，北使見紫宸殿，設黄麾仗千五百有六人。至是，以未純吉，不設仗。既見，置酒垂拱殿。時建王侍燕，榮等望見，聳然曰：「此爲建王邪？」竟夕不敢仰視。

13 戊戌，天申節，百官及北使上壽，以顯仁皇后喪制未終，不用樂。初上以在諒闇，欲不受禮，而羣臣援景祐故事請之。榮行，復命黄中送伴，還言：「敵日繕兵不已，且其重兵皆已南下，宜有以待之。」

14 庚子，右迪功郎、敕令所删定官王秬特改右承務郎，令後省召試。秬以薦對，故有是命。既而秬言：「朝廷久無此例。」力辭，乃以爲樞密院編修官。秬除秘編在六月癸酉。

15 辛丑，秘閣修撰、知明州張偁提舉台州崇道觀，從所請也。

16 壬寅，特進沈該落致仕，復觀文殿大學士，判明州，仍令該疾速便道之任。

17 癸卯，左中大夫湯鵬舉落致仕，提舉臨安府洞霄宫。

18 甲辰，左宣教郎張戒主管台州崇道觀④。

19 乙巳，江州駐劄御前諸軍都統制戚方入辭，上諭以淮西民兵事。事見三十九年十二月。方乃遣官⑤，籍以教之，自蘄州始，而蘄州守臣以爲不便，奏罷之，遂止。

20 丙午，寧武軍節度使、提舉佑神觀吴蓋爲太尉。

1 六月按是月丁未朔。戊申，宰執奏殿前司申：「明州水軍，内福建秋蘆、延祥兩寨效用軍二年一替，今到軍年餘，方知紀律。欲候滿日，更留一年。」上曰：「瓜時而往，及瓜而代。二年一替，軍人望之久矣。今將及期而改，是上失信而下失望也。」遂令更戍如期。

2 庚戌，用右文殿修撰、知臨安府錢端禮議：「復令榷貨務給降諸軍見錢，公據關子三百萬緡，爲楮幣張本。淮東總領所四十萬緡，淮西、湖廣總領所各百二十萬緡，平江府、宣州各十萬緡，聽商人以錢銀中半請買。」

右朝議大夫、直敷文閣、主管台州崇道觀李邦獻特降一官。邦獻在江西，舉吉州軍事推官郭珣瑜改官溢格，爲吏部侍郎洪遵所劾，故有是命。

右通議大夫林乂卒。詔特與恩澤一資，用吏部請也。日曆於正月四日辛巳，先書吏部取旨與乂遺表恩澤，而乃於六月三日庚戌方立傳，必有一誤，或可移此，併曾開、李椿年與恩澤兼書之。

3 壬子，監察御史王淮守右正言。

忠訓郎戚世傑、成忠郎戚世顯並爲閤門祗候，二人皆方之子也。

4 甲寅，左奉議郎、提舉淮南東路常平茶鹽公事任盡言與宮觀，以御史中丞朱倬論其託詞攘闕也。事見今年三月丁亥。

5 乙卯，殿中侍御史汪澈言：「通判平江府劉敏求，嘗自言年一百八歲，設或妄誕，亦不下八九十，宜優與祠祿，俾之就閒。」詔敏求與宮觀，理作自陳。

6 丙辰，右武郎吳掖爲右武大夫。掖，挺兄，用其父璘所遷官回授也。

7 己未，直敷文閣、知揚州魏安行爲江南東路轉運副使。

左武大夫、武康軍承宣使、權知廬州劉綱移知揚州。

直秘閣、知蔣州龔濤知廬州。

右朝奉郎、淮南路轉運判官張祁直秘閣。

8 辛酉，昭信軍節度使、領閤門事曹勛提舉萬壽觀，免奉朝請。

9 壬戌，三司申明逃亡軍人首身之限。上謂宰執曰：「朕始見此法，未深曉其意。使出人主一時恩宥，人猶不測，著爲定法，是教之逃也。」因顧王綸曰：「卿解之否？蓋不如此，即此曹聚而爲盜，始知祖宗用意深遠。」

樞密院檢詳諸房文字陳俊卿爲監察御史。

左朝散郎、知處州葉顒移知常州。

敦武郎、監盱眙軍淮河渡郭貫之爲兩浙西路兵馬都監。忠翊郎夏俊監盱眙軍淮河渡。此本不必書，爲欲見夏俊取泗州事始。俊被差月日，不見於日曆，因郭貫之改除遂書之。

賜江州都統制戚方軍中錢二十萬緡，銀布各五萬匹兩，爲回易本。

10 癸亥，少傅、瀘川軍節度使、中太一宮使、榮國公錢忱遷少師，仍舊節致仕，給真俸。忱，仁祖之甥，再世位將相，子登從列，孫女爲皇孫愭婦，故恩數視戚里特優焉。

11 乙丑，閤門祗候劉士元爲武林郎。士元，寶之子也。

12 丙寅，上謂宰執曰：「歲方六月，禾稼未登，聞已催民間積欠。可令諸路轉運司徧下州縣，候秋成日催理，庶幾民不告乏。」湯思退曰：「陛下恤民一至於此，天下幸甚！」

處州麗水縣童子楊富老七歲喪父，哀慕不已，夜則露臥冢前，不避雨雪。州上其事於朝，詔賜束帛。

13 丁卯，國子監主簿薛良朋爲御史臺檢法官兼主簿。

武翼大夫、貴州刺史、兩浙西路馬步軍副都總管張掄知閤門事。

14 戊辰，左朝奉郎、知嘉州何逢原爲成都府路轉運判官。

直秘閣、知眉州計有功爲利州路轉運判官。

15 己巳，左武大夫、昭慶軍承宣使、入内内侍省押班董仲永提舉佑神觀，免奉朝請。

16 庚午，知樞密院事王綸充資政殿大學士，知福州。綸引疾求去，故有是命。

17 辛未，户部奏：「下湖廣總領所取撥江西折帛經總制錢各二十萬緡，廣東、湖南經總制錢各五萬緡，江州轉般倉取撥椿管江西上供米六萬石，並充江州戍軍支用。」從之。仍令湖廣總領所遣屬官一員往江州應副。

折帛錢及米三萬石乃五月辛卯科撥，今併書之。

18 壬申，中侍大夫、武當軍承宣使、利州西路駐劄御前中軍統制李師顏知夔州。師顏初用楊椿薦召還，未至而有是命。

降授左中大夫沈調復左太中大夫，以期敘也。

故太尉、武泰軍節度使郭仲荀贈開府儀同三司。仲荀薨十五年矣，至是，其孫成忠郎永茂投匭自訴，故録之。

19 癸酉，翊衛大夫、忠州防禦使吴琦知巴州。

20 丙子，尚書祠部員外郎兼建王府贊讀魏志卒。

1 秋七月按是月丁丑朔。戊寅，詔明州水軍三百人戍崑山黄魚垛，巡捕漕船作過，歲一易。初命鎮江軍中遣戍，而都統制劉寶不奉詔，故更發焉。此據實劾疏。

左武大夫、武康軍承宣使、新知揚州劉綱卒。己卯，上謂輔臣曰：「劉綱在淮西，團結民社，措置有方，未到揚州，聞已物故，深可傷憫。」同知樞密院事葉義問對曰：「臣採之衆論，有許世安可以代之。臣近招與語，其人病體已安，議論通曉，必可倚仗。」上曰：「世安老將，與成閔、王權等輩向甚立功，頗得淮南人情，且除淮東總管，因令權知揚州，觀其措置民社事，然後用之。」尋賜綱家銀帛二百匹兩。

2 辛巳，建武軍承宣使許世安添差淮南東路馬步軍副都總管，揚州駐劄。

3 壬午，尚書禮部員外郎洪邁兼國史院編修官。

宗正少卿金安節、帶御器械韓俣並復所貶秩。

4 乙酉，詔諸路禁兵，以其半教習弓弩，令帥臣春秋遣將官巡行按試。

右承議郎、知通化軍康彬主管台州崇道觀⑥，從所請也。

武顯大夫、荆湖北路兵馬鈐轄兼權知荆門軍魏震移知鼎州。

右朝奉郎、監饒州浮梁縣景德鎮税務莫濛知通化軍。

降授左朝散郎、主管台州崇道觀姚岳知荆門軍。

5 丁亥，初，立大理少卿拘催贓罰錢減年格，舊贓罰錢，旬輸左藏庫，至是，少卿張運視事數月，所輸至二十萬緡。言者乞比附諸州守貳起發無額錢例推恩，故有是旨。

右文殿修撰、知臨安府錢端禮權尚書户部侍郎。

直秘閣、兩浙轉運副使黄仁榮陞直敷文閣，知臨安府。

給事中王晞亮與外任，以殿中侍御史汪澈劾其「素無廉耻，在瑣闥踰年，無所封駁」故也。晞亮乞宫觀，改提舉江州太平興國宫。

6 庚寅，直秘閣、知鎮江府鄭作肅主管台州崇道觀。作肅與劉寶不協，自請之也。直秘閣、知衢州趙公偁知鎮江府。

右承議郎、提轄行在雜買貨務葉林罷。林，著子也。中書舍人沈介言：「林乃蔡京外孫，雖陛下天覆地載，推罪不相及之恩，亦豈可使之官於天朝？」遂罷其命。

7 壬辰，尚書左司郎中方師尹罷。師尹兼點檢贍軍激賞酒庫，奏辟右宣教郎、新知海鹽縣何侑等三人爲監庫官，侑等皆新改京秩。右正言王淮以其不當辟，奏劾之，且論師尹「奮由武弁，素無廉聲」。於是師尹與三人皆罷。

8 癸巳，直秘閣徐度爲樞密院檢詳諸房文字。

直敷文閣、提舉兩浙西路常平茶鹽公事楊倓陞直顯謨閣。

詔太常博士朱熙載、諸王宮大小學教授劉儀鳳、左奉議郎新知巢縣許必勝並召試館職。殿中侍御史汪澈言必勝乃張常先之客，遂罷之。其後熙載、儀鳳皆以久去場屋辭，乃以儀鳳爲國子監丞。儀鳳除監丞在八月己巳。

9 甲午，右中散大夫、成都府路提點刑獄公事王弗直秘閣、都大提舉四川茶馬監牧公事。

直敷文閣、知舒州王珪主管台州崇道觀。珪初除福建路提刑，而中書舍人沈介論：「珪頃在紹興，與曹泳爲詩酒之游，薦之秦檜，召攝宰事。檜死泳逐，珪失所恃，附湯鵬舉，濫陞御史。逮鵬舉之逐，陰令其子與珪交通，將有所誣陷。賴聖明洞照，亟有奉常之除，其謀遂寢。珪不自安，方引去。出守龍舒，政績無聞。」乃有是命。日曆王珪罷閩憲，於三十一年七月己丑復書之，蓋重疊錯誤也。

10 乙未，翰林學士兼權吏部尚書周麟之言：「臣聞傳曰：『非天子，不制度，不議禮，不考文。』竊見吏部續降申明條册，乃有頃年都省批狀指揮參於其間。向之修法官有所畏忌，至與成法並立⑦，條目不與成法同。今遂與成法並行，以理推之，誠爲未允。望令諸選具紹興二十五年以前批狀指揮，令敕令所看詳，可削則削，毋令與三尺混淆。」從之。

威武軍承宣使、新江南西路馬步軍總管張淵移淮南西路副都總管，兼權知舒州。

左朝散郎、新知舒州沈濬移知徽州。

11 丁酉，權户部侍郎錢端禮專一點檢措置贍軍酒庫。

12 戊戌，同知樞密院事葉義問進知樞密院事。於是，義問奏應變、持久二説，以爲：「兩淮形勢，在今危急。荆南劉錡，則均、襄、隨、郢、通化、棗陽之所隸也。鄂渚田師中，則安、復、信陽、漢陽之所隸也。九江戚方，則蘄、黄之所隸也。池陽李顯忠，則龍舒、無爲軍之所隸也。建康王權，則滁、和之所隸也。鎮江劉寶與馬帥成閔，則真、揚、通、泰之所隸也。江陰正控海道，宜自鎮江分兵以扼之。至於濠梁、固始、安豐諸郡近邊，亦宜總之合肥。比已分屯諸將，臣欲飭兵，擇地險要，廣施預備。又金人用兵之久，貪驕淫怠。今所用皆非舊臣，而多用簽軍。簽軍，本吾民也，其肯爲敵效死乎？此應變之説也。臣又見秋冬之交，淮水淺涸，徒步可過。若敵今歲未動，乞以江、淮一帶，遴選武臣爲守。公私荒田，悉撥以充屯田，使募人耕之。暇則練習，專務持重，勿生釁端。來則堅壁勿戰，去則入壁勿追，使之終無所得而自困，此持久之説也。」

御史中丞兼侍講朱倬參知政事。

翰林學士兼修國史兼侍讀兼權吏部尚書周麟之同知樞密院事。

13 庚子，初，令純州平江縣民户結保打量實耕田畝，赴官自陳，每畝輸税米二升四合，仍置砧基簿。有不實，許告賞。始用羅孝芬奏也。孝芬所奏在二十八年正月。

權工部侍郎黃中言：「御前軍器所領屬中人，其調度程品，工部軍器監有不得而聞者，非祖宗正名建官之意，請得隸屬稽考之。」詔工部每季輪差官一員檢察。熊克小曆載此事於今年四月末，又云不報，蓋不考之日曆也。

左朝議大夫、知黃州范滐移知池州。

14 辛丑，浙西諸司言：「右通直郎、知鹽官縣胡堅常治狀爲一路之最。」詔特轉一官，俟任滿日取旨陞擢。堅常，晉陵人也。

左迪功郎、太學博士鄭聞爲左承奉郎。聞以大臣薦對，故有是命。

成忠郎、殿前司準備使喚都遇爲閤門祗候，添差東南第二副將，廬州駐劄。以少師領殿前都指揮使職事楊存中、敷文閣待制陳正同、荆湖北路轉運判官王趯，言其智謀才力，可率士衆也。

15 壬寅，詔太常悉以行在職事官侍祠，勿用兩銓在選者。用禮部員外郎洪邁奏也。國家自近歲大祀五十有五，中祀四，小祀十有四云。

16 癸卯，詔以郡守多闕，令侍從、兩省、臺諫各舉嘗任通判，治狀顯著者二人，又趣郎官以上，依新制舉縣令。

左朝請大夫、淮南轉運副使董將直秘閣、主管台州崇道觀，以疾自請也。

初，漳州羣寇數十人犯興國軍城下，白晝殺掠，官軍不能拒。土人免解進士吳堯獻率家丁捕斬之。殿中侍御史汪澈言於朝，下帥臣覈實，至是，以堯獻爲右迪功郎。

17 甲辰，詔户部科降銀錢一百二十五萬緡，令兩浙、江、湖六路轉運司置場市軍儲，通去年已糴數爲三百萬石。

是月，加封伍員爲忠壯英烈威顯王。

1 八月丙午朔，日有食之。

2 丁未，仁壽郡主卒，賜其家銀帛百匹兩，主吴榮穆王女也。

3 戊申，權禮部侍郎宋棐等言：「季秋大饗徽宗皇帝於明堂，以配上帝。緣祖宗以來，屢行大饗明堂，而所設從祀不同。今若依皇祐廣設從祀，竊慮其禮稍煩，在孝饗疑若未專。若依元豐悉罷從祀，復慮其禮稍略，在昭報疑若未稱。今欲依熙寧設五方帝、五人帝、五官神從祀之位，庶幾繁簡適當，得禮之中。」從之。

資政殿學士、新知福州王綸提舉臨安府洞霄宫，從所請也。

4 庚戌，言者論諸軍揀汰多不實。上以問宰執，朱倬曰：「近來諸軍招填難，揀汰甚易。」上曰：「老病不堪帶甲，在軍蠶食，則揀汰之。今皆緣請托，以求脱去。員數猥多，坐食諸郡，無以贍之。其間又有武藝精而尚堪用者，亦可惜。」乃詔委總領所保明，樞密院審實之。

直顯謨閣、成都府路轉運副使王之望守太府少卿，總領四川財賦軍馬錢糧。先是，之望與續觱皆爲臺諫所薦，而葉義問又於上前力稱之望之才，遂召赴行在。或忌之，乃有是除。

5 辛亥，詔内侍吴因於左藏庫取錢九十千，充九月十七日淵聖皇后生辰齋千佛等使用。此事本不須書，以自建炎以來未見淵聖皇后典禮，故表出之。

左朝請郎强友諒知蔣州。友諒，淵明子也。淵明，錢塘人，故資政殿學士。

武功大夫、知濠州劉光時領英州刺史。

6 壬子，詔：「自今州縣官犯入己贓，及用刑慘酷，令刑部具失按察官姓名，申尚書取旨。即有隱蔽，令御史劾之。」

右朝請大夫、荆湖北路轉運判官王趯爲淮南路轉運判官⑧，兼淮南東路提點刑獄公事。

罷盱眙軍榷場給商人關子牌號，仍舊印臂及給甲帖。二事皆前守臣楊抗所創，言者以爲阻節客貨故也。

7 癸丑，左太中大夫、參知政事賀允中特轉一官，充資政殿大學士致仕。允中使北還，言敵勢必背盟，宜爲之備。上疑未決，允中因告老，乃有是命。

秘閣修撰知平江府朱翌、知饒州周執羔並復敷文閣待制。

直龍圖閣知太平州周葵、直龍圖閣知宣州凌景夏並充集英殿修撰。

左朝散郎、知信州徐林充秘閣修撰。

左宣教郎李浩爲太常主簿。

端明殿學士致仕折彦質薨於潭州。

8 甲寅，復以四川當起經總制錢五十萬緡賜總領所，爲增招軍兵之用。成都府路十二萬，潼川六萬，利路九萬，夔路三萬，此據總領所財賦册。

起居舍人葉謙亨知撫州。謙亨本湯思退所薦，至是，以他執政亟稱之，思退疑焉，故出之。

少師、領殿前都指揮使職事楊存中上故左武大夫、相州觀察使、知朔寧府孫翊及其子武德大夫、嵐石路統制軍馬昂死節狀於朝。詔贈翊昭信軍承宣使，昂右武大夫、成州團練使，以其事付史館。

9 丙辰，上諭宰執曰：「近有獻用車戰者，朕以用在人不在車。南北異宜，木性亦異。如大舟以荔枝木爲棹，北方絶無。而造車多用榆木，南方亦少。況江湖沮洳之地，雖有車騎，何所用？卿更宜精思。」湯思退曰：「謹遵聖訓。」

直顯謨閣、提舉兩浙西路常平茶鹽公事楊倓乞以私販敗獲之人配隸諸軍，無使放縱。上曰：「私販之禁，非不嚴備，第官司奉行失信耳。朕聞私販，多以大風雨夜，用小舟破巨浪，潛行般置。巡尉素不諳熟，豈肯冒不測之淵，以冀賞給哉？使所捕者，皆此等輩，當賞不踰時，以示之信。若其圖升合之利以爲活，亦可恕也。」

户部乞申嚴徒配舊法行下。上從之。

尚書右僕射、提舉詳定一司敕令陳康伯上參附吏部敕令格式七十卷，刑名疑難斷例二十二卷。翌日，上謂輔臣曰：「頃未立法，加以續降太繁，吏部無所遵承。今當一切以三尺從事，不可復令引例。若更精擇長貳，銓曹其清矣。」

殿中侍御史汪澈守侍御史。監察御史陳俊卿爲殿中侍御史。秘書省著作佐郎陳之茂爲監察御史。

權尚書禮部侍郎宋棐充集英殿修撰，知紹興府。

户部奏：「歲撥利州路經總制錢十萬緡，江西茶引二十萬緡，通六月辛未所科，爲八十萬緡，以備江州屯軍之用。」從之。

10 丁巳，尚書吏部侍郎兼樞密都承旨洪遵爲翰林學士兼權吏部尚書。

中書舍人沈介試吏部侍郎。宗正少卿金安節權禮部侍郎。

吏部員外郎兼權右司員外郎虞允文守起居舍人兼權中書舍人。

權尚書刑部侍郎黄祖舜兼權給事中。

權户部侍郎錢端禮兼權樞密都承旨。

降授右朝散大夫王珏復所降一官，提舉淮南東路常平茶鹽公事。時洪遵、汪澈奉詔薦珏可任郡守，又言：「珏兩爲漕臣，民歌其政。真州之罷，人以爲冤。」而遵所薦尤力，故復用之。

11 己未，言者奏：「國家因陳亨伯建議，始立經總制錢，多出於酒税、頭子、牙契錢分隸。歲之所入，半於常賦。自紹興十六年，因李朝正上言，專委通判拘收。通判既許自專，因得盡力，於是歲之所入，至一千七百二十五萬緡。無何，議者妄有申請，始命知通同掌。通判壓於長官之勢，恣其侵用。迄今九載，歲虧二百餘萬緡。望復委通判拘督。」從之。

詔故左奉議郎吳元美特與一子下州文學。以列曹尚書、侍郎楊椿等八人言其「操履端方，學問深博，得罪故相，已死，乞録之也」。

12 辛酉，湖廣總領所言：「昨降一合同錢關子三十萬緡，賣錢椿管，今已踰歲，所賣僅二萬緡，乞支末茶長短引兑易。」從之。

13 壬戌，左銀青光禄大夫、守尚書左僕射湯思退爲左金紫光禄大夫。左通奉大夫、守尚書右僕射、同中書門下平章事兼提舉詳定一司敕令陳康伯爲左正議大夫，皆以進書恩也。

14 甲子，右朝奉大夫陳良翰爲廣南東路提點刑獄公事。既而侍御史汪澈言：「良翰頃居棘寺，阿附秦檜，戕害良善。持節江東，公行賄賂。其妻内通關節，人謂之女提刑。使居遠方，民何所愬？」遂寢其命。良翰放罷在十一月丁丑。

初，資政殿學士張燾爲吏部尚書，奉詔舉修武郎、兩浙西路兵馬都監武鉅可充將帥。至是進呈，上問鉅知書否，湯思退曰：「鉅議論過人，深達文義。」上曰：「武臣知書，方曉民事，可令籍記，俟邊郡有闕，則命之。」

15 乙丑，皇叔復州防禦使士周爲宜州觀察使。士周，仲儡子，以積閥遷也。

左宣教郎莫濟充諸王宮大小學教授。

16 丙寅，資政殿大學士致仕賀允中入辭。

宗正丞趙廱爲尚書駕部員外郎。

17 戊辰，詔諸路犯罪合編管人，不得配隸行在五百里州軍。用秘閣修撰、知信州徐林請也。

18 庚午，大理寺丞蔡洸面對，論猾吏擾民之弊。詔趣諸路監司，裁定吏額來上，違者令户部劾之。

19 辛未，皇叔安慶軍承宣使、同知大宗正士街爲安德軍節度使。

20 壬申，淮南東路馬步軍副都總管兼權安撫司公事許世安得諜報，金主已至汴京，重兵皆屯宿泗，亦有至清河口者。乃遣右宣義郎、通判州事劉祖禮告急於朝廷。此據徐宗偃兩淮紀實。先是，金主亮命户部尚書梁球、兵部尚書蕭德温，計女真、契丹、奚三部之衆，不限丁數，悉簽起之，凡二十有四萬。以其半壯者爲正軍，弱者爲阿里喜[9]。一正軍，以一阿里喜副之。又簽中原漢兒、渤海十七路。除中都路造軍器，南都路修汴京免簽外，令吏部侍郎高懷正等十五人，分路帶銀牌而出，號曰宣差簽軍。使每路各萬人，合蕃漢兵通二十七萬，倣唐制分爲二十七軍。簽數已定，遂以百户爲謀克[10]，千户爲猛安[11]，萬户爲統軍。其統軍則有正副，諸軍悉以蕃漢相兼，無獨用一色人者。懷正，會寧人也。此以宋翌金亮本末、張棣正隆事迹參修。但棣稱至十月宣差始定，今從翌所記聯書之。范成大攬轡録稱高懷正，大定人。大定，即會寧也。

左朝請大夫、江南東路轉運判官孟處義移知衢州。

21 癸酉，秘書省校書郎馮方兼國史院編修官。

校勘記

① 方除江州都統制在此日　「制」原闕，據上下文補。

② 有入寇意　「寇」，原作「犯」，據叢書本改。

③ 張俊岳飛往矣　「俊」，叢書本、宋史全文卷二四引龜鑑俱作「浚」。按：此句前後所言，皆諸將摒棄不用事，故知作「浚」非是。

④ 左宣教郎張戒主管台州崇道觀　按：張戒奉祠，已見本書卷一七七紹興二十七年九月庚午，此處重出甚誤。或人名有誤。

⑤ 方乃遣官　「遣」，原作「遺」，據叢書本改。

⑥ 右承議郎知通化軍康彬主管台州崇道觀　「彬」，原作「杉」，據叢書本改。

⑦ 至與成法並立　「至」，原作「止」，據叢書本改。

⑧ 右朝請大夫荆湖北路轉運判官王趯爲淮南路轉運判官　前「路」字原闕，逕補。

⑨ 弱者爲阿里喜　「阿里喜」，原作「伊勒希」，據金人地名考證改。

⑩ 遂以百户爲謀克　「謀克」，原作「穆昆」，據金人地名考證改。

⑪ 千户爲猛安　「猛」，原作「明」，據金人地名考證改。

建炎以來繫年要録卷一百八十六

1 紹興三十年九月丙子朔，直敷文閣、知閬州王濯提點成都府路刑獄公事，用臺諫前薦也。

2 丁丑，左從事郎鄭升之行太學録。升之爲台州軍事推官，未上，知樞密院事葉義問薦其才，召對，改京秩。而升之以未歷考任，固辭，乃有是命。

右迪功郎、新廣南西路提舉鹽事司幹辦公事李鼎臣言①：「廣西買馬，歲額增損無定。沈晦爲帥一年，所買至三千匹，今率不及二千匹。若欲買千騎，且以中價計之，亦不下十餘萬緡，況皆本路諸州上供錢買銀，每兩三四千，其折與蠻夷，每兩二千而已，折閱太甚。伏見廉州白石場歲額賣鹽六百萬斤，已自有餘。而雷、化諸州運赴白石場，積而不售者尤衆。願令帥司同鹽司相度，般運於横山寨，以備博馬，是以無用爲有用也。」詔兩司疾速措置。十一月辛巳，上云：「昨李鼎臣上書，言鹽博馬利便。」十二月二十八日，鼎臣請辟海外四州守臣，繫此銜。熊克小曆載此事，止云言者，蓋不詳考也。

武德郎、福建安撫司水軍統領鄭慶爲武義大夫，以本路帥司言慶「任統領十八年，防扼海道無虞」故也。

3 戊寅，直敷文閣、知臨安府黄仁榮以母憂去官。

4 己卯，權尚書户部侍郎錢端禮兼權知臨安府。

長寧軍言：「夷官武經大夫、西南蕃都大巡檢使落邸身亡，乞以其子判孺承襲。」詔以判孺爲武略郎充都大巡檢使，仍以鹽綵賜之。

戶部言：「大軍歲用馬料，今江、浙諸路和糴米多。乞令逐路轉運司，以上供米增折馬料。」舊米一斛折納料二斛。至是，令兩浙路增二十萬斛，江東西各增十六萬斛，內平江、鎮江、建康府、鄂州各十萬，荊南府六萬，宣、池州各二萬。從之。

庚辰，太常少卿都民望卒，以嘗任諫官，特賜其家銀帛百匹兩。

右朝奉郎、通判楚州徐宗偃聞揚州告急，事見八月壬寅。自高郵以驛書遺大臣，言：

宗偃自到官以來，飽諳覘邏者之情僞。密院三衙，沿江諸將，所遣固不一矣。要皆取辦於都梁、山陽土著之人，由都梁者不過入於泗，自山陽者不過至於漣水，采聽髣髴，信實蔑然，且若東海之人，止緣饑民困於暴斂，一唱百和，犯死求生，而候者閧然。有興師十萬，駕海航二千艘，因而南向之說，遂重煩朝廷憂顧，宗偃獨以爲不然，已而卒如所料。矧今自六月以來，日聞簽軍聚糧，修京除道，敷斂金帛，營造舟船，添立砦柵，虐用其民，無所不至。且約七月必還都矣，既而不效，展取八月，又不效，則曰：「京都改築外城，更造秘殿。」且有登封泰山，欵謁明道宮之議。此何所考信哉？

宗偃近以職事至維揚帥府，而都梁持羽檄來，謂金主已還於汴，重兵散布宿、泗、清河之間，帥司告急於朝廷，人情恟懼。宗偃亦以爲不然。才少須臾，又無一驗。合是此輩傳聞之誕，亦甚明矣。靖康之初，再犯京闕，洊至維揚，無一人知其來者，先聲播傳，計之詭也。伏惟廟謨成算，固非一介可測涯涘。然長江不足恃，兩淮不可失，雖三尺童子，知其利害灼然。若密詔沿流諸將，或以屯田，或爲牧放，添增防托，遣數萬人散處要害，以候俟之。若都梁太逼，則屯天長。若山陽太逼，則屯寶應。又若合肥、襄、鄧，擇敵人耳目不甚相接之地，悉儲兵備，具命大臣護之，以爲緩急調發捄應之用，則胡騎猝來②，吾蓋有以待之矣。若信覘邏者之言，駭然有自失之意，非所望於中興之世也。

切聞朝廷防慮料角，至嚴至備，是注意於海道，可謂親切。然楚州鹽城縣去海不過一里，又居料角之上，可爲藩籬。若屯以千百人，假以一二十舟，障蔽其前，則料角決可力守，且與敵人耳目全不相接，亦一控扼之地，伏惟特賜采擇。

6 辛巳，右諫議大夫何溥、權工部侍郎黄中並兼侍講。

7 壬午，右正言王淮言：「兩淮間多私相貿易之弊，如茶、牛及錢寶三者，國家利源所在，而皆巧立收税，肆行莫禁。茶於蔣州私渡，貨與北客者既多，而榷場通貨之茶少矣。牛於鄭莊私渡，每歲春秋三綱，至七八萬頭，所收税錢固無幾矣。若錢寶則有甚焉，蓋對境例用短錢，南客以一緡過淮，則爲數緡之用，況公然收貫頭錢，而過淮者，日數十人，其透漏可概見矣。帥憲通知，相與掩蔽。望詔多方措置，革去宿弊。」從之。淮，金華人，師心猶子也。

左承議郎、知道州季南壽言：「本州在湖南最爲小郡，地不過六百里，民不過四萬户，舟車不至，商賈不通。其民樸野，惟農桑作業。米一升八錢，絲一兩百二十。衣食之餘，質錢輸税，僅足者無幾。民之窮乏，莫甚此邦！而大禮錢科，取重舊額，每椿管二萬九千餘緡。自紹興十年以後，增至五萬三千餘緡。諸縣白撰名色，漁奪民財，莫不嗟怨。今以鄰州較之，衡州税米十五萬斛，所科大禮錢三萬五千餘緡。郴州税米三萬三千餘斛，所科九千六百餘緡。本州税米三萬三千餘斛，視衡州不及六分之一，而大禮錢幾倍之。其爲不均，莫甚於此。」詔本路轉運常平司以本州税米數目比較鄰州減定，自今毋得增科。

右朝散郎、知楚州周淙移知盱眙軍。右朝請大夫、新知黄州沈邦直移知楚州。

8 癸未，右朝請大夫、新知復州吴順之移知靖州。武德郎、知石泉軍董誠移知復州。誠，劉錡子婿也。先是，李文會、王剛中、王之望、王弗及夔州路提舉官王适皆舉誠可備邊帥。上曰：「五人皆薦，可見其公。」乃與邊郡，仍令籍記，以備他時選用。

江州駐劄御前諸軍都統制戚方乞戰馬，詔以蜀馬八百與之。

9 甲申，百官入朝，罷舞蹈，以近顯仁皇后小祥故也。

10 丁亥，詔申嚴銷金銅器之禁。時行在之人，復有鬻二物於市者。論者以爲貴近導之，乃令官司嚴切覺察。

左朝請大夫、福建提點刑獄公事梁仲敏行監察御史。

侍御史汪澈言：「吏部員外郎祝公達狡狠躁競，凡銓曹之事，懵然不曉。刑部郎中黄子淳闒茸鄙俗，務爲刻薄，貪賄徇私。」詔並罷。

帶御器械李寶爲淮南西路馬步軍副總管兼權知黄州。

初，右諫議大夫何溥言：「著令，諸休務假，一歲之間，百司七十有七日。天下之務萃於朝廷，非百司比，而比年朝廷假故多於百司三分之一，又有前後相因爲例不入省者。乞檢照祖宗典故裁定，仍令吏、户兩曹後他司出局，庶幾事無壅積。」事下給舍議。

11 戊子③，權刑部侍郎兼權給事中黄祖舜等言：「乞今後宰執過局觀書，及爲北使除館，皆以食後。即宰執初除，授告正恭謝，惟本廳不入堂，諸廳皆入。上元止賜告一日。應歇泊賜假遇休務者，不别理，其吏、户兩部官，候他司出局畢，然後出局。」從之。

12 己丑，左朝奉郎、知婺州章厦與在外宫觀。殿中侍御史陳俊卿言：「厦以佞邪，持媚竈之術，致身政地，饕竊過當。其在言路，專與大臣爲支黨，濟其喜怒，以害善良。今典名藩，偃然以前執政自大，漫不省事，民無所訴。」故有是命。

左武大夫、忠州防禦使、新淮南西路馬步軍副總管兼知黄州李寶，改添差兩浙西路副總管，平江府駐劄，兼副提督海船。時浙西及通州皆有海舟，兵稍合萬人，詔平江守臣朱翌提督。言者請擇武臣有勇略知海道者副之，寶先除知黄州，未行，乃有是命。尋以解帶恩，陞宣州觀察使。寶乞於沿江州縣招水軍效用千人。詔許三百。又請器甲弓矢，及乞鎮江軍中官兵曹洋等五十人自隸，皆從之。馮忠嘉海道記云：「紹興庚辰，金主亮謀入寇④，大治舟師高密，欲陰從海道徑襲浙江。諜者得其實以聞，上召宰臣，問以備禦策。方紬繹未及對，上遽曰：『卿等無先定謀耶？朕自議和之始，逮今二十年，寢食不忘此敵，故練兵擇將，修車馬，輯船艦，江、淮、荆、蜀，備已全具，此卿等所共知。惟是海道，朕亦有以處之，顧衆意何如耳。』宰臣再拜懇請。上曰：『帶御器械李寶往嘗陷敵，自拔身循海道來歸，召對慰撫，詢以此中事，歷歷如數一二。且其器局方重，出語忠壯，以一介羈旅，脱然還朝廷，陞殿陛，對萬乘，無分毫沮懾，此必能辦事者。今以爲宣州觀察使總管淮西兼知黄州。乘未發，卿等爲朕亟留計之。』翌日，對便殿，果如上旨，改授浙西路馬步軍副總管，平江府駐劄，且令與其守臣督護海船，爲捍敵計。」按：忠嘉所云，恐不無潤飾，今併附此。寶轉觀察在此月丁酉，乞招軍等在己亥，今併書之。

直秘閣、主管台州崇道觀范如圭卒。

13 壬辰，右朝請大夫、新知楚州沈邦直復知黄州。右朝奉大夫、新知郴州王彦融知楚州。彦融，寀子也。

14 癸巳，以顯仁皇后小祥前一日，輔臣及待制、觀察使、宗室遥郡、防禦使已上入奠於慈寧殿。

15 甲午，小祥，上行祭奠之禮。百官常服黑帶，行香畢，詣文德殿門進名奉慰，退，行香於仙林普濟寺。

16 丙申，鎮江府駐劄御前諸軍都統制劉寶言：「自罷宣撫司，背嵬一軍發赴行在，欲補置二千人，仍以制勝軍爲名。」詔許旋招武勇、效用、勝捷、吐渾，共一千人爲之。

17 丁酉，罷内侍省，以其事歸入内内侍省。日曆但於十月戊午書内省條具前省併廢事件。今依會要，仍書併廢之日。

臨安府言：「今年收養乞丐，提舉常平司已撥到米二萬七千餘石，别無可用之錢。」户部乞於常平司取撥浙西諸州未起坊場七分寬剩錢十二萬緡應副。從之。存此以見歲給貧人錢米數。

18 戊戌，宰執請上御吉服。上曰：「朕本欲終三年之喪，卿等既以故事有請，須改朔而後可。」感愴久之。

19 己亥，權禮部侍郎金安節言：「顯仁皇后小祥，乞用崇寧故事，孟冬行親享景靈宫之禮。」從之。

20 庚子，敦武郎、權閤門看班祗候曾覿爲建王府内知客。

21 壬寅，太學録周必大、太學正程大昌並爲秘書省正字，以學士院召試合格也。館職復故事召試，自此始。上覽必大策，大善之，諭輔臣，他日當令掌制。大昌，休寧人也。

秘書省校書郎王十朋面對，言：

臣聞道路洶洶，咸謂虜情叵測⑤，有巢穴汴都，窺伺江淮意。廟堂之上，帷幄之臣，必有料敵制勝之策。然議者謂邊奏有警，則羣臣失色相顧，傳聞稍息，則恬然便以爲安。且謂敵有内難，勢必不來。夫不恃我之有備，而幸敵之有難，謀國之術，亦疎且殆矣。自建炎至今，敵未嘗不内相殘賊，一人斃，一人出，曷嘗爲中國利？要在所以自備者如何。今日禦戎之策⑥，莫急於用人，用人之要，莫先乎人望。蓋知人之術，自古所難。蕭何不出，孰能識韓信於未知名之日？孟軻復出，亦必取士於國人皆曰賢。晉悼公以民譽而用六卿，遂成復霸之業。東晉以人心而起謝安，遂成破敵之計。國家寶元間，西夏叛命，用韓琦、范仲淹，有西賊破膽之謡，兵不大用，元昊臣服。皇祐中，富弼、文彦博並相，搢紳相賀。仁宗曰：「古之用人，或以夢卜。苟不知人，當從人望，夢卜豈足憑邪？」元祐初相司馬光，遼人、夏人相戒曰：「中國相司馬矣，切無生事。」人望之能服人如此。

今内外士夫軍民，口無異詞，咸謂有天資忠義，材兼文武可爲將相者，有長於用兵，士卒樂爲之用者，今反投閑置散，無地自效，或老於爲郡以泯没其身。内爲讒邪之所媢嫉，外爲敵國之所竊笑。天下輿情，憤悶抑鬱。臣願陛下，斷然爲社稷計起而用之，以從人望。可以作士氣，可以慰人心，可以寢敵人之謀，可以圖恢復之計。陛下縱未大用之，亦宜付以江淮重任，自當一面，爲國長城，亦可以無西顧憂矣。猛虎在山，藜藿爲之不採。國有人焉，難當自消。臣以爲禦戎之策，莫大於此。

十朋又言：

惟辟作福，惟辟作威，此人主攬權之術；得之於此，失之於彼，又人主攬權之弊。唐自中宗，權移房闥，明皇親平内難，懲孽妻驕主之禍，挈大柄而掌握之，可謂能收之於此矣。承平既久，怠於聽斷。内則移於姦臣，外則移於藩鎮。是又失之於彼也。肅宗再造王室，代宗平亂守成，而權稍歸朝廷，亦可謂能收之於此矣。然君臣偷安，瓜分土壤，以授叛將。繼以德宗姑息，自是而後，權歸藩鎮，是又失之於彼也。憲宗剛明果斷，削平僭叛，而權復歸朝廷，可謂能收之於此矣。晚節任用非人，禍生所忽，自是權歸閹寺，是又失之於彼也。

陛下比懲大臣之盜權，收還威福之柄，朝廷清明。邇者衆口籍籍，謂權雖歸於陛下，政復出於多門，是一秦檜死，百秦檜生也。其間最重者，如三衙管軍輩，與北司深交固結，盜陛下之大權，養成跋扈之勢。昔漢之禍起於恭、顯、王氏之相爲終始，唐之禍起於北軍藩鎮之相爲表裏。今禍胎於内，亂形於外，臣竊憂之。夫權之大者，莫如名器與財與兵。今以管軍而位居三公，是盜名器之極，古之時無有也，祖宗之時無有也。天下之利源財路，皆入其門，國用日蹙，私室愈富，三家弱魯，田氏盜齊，殆不過此。夫樞密號本兵之地，號令節制天下之諸將。今殿廷立班，管軍傲然居前，樞密甘心其後。倒置如此，不奉行其意旨者幾希，其能節制號令之耶？其子弟親戚，咸居清要，臺諫論列，朝廷必委曲覆護，俾其言卒不行。昔唐大將管崇嗣背闕語笑，李勉劾其不恭，肅宗謂：「吾有勉，乃知朝廷之尊。」李祐有縛吴元濟之功，違詔進馬，温造正衙抨劾，祐自謂：「膽落於温御史。」今臺諫言及侍從，大臣隨即罷斥，而風憲獨不行於管軍之門，其何以爲國耶？至若清資横加於噲伍，高爵濫及於醫門⑦。諸軍置承受，福威自恣，不減唐之監軍。皇城置邏卒，旁午察事，甚於周之監謗。内外將帥，剥下賂上，結怨於三軍。道路之間，捕人爲卒，結怨於百姓，皆非治世事。陛下自總攬以來，聖政不可勝紀，竄逐猾闍，天下尤服英斷。惟此數事，臣所謂得此失彼者，可不深懲痛革之？臣願陛下，慨然發憤，斷自宸衷，杜邪枉之門，塞僥倖之路。監漢唐而斥近習，懲齊魯而抑强臣。不惟尊嚴朝廷，亦所以保全此類。

自秦檜扼塞言路，士風寖衰，及上總攬萬幾，激厲忠讜，而餘習猶未殄，朝士多務緘默。至是，十朋與校書郎馮方、正字胡憲、查籥、太常寺主簿李浩始因轉對，相繼有所開陳⑧，聞者興起，太學之士爲五賢詩以述其事焉。

吏部侍郎沈介上封事曰：

臣竊惟今日之慮，莫若備敵之策爲急。顧今大患有二：一曰國論不定，二曰威令不行。二患不能去，雖備敵將有所不可也。何謂國論不定？備敵之策，不過有三：征也，和也，守也。征固力所未能，和則理難必恃，亦守而已。今邊候之書，若有所聞，則廟堂之上，焦然以爲憂，色動而慮亂，旬月之間，則又皆欣然忘其憂矣。臣願陛下與大臣斷爲一定之論，必專爲守，無復異論。又必一一而講之，曰地孰爲要，可以宿兵？將孰爲先，可使當敵？兵謹於陳，糧謹於庾。將守淮也，將守江也？越淮而戰，斯守淮矣。越江而戰，斯守江矣。雖用兵不可預料，然是數説者，不可不講也。何謂威令不行？曩者秦檜盜權，威福自己，宸斷赫然，收還權柄。然三省樞密院，奉行威令者也。屬者朝廷命取劉寶軍二百，以爲黄魚垜之用，訖不稟承，而三省莫可誰何。本兵之臣，坐廟堂以選三衙之卒，文符既下，却而不視顧，乃私還之，而樞密亦未聞議其罰者，萬一當敵，欲望號召以爲指臂之用，詎可得乎？

臣願陛下，明諭大臣，無多爲令，無輕議令。其有慢令者，悉以上聞。罰惟必行，勿阿貴近。如此則朝廷尊矣。二患既除，而後守之之策可言也。守之之策，其要有四：一曰御將，二曰訓兵，三曰先聲以奪敵人之心，四曰棄瑕以用度外之士。臣聞之，善御將者，莫若高祖。今諸將之視信越，計功角材，豈可同年而語？而實齒公台，握兵柄至二十年，志得氣盈，傲視朝廷，彼其至此，果何道耶？不過掠軍士之廩，以利其贏；詭尺籍之數，以私其禄。既富矣，於是爲市寵媚竈之術。宦官之徒，有所謂承受者，爲之囊槖，以利其貨，爲之遊談，以久其權。士大夫平昔號爲鯁亮者，歎息而已，未有敢昌言於朝者，豈其陰謀固結，卒不可破，必勝而後已？爲今之策，莫若罷其承受之官，而黜其珍異之獻，自然畏威聽命。若謀之左右，皆其黨也，雖欲行之，得乎？大將聽命，然後精擇裨校，各分以兵。大則滿千，小則數百，使之訓練，才之能否，將不可揜。自通和之後，訓兵之政漸弛。今之諸將運土木以爲技巧，豈復使之執兵？操奇贏以行貨，坐市區以謀利，豈復使之習戰？緩急有用，驅不素教之兵，付之貪鄙慢令之將，其禍可勝言哉？

臣願陛下，萬幾之暇，雖翰墨之習，圖史之玩，有益而無損者，亦姑置之，專以閱武爲事。召二三大將，諭以至意，俾各條小校之能，給以軍兵，量其才而多寡之；肄之以藝，責之以日月而訓齊之。軍爲幾校，校習何藝，陛下早朝而退，引數校以角藝，而嚴其誅賞。不過一歲，不患不爲精卒，雖横行天下可也，況守備乎？邇者敵人驅數百萬之夫，爲城汴之役，觀其舉措甚異。臣謂及其未徙也，爲計以奪之氣。建康北距長江，古爲都邑，謂宜急下明詔，爲巡幸之舉。彼之未徙，我不先動。彼之先行，我則前邁。縱彼恃强，能不疑乎？一二年間，我備修矣。國家承平日久，崇尚禮義。士大夫一行之失，清論不容，顧於今日之用，似未盡也。朝廷之上，清望之臣，自非才行兼全，何以膺其選？若理財穀，治郡縣，臨邊鄙，校軍旅，如此雖大過猶將用之。願陛下責大臣以求才，諭臺諫以使過，如此則實才輩出，何用而不可？四策既行，而勿奪於羣臣，勿移於左右，戰戰慄慄，若疾之附身，則社稷之危，庶乎可安矣。介所上疏，未得其日。按疏中論諸軍承受事，而何溥等論介自遷銓曹，縱跡不安，乃效布衣上書，以自誇耀。則必介除吏部侍郎之後，未罷諸軍承受之前也。故參酌附九月末。介遷吏部，在八月十二日丁巳，罷諸軍承受，在十月二日丙午。

1 冬十月乙巳朔，上始純吉服。

2 丙午，詔：「文武官合班，如遇親王、使相立西班，即令樞密院官權綴東班。惟親王使相請假，則立西班。」又詔：「罷內侍官承受諸軍奏報文字。今後諸軍奏狀，並於通奏司投進，內三衙管軍，仍許上殿。」先是，少師、領殿前都指揮使職事楊存中以官三孤，主管侍衛步軍司公事趙密官使相，並班知樞密院事上。秘書省校書郎王十朋轉對，論其不可，因及諸軍承受威福自恣等事。起居舍人兼權中書舍人虞允文亦論：「此曹交通賄賂，且寖如石顯之比。」於是，知樞密院事葉義問言：「三衙本隸密院。祖宗舊制，不許接坐，所以正名分，示等級，豈當以官之高卑，而不以職之上下？冠履倒置，非朝廷福。乞各爲班著。」故有是命。是日，宰執進呈。上曰：「今之承受，即祖宗朝走馬承受，專令掌邊將奏報。前此亦嘗降詔戒約，意謂空言，不若以實事示之。故前此屢却諸將貢獻，此事朕無固必。」遂批旨行下。按：紹興十一年五月丙辰，已罷三宣撫司承受文字官者，不知何時復置，當考。存中明年二月甲寅罷殿銜。

侍御史汪澈言：「楚州等處，有捕獲軍士盜販箭簳、甲葉往外境者，問其故，云以軍中衰斂無藝，不得已而爲是，可謂借寇兵矣。乞自今有係軍士，即同兵器解赴樞密院根究來歷，重作行遣。仍將透漏去處郡守，鐫降官資。」從之。

言者論：「近屢有詔，趣郎官以上舉縣令，而四十大縣，類差兩政闕皆數年，人情豈肯舍近而就遠，辭易而圖難？況朝廷急於恤民，若不可朝夕，而用人之實，乃在於數年之後，又何以仰副陛下憂念元元之意？望自今縣令未及考而因事罷去者，並從朝廷以所薦官填闕，竢其滿秩，即令吏部已差下人交承，且使四方之民，知朝廷不專爲四十縣擇官，亦所以廣德意於天下也。」從之。

3 丁未，起居舍人虞允文爲賀大金正旦使，知閤門事孟思恭副之。允文仍避金太祖諱，權改名允。及至虜廷⑨，與館客者偕射，一發中的，君臣驚異。

樞密院檢詳諸房文字徐度充賀大金生辰使，武功大夫、新江南東路兵馬都監蘇紳副之。

尚書吏部郎中張闡爲祠部郎中，兼建王府贊讀。

監察御史劉珙守尚書吏部員外郎。珙前在銓曹時，苦吏爲姦，思有以制之。一日，命張幕設案於庭，置令式其中，使選集者得出入繙閱，與吏辯，吏無得藏其巧，人甚便之。間攝侍郎，引選人改官班，占對詳敏，上悦焉。珙本朱倬所薦，倬執政，珙引嫌求去，於是復有是命。

感德軍承宣使致仕梁邦彦卒，贈保寧軍節度使，賜謚清節。

右諫議大夫何溥言：

鎮江府駐劄御前諸軍都統制劉寶，起於行伍，初無勞績，狠戾少恩。其在鎮江，貪暴益甚。號令不能服衆，致其縱弛，剽剠居民，無所不至。如頃歲奪陳桷家財，汙辱其婦女，州郡不敢捕。有鶴林寺僧遭劫來訴，寶斥去之，曰：「汝輩但願常如今日，太平無事。」寶之軍律，大抵如此。日者，其子除閤門祗候，守臣鄭作肅往賀之。寶曰：「我費錢三萬緡得此，何足賀？」比朝廷調兵二百人往黃魚垛防海，寶聲色俱厲，終不肯差，朝廷莫敢誰何。事見今年七月己卯。其慢上如此。侵漁百姓，淩駕府縣，詭名虛籍，率多冒請。房廊間架，幾半於浙西；田畝馬牛，殆遍於淮上。凡曰商販，靡所不爲；凡曰利源，靡所不奪。諸軍月有食錢，總司多給關子，竇盡留之，以償借貸。雖油鹽茶菜之微，亦皆抑配。人人憤怒，怨氣滿腹。其剥下如此。朝廷方講備邊之策，正賴諸將協力，鼓作士氣。而竇之所爲，中外切齒，其勢必將至於跋扈。望明詔中外，聲其慢上剥下之實，竄之遠方。别選賢將，撫養士卒，革去軍中回易掊克之習，庶幾人人感恩，樂爲國用。

4 戊申，詔太尉、知荆南府充本府駐劄御前諸軍都統制劉錡赴行在奏事，以荆南駐劄前軍右軍統制李道兼權都統制。朝廷將以錡代劉竇掌軍，故有是命。

右武大夫、和州防禦使、知閤門事劉允升落階官，爲蘄州防禦使。允升嘗副葉義問出使，用戚里恩特遷之。

右從政郎、主管淮東榷場趙湑罷。湑嘗從泗州守臣貸買石緑錢千餘緡，踰年不償直，故罷湑。其所負北境錢，先以庫金償之。

5 己酉，秘書省校書郎兼國史院編修官馮方言：

臣聞道路之言，以爲敵人將有叛盟之意。臣謂議論定，然後可以言措置。措置定，然後可以言成敗。今欲和者在我，制和者在彼。若曰添歲幣，則自罷榷場以來，彼之互市之所入，歲以鉅萬計，略不顧惜。議者謂添歲幣可以使之弭伏，亦已疎矣。若曰遣泛使，則吾國勢未振，將命往來，不過謹守常議，雖百輩何益？若曰吾奉事之惟謹，彼將有所不忍。史册所載小國之事强國，其謹亦多矣，豈以謹故不加兵哉？臣愚以爲，敵人之必來，如盛夏之必熱。願與心腹大臣，日夜講求所以立國之道，和則彼此安静，來則有以待之。勿以今日之報急而焦勞，明日之報緩而閒暇。所謂措置，臣不知兩淮已有備否。議者皆曰結民社矣。夫民社者，保聚可也，應援可也，輜重可也，獨不可迎敵耳。責之迎敵，必如陝西弓箭手而後可行。欲乞以見耕之田，蠲其賦役，率爲畝二百而出一兵，不可則三百，又不可則四百，足以招之而止，未耕之田，又加優焉。大抵使爲兵者常逸，爲民者常勞，磨以歲月，可使有勇。州縣所蠲一錢，朝廷與之一錢，不過損十萬，可得萬兵。縣官養萬兵，歲不下百萬也。雖然，官軍不振，則民兵不能自立。不知兩淮已有兵否，朝廷又以武臣典郡，然所遣皆無兵馬，雖韓彭何益？臣愚乞以營田爲名，擇見管軍統制官之循良者，全軍出守，因令耕作而入其租，增置通判以莅民事，然後命宿將中爲軍民屬望，可以附衆，可以威敵者使兩淮營田。如此，則形勢强，藩籬固，欲守則守，欲戰則戰，敗則可以削，走則可以誅矣。方上此疏，不得其日。按日曆，方以十月己酉面對，故係於此。蓋自今至明年十月已前，別無館職對班故也。

言者論：國家之利，莫盛於市舶。比年商販日踈，南庫之儲，半歸私室。蓋商賈之受弊有四，官中之虧損有二。舊法抽解，十五之中，泛取其一。今十半之中，盡擇良者。向來舶賈，率皆土人，事力相敵，初無攘奪相傾之患。其後將帥貴近，各自遣舟。既有厚貲，專利無厭，商賈爲之束手。舊舶舟之行，惟給符引，財貨盈縮，事止一身。其後附以官錢，或遇風濤，人溺舟覆，捕繫妻子，籍産追償。故海濱之民，冒萬死一生之利，而得不償費，人人失業，於是私切相戒，不敢發舟，官司又追捕糾告而遣發之。此四弊也。舊海賈既多，物貨山積，故抽解所入，不可以數計。今權豪之家，勢足自免。縣官歲入，坐損其半。往歲土人入蕃之貨，不過瓷器絹帛而已。今權豪冒禁，公以銅錢出海，一歲所失，不知其幾千萬，此二損也。市舶一司，自唐以來，恃此以爲富國裕民之本。今其弊至此，願詔將帥貴近之家，毋得歲發舶舟，攘奪民利，虧損國課。仍詔有司講究，除去宿弊，以便公私，其於國計，誠非小補。户部奏復抽解舊法，違者許商人陳訴。應命官以錢物附舶舟，或遣人過海者，依已得旨，徒二年。二十二年十二月二十日，敕廣州見任官，將錢物寄附綱首、客旅過蕃，收買物色，依敕徒二年科罪。其發舶州軍，毋得抑勒。仍檢銅錢出中國界條約行下。

從之。

詔左太中大夫沈調依舊爲左中大夫。調既以赦叙官，而殿中侍御史陳俊卿論：「調所至贓汙狼籍，罪當竄殛。況調階官元係中大夫，蓋礙止法，後除待制，始得轉行。今既奪其職名，安可引用常法叙官，使之盡得從官恩數？望特不轉行，以爲贓吏之戒。」故有是命。

6 庚戌，詔勳臣之家所留兵校，皆以五分之一差破，使臣不許差横行正任人，其使臣仍毋得過兩任。先是，張俊既薨，其家奏留幹當墳莊等使臣五十六人，仍並理爲資任。權給事中黄祖舜奏：「武臣待闕多者數年，今端坐而食，並無替期，累資積考，遂成崇秩。則是悉力於王事者遠不逮之，非所以張公室，抑私門。望詔有司爲之限制。」於是行下。

秘閣修撰、提舉江州太平興國宮邵大受卒。

夜，雷作非時。

7 辛酉，翰林學士兼權户部尚書洪遵言：「川蜀將士，以宣撫司便宜遷補付身，至吏部換給者，吏多沮抑之。將士冒犯矢石，奮不顧身，僅得一官。至今二十餘年，觸事拘礙，僅同白身，甚可憐憫。望優與展限五年，如小節不圓，先次放行，案後審會。長貳郎官，以時稽考，取吏之沮難者痛治之。仍榜諭諸軍，使知前日補官，不爲虛文。庶幾異時緩急之間，權時施宜，可以取信。」從之。

帶御器械、幹辦皇城司王謙爲賀大金生辰副使。時蘇紳以病告故也。

8 壬子，敦武郎武鉅知叙州。

9 癸丑，左朝散郎文之奇落致仕，知簡州。之奇既告老，事見二十九年二月戊子。兵部尚書兼權翰林學士楊椿、權吏部侍郎李潤、起居舍人兼權中書舍人虞允文復言：「之奇律己廉，臨政勤，行業甚高。年齒未及，進退合義，誠有可嘉。宜不遺疏遠，起而用之，以示朝廷褒崇廉退，風勵末俗之意。」故有是命。之奇固辭不起。

10 乙卯，尚書省勘會：「近據蔣、濠州申到對境疾病事宜，淮東即無報狀，劄付右朝奉郎、通判楚州權州事徐宗偃，密切體訪，有無虛實申省，仍不下司。」先是，蔣州守臣强友諒言：「諜報金主已死，嗣主改元新德。」朝廷以未得淮東報，命宗偃密伺之。宗偃言，昨九月二十六日，據淮陰縣民社長趙僅所遣幹事人李成探到汴京修城拆換廊廡等，已録白繳申。又云：『金主遍身患大泡瘡，移都初無定日。』本人不肯供寫此項，亦已併於劄子内具禀。繼聞徐文管押北通州海船前來海州，又已密切差人前去地頭，喚到彼處親信人，當面詢問，並無上件事宜，於十月初七日入遞申覆。所有對境疾病事，昨曾有人稱説，因患瘡不出，別無考信，不委虚實。」既而楚州守臣王彦融亦言：「得報，金主果死。自宿、亳以北至燕京，民間皆嘗縞素。」宗偃獨以爲不然。

11 庚申，左朝請郎、江南西路轉運判官林安宅直秘閣，爲兩浙路轉運副使。

左朝散郎趙不猷爲荆湖北路轉運判官。

殿中侍御史陳俊卿入對，論鎮江府駐劄御前諸軍都統制劉寶十罪，大略謂：

寶減削軍食，暗請錢糧，多遣軍士於湖、廣、江西回易。去歲鎮江火，寶閉壁，下令出救者死，城中半爲煨燼。寶市物爲苞苴，皆刻剥置辦，乃謂其下曰：「此官家教我置買。」近朝廷調兵戍黄魚垛，終不肯從。子士元除横行，人往賀之，則曰：「用錢買來，何賀之有？」寶内藏不臣，嘗公言曰：「前代帝王，皆起於微賤。」此何等語？又養閻、李二道人，使夜觀星象，至五更，則具録以呈。鎮江屢易守臣，皆以寶故近。又欲擊趙公偁，賴朱夏卿勸免。公偁知鎮江府，夏卿淮東總領。奪婦人姓劉者女，又笞辱之。今知人言籍籍，乃因入覲，載苞苴之物三十餘舟，欲因爲結納。寶以專悍愚愎，暴虐姦貪之資，而有此十罪。聞其在軍也，偏裨屢諫而不從，軍士含怒而莫訴。使有緩急之事，責其成功，不亦難乎？伏望因其來朝，斥之國門數千里之外，投諸荒裔，以禦魁魅。別擇良將，往肅軍旅。

12 辛酉，詔：「安慶軍節度使、捧日天武四廂都指揮使、鎮江府駐劄御前諸軍都統制劉寶可罷都統制，添差福建路馬步軍副都總管，給真俸。令臨安府差兵級五十人同本軍見隨行人，前去之任，仍放謝辭。」先是，寶爲諫官何溥所劾，上乃召寶赴行在。未至，陳俊卿復奏其罪。侍御史汪澈亦言：「寶無尺寸功，而豢養滋久，命令罕行。朝廷嘗調兵戍黄魚垜，寶既不聽，乃乞創招制勝軍三千人。事見九月丙申。方命若此，尚知戴天子之威乎？寶嘗出緡錢，遣其軍校回易，歲計三萬有奇，猶以爲鮮，械諸囹圄。掊刻諸軍，至有凍餒，不能出門户者。望命有司議寶之罪，明正典刑，以爲人臣亂法壞紀者之戒。」故有是命。

殿中侍御史陳俊卿言任用人材乞略小過。上謂大臣曰：「中間有顯過者，若復進用，却恐人言紛紛。」上又言：「贓汙之吏，不可復用。蓋其天性貪墨，使在州縣，必難變革。」

右諫議大夫何溥、右正言王淮言：「吏部侍郎沈介，陰險狡詐，出於天資。少年決科，即登顯宦。不歷州縣之勞，不聞長老先生之説，憑私臆決，自以天下莫己若也。昔在省闥，用私意以庇族人按發之贓，妄繳駁以快平時睚眦之怨。凡所抑揚，動有傅會。自銓曹縱跡不安，乃刺取朝廷欲行之事，倡爲己説，欲自爲功。謂可以術箝臺諫之口，至效布衣上書，四謄副本，以自誇耀，蓋谷永專斥宫闈之比。望賜竄殛，以爲欺世盗名之戒。」詔介罷吏部侍郎，免謝辭。介所上封事，已見今年九月末。

詔：「累降指揮，沿淮禁戢私渡及盗馬之人。可令帥守，加意戒約，務在肅静，不得纖毫生事，以稱謹守和好之意。」仍出榜曉諭。

13 壬戌，太尉、武泰軍節度使、知荆南府劉錡爲威武軍節度使，鎮江府駐劄御前諸軍都統制。仍詔：「總領官同諸軍統制，將日前非理除尅掊斂及應干私役，日下改正。諸軍所負回易錢，具數以聞，當議除放。除劉寶私財還寶外，餘並椿充軍。須仍出榜曉諭。」

直敷文閣、潼川府路提點刑獄公事續觱直顯謨閣、知荆南府。

右朝請大夫、淮南轉運判官王趯知揚州。上以許世安不勝任，故就用趯。

鎮南軍承宣使、龍神衛四廂都指揮使、荆南府駐劄御前前軍右軍統制李道爲荆南府駐劄御前諸軍都統制。日曆道前銜猶帶鄂州右軍統制。按道於今年四月庚午已改除，不知何故。

詔吉州刺史、知閤門事、幹辦皇城司劉伉令再任。

14 癸亥，左朝散郎、荆湖北路轉運判官陳之淵爲尚書吏部員外郎。

右朝散郎吕擢行大理寺丞。

是日，日方中，天無雲而有雷。時侍御史汪澈等欲論左僕射湯思退，方摭其過，殿中侍御史陳俊卿曰：「爲相無物望，而天災亟至，此固當罷，何以他爲？」於是澈等相繼論之。

15 乙丑，左中大夫趙士彩卒。

16 丙寅，利州觀察使、建康府駐劄御前前軍統制鄭諶卒。

17 丁卯，權工部侍郎黄中兼權吏部侍郎。

宣正大夫、崇信軍承宣使、利州東路駐劄御前後軍統制權節制閬州軍馬王喜主管台州崇道觀，以病自請也。

18 己巳，右朝請郎、監高州在城鹽税林一飛卒。

19 庚午，司農少卿張宗元充秘閣修撰、江南西路轉運副使。

20 壬申，建武軍承宣使、淮南東路馬步軍副都總管許世安移兩浙西路，秀州駐劄。

21 癸酉，詔舒、和、蘄、黄州民户附種田，每歲收租四千八百餘石，並特除放。先是，左朝奉大夫宋曉知蘄州代還，言：「兩浙營田之法，募民就耕，官給牛種，民輸子利，殆非不善也。然應募者類非安土重遷之民，多四方貧乏及惰於農者。既無一定之志，是以行之逾二十年，未見成效。又有司拘於已定種斛之數，間有逃移人户，則均責鄰里，督其子利，謂之附種。況一牛之斃，則償於官，今給於民者，十有三年矣，連歲以疫斃，而不免輸租。收牛之家逋亡，則責輸於鄰里。恐十餘年之後，其病民有不可勝言者。望究其實而蠲除之，亦招來墾闢之一端也。」至是，淮西安撫司奏如曉言，乃有是命。

校勘記

① 右迪功郎新廣南西路提舉鹽事司幹辦公事李鼎臣言　「廣南西路」，原作「廣西南路」。按，廣西即廣南西路之省稱，有宋一代廣西未分南、北兩路，此必是西、南二字誤倒，因乙正。

②則胡騎猝來 「胡」，原作「敵」，據叢書本改。

③戊子 二字原作「是日」，據叢書本改。

④金主亮謀入寇 「寇」，原作「犯」，據叢書本改。

⑤咸謂虜情叵測 「虜」，原作「敵」，據皇朝中興繫年要録節要卷一六改。

⑥今日禦戎之策 「戎」，原作「敵」，據皇朝中興繫年要録節要改。

⑦高爵濫及於醫門 「醫」，原作「監」，據皇朝中興繫年要録節要改。

⑧相繼有所開陳 「相繼」，原闕，據皇朝中興繫年要録節要補。

⑨及至虜廷 「虜」，原作「金」，據皇朝中興繫年要録節要改。

建炎以來繫年要録卷一百八十七

1 紹興三十年十有一月乙亥朔，忠訓郎王瑀爲閤門祗候。

2 丁丑，樞密院檢詳諸房文字徐度守尚書左司郎中。直秘閣、兩浙西路提點刑獄公事呂廣問守尚書右司員外郎。

3 戊寅，皇侄常德軍承宣使、權主奉益王祭祀居廣爲華容軍節度使，以主祭踰十年也。

4 己卯，太常丞吴曾、秘書丞杜莘老兼權吏部郎官。右選小使臣，舊不出闕，吏間取而鬻之，在選二百人，遠客寒窘無所訴。莘老始命榜闕，使曉然以次就注。

5 庚辰，殿中侍御史陳俊卿言：「比年江西、湖、廣米斗才數十錢，而職田米乃令折價至三四千，監司守倅利其豐於己，而莫敢問。如永之祁陽，乃監司職田之所聚，爲縣令者，惟於諸司職租不乏，則薦削可盈。不知斯民何辜，而取其膏血以自媒也？按令，職田折錢而增直者計贓。望今後只令納本色，監司守倅毋得違戾。」從之。

御史臺檢法官薛良朋轉對，乞：「見任官毋得與部民結婚，秩滿仍不得於本處寄居。」上謂輔臣曰：「此等事，祖宗皆有成法，可申嚴行下，務在必行。」

詔故延康殿學士、簽書樞密院事曹輔特贈左金紫光禄大夫。以其子金部員外郎紱言輔靖康末蠟書之勞，故有是命。

6 辛巳，左朝請大夫、主管台州崇道觀王傅知建州，用左正言王淮薦也。

降授右通直郎、新通判福州林珣知黄州。

7 壬午，邵州防禦使向超落致仕，知文州。司農少卿、總領四川財賦許尹薦超年未六十，筋力不衰，堪任將帥，故復令出守。

8 癸未，封永康縣主爲永嘉郡主。主瓊王仲儡女，適權知閤門事張掄。

9 甲申，右承務郎趙益爲右承奉郎。益，鼎孫也。用其祖在相位時所遷官乞回授。權吏部尚書洪遵奏比附戰功人身亡，許收使，特遷之。

10 乙酉，太常寺主簿李浩面對。時楊存中權寵日盛，浩爲上言：「存中恩寵太盛，嬰兒過飽，恐非其福。」上頗感其言。此據朱熹撰浩行狀修入。存中明年二月甲寅就第。

大理司直陸禋爲太府寺丞。禋爲湯思退所厚，以祠官理考改京秩，論者非之。

初，殿前司遣將官往建昌軍招兵五百人，詔守貳同領其事。及是招足，守臣楊師中等減磨勘年有差。

11 戊子，權尚書刑部侍郎黄祖舜試給事中。大理少卿張運權刑部侍郎。

12 壬辰，詔諸軍出戍戰守軍校，天寒暴露，各賜帛一匹。

13 乙未，左朝請郎、知黎州馮時行言：「本州税米並無正色，每石理錢引十三千，重困民力，已令百姓充土丁者，每石輸八千，不充者輸十千，乞爲定直。又乞禁官吏誅求土丁紅桑、影木、酥果之屬，其應干互市物貨，仍不許見任官收買。」皆從之。時行爲人廉正，而用法頗嚴。前是夷人入州互市者，率肆横難制，至是讋服。

14 丙申，詔内外諸軍毋得招收放停之人，如違，將佐重行責降。

直敷文閣、福建路轉運副使王時升言：「到官纔一考，撙節到浮費三十萬緡，乞以其半代民輸舊欠鈔鹽錢。」執政言：「恐合旌賞。」上曰：「漕臣能節約妄用，而代民輸理，宜褒録，第恐他路聞之，妄認以爲羨餘，侵漁百姓，可俟其政績有聞，與陞職名。」後旬日乃徙時升兩浙轉運副使。時升，益都人，綱子。已見。

15 丁酉，池州駐劄御前諸軍都統制李顯忠請令諸軍屯田。上謂大臣曰：「此事可行，然須先立規模，如括田、市牛、立廬舍、給糧種、置農具之類，悉有條理，乃可施行。兩三年間，且盡興地利，使之歲入有得，則不勸而耕矣。」

16 戊戌，侍御史汪澈言：

伏自陛下更化勵精以來，進賢退姦，興利除害，汲汲孜孜，求治如不及，而輔相未得其人。如湯思退，猶得偃然在羣臣之上，而秉國鈞，欲逃折足覆餗之譏，難矣。

臣謹按，思退本無器識，更乏忠亮。徒以工駢儷之文，嘗綴科目，飾諛言以奉秦檜，用選舉而私秦塤，夤緣超躐，徑躋樞近。自檜之死，一時支黨，悉從貶竄，而思退獨得漏網。陛下以其外若純篤，而不知其中實佞邪，偶因乏人，遂至大用。制下之日，人人駭愕。爲相以來，亦三閱歲矣，曾無一善之可稱，一事之可紀。其任情率意，凡所施爲，多拂公論。且匿名迹，遠權勢，此大臣之事也。思退則蔑視同列，擅威福以吝權。恩欲歸己，怨使誰當？此大臣之事也。思退則專市私恩，務姑息以媚下。清儉化俗，此大臣之事也，思退則貪鄙無嫌，至於受三衙之餽。裁抑權倖，此大臣之事也。思退則脂韋固寵，至於結近習之權。孔子曰：「鄙夫可與事君也與哉？其未得之，患得之。既得之，患失之。苟患失之，無所不至矣。」若夫望輕不足服士夫，則衆怨並興。德薄不足理陰陽，則天戒垂示。聞邊鄙之報，則相顧而無謀；覩將帥之驕，則制馭之無術。祖宗法令，或廢格而不用；臣寮章疏，多沉抑而不行。曾何忠國而爲民？率皆背公而植黨。如此等事，未可縷數。久玷鈞輔，物論沸騰。豈惟有妨賢路，實亦深負陛下所以委任責成之意。欲望早賜罷黜，以快中外之望。

17 己亥，武泰軍承宣使、添差兩浙西路馬步軍副都總管王安道令再任。

右朝散郎、直秘閣、充兩浙轉運司主管文字王悦道主管台州崇道觀。

18 庚子，殿中侍御史陳俊卿入對，上奏曰：

臣伏見十月癸亥，日方過中，天無雲而有雷聲，人情駭異。臣竊謂，變不虛生，當有任其咎者。及觀本朝慶曆八年，京師一日無雲而震，仁宗皇帝謂張方平曰：「夏竦姦邪，天變如此。」亟命草詔罷之。今日之應，其陛下之大臣乎？宰相代天理物，共天位，治天職，食天禄，若得罪於天，必示警戒。雷比之號令，君道也。雲從龍之物，臣道也。今以陽氣潛伏之時，無雲而雷，是臣懷姦而乖其志於君，君震怒而發隱慝於臣。天變昭然，與慶曆之事，若合符契。

臣謹按宰臣湯思退，挾巧詐之心，濟傾邪之志。本由章句薦歷要塗，專於狥私，素無人望。觀其所爲，多效秦檜。蓋思退之致身，皆檜父子恩也。始以掌文衡，曲意取其子孫，緣此汲引，以致政府。檜死熺逐，值更化之初，四方賢才號召未至，陛下姑且留之。不旋踵而湯鵬舉爲御史，二人素通譜系。鵬舉首鼠顧忌，網漏吞舟，而思退且結約貴近，詭秘其迹，自是安若泰山，寖登輔相，而敢肆意矣。思退起於微官，即登秦氏之門。一時耆哲，略無識者。自居相位，惟務招延親黨，佐其羽翼。昵近小人，以爲心腹。盜名器而行以私恩，假國權而傾摇同列。有大議論，則皇皇而無謀；每臨事機，則迎合而自固。其負宿望者，陽交而陰沮之；其不附己者，中傷而決去之。曲庇豪强，馴致紀綱不振；多爲回護，暗使風憲不立。土木雲擾於鄉郡，賄賂輻輳於私庭。每月俸金，則更會於他邦①，而彊買良田；戚屬門人，則密諷於太學，而屢玷優選。姦僞萬狀，外示人以不疑。巧設機穽，陰伺間隙。臣恐太阿之柄倒持，竊弄無所不至也。

然其罪惡未若檜之甚者，以臺諫不由其門，未興犴獄，連搢紳之禍耳。自張孝祥、王晞亮、邵大受、方師尹、祝公達、沈介之去②，自知寡助，每憤惋不平。劉寶之罷兵柄，以迫於衆議，而思退先與之通書，若不得已；劉錡之召爲管軍，公議惟允，而思退密使人迎謁於前路，欲收其恩。身爲首相，四海具瞻，而舉動大率如此。正堯代之共工，魯邦之少卯，有夏竦之姦邪，而無其才術。臣備位耳目之官，況覩天變，苟循默隱忍，是爲曠職。伏望陛下赫然震怒，寘之典憲。上以合仁宗皇帝之威斷，下以快天下之公言。

編管人前右朝請郎王彥傳死於靖州。

19 辛丑，右正言王淮入對，上奏曰：

臣謹按宰臣湯思退，初無素望可服時流，偶以文詞僥倖科目。其於人事之終始，道德之指歸，未嘗深講而熟聞也。因緣秦檜，引之要塗。年除歲遷，致位公宰。忘事君之大義，昧經國之遠猷。竊弄威權，動循覆轍。有識之士，固已寒心。而乃進用匪人，習成朋比。排斥異己，公肆誕謾。英俊沉於下寮，耆老遺於散地。故其所得，非一時柔佞，即桀黠亡耻之徒，相與推擠，黷亂名器，雖布滿中外，適足以養成禍胎。不聞其長慮却顧，爲國家建久安之策，成長治之業。命令出而輒更，官吏除而數易。假封駁以行其意，嫉風憲以沮其言。妄作聰明，陵轢同列。小遇事機，則相顧變色，莫知所爲。尚能持危扶顛，如古之所謂大臣者歟？凡此皆其小智自私，學未知道。物我之心既勝，愛憎之情遂遷。黑白紛然，而方寸亂矣，豈不上負陛下委任責成之意哉？

臣身受異恩，職司言責。覩棟樑之將撓，知鼎足之必傾。緘默以居，咎將安在？輒采至公之論，上干不測之誅。伏望特垂英斷，將思退亟賜罷免，博選耆德，以亮天工。臣不勝大願。

右諫議大夫何溥言：

臣伏見宰臣湯思退，本無學術，粗習辭章。容悦詭隨，偷合取寵。十餘年間，不出國門而至兩地。當陛下更化之初，凡向時阿附之徒，斥逐殆盡，而思退以雅善結託，免於司敗之誅。因緣推排，遂至宰輔。不務改心易慮，以懲往失，而陰用其術，以箝制天下之士。凡不附己者，必托他事以中傷之。而其所恃腹心之人，往往分布要地。繳駁推行，惟意所欲。間有同列，稍或異議，則多方擠排，迄去而後已。尋常差除，雖筦庫之卑，例先招致，欵曲密諭，使知歸恩之地。於是朝士靡然從風，莫不奔走其門，而不顧其他。專權自恣，擅作威福，本原浸大，末流濫以致溢。自非任言責者，與之抗衡立敵，時有以折其萌芽，則人主之勢，幾何不孤立而無助邪？

夫宰相以用人爲職，要當以天下人才爲心，賢能所在，何間疏戚？今思退動懷私意，必自己出。耳目所及，其能幾何？故便佞輕緩之徒，委曲傅會，陰有薦導，其言必行。由是小人成羣，布於中外，而州縣之間，被其毒者多矣。若夫忌嫉言者，甚於仇讎。凡所建明，故作沮格。至戒飭版曹，不得關報時事。近有姦臣獻間疎臺諫之策，大合其意，雖奴才鬼質，亦以侍從處之。察其自任之專，加以用人之失，使久在相位，其害將日甚於一日，真賢實能，亦何路以自進哉？伏望聖明，洞照其情，駿發英斷，亟賜罷黜，以開賢才之路，以除禍亂之本，以快天下憤懣不平之氣，則君子道長，有德彙進，而朝廷之勢尊，太平之基立矣。

太府寺丞陸禋罷。右正言王淮論：「禋初乏寸長，惟以醫術，遊士大夫之門。湯思退以其治母疾有瘳，擢致丞列，濆亂流品，聞者駭愕，望賜罷免。」故有是命。

從義郎、閤門祗候种浤知永康軍。浤自陳師道之子，别無人食禄，故除之。

20 癸卯，權户部侍郎兼權知臨安府錢端禮入見，上言：「近制，初除從官，許論薦人才，以備擢用。竊見左朝散大夫邵知柔敦朴重厚，清介誠實，博通古今，邃於學問。左奉議郎魏杞力學能文，議論方正，事親孝，居官廉。左朝請郎吴芾奮自儒科，曉暢吏事，守正不撓，才力有餘。知柔見知袁州，杞知涇縣，芾見持服，乞俟任滿服闋日召赴行在，量才録用。」從之。杞，壽春人也。芾，仙居人。已見。

侍御史汪澈、殿中侍御史陳俊卿言：

臣等聞，易曰：「大君有命，開國承家。小人勿用，必亂邦也。」古先聖哲，立言垂訓，必以小人爲戒，以其蔽明害治，怙勢招權，故去之惟恐不亟。臣等近日論奏湯思退，乞寘之典憲。聖度寬宏，未賜威斷。臣等因讀唐史陸贄奏議，見贄反復論裴延齡姦蠹，其言君子小人之際，甚詳而明，至謂延齡其性邪，其行險，其口利，其志凶，其矯妄不疑，其敗亂不耻。臣等謂此數語，正爲思退設，真小人之雄也。思退初居政府，時秦氏既敗，朋附掃迹，獨思退在焉。時有語曰：「知不知，問進之；會不會，問思退。」進之乃思退字，蓋甚言其秦黨而得免竄逐也。

自登宰輔，政由己出，同列莫敢與之校，如王綸、賀允中稍不詭隨，則多方抑之，終以睚眦不協，或稱疾，或掛冠而去，大抵小人勝也。明揚人才，宰相之職，思退則不然。己所喜者，立致青雲，己所惡者，如視秦越。以樸厚爲山野，以巧佞爲才能。專恣自用，動有猜妒之心。如孫道夫蜀士也。慮薦其鄉之人，則黜之遠郡。葉謙亨其所愛也，以別爲知己所稱，則怒而補外。故正人端士，耻登其門，而一時躁競側媚之徒，摇尾而希進。錯列中外，氣燄薰赫。方以類聚，無足怪者。至若每有差除之人，則必預延至私第，密以告之。權貴之家，或有干請，則阿意曲從，惟恐少忤。激賞等庫，皆用其平日所私之隸。使命出疆，必薦其親舊苞苴之輩。王曮，竄逐之罪人也，以其同類，遇所遣親密人來致書，思退必呼入宅堂，委曲問動静而致意焉，不知果欲何所爲哉？凡有舉措，率背公營私，擅權植黨，欺罔君上，凌玩搢紳。是以唾駡形於里閭之談，嘲笑見於俳優之語。昔唐周墀入相，韋澳曰：「願公無權，爵賞刑罰，人主之事，公無以喜怒行之。俾庶官各舉其職，天下治矣，烏用權？」今思退反是。原所以陷溺其心者，由秦氏也。故臣等復以小人論之。伏望早賜處分，臣等不勝拳拳憤激之至。

右諫議大夫何溥、右正言王淮言：

臣近上章，論列宰臣湯思退植黨營私，懷援迷國，乞賜罷黜，俯伏俟命，未蒙施行。仰惟陛下體貌大臣，務全恩意，使之自圖進退，曲盡始終。然以思退之在相位，顓權自恣，擅作威福，箝制天下，大率效秦檜所爲。臺諫交章，猶未足以當其罪惡；謂朝奏暮斥，庶幾少快天下之望。豈可以大臣罷政常禮遇之，使得從容於去就之間哉？漢法，丞相不勝任，使者奉策，即時布衣出府，免爲庶人。有他過，則乘棧車牝馬，放歸田里。今思退之罪惡，暴著如此，蓋不止於不勝任及他過而已。而陛下待之之禮太過，此中外所以未喻，而臣等所以惶惑而未能自定也。況思退平時詭譎，動輒任數。竊恐遷延顧望，別生事端。欲望特發宸衷，早賜斥逐，使觀聽釋然而無疑，天下幸甚。

1 十有二月乙巳朔，左金紫光禄大夫、守尚書左僕射、同中書門下平章事湯思退罷爲觀文殿大學士，提領江州太平興國宮。翰林學士洪遵草制，略曰：「思退蚤由迪簡，亟上清華。迨予更化之初，實首本兵之寄。寖隆物望，越秉機衡。方道揆之仰成，駭煩言之嘖有。」著此爲洪遵罷翰林張本。思退在相位踰三年。

初，命臨安府印造會子，許於城内外與銅錢並行。至是，權户部侍郎兼知府事錢端禮乞令左藏庫應支見錢，並以會子分數，品搭應副。從之。東南用會子自此始。

2 丙午，同安郡主卒，賜其家銀帛百匹兩。主益端獻王女也。

侍御史汪澈言：

伏覩湯思退罷相，播告之初，訓獎過當。公論洶洶，須至冒陳。臣等聞秘殿隆名，所以褒碩德；殊庭厚禄，所以養真賢。惟進退之得宜，斯授受而爲稱。若時思退，爲國具臣。當故相醜正之時，遂鄙夫患失之志。逮經更化，分合投閑。巧爲媚竈之辭，遂致吞舟之漏。遷延歲月，叨竊鈞衡。背公營私，專權植黨。所進用者皆姻戚，所昵比者爲姦邪。

以林覺之庸鄙而掌版曹，以沈介之僉壬而居省闥。葉謙亨坐外交而罷右史，方師尹由内援而擢左司。張孝祥猶有童心，聽其狂説③；邵大受真若鬼質，納其陰謀。初不恤於人言，但力行其私意。至於臺省之遷擢，筦庫之差除，悉諭意於數日之前，欲受恩於一門之内。輕視同列，旁若無人。謀不僉詢，事皆專決。朝廷除目既下，擅自更張；臺諫封章上聞，率爲沮格。録其專恣之罪，合在譴呵之科。縱未正於典刑，豈宜加於寵數？願垂睿斷，俯徇至公，追褫職名，寢罷祠禄。仍降章疏，付外施行，使天下共悉其愆，尤知朝廷不阿於貴近，用以警策，不亦宜乎？

初，澈等再論思退，欲鐫其職，殿中侍御史陳俊卿曰：「思退未有大罪，雖非相才，然比之沈該則有間。今該猶以大學士典州，而思退顧不得，則執法之地，所以議賞罰者偏矣。」不從。

右諫議大夫何溥等言：

臣等嘗論奏湯思退姦邪，已蒙威斷，賜之罷黜，告庭既退，公論尚喧。臣等竊以爲有大不可者。思退貪鄙之狀，見於前後居官，市井之人皆能縷言。其在侍從也，蘇簡爲處守，嘗以五百緡贈思退母之父，而得還其母。又有妹夫梅琦者，毆僧至死，簡諷麗水令張禋枉其獄，而出琦之罪。以此二事德簡，簡雖病且僇，力欲薦揚以報之。以至在翰苑，則因行權貴之詞，而受金二百兩。以公用錢置私物，亡慮數百緡。其在相位也，石邦哲居越，與思退之婿高翥遊。邦哲藉翥以求差遣於思退，始捐千畝之田，低價以售，既立券矣，思退乃悟其非，命翥取元金而還其田。邦哲欣然歸之，思退不折券而懷之如故，乃除邦哲福建參議官。田與金皆不可得，邦哲對人每宣言之。至若青田之潘集，平江之張粢，會稽之詹承宗，括蒼之潘景珪輩，率家計鉅萬，厚以財賄，肆行交結。思退或與之連姻，或與之補吏。又如貨縑帛於鄉郡，糴俸米於近州。責其倍償，公私咸擾。政事堂不造食而折見錢，權要以時新而絡繹供饋。享萬鍾之祿，績效蔑如，更務貪鄙，都人號之曰養家宰相，亦可耻矣。秘殿隆名，真祠厚祿，非勳賢不居，思退何有於是？臣等職司言責，不敢但已。伏望聖慈，亟賜褫奪追寢，以絕紛紛之議。仍降出臺諫累上章疏，庶使天下曉然知罪惡之不可掩如此。

3 丁未，詔觀文殿大學士、提領江州太平興國宮湯思退落職，依舊宮觀。

4 戊申，左朝奉郎、知嚴州樊光遠奏：「三衙誘略近郡平民爲軍④，乞自今軍下不許收刺，遇有闕額，均下諸州招填。庶幾軍無闕額，民獲安堵。」樞密院亦奏其弊，且言：「三衙見管官兵增過紹興二十六年元奏人數，欲令以今歲終兵帳立爲定額。」宰執進呈，上曰：「兵不貴多，當有限制。今天下財賦，十分之八耗於養兵，朕躬行節儉，未嘗一緡妄費，而諸軍冗費，豈可增添不已？自今三衙令以見管兵帳爲額，在外諸軍，亦與立爲定額，日下住罷。」光遠又言：「本州歲輸御爐炭七萬四千五百斤，而不償民間之直。」上亟罷之。

是日，上謂大臣曰：「朕頃見秦檜論除授，必曰：『臣未知其心術如何，恐招物議。』似未爲確論。且人心不同，各如其面，若之何盡知其心術？朕謂果知其賢，固當用之。不然採之公論，國人皆曰賢，如何不用？借使繆濫，旋行罷黜，亦惟公論，但不容私意，無不可也。」宋史全文：史臣曰：「爵位，公器也。是非賢不肖，公論也。採之公論，而任以公器。設有不如所任，又從而去之，在我無容心焉，此宰相代天之義也。奈何狥一己之私見，以未知其心術而遽棄焉？嘗觀趙鼎薦用臣寮，後乃奏罷，而上謂鼎非護短，益以重之。又曰，張浚用趙哲、曲端、劉錫，見有其過，即加重譴。其措置未爲有失，何得輕用言者以罪浚？嗚呼，檜之罔上，而上察之。鼎之盡公，浚之無罪，而上知之。所謂明矣。」

初，知瓊州定南寨劉薦貸黎人王文滿銀馬香錢而不償，文滿怒，率其徒破定南寨，薦遁去，其子爲所執，文滿遂掠臨高、澄邁二縣。廣西轉運判官鄧祚時爲瓊管安撫，調土兵擊文滿，逐之，奪其田，以賜有功者，至是以聞。黎南海四郡，島上蠻也。島直雷州，由徐聞渡半日至。島之中有黎母山，諸蠻環居四傍，號黎人。其去省地遠，不供賦役者名生黎，耕作省地者名熟黎。皆椎髻跣足，男子常帶弓矢，喜讎殺。女工紡織，得中國綺綵，拆取色絲，和木綿挑織爲軍幕。又純織木綿吉貝爲布，與省民博易。其居處，架木爲兩重，上重以自居，下以畜牧。地産沉水、蓬萊諸香，爲香譜第一。漫山皆檳榔、椰子，亦産小鳥翠羽、黄蠟之屬。閩商値風水，蕩去其貲，多入黎地耕種不歸。官吏及省民經由村洞必舍，其家恃以安。熟黎之外，始是州縣。大抵四郡，各占島之一陲。其中黎地不可得，亦無路通。朱崖在島南陲，既不可取徑，則復浮海，循島西南，所謂再涉鯨波也。四郡之人，多黎姓，蓋其裔族，而今黎人，乃多姓王云。

敷文閣直學士致仕劉一止卒，年八十二⑤。一止樂易長者，聞人有少善，率稱道不容口。

夜，白氣如帶，東西亘天。

5 己酉，詔：「三衙官軍，並以今年歲終月分見管人數爲額，日下住招。自今有闕，並申樞密院取旨，下諸郡招填。」用本院奏也。

太學博士鄭聞言：「太學補試弟子員至五六千人，望自今以舉人居本州縣，學滿一年，三試中選，及不犯罰者，州縣保明給據，聽赴補試。」從之。

言者論：「近太府寺選官檢視左藏庫，有剩物計值十四萬七千餘緡，乞依天聖故事拘管入帳，不得將剩數比折欠少，仍於京朝官諸司使副内，選委有風力屢更事任可以倚仗之人爲庫官。」從之。

右文殿修撰、知綿州孫道夫卒。詔復敷文閣待制致仕。

6 壬子，秘書省校書郎王十朋守著作佐郎。

太學博士鄭聞爲太常博士。

7 癸丑，樞密院言：「三衙官兵已立定額，江上諸軍理宜一體。」詔：「鎮江、建康府、江、池、鄂州駐劄御前諸軍並以奏到九月分見管兵帳爲額。内江州、荆南府有未招人數，聽招足日住招。應諸軍日後有闕，具數申樞密院招填。」

國子博士劉藻兼建王府小學教授。

侍御史汪澈言：「諸路經總制錢以十九年爲額，其數太多。財賦所出，當究源流，十九年經界初行，民輸隱漏之賦，蓋是適然。今當取十年間酌中之數爲額。」先是，曹泳在版曹，始立定額。其後李邦獻、賀允中、黄祖舜數以爲不可，而其言不行。並見紹興二十六年。及是陳康伯進呈，上曰：「可令户部具十年中數，立爲定額。仍比十九年數減多少，十年内通欠若干，若不與除放及減歲額，恐虚掛簿書。又慮州縣科敷取足，以困百姓。」於是批旨行下。按紹熙中，東南諸路經總錢歲收一千四百四十餘萬緡，乃又多於紹興十九年之額，不知何故，當考。既而江西提點刑獄公事黃應南入見，又請盡除遞年積欠經總制錢。從之。

8 乙卯，宰執奏：「累有臣寮論知縣庸懦不職。」上曰：「知縣若非贓私慘酷，依祖宗朝與兩易其任，不理違闕，此良法也。」

侍御史汪澈言：「太常博士朱熙載，嘗以贓罪被斥。湯思退引在奉常，情同膠漆。秘書省正字查籥爲洪州司户，諂事張常先，任滿造都，知張孝祥爲思退所喜，即走其門。孝祥以氣類之同，大相稱引。逮孝祥之去，恃籥以爲心腹，使之刺探時事。每與思退書，皆籥密爲傳送。」詔並罷。按籥在館中以論事稱，今年十月乙丑面對，不知所言何事也。

9 丙辰，武德大夫、建康府駐劄御前第三正將王玘降一官放罷，以都統制王權劾其强刺民爲軍故也。

初，右奉直大夫、直顯謨閣續觱以帶職乞磨勘中奉大夫，既許之矣。起居郎兼權中書舍人楊邦弼言其非舊制，封還録黃。丁巳，進呈，陳康伯奏：「此由秦檜放行王晌等三人，遂致援例者衆，實違令甲。」上曰：「檜不獨此一事放行，且如禁軍换易，亦改動祖宗格法。朕因思霍光專政，廢昌邑，殺許后，威震天下。魏相乞除奏事副封，奉行祖宗故事，孝宣是以致中興之功。祖宗成憲，豈可不守？朕無一事敢違舊章。」康伯曰：「當以邦弼所奏報行，庶絶後來援例之弊。」上曰：「善。」

10 戊午，殿中侍御史陳俊卿言：「太常丞兼權吏部郎官吴曾，素乏鄉譽。昨以上書得官，因挾命術，遊時相之門，敢爲大言，士流嗤鄙。今處銓曹，懵不曉事。」詔曾與在外宫觀。

11 己未，左朝散郎、新福建路提點刑獄公事李莫特降一官。莫前知瀘州，續爲本路漕，爲屬吏宇文紹直求補發薦牘，莫許之矣。既而郡以爲黼所詰，莫怒，以黼私書申三省及御史臺。右諫議大夫何溥，論莫非士大夫之所宜，故有是命。紹直，時中孫也。

初，廣右土丁，自熙寧間，有詔五丁取一，免其科役。每一年在縣，一年上州。自仲冬至次年正月終，分番三日一閱，取事藝最高者二分先放之。至是，州縣多以土丁供雜役，每遇放免，則或取其錢。議者以爲言，詔禁止。

12 庚申，詔春秋三傳非係釋經處，毋得出題以取士，用右正言王淮奏也。自秦檜擅權，舉人對義者多附會時政，失經旨，故淮奏及之。

13 辛酉，言者論：「六卿分職，條章亦異，朝廷特總其要而已。今則不然，均是事也，而有前批後批之殊；同是事也，而有元降續降之別。欲予則巧爲傅會，欲奪則工於舞文。情法不相當，則云更合取自朝廷指揮。自知無法可行，則云如朝廷特降指揮。於本部條法，別無違礙。有勘當已上而退送者，有未及勘當而套狀者。或因堂白而面授旨意，或無處分而惟務陸沉。變亂舊章，眩惑觀聽，人無所措手足。始干託請求，惟朝廷之命是聽。百官有司，交失其守，而名實亂矣。望詔三省大臣，凡四方奏請送有司者，令各以成法來上。其不以實而依違遷就者，主典科違制之罪。長吏以不職，免所居官。庶幾道揆正於上，法守明於下矣。」從之。

詔：「自今三衙取到綱馬看驗，訖令樞密都承旨用火印撥付逐司。其見管馬，亦依此用印。江上諸軍委總領所，江、池州、荆南府委守臣，仍自遠及近，以甲字至壬字爲文，戰馬印左，輜重印右。」用樞密院請也。

14 壬戌，賜劉侁和州防禦使印。

15 乙丑，權户部侍郎錢端禮言：「比年以來，國家財賦經費浩瀚，陛下躬行節儉，宜乎府庫充溢，而日見匱乏。静惟其弊，必有所緣。且國無三年之蓄，古人所憂，況以月會日計者也。臣私憂過計，以有限之數，不可應無窮之用。謹按紹興二十九年一歲之費，編類成册進呈。望詔三省樞密院、臺諫、兩省侍從同户部公共商搉，究其弊原，直書無隱。然後條陳取旨，斟酌均節，使可施行，實當今之急務。」詔户部條具以聞。

16 丙寅，上謂宰執曰：「比屢諭卿等，屯田事須先立規模。如一夫受田多少，以括到荒閑田充佃，耕牛取於何地，下至農具、糧種、廬舍之類，當悉有條理，方可行下。兹大事也，經始勿亟，庶後來無更改之弊。不可以一夫獻言，遽即行之。當博採物議，而詳審之也。」

翰林學士兼權吏部尚書洪遵罷爲徽猷閣直學士，提舉江州太平興國宫。汪澈之再論湯思退也，首言「播告之初，訓獎過當」。遵聞，乃杜門丐罷，上不許。疏再上，乃有是命。

詔：「秘閣修撰郭瑊妻安人趙氏特封永嘉郡夫人。權户部侍郎錢端禮妻令人高氏特封平樂郡夫人。」趙氏，宗室女。高氏，宣仁后家也。二人與建邸連姻，故得封。

是日，太府少卿、總領四川財賦王之望始視事。時總領所帑庾見在之數，爲錢物計一千四百四十四萬引，糧二百三十萬石，皆有畸，而糧之樁積於沿邊者爲九十四萬，此皆其大概也。先是，司農少卿許尹總蜀計，以邊事有萌，乞下四川諸州造甲二萬副。許之。據王之望申。三十年，許尹陳乞造甲二萬副，自當年七月爲頭，未見降旨日月。仍令逐旋撥赴總領所，儲之利州，以備軍用。

17 丁卯，閤門宣贊舍人、荆南府駐劄御前中軍統制劉汜爲鎮江府駐劄御前中軍統制⑥，用劉錡奏也⑦。時鎮江軍中馬多老病，選鋒一軍羸者六百五十餘匹，劉寶爲都統制，利其芻秣，不肯言。至是，錡乞揀選退馬，付淮東諸州出賣。上從之。因詔内外諸軍所管，並令諸承旨、總領官，江、池州、荆南府守臣，即軍中揀退具數取旨。

18 庚午，金國賀正旦使奉國上將軍、兵部尚書孛散權⑧，副使翰林學士、忠靖大夫、知制誥、同修國史韓汝嘉見於紫宸殿。上服淡黄袍，不設仗。

安南進馴象，邊吏以聞。上謂大臣曰：「蠻夷貢方物乃其職，但朕不欲以異獸勞遠人，可令帥臣詳諭，今後不必以馴象入獻。」

是日，直顯謨閣、知荆南府續觱始至官，首遺宰相陳康伯書，言：

荆南居吴、蜀之中，於今最爲重地。邇者北敵列屯近塞，哆然有建都雍汴之意。疆埸洶洶，靡然摇動。幸其事暫輟，邊人稍安，而議者但知聚兵東南，而不知留意於西北，使敵人異時萬一徙居雍汴，則其勢不得不西資巴蜀之饒以爲用，而南窺江浙之漕以爲食也。今駐蹕臨安，則荆南者實江浙之右臂，而巴蜀之咽喉。自中興以來，三十餘年矣，視荆南之重，如羈縻州郡，故北敵有移都之謀，若不汲汲然長慮而早圖之，良可寒心也。今荆南兵備單寡，形勢削弱。盍分鄂渚戍兵之半，爲荆南久駐之基，以伐敵謀。昔藝祖創業夷門，其征伐開拓，必先取荆南，次取巴蜀，而後始及江左。孰謂今日荆南實聳王室而可易爲哉？或謂鄂渚之兵，控制淮南，横亘千里，勢不可分，殆不然也。設使荆南有警，自鄂渚援之，則泝流而上，殊難爲功。使淮南有警，自荆南援之，則順流而下，殊易爲力。今分兵於荆南，吴蜀萬里，首尾俱應，國勢自振矣。

康伯以奏，上納其言。時已命李道爲荆南駐劄御前諸軍都統制，乃調循、贛州摧鋒右翼軍合萬人隷之。然二州兵不以家行，日夜念歸，其將皆不伏道節制。或問道戰守之方，道曰：「即敵至，吾壅水護城，無事矣。」議者謂水口在城外，與敵共之。敵得水口，塞之可以灌，決之可以攻，未可恃也。與李道議戰守，蓋馮時行。

19 辛未，右承務郎、襲封衍聖公孔搢爲右承奉郎。搢年十九，法未當磨勘。吏部奏搢先聖之後，特遷之。

是冬，孝慈淵聖皇帝崩於朔庭，年六十一。

是歲，宗室賜名授官者二十有三人。

諸路斷大辟三十一人。

諸路上户部主客户一千一百五十七萬五千七百三十三，口一千九百二十二萬九千八。

初，夔路施州、南平軍歲鑄鐵錢皆有定額。至是，施州以民户難得鐵炭爲詞，令七分輸正色鑄錢七千餘緡，三分折納價錢計三千餘緡，並充省計之用。而南平軍亦以礦苗漸少，歲鑄僅千緡，視舊額不及十分之一，虁錢益耗矣。

校勘記

① 則更會於他邦　「更」，原作「便」，據叢書本改。

② 自張孝祥王晞亮邵大受方師尹祝公達沈介之去　「晞」，原作「希」。按：自本書卷一七四始，皆作「晞」，因據改。

③ 聽其狂説　「狂」，叢書本作「誑」。

④ 三衙誘略近郡平民爲兵　「軍」，皇朝中興繫年要録節要作「兵」。

⑤ 年八十二　宋史卷三七八劉一止傳及南澗甲乙稿卷二二劉公行狀均作年八十三。

⑥ 閤門宣贊舍人判南府駐劄御前中軍統領劉汜爲鎮江府駐劄御前中軍統制　「制」原作「領」，「汜」原誤作「玘」，據本書卷一八七改。

⑦ 用劉錡奏也　「錡」，原誤作「綺」，據叢書本改。

⑧ 金國賀正旦使奉國上將軍兵部尚書孛散權　「孛散」，原作「布薩」，據金人地名考證改。

建炎以來繫年要録卷一百八十八

1 紹興三十有一年歲次辛巳。金海陵煬王亮正隆六年。春正月甲戌朔，日有食之。上不受朝，命權吏部侍郎李潤用牲於太社，百司守職。既而太史局言當交不虧，詔勿賀。

2 丁丑，雷發非時。

3 戊寅，命輔臣燕北使於館，不用樂。

初，議者以揀汰使臣爲州縣蠹，請以官田授之，許子孫爲世業。户部侍郎錢端禮等乞：「計一年衣糧之數，紐價授田，俟其一年，罷其廩給，仍令常平司貸牛種，三歲取償。」詔兩省臺諫官集議聞奏。三月丁酉議上。

4 癸未，左迪功郎、守秘書省正字胡憲特改左宣教郎，主管台州崇道觀。憲以老乞奉祠，吏部言：「在法，館職到任一年，通四考改官。按憲以賀允中薦，累召方起，今到任半年，却有實曆過十餘考。」故有是命。憲時年七十有五矣。

5 初，兩浙民户歲輸身丁錢，而湖州爲紬絹八萬匹有奇，每三丁輸一匹。其始丁少，遂均科之。建炎三年十一月。休兵日久，丁口滋多，而科猶如故。由是諸邑增收丁錢，以資他用，民甚苦之。左司郎中呂廣問之爲兩浙轉運副使也，上命廣問改正。至是，廣問乞：「自今增丁，不得增絹。」丁亥，從之。

是夜，風雷雨雪交作，人疑其異。既而侍御史汪澈言：「春秋魯隱公時，大雷震電，繼以雨雪，孔子以八日之間，再有大變，謹而書之。今一夕之間，二異交至，願陛下飭大臣，常謹於備邊也。」殿中侍御史陳俊卿言：「周之三月，今正月也。魯隱公八日之間，再有大異。今一日而兩異，見比春秋，抑有甚焉，可不懼乎！今邊防之策，聖謨深遠，講之熟矣。然而將未得人，兵未核實，器械未精，儲蓄未備。臣願陛下與二三大臣，因災而懼，謹其藩籬，常若寇至，不可一日而弛也。至於臣下，則有官居保傅，手握兵符，而廣殖貨財，專事交結，奪民財，壞軍政，人不敢言，道途側目，養之不已，其患將有不可勝言。此臣憂國惓惓納忠之至意也。」

6 庚寅，權尚書吏部侍郎李潤充集英殿修撰，提舉江州太平興國宮。潤引年求去，故有是命。

左朝奉郎黃抗知秦州。

初，劍、建、汀、邵四郡例般鹽自鬻，以辦歲費，鬻而不售，則科於民。時汀之長汀縣鬻鹽峻急，民走轉運司訴之。漕臣王時升庇其事，舉人劉亮詣户部訴之。事下汀州。會州遣巡檢官張士先於鄉下督鹽錢，其黨賴福高等懼亮不能自直，因苛留士先，乞州釋亮兩易之，且擊其從兵，有死者。知縣事陳夢遠乃誣以嘯聚，守臣孫祖善亟遣正將謝宣措置，宣遂戮福高等千餘人，焚毁數百家。學諭葉椿率邑人訴於祖善，夢遠言：「椿與賊交結，繫之州獄，欲致之重辟。」録事參軍劉師尹爭不能得，致仕而去。州上其事於朝，且令宣乘勢掃蕩，亮持牛酒犒軍，宣執誅之。至是，言者奏：「祖善等賊殺不辜。」又言：「通判向士俊必欲傅致葉椿諸人之罪。」時夢遠已屬吏。詔并罷祖善等三人，仍令帥司究實申尚書省。其後，安撫使王師心言如章①，乃詔：「夢遠降三官，士俊、宣各降二官，而師尹還任。民被戮者，其租税皆捐之。」夢遠，瓘族孫。師尹，閩縣人也。謝宣出兵在去年八月，陳夢遠等降官在今年五月己卯，今因孫祖善等放罷併書之。

上問辛執：「三朝國史何日可進？」陳康伯曰：「帝紀已成，列傳未就。」上曰：「史官才難。劉知幾謂必具才學識，卿宜謹擇之。」上又曰：「頃有乞撰會要者，湯思退不曾行。會要乃祖宗故事之總轄，不可闕也。但自元豐後續爲之，蓋舊書分門極有法，似不須改。」康伯曰：「謹遵聖訓。」既而乞令館編元豐以後。詔從之。詔館編在是月壬寅，今聯書之。

7 辛卯，左奉議郎沈厦充諸王宮大小學教授，初用李琳薦也。琳薦厦事已見紹興二十七年四月甲寅。

8 壬辰，權尚書户部侍郎趙子潚充敷文閣待制，知臨安府。

侍御史汪澈、殿中侍御史陳俊卿言：

臣等常再論劉寶罪惡，乞奪其節鉞，投之荒裔，未蒙施行。今復有訪聞事迹，擇其灼然者，更歷爲陛下言之。寶之軍籍不爲少，總司幇勘，月有常數，而入隊者不及其半。自餘雖曰輜重，曰防托，曰放牧，不應如是之多，率皆虚僞，支破請給。又如死馬至六七百匹而不開落，芻粟之費果何歸？機織至八九百人而不教閱，錦綺之成果何用？掊摭羣下，類多逃竄。有效用陳孝恭者爲之首，今在廬、壽之間，其徒頗衆。軍士爲暴，略不禁戢。如劫招隱寺及大港民家，間有捕獲，恐人議己，即自坑而埋之，率以爲常。凡此，皆寶之肆欺罔壞紀律，蓋其罪之大者也。逯逵者，一選鋒軍使臣，專任爲回易庫監官，開激賞等庫於市心，置塌坊柴場於江口，分布錢物，差人於荆湖、福建收買南貨，絡繹不絶。每將諸軍請受銀并折色公據，盡行拘收，明取暗尅，歲月深遠，不知紀極，簿曆詭秘，無從稽考。今據逵供，所管内外回易錢，僅五十三萬餘貫，其欺隱不可勝計。此寶之剥下賈怨，又其罪之大者也。

土木之工，興作無時，强占鎮江府倉基，以爲大第。令劉聚、郭剛等管創蓋房廊，以至起亭榭，造塼瓦，運花木，廣種植。幹辦淮甸及平江諸處財産，與淮南伐山燒炭，諸役紛然，略無休息。此寶之虐衆營私，又其罪之大者也。酒庫元許置一所，俾助軍用，寶乃擅置兩大庫，又添置脚店百餘處，列布闤闠。究其用心，專以漁奪總司及鎮江酒庫之利。寶之赴行在，隨行所帶金五千餘兩，銀三千萬兩。今拘收止得銀四萬一千餘兩，金鎦銖無有矣。其在軍中，搜買珠玉珍奇之物以爲苞苴，動輒用銀至三五百錠，前後所用，不知其數。此寶之貨財自殖，又其罪之大者也。

至如庇一庸僧惠山者住金山寺，令蓄二妾於軍中李琦家，朝夕出入，縱其淫污。岳超母死，則役軍士置墳墓，而寶親爲之行服，是豈管軍之所爲哉？且寶無尺寸功，致身節鉞之貴，陛下姑務優容，責其來效，而乖戾乃如此，雖已罷兵柄，置散地，而責罰不加焉，與以禮求去者無異。臣等備員耳目之司，不敢循默。竊謂寶之罪彰彰如此，大則誅戮，小則竄殛。今乃擁節如故，偃蹇大邦，非所以示勸懲。伏望奮發英斷，重賜施行，以慰天下之公議。

紹興三十一年正月

詔劉寶落安慶軍節度使，罷福建路馬步軍副都總管，降授武泰軍承宣使，提舉台州崇道觀，福建路任便居住。

9 癸巳，名通化軍漢相國蕭何廟曰懷德。

故太師秦檜妻沖真先生王氏薨。

10 甲午，上與宰執論給舍繳駁事。因曰：「祖宗所以置給舍，正欲其拾遺補闕，若緘默不言，豈設官之意？然或探人主意及阿附大臣，甚者至於不論臧否，沽激取名，此正仁廟、裕陵之所戒也。」陳康伯曰：「如此之人，亦公議所不容也。」

集英殿修撰、知鼎州凌景夏權尚書吏部侍郎。

11 乙未，資政殿學士、知潭州魏良臣移知洪州。

12 丙申，秘書少監汪應辰權尚書吏部侍郎。

是日，大雨雪。詔：「出內府錢賜三衙衛士，凡九萬五千緡，且予貧民之不能自存者三萬九千餘人，又以內藏錢帛市薪炭賜之。輔郡細民，命常平官賑給，諸路委監司決獄事。」宋史全文：史臣曰：「天人之應，甚不遠也。天大雨雪，而上以仁民愛物爲心，不旋踵間，其應如響。是年冬，敵嘗窺江，欲禁出關潛遁者，上惻然不許曰：『朕思維揚之擾，至今追恨。』大哉帝王愛民之言，天實臨之矣。未幾，亮以自斃聞。噫！誠於民而不違於天，惟聖人能之。」

秘書省著作佐郎王十朋遺右僕射陳康伯書曰：「乃者大雨雪而雷聲繼作，識者憂之，是陽不勝陰之明驗也。主上仰畏天變，俯恤民隱，放房錢以寬細民，遣郎官以決滯獄，固宜德之動天，不俟終日。然而積雪不消，止而復作，今且十日矣。豈應天當以實，而小惠不足以弭災耶？夫天心仁愛吾君，出災異以警戒之。相公居燮調之任，當任賢退不肖之責，願以春秋災異之説，爲上力言之。進君子，退小人，內修闕政，外備强敵。開闢言路，以通下情。閉陰縱陽，以弭天變。勿以天道爲遠，聖人之言爲悠悠而不之畏也。比因輪對狂妄，日虞罪戾，固宜鉗口結舌，不言時事。而猶敢及此者，區區憂國之心，不能自已。以無路而告吾君，不可以不告吾相。由此獲罪，固所不辭。」

13 丁酉，以大雪放朝參三日。

修武郎、御前忠鋭正將李師民爲閤門宣贊舍人，忠訓郎劉舜謨爲閤門祗候。師民，顯忠子。舜謨，光遠子。知樞密院事葉義問言其廉謹可用，故擢之。

14 戊戌，直秘閣、淮南路轉運判官張祁落職放罷。言者論祁宿負罪惡。又言：「祁媚事湯思退，起廢持節。其在淮西盜用庫錢，又團結山水寨，動以二三十萬人爲名，百端科擾，人不聊生。逃亡浮浪，作過之人，自行招集，名曰放用，以爲緩急自衛之計。」故有是命。又詔效用令帥司收管，其係官錢物，令總領官都絜驅磨之。

15 己亥，大晴。

詔特進、提舉江州太平興國宮和國公張浚令湖南路任便居住。時浚尚責居永州，殿中侍御史陳俊卿間爲上言：「浚忠義，且兼資文武，可付以閫外。臣素不識浚，雖聞其嘗失陝服，散淮師，而許國之心，白首不渝。今杜門念咎，老而練事，非前日浚也。願陛下勿惑讒謗，雖未付以大柄，且與以近郡，以繫人心，庶緩急可以相及。」上納其言。

詔衡州編管人胡銓與放逐便。又詔昨緣事，一時編管羈管居住命官，令刑部開具職位姓名，并元犯因依，申尚書省。

直秘閣、知江州王矩爲淮南轉運判官兼淮南西路提點刑獄公事。左朝散郎林仲純知江州。

16 庚子，殿中侍御史陳俊卿言：「敷文閣直學士、知建康府韓仲通起於法家，專務刻薄。頃歲周旋刑寺十餘年，阿附故相，以三尺濟其喜怒。起大獄，殺無辜，不可勝計。故相之亡，偶以憂去，因得漏網。湯思退秉政，以其同出秦氏之門，特引援之。其在建康，以公庫饋遺，旁午秦門，殆無虚日。丁禩，秦氏奴也，曩與仲通刎頸交，今延爲上客，日與宴飲。」詔仲通落職放罷。

初，命郎官以上舉縣令。既而，朝議以選人不可授大縣，第令籍記姓名。右諫議大夫何溥言：「朝廷用人，不可拘以資格。且如今日爲選人，明日改京秩，其人則猶昔也，而差注之格，乃有等差。蓋銓曹之限仕進者，不得不爾。若朝廷用人，乃拘其法，又何以薦舉爲哉？故臣寮所舉者才也，非官也。望詔三省於已舉之數，毋拘劇易，早與差除。行之十年，則天下縣令，舉無濫授之患矣。」詔權令通融差注。

詔浚運河，以淮東大軍庫趲剩錢六萬九千緡、鎮江府常平米萬三千斛爲工役費，命總領淮東錢糧朱夏卿、兩浙漕臣林安宅董視之。

武功大夫、英州刺史、知濠州劉光時言：「兩淮所出馬低小，名爲淮馬，自成一種，比之江南，尚可蕃息。

而州縣拘籍户馬，以應使令，不特責其馬，而又欲人與芻稻隨之，賠費滋多，大爲民患，是致民間，不敢畜馬。望嚴爲禁約。」從之。

17 辛丑，資政殿大學士、提舉臨安府洞霄宫王綸知建康府。

權户部侍郎錢端禮奏贍軍新中酒庫以二十萬緡爲歲額，從之。

18 壬寅，詔館職續編元豐以來會要。

詔諸路總管鈐轄人從並減半，添差官與三分之一，其添給驛料並減半。用右諫議大夫何溥請也。

建王府内知客龍瀚、曾覿乞月給御厨折食錢如在京王府，例許之。此細事不當書，以日曆不見龍瀚除内知客月日，故因事附見。

武德郎、新知復州董誠爲兩浙東路兵馬鈐轄，以其妻父劉錡言誠在復州薄有産業也。

右宣教郎、新知鬱林州周沖翼移知復州。既而侍御史汪澈言：「錡蔽於子婿之愛，欲其相近，乃指定差遣，爲之陳請，非有事故。」詔以誠爲江南東路兵馬鈐轄。澈上奏在此月丙午，誠改命在三月庚寅，今併書之。

左正言王淮言：「朝廷嘗立賞格，給賣官産，以勸赴功之人，而吉州所申與提舉官所言，高下遼絶，朝廷爲之罷提舉官，逮今踰年，而所減三十萬緡，猶未可盡準。近者永豐之民詣御史臺，訴科賣官田之弊，至有已輸錢未嘗請射田土者。蓋其始作俑倡爲欺罔者，魏安行其人也。安行初守滁州，嘗以墾田數千頃邀賞於朝矣。就加覈實，輒復不然。其爲户部郎，嘗獻營田之策矣。試之維揚，蔑聞成效，徒以口舌僥倖得官。今又持節江東，傲誕自如，恬不爲怪。望録其前後欺罔之罪，特賜罷黜，仍戒諸路守臣，給賣官田，並聽民户實封投狀請買，毋得抑勒，累榜不售，申明裁減。其吉州先科敷人户輸錢在官不願請射田土者，特行給還。」詔安行罷江南東路轉運副使，餘從之。安行在江東，急於受賞，督迫州縣鬻田甚峻，所屬一切望風。左朝請郎、知徽州洪适甫至，官民競赴愬。适曰：「賞可慕，民獨不可愛耶？」乃戒屬邑，有虐吾民者，必劾。已而安行罷去，民卒得寬全②。

是月，金主亮令諸處統軍擇其精於射者，得五千人，分作五軍，皆用茸絲聯甲，紫茸爲上，黄茸、青茸次之，號硬軍，亦曰細軍。亮每自詫曰：「取江南，此五千人足矣。」

1 二月按是月甲辰朔。丙午，宰執進呈：「昨得旨問儀鸞司换舊陳設有無收支。」上曰：「陳設不過享廟及人使至時用之，何至一歲五易？朕已令以新易舊，仍據數收支矣。」上又曰：「朕宫中未嘗用此，惟以儉爲尚。」乃詔自今非破損勿易。仍先申尚書省，乃下有司，以新易舊。

右朝散大夫、江南西路轉運判官李若川移東路。

軍器監主簿楊民望言：「監司三弊：一曰按吏徇其好惡，以示威福。二曰巡按以察州縣，而一縣所費或至千緡。三曰公使互送，過於供給。蜀去朝廷遠，吏尤自肆。乞命監司帥臣互察。」從之。民望，成都人也。

2 丁未，左朝散郎、新知江州林仲純爲江南西路轉運判官。

降授右通直郎、新知黄州林珣移知江州。

尚書户部郎中、總領湖廣江西財賦、湖北京西軍馬錢糧彭合主管台州崇道觀，以病自請也。合尋卒。

3 戊申，詔邛州復置惠民監，歲鑄鐵錢三萬緡，利州六萬緡爲額，内大小錢各半。初，議者請復嘉、邛二州鼓鑄。四川安撫制置使王剛中言：「嘉州無鐵可用，乞令邛州以所造日額衣甲鐵炭改鑄夾錫錢，而令利州以鑄錢所餘鐵炭對數打造衣甲，委逐州守臣提舉措置，仍隸屬總領所。」從之。利州六萬緡，計用本錢十一萬四千餘緡。邛州三萬緡，計用本錢三萬九千七百餘緡。淳熙六年十月，並改鑄一折三錢。

直秘閣、荆湖南路提點刑獄公事向伯奮行太府少卿，總領湖廣江西財賦、湖北京西軍馬錢糧。

4 己酉，右朝散大夫、知贛州陳輝直秘閣再任，以右正言王淮言其治行也。

宣正大夫、崇信軍承宣使、利州西路駐劄御前後軍統制王喜卒。喜驍勇善戰，西人畏之。

5 庚戌，直敷文閣、兩浙轉運副使王時升入對，論福建上四州鹽直太重。時議者亦言：

福建路科賣官鹽，其弊已甚。昨者汀州又以科鹽，遂媒賴福高之禍。臣聞閩地瘠薄，舟車少通。明道以前，鹽法固未立也。景祐之後，始置海倉，買納收秣鈔錢十萬緡，以三分之二許客人於榷貨務入納興販，一分與轉運司般賣，充上四郡買發。百餘年間，公私便之。宣和末，偶因兵火，客販阻絕，故海倉之鹽盡歸州縣般運。建炎間，雖量增價直，猶是官司置場出賣，民未以爲病也。

續因邵武軍簽判趙不已獻言：

本路每歲遂抱納鈔鹽錢一十萬緡，節次增至三十萬緡爲額。鈔錢每增，鹽價遂長。頃年每斤不過三五十文，今甚者至百有餘錢矣。官價既高，私販難戢，州縣貨賣不行，始議抑配。議者以爲今欲上給經常之費，下寬齊民之力，無如取歲計之實用，去無補之虚耗。且如本路歲賣鹽一千一百三十萬斤，以錢百二十爲率，計收錢百三十五萬六千緡。歲計所用不過六十萬緡，據實而取，民亦何辭？自餘七十五萬六千緡，悉非公上之入，多與運綱人充優補縻費，兼供官吏百種侵欺，此所謂無補虚耗，重困於民力，爲可去也。

今漳、泉、興化、福州下四郡，見行科納鹽息，計産而出，謂之産鹽錢。印契而出，謂之浮鹽錢。每歲不下四十餘萬緡，行之既久，民亦安之。上四郡所用，歲計六十萬緡，以數内三十萬緡，視下四郡，令人户計産印契，作産鹽錢入納，然後罷海倉之買納，免官司之運賣，弛一路之禁榷，所至場務，別行委官拘收税鹽錢③，歲約三十萬緡，湊成六十萬緡，則歲計無不足之患矣。或者又欲倣茶引之法，從漕司造長短鈔引，合同號簿，據逐州縣合運，歲計并鈔鹽綱數分拋，令自招客人，入納見錢算請，仍以合同號簿付懷安等處鹽倉支鹽，請如本州賣鹽一斤，爲錢一百文。内二十八文，係漕司鹽本增鹽等錢，二文助學錢，一文吏録錢，三文醋息錢，六文豐國監錢，二十五文市用錢，每斤共計錢六十五文。入納見錢六十五緡，即給一千斤鹽鈔之類，仍便指躬往賣去處，與百姓和合買賣，而六十五文之外，利歸商賈，則人亦必樂於入納。況所在鹽價不等，少者獲什伍，多者獲倍稱之息乎？所有拖脚耗鹽之數，並依舊優潤客旅，州縣却將所賣鹽鈔錢，並據諸色科名分隸發納，不用鹽本，坐辦歲計，而宿弊可以盡革。二者之策，俱可施行。

若由前所言，科産浮鹽錢及收税鹽錢滿六十萬緡，以充歲計，而使民自便，亦云善矣。竊恐曠日持久，言利之臣又欲官自煮海，重困居民，誠爲措置刻石，以示永久，則不足慮矣。由後所言，行長短鈔引，竊恐漕司州縣之吏，利於科擾，及監司州郡，欲以綱運，周旋人情，巧爲不可之説。欲望下臣此章，令福建路諸司，公共詢究風俗，博求利害，擇宜於永久可以便民者，嚴立程限，以實來上，陛下斷而行之，則八郡之民，均受其賜，且免州縣分差使臣下鄉科擾之弊。

詔福建諸司同具措置，限兩月申尚書省。

太常寺主簿兼權光禄寺丞李浩主管台州崇道觀，自請之也。先是，胡憲乞歸，查籥被論，浩亦不安於朝，與王十朋相繼求去云。此以浩墓誌參修。

6 癸丑，崇信軍節度使、開府儀同三司、主管侍衛步軍司公事趙密領殿前都指揮使職事。

7 甲寅，少師、寧遠軍節度使、領殿前都指揮使職事、恭國公楊存中爲太傅，充醴泉觀使，進封同安郡王，賜玉帶，奉朝請。存中領殿巖幾三十年，至是，王十朋、陳俊卿、李浩相繼誦言存中之過，上感其言。存中聞北事有萌，乃上疏言：「金人年來規畫有異，雖信好未渝，而蛇豕荐食之心已露，宜及未然，於沿邊衝要之地置堡列戍，峙糧聚財，濱海沿江，預具戰艦。」至於選將帥，繕甲兵，謹關梁，固疆塞，明斥堠，訓郡縣之卒，募鄉閭之勇，申戒吏士，指授方略，條爲十事以獻。會趙密謀奪其權，因指爲喜功生事。存中聞其議，乃累章丐免。此以王曮所撰存中神道碑修入。碑詞不無緣飾，然以事考之，北敵寒盟，存中再起，而趙密遄罷，則似以此故也。今但去其潤色之語，而以王十朋等所言載於其前，則事之的實自見矣。 前一日，上召學士楊椿草制，且諭大臣曰：「可令密於未宣麻以前便交職事。昔唐神策軍使王駕鶴久典兵衛，權震中外，議欲易之，崔祐甫召駕鶴語移時，而代者已入軍中矣。 朕讀唐史，深嘉祐甫善處事，可以爲法。」

隨州觀察使、殿前司神勇馬步軍同統制李捧權主管侍衛步軍司公事，仍以神勇軍隸步軍司。 親衛大夫、武泰軍承宣使張守忠落階官，爲利州觀察使、殿前司策選鋒軍統制。

詔：「殿前司日前諸將下有除尅掊斂、私放債負之類，並日下改正住罷。 兵校差出回易及私幹借事，限一月拘收回軍，務在優恤士卒，以稱朕意。 仍於軍門榜諭。」

8 乙卯，閤門祗候、御前忠鋭第五副將劉舜謨爲東南第二副將，廬州駐劄。

敷文閣待制、提舉江州太平興國宮林覺卒。

9 丙辰，置行在會子務，後隸都茶場，悉視川錢法行之東南諸路。 凡上供軍需，並同見錢。 仍分一千、二千、三千，凡三等。 蓋權户部侍郎錢端禮主行之，仍賜左帑錢十萬緡爲本。 初，命徽州造會子紙，其後造於成都。

10 丁巳，右朝請大夫楊抗爲淮南轉運副使兼淮南西路提點刑獄公事。

右朝請大夫、主管台州崇道觀方滋爲京西路轉運副使，尋不行。 左朝散郎、京西路轉運判官蔣汝功爲夔州路提點刑獄公事。

11 庚申，領殿前都指揮使職事趙密以本軍酒坊六十六歸之户部。後二日，同安郡王楊存中復以私家撲買酒坊九及酒本醲具爲錢七十二萬緡上之。於是，歲通收息錢八十萬緡有奇，以其半爲行在諸軍馬草之費。時諸軍日費芻萬束，率爲錢千緡。上嘗謂近臣：「自楊存中之罷，朕不安寢者三夕。」蓋上思慮深遠如此。

12 辛酉，詔侍從、臺諫薦士各二人，帥臣、監司各一人。

直顯謨閣、提舉兩浙西路常平茶鹽公事楊倓主管台州崇道觀。倓以父存中解兵柄，故有請也。

13 癸亥，封建王府夏氏爲齊安郡夫人④，翟氏爲咸安郡夫人，給内中俸。夏氏，江西人。曾祖令吉爲吉水簿而卒，因家焉。翟氏，本姓謝，其父寧早死，養於翟氏，因入内武節郎蔣世忠入宫，皇后以賜王，至是得封。二人爲中宫所賜，會要不書。按周必大草翟貴妃爲皇后改姓謝氏制云：「早從藩邸之游，蓋稟庭闈之命。」即指此。時王在藩邸，左右嬪御不過數十人，僅足以備使令。一日出十餘人，厚其資而遣之。有一年少而俊麗者，王雖奇之，而亦竟不留。嘗語宫僚曰：「聲色之事，未嘗略以經意。至於寶貝珠玉，侈靡奇異之物，平生心所不好，亦未嘗蓄之。」

14 甲子，皇叔崇慶軍節度使知西外宗正事士街、建寧軍節度使知南外宗正事士霅並罷。士街等置司泉、福二州，會士街强市海舟，爲人所訴。右諫議大夫何溥奏其事，因請：「申嚴兩宗司興販蕃舶之禁，不惟官課增而民業廣，庶幾銅錢出界之令，可以必行。仍乞擇宗英往代其任。」詔大宗正司更選宗室二人。既而言者以爲：「南班至少，請擇内外宗室文武之廉正者更主之。」乃命左朝散大夫士礽知西外宗正事，直敷文閣、主管台州崇道觀子游知南外宗正事。自是，兩宗官率多用文臣矣。言者乞擇文臣在三月乙卯，士礽等並命在庚寅，今聯書之。

詔僞造會子及扇摇之人，並依見錢關子法。按用見錢關子法指揮，已見元年十月壬午、六年十月戊申。

是日，上與宰執論薦舉人材，因曰：「人材當用實可濟事者，若高談闊論，雖可觀，然徒欲近名，譬猶畫餅，終不可食，何益於事？卿等宜審度之。」

15 乙丑，詔經義、詩賦依舊分爲兩科以取士。先是，右諫議大夫何溥上疏論經義、詞賦合爲一科之弊，以爲「兩場俱優者，百無一二，而韋布之士，皓首窮經，扼於聲病之文，卒無以自見於世。望將經義得免解舉人及應舉進士年五十以上，許兼一大經，於詩賦場引試。其不願兼經者亦聽。庶幾宿學有以自展。溥建議在今年正月壬寅。議者多以爲經義詞賦不能並精，又減策二道，而併於論場，故策問太寡，無以盡人，且一論一策，窮日之力不足以致其精，雖有實學，無以自見，願復經義、詩賦分科之舊。」詔禮部、國子監、太學官看詳經久可行，申尚書省。至是，權禮部侍郎金安節等奏：「依舊爲兩科，詩賦不得侵取經義分數。若經義文理優長合格人有餘，許將詩賦人才不足之數，聽通融優取，仍以十分爲率，毋得過三分，自今年太學公補試爲始⑤。」於是行之至今。

中書言：「昨以僧徒冗濫，令禮部權行住給度牒，已經二十餘年。望量行製造度牒，立定價數，分降諸路州軍。」詔户禮部措置。户部乞：「每料給降二千道⑥，每道價錢五百千，綾紙錢十千，皆省陌。兩浙州軍輸左藏庫，江、淮、荆湖、京西輸三總領所，江西、湖南、閩、廣委逐路提刑司仍輸左藏。願以金銀計直者聽。」從之。

左朝請郎、知徽州洪适提舉兩浙西路常平茶鹽公事。

武翼郎、新知叙州武鉅移知均州，以殿中侍御史陳俊卿言其才可用也。

16 丙寅，詔通進司承受内降文字並封送三省樞密院。先是，内降詔旨，未經朝廷奉行，多漏泄者，議者以爲言，詔給事中黄祖舜措置。祖舜乞：「選内侍省官二員監通進司，每日降出御封文字，並用黄絹夾囊盛貯，監官親書姓名封發，仍令門下後省印曆抄轉，旬終赴省結押，日具承受奏牘，及御封名數申省。」至是行下。

17 丁卯，武功大夫、英州刺史劉光時陞忠州團練使再任，以州民洪等言其治行也。

18 庚午，侍御史汪澈言：「敷文閣待制、知平江府朱翌，本秦檜腹心之交。自選人拔擢，二年而至侍從。復叛檜而附范同，故檜怨之刻骨。自公道之行，朝廷愍其久竄嶺表，在拉拭之列，寖叨郡寄，所至不治。近差李寶往平江措置，防扼海寇，翌漠然不顧，泛以武臣待之，使寶徒手，無所施功，及其哀懇，亦略不介意。至煩朝廷又遣林安宅，國事安賴焉？望賜罷斥，以爲不治者之戒。」從之。林安宅時爲浙漕，其遣行月日未見，當考。

是日，左司郎中徐度賀金主生辰還⑦，過楚州，見右朝奉郎、通判州事徐宗偃，爲言金主初無恙，因諭以去冬省劄詢問對境疾病事，恐或至失墜，則有悔吝。於是宗偃因度歸，以省劄上之。

19 辛未，左中奉大夫、提舉台州崇道觀張修卒。

是月，少師、觀文殿大學士致仕、嘉國公秦熺薨於建康府。詔贈太傅。三月丁亥不行。熺家居凡六年。

校勘記

① 安撫使王師心言如章　「使」，原作「司」。按，中興小紀卷三九載此事云：「帥臣王師心即移文釋諸囚，具薦師尹於朝。既

而夢遠與州之守貳皆坐罷，而師尹復仕。」（今本皇朝中興紀事本末紹興二十一年以後記事闕）知其時王師心正在閩帥任上，因知「司」當作「使」，據改。

②民卒得寛全　「全」，原闕，據叢書本補。

③别行委官拘收税鹽錢　「委」，原作「季」，據叢書本改。

④封建王府夏氏爲齊安郡夫人　「王」原闕，據文意補。

⑤自今年太學公補試爲始　「公」，原闕，據皇朝中興繫年要録節要補。

⑥户部乞每料給降二千道　「料」，宋史全文卷二三上同，叢書本作「科」。

⑩左司郎中徐度賀金主生辰還　「度」，原作「慶」，據本書卷一八六「樞密院檢詳諸房文字徐度充賀大金生辰使」及卷一八七「樞密院檢詳諸房文字徐度守尚書左司郎中」之記事改。下文「於是宗偃因慶歸」，「慶」字亦誤，同改。

建炎以來繫年要録卷一百八十九

1 紹興三十有一年三月甲戌朔，詔起復左武大夫、興州刺史、殿前司破敵軍統制陳敏，以所部千六百人往太平州駐劄。尋改隸馬軍司。此據四月二十四日都省所奏附見，未見降旨改撥之日，當考。

權吏部侍郎凌景夏言：「故相以愛憎進退天下之士，或挾私立致通顯，名器溷亂，豈非害治之大者？仁宗朝范仲淹常爲百官圖以獻，指其遷進遲速次序，曰如是而可以爲公，可以爲私，亦不可不察。近紹興初，常命宋棐編修差除格目，自宰執達於寺監丞簿，其書斷自元豐以後，願倣此意，申敕攸司重加編輯，命二三大臣遵守格目，凡遷進淹速，必稽其次序，使累朝典故舉行於今日。」事下吏部，後不行①。

2 己卯，右諫議大夫何溥爲翰林學士兼權吏部尚書，仍兼侍講。先是，溥常言君子小人和同比周之弊，有曰：「同近於和，而和實非同。比近於周，而周終不比。世人之假同以爲和，託比以爲周，求濟其一己之私，而卒貽天下之患。臣願辨之於其早，制之於其微，使同與比之迹不形，而和與周之實常著，則朝廷正而百官正矣。」又言：「軍政之弊，曰爲將帥者，不治兵而治財。刻剥之政行，而拊摩之恩絶。市井之習成，而訓練之法壞。二十年間，被堅執鋭之士，化爲行商坐賈者，不知其幾。歲課月計，利歸私門，壟斷自如。百姓失業，甚者死亡不補，虚數日增。沿流尋源，所宜痛革。」又言：「爲備於無事之時，擇才於自代之舉。置總帥以護諸將，則勢同臂指；募民兵以捍兩淮，則可固藩籬。皆當今急務。」上察其忠，乃有是命。

監察御史陳之茂爲尚書吏部員外郎。

秘書丞兼權吏部郎官杜莘老守監察御史。

詔太傅、同安郡王楊存中朝朔望。

大理寺丞姚邵爲京西路轉運判官。

徽猷閣直學士、提舉江州太平興國宫洪遵知平江府。先是，命浙西馬步軍副總管李寶屯平江，以防海道，而守臣朱翌議多矛盾，朝廷以寶嘗爲遵所薦，故改用之。

詔録勳臣魏仁浦、馬知節、余靖、寇瑊、張述諸孫各一人。用郊赦也。仁浦，故相。知節，執政。靖、瑊，從官。述，職方員外郎，以嘗請立皇嗣故。

3 庚辰，尚書禮部員外郎兼國史院編修官洪邁爲樞密院檢詳諸房文字。

左中奉大夫王普行尚書禮部郎中。

潭州觀察使、利州西路駐劄御前中軍都統制兼知成州吴珙移知襄陽府，依舊中軍都統制。拱遥領利西統制，蓋以携西兵之鎮故也。

召武功大夫、榮州刺史、知襄陽府劉澤赴行在。

左朝請郎、提舉兩浙西路常平茶鹽公事洪适移江南東路，避親嫌也。

4 辛巳，左朝奉郎、知嚴州樊光遠爲兩浙東路提點刑獄公事。

右朝散大夫、知真州徐康提舉兩浙西路常平茶鹽公事。

5 壬午，兵部尚書兼權翰林學士兼侍讀楊椿參知政事。

詔秦檜妻沖真先生王氏改贈希妙先生。起居舍人兼權中書舍人虞允文言：「王氏以先生祔於檜之廟而爲之配，不合禮經。乞歸先生之告於有司，仍舊秦魏國夫人舊號，於禮爲稱。」從之。王氏復封在此月丁亥，今併附此。

左宣教郎趙公廣知平江府長洲縣，用洪邁爲尚書郎時應詔所舉也。

詔故直秘閣林季仲、故祠部員外郎李巖老並特與恩澤一資。季仲復職未盡，巖老居母喪而卒，權吏部尚書何溥爲之請，特録之。

敷文閣待制、提舉江州太平興國宮李琳卒。

6 癸未，宜州觀察使、提舉建昌軍僊都觀王升卒。

7 丁亥，給事中黄祖舜言：「身後恤典，朝廷所以褒贈功臣，使之没有餘榮也。契勘故相秦檜當政，擅作威福，不知有上，殘陷忠良，爲國斂怨。其子熺實與謀議。及其亡也，陛下保全其家，俾熺休致而歸，不寘之罪，恩亦至矣。今乃贈以帝傅之秩，又與之遺表恩，寵命横加，殊駭物聽。」詔前降指揮更不施行。

敷文閣待制、提舉江州太平興國宮陳正同知太平州。

右武大夫、忠州刺史、知郢州馬羽罷，以京西諸司言其不法也。

8 戊子，右迪功郎莫沆爲紹興府嵊縣令。沆，歸安人，大理少卿孫敏修應詔所舉也。

9 庚寅，尚書右僕射、同中書門下平章事陳康伯遷左僕射，參知政事朱倬守右僕射，並同中書門下平章事。

侍御史汪澈言：

近有旨，政事並用祖宗舊制。然循襲既久，有司失於講求，往往有未厭人心者，姑以遷授恩數六事明之。六等檢校官，舊制也，今則皆無有，而自節度徑除太尉，歷開府儀同三司，以至少保矣。節度以移鎮爲恩寵，舊制也，今則一定而不易矣。承宣分大中小鎮，觀察分小大州，舊制也，今則皆徑作一官矣。横行自右武大夫以至通侍爲十三等，以待年勞及泛恩者，非有功效顯著，不帶遥郡，舊制也，今則自右武大夫遷官者，率於遥郡改轉，纔五遷，即至遥郡承宣使，一落階官，遂爲正任承宣使矣。武功大夫實歷七年，用七舉主始轉横行，舊制也，今或自小使臣爲閤門宣贊舍人，纔轉一官，徑至右武郎矣。總管鈐轄都監分六等差遣，非正任觀察使及管軍不以爲總管，舊制也，今降此而得之者，紛紛皆是，至有法當入第六等，如武翼郎或宣贊舍人而除者矣。

臣謂賞爵所以厲世磨鈍，使人欲之不可必，企之不可及，是以祖宗規模宏遠，董正有序，名器之重，不可假人。昨自權臣用事，動出己意，倖門一開，錯雜並進，浸淫於今，可爲太息。望詔三省樞密院，將此六事參酌典章，務存大體，立定綱目，貴於遵守，不必曲徇人情，以趨捷徑。庶可以鑒成憲，行故事，仰副陛下規恢之意。

詔中書門下後省看詳，申尚書省。

翰林學士兼權吏部尚書兼侍講何溥進兼侍讀。權尚書禮部侍郎金安節兼侍講。

10 辛卯，武義大夫金彞爲閤門宣贊舍人。彞，湖州人，初見紹興十七年十一月。起居舍人兼權中書舍人虞允文言：「閤門貼職，祖宗所以獎勵邊功，未嘗妄予。按彞以財雄東南，因納粟授官，交結故相秦檜，以看閤子爲名，使專任南畝出納之責。累官正使，人所不齒。今一旦授以上閤之秩，人言籍籍。臣以爲決非陛下本意。」上覽奏，謂輔臣曰：「朕初不知曲折，當如所請，以戒後來僥倖之門。」或曰：「彞嘗造海舟以獻王繼先，其直萬緡，舟中百物皆具，是除繼先所薦也。」此爲王繼先得罪事實。

故左朝奉大夫致仕李光追復左中大夫，官其子二人。先是，其妻縉雲郡夫人管氏言：「光遷謫嶺海，首尾十八年。二子喪亡，二子流竄，田園屋宇，盡皆籍没，骨肉流散，身後二子三孫俱白丁。祖宗以來，執政官得罪，未有如光被禍之酷者。」宰相陳康伯進呈，故有是命。

詔：「鋪兵擅開竊看傳録文字，並依建炎指揮，從軍法。建炎二年十一月。其闕額以廂軍填補，月給錢米皆增之。」

11 壬辰，左朝請郎、主管台州崇道觀陳夔知徽州。

左從事郎、監行在省倉上界史正志充樞密院編修官。正志，江都人也。

12 甲午，户部奏：「左藏西庫見錢不多，所有月支券食等錢，欲以銀、會品搭，諸司百官，以十分爲率，六分折銀，四分會子。軍，五分折銀，三分見緡，二分會子。」從之。

武功大夫、忠州刺史、淮南東路馬步軍副總管宋肇主管建昌軍僊都觀。

13 初，户部奏以官田授揀汰使臣，事下兩省臺諫。事初見正月戊寅。既而給事中黄祖舜、中書舍人虞允文、臺諫杜莘老、梁仲敏等言：「臨安一府揀汰使臣軍員凡一千六百八十有八人，歲用料錢等九萬一千餘緡，紬絹布綿二萬五千八百餘匹，米二萬八千餘石，而本府屬邑除昌化、鹽官、富陽無係官田外，其餘六邑止有田一千一百七十四畝有奇。是一兵之田，未及一畝，若如議者所陳，紐其衣糧請給，計其價而給其田，則所贍養者不過數十人，其坐而仰衣糧者尚千餘人也。不特事體不一，又勞逸不均矣。謂宜下有司，將賣不盡係官田及户絶寺觀無主田，并僧道無主田，盡行拘收。又將日後没官田歲行抄籍，以待兵田之數相當而後施行，庶無不足不均之患。」丁酉，詔吏兵部長貳參酌措置。後不行。日曆就載臺諫、給舍議狀於此日，而臺諫止有殿中杜莘老、司諫梁仲敏二人。按此時汪澈爲侍御，陳俊卿爲殿中，仲敏爲監察，王淮爲正言。今年四月，淮丁憂。六月一日，俊卿出臺。六月六日，莘老遷殿院。七月一日，澈自中司出使，意當在七月以後。是時西掖乃楊邦弼、虞允文二人。九月，邦弼致仕，允文獨員。今邦弼不繫銜，或又是九月已後所上也。

14 己亥，言者乞：「令大臣省親細務。」詔左右司措置，申尚書省。

15 庚子，故朝散郎、充徽猷閣待制張宇發特贈左朝請大夫。宇發靖康初從陳過庭使北，死雲中之佛寺，至是其家有請故也。

初，左朝請郎、提舉江南東路常平茶鹽公事洪适入對，論役法事曰：「臣竊見元祐指揮，合役坐閑人户不及三番處令雇募，蘇軾謂聖恩欲使百姓空閑六年，是以紹興二十六年之旨，歇役六年者，與白脚同。行之數年，下户得以寬佚。間者宣州守臣有請，欲不候六年，再差上户，有司誤以歇役六年之文衝改，下户畏避，多致流徙。蓋上户税錢，有與下户相去十百倍者，必俟差遍下户，則富家經隔數十年，方再執役。臣守徽州，以婺源一縣言之，有差及一貫税錢者，民間哀訴，誠爲可念。乞仍行二十六年指揮，庶使細民鼓舞德澤。又如一都之内，上等五户税錢各五十千，中等五户税錢各三十千，各曾應役。若以歇役六年再差，恐中等五户僥倖終免。乞自第一户差至第十户，然後再差，所貴役法均平，上下稱便。」詔户部看詳。至是，户部言：「在法，差募保正長，通選物力最高人充，應二年替無可選者，於得替人内輪差。乞申明行下。」從之。

1 夏四月按是月癸卯朔。甲辰，詔潭州觀察使、利州西路駐劄御前中軍都統制、新知襄陽府吴拱以西兵三千人戍襄陽。朝廷聞金人決欲敗盟，乃令兩淮諸將各畫界分，使自爲守，措置民社，增壁積糧。是時，御前諸軍都統制吴璘戍武興，姚仲戍興元，王彦戍漢陰，李道戍荆南，田師中戍鄂渚，戚方戍九江，李顯忠戍池陽，王權戍建康，劉錡戍鎮江，壁壘相望，而襄陽獨未有備，故命拱以所部戍之，其闕額令吴璘招填，限一季。吴拱移屯，日曆全不載。王之望申省劄子云四月二日指揮。甲辰，初二日也。

先是，總領四川財賦王之望聞有邊隙，乃自益昌運糧十萬石至武興。及拱移軍，遂以歸舟二百七十餘艘載其軍兼家而下。軍過合州，守臣右朝散大夫宇文師申以私錢餉之，軍士皆喜。師申，粹中子也。按此則拱之軍，蓋自嘉陵順流入大江，自峽州或荆南之襄陽也。

拱衛大夫、忠州團練使劉貴提舉邕州左右江兵馬賊盜公事，兼提舉訓練峒丁。

右朝奉郎何休知化州還，言：「廣西轉運司自榷鹽之後，利入頓虧，遂令諸郡變税折錢。如化州額管税米八千石，歲用萬五千石。漕司歲於本州科六千五百石，赴容州送納，每石折錢二千六百，而令本州和糴萬石，支價錢四百，仍就税户均糴，民間甚以爲患。乞於廣州榷鹽數内撥一半赴漕司充歲計，令逐州之税，各隨本州送納。」户部奏乞坐法約束行下。從之。既而左朝奉郎知廉州程遜召還，亦言廉州丁米偏重，每丁有輸八斗六升者。而漕司又以丁口歲敷二分，食鹽十餘萬斤，民力益困。願減丁米三千石，而以賣鹽錢糴米償之。事下户部。尋以遜爲大理寺丞。休上奏在甲辰，遜留中在己酉，今併書之。

2 乙巳，言者論：「州郡之學，其間無進取之路，故士之去就甚輕，所養無素。乞權罷太學補試，而於諸州養士，每百人中選其行藝之精者，歲貢兩三人入太學。庶幾所得皆素養之士，且非一日之長，而士之在郡學者，皆以實能爲尚，學校不期而自重矣。」事下國子監。已而國子監言：「自罷舍法，復以科舉取士，奉行日久，難議施行。」事遂止。

中侍大夫、武當軍承宣使、知夔州李師顔言：「歸州去夔州最近，去荆南最遠，乞以歸州仍隸本路。所有本州歲起湖北路錢物，依舊赴湖北漕司。」從之。建炎四年宣撫處置司割歸州隸本路，紹興五年還隸湖北。

3 丙午，右朝奉郎郭淑通判蔣州，右奉議郎、知袁州萍鄉縣咼輔通判濠州，並填復置闕。

4 丁未，右朝奉郎、通判楚州徐宗偃獻書於宰執曰：「竊聞使命往來，覘邏窺度之言，莫不以敵國遷都決定於春二月，今四月矣，其言未驗。乃曰先至洛中看花，或又謂星臺陳獻拘忌，乞以今秋爲期。蓋詭詐叵測，初無一定之論。在彼者雖無一定之論，而在我者當有一定之策以應之，則事至而不擾。今日之勢，惟荆、襄、兩淮最爲要害。守之則長江可守，棄之則江不能保。利害灼然，雖三尺童子皆能知之。經理固不宜少緩，誠使在我之策既定，則彼之已還未還，皆不足深慮矣。」

5 庚戌，集英殿修撰曾幾、周綰並陞敷文閣待制。幾提舉洪州玉隆觀，綰提舉江州太平興國宮。

初，殿前司左翼軍駐漳州，郡鬻官鹽以供其費。其後此軍移泉，而鬻之如故。凡於村郭分十八場，悉以民户編排爲甲，赴場市鹽，定其等第，限以斤兩。深山窮谷之民，無一免者，人甚苦之。至是，侍御史汪澈乞委提刑司相度利害，如所收錢非起發贍軍，即與住罷。從之。

左奉議郎、知遂寧府何驥爲潼川府路提點刑獄公事。

6 辛亥，敷文閣待制、知臨安府趙子潚奏：「府城摧倒者千八百餘丈，乞支降錢二十七萬緡，米七千石，調三衙卒九百人，分頭修築。」從之。

7 壬子，忠訓郎韋珪爲閤門祗候。珪，淵孫。已見。

8 癸丑，詔：「太傅、醴泉觀使、和義郡王楊存中許存留殿前司部曲五百人。諸子、子婿各進官二等。」以其奉祠故也。

右正言王淮以父憂免。

9 丁巳，御批：「比來久雨，有傷蠶麥，及盜賊間發，雖已措置，未至詳盡，可令侍從臺諫條具消弭災異之術，防守盜賊之策，各以己見，實封聞奏。」時久雨，故殿中侍御史陳俊卿上疏請之。上謂宰執曰：「應天以實不以文，可令侍從臺諫各具時政之闕，有不便者，即與改正。」宰臣陳康伯、朱倬皆待罪。上曰：「罪在朕躬，豈可移過大臣？」

翰林學士何溥言：「安邊之圖②，雖在擇將帥，而立國之本，要在得人心。推原天人相與之際，莫如自治之急。」

俊卿又言：

詔下之日，陰雲開霽，至誠動天，應如影響。然當主憂之時，敢不畢其愚慮？今敵居汴京，已逼吾境。而武昌、襄陽、荆南各相去數百里，宜擇威望重臣以兼制之，使首尾相應。又宜密遣人，假以他職往來軍中，以問諸將。或令逐軍各使腹心將官赴朝廷，令大臣與知兵者講説地形，及先後緩急之宜。又鄉兵亦宜給以衣糧器甲，俾之樂從。雖朝廷方守和議，淮上未可屯兵，而歷陽、儀徵、維揚城壁稍堅，當陰爲之備，他日諸軍可以投足。昔唐憲宗中興，裴度曰：「此豈朝廷之力可制其命？特處置得宜，能服其心。」今日苟處置得宜，彼知我有人焉，或可以寢其謀矣。

權禮部侍郎金安節言：

淫雨之咎，竊意卿士之列，郡邑之間，有未能上體德意而感傷和氣，致召災沴者。如刑罰之失中，賦役之不平，貪夫侵蝨以傷民財，暴吏肆虐以賊民命。有一於此，皆致災之由也。在内令風憲之臣彈劾，在外令廉察之官按發。俾官曹肅清，民有愜志，則和氣可召，而災害不生矣。若乃安内攘外，則古無上策，時異事異，其可施於今者蓋鮮焉。何者？敵國相持，非和則戰，其形已定，則吾之籌畫，亦專出一塗而無所牽制。今名爲修和，而實相窺伺。則爲今之謀，要使規模不失和好之形，而實有備豫之策，而後國勢可立也。

故臣之愚，慮其策有三：一曰厲將帥，二曰擇地形，三曰明覘候。自一二年來，沿江上下，列屯作鎮，其意以備江北也。人情狃於無事，必不能夙戒素辦。如與敵對壘者，萬一出吾不意，疾驅渡淮，而我軍方整部伍，理器仗，備屝屨，非一月不能首塗，則敵人已奄至江上矣。臣謂今日諸將，必使之選兵夙戒，常若寇至，然後緩急可用也。軍之所處，得地者勝。乘險以守，則衝犯者不得利；據要以守，則侵越者不敢過。今頓兵江北，雖有地利，不得預據也，而可以預加相視。且如盱眙之距京口，其路當衝要者凡幾所，地稱扼塞者凡幾處，除當險要之外，旁岐支徑，可以分攻越鈔以達江之南岸者凡幾道，此雖聖智如黄帝、湯武者，不能意度而數揣也，必須躬歷身到，詢人訪古，而後可知。今不預備也，必將有警而後推鋒越江，倉皇之間，何嚮而險要可據？何屯而攻鈔可禦？浪進泛行，與客軍之遠涉者無異，則吾何名夙戒預備也？臣愚欲乞令沿江列屯，各以對江地步，令主帥自擇將校，量選壕寨，使沿屯過江，逐一詢訪土人，相視地勢，其有所得，隨行具圖著録。歸視其軍，則不惟躬親按行者可知，他時軍行，其視圖籍者，亦得以知之矣。今江北之無兵無城者，以爲和也，而方儲兵江南，以爲有事之備。若敵有變動，覺知能早，則猶可以半淮、漢以相角。若覘者不精，逮其侵軼入境，而方出師與争，則淮、漢之地，危不可保矣。古者募客刺讎，受募往刺者，有必刺之道焉，而世未嘗以前人嘗死而不敢往者，賞重於死故也。今使之覘敵，雖有冒死之理，而未必至於死也，而率難其人者，賞之厚不足酬其死。故雖金人之存亡，汴都之來否，尚不得其真，則吾何以逆探未然而預爲備禦之計也？臣謂覘者不得其人，則雖儲兵聚糧，朝謀夕算，而他時必有遲不及事之悔。故臣願沿邊諸州，沿邊諸軍，皆稍厚假之財，寬其出入。或稍優設官賞，誘使歆慕，候得事實爲期，而不屑屑以規矩繩之。不曰覘無不的，要之十得六七，則將視病施藥，亦必不繆矣。

此三者，皆防守之大計也。而以將帥爲先者，蓋將帥得人，則擇地覘敵，當自能之，有不煩帷幄之慮者矣。竊聞朝廷已命諸將擁衆分屯，事不遥制，馭將之術，固已得之。然推轂授任，人得自專。權均勢侔，莫相統一。聲援不接，或失事機。臣願精選重臣有威望者，俾往視師，盡護諸將。庶幾深謀遠算，亟得參決，戰勝守固，克成厥勳，實外攘之策，不可不務者也。若夫備禦不虞，内固根本，則願密詔諸路帥憲，及諸郡守貳，各嚴保甲之制，聯比其民，使察非常，庶幾姦民不得伺隙窺發。州郡禁卒，自守貳而下，將舊格合給人從，痛行減損，追還營屯，敢有違法差使者，重寘之法。仍汰去老弱，專委兵官中有材武習軍旅者訓練之，課其尤者，而加賞勸焉。根本既安，而朝廷無内顧之虞，得以專意外攘，疆埸之事，何患不濟？

詔天申節宰執使相所進金酒器，並特免。

户部奏乞糴本，詔以天申節進奉銀十萬兩湊與之。

監察御史梁仲敏行右司諫。

保義郎梁舜弼、漢弼並爲閤門祇候。二人邦彦養孫也，用遺表恩澤特與之。給事中黄祖舜、權中書舍人虞允文言：「閤門之職，祖宗以來，不以恩澤遷補，今授之無名。」遂寢其命。

10 戊午，太常寺言：「明堂大禮，當用牛羊豕，乞下浙路漕司收買，前九十日入滌。」從之。明堂正配及太廟十一室皆用一太牢，明堂從祀十五位，共八少牢，別廟一少牢，配享功臣七祀，共一少牢，皆有副。

11 己未，命尚書右僕射朱倬提舉三朝國史。倬以祖諱辭，詔去「修」字。

太府少卿、總領四川財賦王之望乞：「歲終以諸路州軍額起折估糴本錢虧盈爲知通殿最，仍以一年實起到庫錢數爲準，各具其尤者十州來上，俟終更乞差遣日斟酌施行。」詔諸路依此行之。

是歲，四川所入增錢三百八十五萬緡。現租額增二百六十萬緡。之望乃言，歲額無虧，上其最增者十州於朝，乞籍記而已。宋史全文：「上曰：『朕思州縣逋欠，若民果貧困，自合蠲放。若已輸納，而官吏侵用，則亦不可不與覈實，明示罪責。治道貴信賞必罰，漫不經理則是姑息，姑息雖堯舜不能治。』是日，遂進呈四川總領王之望催驅殿最事目。上曰：『依所乞，并令諸路亦如此施行。』」。

12 辛酉，復升揚州高郵縣爲軍，以淮南轉運副使楊抗言其户口最盛，且接連湖濼，猥通豪右，非增重事權，無以彈壓故也。因命右通直郎、知縣事吕令問就知高郵軍，仍賜經制錢二萬緡，常平米三千石爲復軍之費。

入内東頭供奉官徐甲爲武義大夫、帶御器械。

13 甲子，權户部侍郎錢端禮言：「淮浙諸場積鹽不售，乞立限一月，許客鋪入納，每五袋加饒一袋，不納鈔引及通貨等錢。」從之。

14 丁卯，殿前司言：「破敵軍改隸馬軍司，本軍有闕額，竊見南劍、吉、筠、建州、邵武、建昌軍多有游手之人，乞差將官各一員前去，同守臣均定，招收共一千六百人，赴本司招填。」從之。

15 辛未，同知樞密院事周麟之爲大金奉表起居稱賀使，賀金主遷都也。初，朝廷聞金主欲移居於汴，且屯兵宿亳間，議遣大臣奉使。辛執共議，遣參知政事楊椿行。其所議者，如大金皇帝祇欲到洛陽觀花，則不須屯兵於邊。若果欲遷都於汴，屯兵於宿亳，則本國亦不免屯兵於淮上。非敢故渝盟約，蓋爲國之道，不得不然。或欲巡幸汴即還燕京，則本國亦無一人一騎渡淮。麟之聞其議，乃見上，慷慨請行。上大喜。此並據趙甡之遺史本文。麟之請自擇副，且薦洪州觀察使、知閤門事蘇曄可用，許之。曄尋卒。乃命武翼大夫、貴州刺史、知閤門事張掄假保信軍節度使代行。命掄在五月丙戌。

左承議郎魏杞行太府寺主簿，用錢端禮薦也。

16 壬申，直顯謨閣、知荆南府續觱乞量行招填禁軍。詔本府今歲上供銀錢絹絲米並權減半，以爲招軍之費。

是月，金主亮率文武羣臣如汝洛，至北邙山，因改其山曰太平。

校勘記

①後不行　「不」，原作「下」，據叢書本改。

②安邊之圖　宋史全文卷二三上於此四字之前原有「夷狄爲中國之陰，天意若曰夷狄將有不測之變，故出災異以警戒之。臣謂」諸語，當爲四庫館臣所删削者。

建炎以來繫年要録卷一百九十

1 紹興三十有一年五月癸酉朔，新淮南轉運判官王秬上屯田利害，以爲：「軍士狃於安閒之久，一旦服勞田畝，其功未必可成。望許令民兵於近便處，人給荒田一頃，有馬者别給五十畝，自行耕作，俟成倫緒，五年之後十取其一，十年之後十取其二，雖縣官所得不多，然積之既久，則有不可勝計者。其有日前侵耕冒種之人，一切不問。內有貧下者，量給種穊。如是則將見兩淮荒閑之田，皆變而爲沃壤矣。」從之。

2 甲戌，國子司業陳棠言：「自興學至今二十年，六經博士，未嘗備員。今弟子員至千人，而學官每日輪經講説，甚不稱勸學崇化之意。望加惠學者，俾六經各置博士，每經擇經明行修二人充選。庶幾經各有師，得以輪遞講説。」詔博士闕員，許令正録兼講。

3 丙子，秘書省著作佐郎王十朋知大宗正丞，紹興府供職。十朋丐祠甚力，上特以此處之。十朋與李浩、胡憲相繼奉祠，或以論事不合故也，當考。

直秘閣、新淮南轉運判官兼淮西提刑提舉常平茶鹽公事王秬入辭，陞副使，賜三品服。

是日，金國賀生辰使殿前都點檢高景山、副使刑部侍郎王全始入境，用故事，遣中使黄述賜扇帕於洪澤鎮北都館。辭以乘船輒病，欲乘馬，接伴使、右司員外郎吕廣問力争不從。久之，乃至頓下。景山等舉趾倨傲，述與之對揖，略不加禮。又遣人量闊面闊狹，沿淮顧盻，意若相視水面者。識者知其有敗盟之意。此據徐宗偃兩淮紀實。

4 庚辰，故資政殿學士楊愿家乞遺表恩授子婿，許之。給事中黄祖舜等言：「愿於秦檜當國之日，踪跡詭秘，陰濟其惡，中傷善類，至今士大夫無不切齒。政使於法應得，猶當排抑，以厲其餘，況欲引例而害成法，安可不論？」癸未，詔前降指揮更不施行。

5 甲申，詔諸路監司失按屬吏，一歲及四人以上者，令御史臺檢舉，申朝廷議罰。用殿中侍御史陳俊卿請也。

大理寺言獄空。上謂宰執曰：「大理寺、臨安府在闕下，雖未敢謂刑措，然獄訟清簡，寃抑得伸，亦庶幾焉。惟是諸路憲臣或不得人，則吏强官弱，民無所措，卿等宜思革此弊。」

禮部郎中王普轉對，論：「取士分科之弊，以爲後生舉子，競習詞章，而通經老儒，存者無幾，恐自今以往，經義又當日銷，而二禮、春秋必先廢絶。竊惟國初至治平，雖以詩賦取士，又有明經、學究等諸科。當時唯明經略通大義，其它徒誦其書，而不知其説，非今日經義比也。然猶且别立解額，多於詩賦，而不相侵紊。逮熙寧後，應舉者莫不治經，故解額可以混而爲一。今經義、詩賦既分爲兩科，而解額猶未分。夫取易舍難，人之常情。故此盛彼衰，勢所不免。望詔有司，追倣舊制，將國學及諸州解額，各以三分爲率，其二以取經義，其一以取詩賦。若省試，即乞以累舉過省酌中人數，立爲定額而分之。仍於經義之中，優取二禮、春秋，庶幾兩科可以永久並行，而無偏廢之患矣。」詔禮部國子監看詳，申尚書省。

親衛大夫、果州防禦使、鎮江府駐劄御前水軍副統制李輔等六人罷從軍，與添差差遣，用都統制劉錡奏也。

初，議者請：「外路之獄，三經翻異，而在千里内者，移送棘寺。」事既行，權刑部侍郎張運以爲：「逮干證，經涉修途，多致困斃。且繫囚充塞於天獄，刀鋸頻施於都市，豈所以示四方？望復祖宗舊制。」詔給舍詳議。給事中黄祖舜等奏如運章。乙酉，從之。

6 丙戌，直敷文閣唐文若守宗正少卿。

7 丁亥，祠部郎中兼建王府贊讀張闡轉對，言：「近詔侍從臺諫條具弭災、防盜之策，臣備數郎曹，言之則出位，不言則惓惓之誠不能自已。臣竊謂和議以來，歲有聘幣之役，民不堪命。願陛下毋以外裔困中國可乎？歸正人時有遣還之命，怨聲聞於道路，願毋使敵人得以甘心可乎？州縣之吏，職卑而地遠。漁奪之禍，被於編籍，願嚴贓吏之誅可乎？蠲租之令已赦而復征，至以寬大之澤例爲虚文，願申詔令之禁可乎？是數者，誠次第罷行之，足以動天地，召和氣矣。」闡又言：「郡守監司、州縣官吏，所以體國愛民者，有所未知。望嚴小官贓污之法，重行司取受之禁，敕州縣毋存留斷罷人類。詔修造官司毋得展闊，使細民咸得奠居。至如二稅之先期追呼，茶鹽之計口科買，征商愈重而行旅咨嗟，錢貨窘艱而市井蕭索，凡此等類，不可偏舉。」又言：「完顏亮積粟發兵，意在南寇。乞守要害，防海道，巴蜀、淮、襄不可無良將，督視不可無大帥。」上曰：

「卿言深中時病。惟遺歸正人誓書所載，卿特未知耳。」

國子正林栗爲太常博士。

8 戊子，大理寺丞呂擢爲荆湖北路轉運判官。

左朝議大夫、提舉台州崇道觀劉章知信州。

9 己丑，廣西經略司言：「南丹州防禦使莫延沈卒。」延沈以慘酷，爲部族所逐，携孥奔宜州，奉詔移居静江府，賜州都監俸，至是卒。其族人共推莫延廪領州軍，乃以延廪爲南丹州刺史。

10 庚寅，吏部言：「廣西轉運司昨奏以攝官四十一闕，注授小使臣及選人，論者以爲俸給倍增，郡邑無以供其費，望以其半復還攝官。」從之。

11 辛卯，大金國賀生辰使龍虎衛上將軍高景山、副使通議大夫尚書刑部侍郎王全見於紫宸殿。景山奉國書跪進，三省樞密院同進呈訖，各依位立。景山當奏事，自稱語吶，不能敷奏，乞令副使王全代奏。上許之。景山招全，全欲升殿，侍衛及閤門官止之。上傳旨令升，全乃陞殿之東壁，面北，厲聲奏曰：

皇帝特有聖旨：

昨自東昏王時，兩國講和，朕當時雖年小，未任宰執，亦備知得。自朕即位後一二年間，帝曾差祈請使巫伋等來。紹興二十一年。言及宗屬及增加帝號等事。朕以即位之初，未暇及此，當時不曾允許。其所言親屬中，今則惟天水郡公昨以風疾身故，外所祈請事，後因熟慮，似亦可從。又念歲貢錢絹數多，江南出産不甚豐厚，須是取自民間，想必難備。朕亦別有思度。兼爲淮水爲界，私渡甚多。其間往來越境者，雖嚴爲誡禁，亦難杜絶。及江以北，漢水以東，雖有界至，而南北叛亡之人，互相扇誘，適足引惹邊事，不知故梁王當日，何由如此分畫來？梁王宗弼，即兀朮也。

朕到南京，開封府。方欲遣人於帝處備諭此意，近有司奏言，帝以朕行幸南京，欲遣使來賀。灼知帝意，至甚勤厚，若只常使前來，緣事理稍重，恐不能盡達。兼南京宮闕，初秋畢工。朕以河南府龍門以南，地氣稍涼，兼放牧水草，亦甚寬廣，於此坐夏，擬於八月初旬内到南京。帝當於左僕射湯思退、右僕射陳康伯，及或聞王綸知樞密院，此三人内可差一員，兼殿前太尉楊存中，最是舊人，諳練時務，江以北山川地理，備曾經歷，可以言事，亦當遣來。又如鄭藻輩及内臣中，選擇帝所委信者一人，共四人同使前來，不過八月十五日以前到南京，朕當宣諭此事。

若可從朕言，緣淮南地理，朕昔在軍，頗曾行歷，土田往往荒瘠，民人不多，應有户口，盡與江南。朕所言者，惟土田而已，務欲兩國界至分明，不生邊事。如帝意稍有所難，朕亦必從來使回日以後。朕以向來止曾經由泗、壽州外，陳、蔡、唐、鄧邊面不曾行歷。及知彼處圍場頗多，約於九月末旬，前去巡獵。十一月或十二月，却到南京。帝於差來正旦使處，當備細道來，朕要知端的。於次年二三月間，又爲京兆亦未曾至，欲因幸温湯，經由河東路分，却還中都去。

奏訖，降殿朝見，次三節人從朝見訖，駕興。全在殿下，揚言曰：「我來理會者，兩國事。」嘵嘵不已。帶御器械李横約全曰：「不得無禮，有事朝廷理會。」時百官班未退，帶御器械劉炎白陳康伯曰：「使人在廷，有茶酒之禮，宜奏免之。」康伯曰：「君自奏聞。」炎遂轉屏風而入，見上哭泣，炎奏其事，上然之。炎出傳旨，曰：「今爲聞淵聖皇帝訃音，忽覺聖躬不安。閤門賜茶酒宜免，使人且退班。」遂退。既而詔全曰：「適所未奏事，因可具奏狀以聞。」於是，館伴使翰林學士何溥等録其語進，故得知者一二焉。宰執聚殿廬，議舉哀典故。或謂：「上不可以凶服見使者，欲竢其去乃發喪。」於是，禮房告報使人垂拱殿茶酒，爲臟腑不調，可移就館中排辦，令參知政事楊椿押賜。權工部侍郎黄中聞之，馳白康伯曰：「此國家大事，臣子至痛之節，一有失禮，謂天下後世何？且使人問焉，將何以對？」於是始議行禮及調兵守江淮之策。亮求釁渝盟，此大事也。而北使詩語，日曆乃無一字及之。蓋是時邊事未動，固宜秘密也。近熊克所作小曆亦復草略數語，何哉？徐夢莘所進北盟會編已備載其詞，今併其本末詳之，備後有考。自「大金賀生辰使具官」已下，據日曆本文。自「景山奉國書」已下，據晁公忞金人敗盟記。自「景山當奏事」已下，據趙甡之遺史，但甡之誤以王全爲正使，今改正之。自「東壁面北厲聲」，據晁公忞敗盟記，及今年五月二十二日尚書省劄下沿邊將帥監司劄子。自「奏訖降殿」已下，據晁公忞敗盟記。自「全在殿下」已下，據趙甡之遺史。自「既而詔全曰」已下，據晁公忞敗盟記，及五月二十二日尚書省劄子。自「宰執聚殿廬」已下，據日曆、會要，朱熹撰黄中墓誌及熊克中興小曆。

12 壬辰，宰執内殿奏事，同知樞密院事周麟之言：「猾虜意可卜①，宜練甲申儆，静以觀變，使不當遣。」上曰：「卿言是也。彼欲割地，今何以應之？」麟之曰：「講信之始，分畫封圻，故應有載書存，願出以示使者，厥請將自塞矣。」此據麟之墓誌修入。誌又曰：「如公計，其人果無語。」按：北使之來，止諭亮意，非議割地也，今不取。初，麟之既請出使，至是，北使出嫚言，且聞金主親提兵將大舉，聲勢極可畏。麟之大恐，不敢直辭其行，第委曲言，事已如此，不必遣使，雖遣使無益。上大怒。此據趙甡之遺史。

詔兩浙、江東、福建諸州守臣，將見管禁軍弓弩手，以十分爲率，揀選人才强壯，堪披帶人五分，遣官部送樞密院教習拍試，聽候使喚。

太尉、鎮江府駐劄御前諸軍都統制劉錡給真俸。

13 癸巳，天申節。詔以臟腑不調，免上壽。命同知樞密院事周麟之燕北使於都亭驛。

14 甲午，宰執召三衙帥趙密、成閔、李捧及太傅、醴泉觀使和義郡王楊存中至都堂，議舉兵。既又請侍從臺諫凌景夏、汪應辰、錢端禮、金安節、張運、黄祖舜、楊邦弼、虞允文、汪澈、劉度、陳俊卿集議。陳康伯傳上旨，云：「今日更不尚和與守，直問戰當如何？」執政欲遣閔全將禁衛兵禦襄、漢上流②。允文言：「不必發兵如此之多，慮必不從上流而下，恐發禁衛，則兵益少，朝廷内虚，異時無兵可爲兩淮之用。」執政以金主在温湯，汝州。恐其涉漢而南，不聽。日午，下詔發喪。宰相常服金帶，率百官入和寧門，詣天章閣南隙地舉哀，仍進名奉慰。是時，禁中亦設舉哀之禮，哀動於外，爲大行淵聖仁孝皇帝立重。即學士院爲几筵殿，用神帛，上特詔持斬衰三年，以申哀慕。權禮部侍郎金安節請庶人禁樂百日。從之。

翰林學士兼權吏部尚書充館伴使何溥等奏：「繳録到大金副使王全於殿上口奏事。」因詔諸路都統制并沿邊帥守監司，照應今來事體，隨宜應變，疾速措置，務要不失機會。此指揮即五月二十六日尚書省劄子，四川總領所事類史有之。

時朝論洶洶，入内内侍省都知張去爲陰沮用兵之議，且陳退避之策。或因妄傳有幸閩、蜀之計，人情皇惑。上意雅欲視師。陳康伯奏曰：「敵國敗盟，天人共憤。今日之事，有進無退。若聖意堅決，則將士之氣自倍。願分三衙禁旅，助襄、漢兵力，待其先發，然後應之。」權工部侍郎黄中自使還，每進見，未嘗不以邊事爲言。至是，又率同列請對，論決策用兵，莫有同者。中乃獨奏曰③：「朝廷與鮭虜通好二十餘年④，我未嘗一日言戰，彼未嘗一日忘戰。取我歲幣，啗彼士卒。我日益削，彼日以强。今幸大褫其魄，使先墜言，以警陛下，惟亟留聖心焉。」

詔人使玉津園燕射特免，錫賜依例。

乙未，少保、奉國軍節度使、領御前諸軍都統制職事、判興州吴璘爲四川宣撫使，仍命敷文閣直學士、四川安撫制置使兼知成都府王剛中同措置應干事務。時有詔夔路遣兵五百人往峽州屯駐，俟荆南有警，則令夔路安撫使李師顔親往援之。

左承議郎、知梁山軍晁公遡始至官，以書遺大臣曰：

公遡在蜀久，於其山川險阻，亦粗識之。嘗料吴興州足以蔽遮梁、益，以當一面，而其力不能以及夔。或者敵人擣夔之虚而入之，是猶知守其閈閎，而忘其藩垣之可穴也。李武當在夔，則藩垣固矣。然或使之出夷陵，援荆州，夫夔誰與守之？按夔之地圖，自夔至夷陵，其間通谷數道，敵由興山而出，則李武當之歸路絶，而三軍之心摇，不可以戰。由大寧而出，則昔我伐蜀之故道也，距夔百里而近，則爲斷其脅而入其腹心，蜀已舉矣。吴襄陽之未出蜀也，興州之兵皆得而將之。置於襄陽，去興州甚遠，惟與麾下三千人俱，乃孤軍也。處於四通五達之郊，而無大險。介於一二主將之間，而不相親。江夏田公，蓋與襄陽交至淺也。朝廷本使田公在江夏，以荆襄委之，而倚爲距防。今乃分其地以予至淺之交，荆州有警，又近捨田公而用李武當，田公能不觖望？萬一襄陽不支，必謂非我部曲，不得專其功，則不肯赴其難。是襄陽獨三千人禦大敵，守則不足以固，戰則難以取勝，徒奪吴興州手足之捍，而荆州不得襄陽以爲蔽。公遡未暇憂此，而先爲蜀危之也。

時師顏又調屬部禁軍以補夔州之闕，公遡言：「夔之興寧鄉、萬之漁陽鄉，其人皆勇壯伉健，有過於正兵，如有願自效於戎行者，役錢之外，一無所征，大不過捐千户之賦耳。有蒐兵之實，而無餉饋之費。」師顏不能用。公遡，任城人也。

侍御史汪澈言：「天下之勢，强弱無定形，在吾所以用之。陛下屈己和議，厚遺金繒，而彼輒出惡言，以撼吾國，若將唾掌而取，三尺之童，無不痛憤。願陛下赫然睿斷，置帥江干而專付閫外之任，益兵上流而增重荆襄之勢，渡師淮甸以守其要害，嚴備海道以遏其牽制，然後以不戴天之讎，在原之戚，下詔以告中外，將見上下一心，其氣百倍。幾會之來，間不容髮，在陛下斷之而已。」

是日，賜北使御燕於都亭驛，命尚書右僕射朱倬押伴，從例賜北使副酒四大金餅，菓殽四大金稜犀皮合，餅合金器悉賜與之。

16 丙申，宰執赴素幄奏事。

侍御史汪澈爲御史中丞。

起居郎楊邦弼、起居舍人虞允文並試中書舍人。允文自賀金主正旦還，首言虜已授甲造舟⑤，必爲南渡之計。至是，遂擢用之。

詔因孝慈淵聖皇帝升遐，合支用錢物，並送後省官看詳，酌中裁定，毋致妄費。

左朝散郎、荆湖北路轉運判官趙不猷罷，坐李道移屯荆南，營寨不立故也。

直秘閣、江淮荆浙福建廣南路提點坑冶鑄錢李植陞直敷文閣，荆湖北路轉運副使⑥。

起復慶遠軍節度使、主管侍衛馬軍司公事成閔對於内殿。朝議以上流重地，邊面闊遠，而兵力分，宜遣大將。上乃面諭閔，俾以所部三萬人往武昌控扼。先命湖北漕臣同鄂州守臣建寨屋三萬間以待之。後二日，遂發江西折帛、湖廣常平米錢及末茶長短引共一百四十餘萬緡，湖北常平義倉及和糴米六十三萬石，料十萬石，赴湖廣總領所交收，以備軍用。江西折帛錢四十六萬餘緡，末茶長短引五十萬緡，湖南常平義倉米錢四十六萬餘緡，銀萬兩，湖北諸州樁管和糴及常平義倉米共三十六萬石，鄂州樁管江西上供折納料十萬石。又以江東上供折帛錢還池州，如江西之數，用户部請也。

17 戊戌，上成服於几筵殿。

太學生程宏圖等上書言：

今日之事，國家所以應之者，其先務有四：一曰留使者以欸敵人之謀，一曰下詔書以感南北之士，一曰先舉事以決進取之策，一曰用人望以激忠義之心。蓋金人憑陵之計甚久，前日二使殿上之對，軍民士夫，恨不寢其皮而食其肉。臣等願朝廷姑善留之，爲之詞曰：「前日所請，皆汝等口語，非國書所載。吾將遣使以實汝言。」非獨使其未知所請之可否，吾且得以措置爲前進之策，亦可以挫彼之鋭，而示吾之未弱也。

國家自和議之後，爲故相秦檜所誤，沮天下忠臣義士之氣，三十餘年矣。一旦思所以得其戮力，必有以感動其心而奮起之可也。故哀痛之詔，不可不亟下。然詔不可徒下也，要當首正秦檜之罪，追奪其官爵，而籍其家財。追賜宇文虚中之爵，而爲之立祠。雪趙鼎、岳飛之冤，而又下親征之詔，移蹕建康，則其氣固足以呑强敵矣。今敵重兵已臨汝、潁，使吾不先發，則敵直窺襄陽，突至淮、泗。襄陽失利，則可以控蜀，且有順流東下之勢。兩淮失守，則脣亡齒寒，江非所恃。而環海而東，又有不可以不早計者。

夫所謂人望，雖不可徧舉，如張浚、張燾、胡銓、辛次膺，皆其人也。浚尤天下所屬望者，夫豈可以一失而遽棄之哉？銓以直言得罪於秦檜，不死於檜手，亦天意有所待也。陛下若能付一臺諫之任，則説陛下爲苟安之計者，皆屏息而不敢爲也。

今日之事勢已急矣，然臣恐朝廷之上，猶以强弱不敵之爲憂，財用不足之爲慮。臣謂兵之强弱，不以多寡，曲直所在，勝負繫焉。國家自休兵以來，凡百冗費，豈無可減罷者？願俾有司，枚舉條具，凡非繫軍民之急者，不以大小，一切罷去。則民可不加斂，調發有餘，中興之功，指日可冀矣。宏圖，瑀弟子也。

太學生宋芑上葉義問書言：

今使者在廷，口傳敵意，欲需我漢東、江北之地，及邀我二三用事之臣，而其意豈在於其地與其人哉？挾難塞之請，以釁我也。地不可割，人不可遣，則彼長驅而來耳。爲今之計，不若誅其正使一人，尸諸通衢，以聲其叛盟之罪。此不惟可以挫彼之强，亦足以激吾之弱。乃釋其副使一人，使歸告其主曰：「吾與汝約和以來，吾攻苦食淡，傾内帑之儲，以賂汝者三十年矣。吾於汝無負矣。汝欲戰，吾率三軍之士與汝周旋。若無厭之求，吾不能聽。」亦使之知東南有人，而示吾之不弱也。然後下責躬之詔，以播告中外，誓與天下，上報父兄之讎，下雪生民之恥。

凡前日中外之臣，誤我國以和議者，無問存没，悉正典刑。於是，斵秦檜之棺而戮其尸，貶竄其子孫，而籍其資産以助軍，以正其首唱和議，欺君誤國之罪。復岳飛之爵邑，而録用其子孫，以謝三軍之士，以激忠義之氣。詔下之日，使東南之民聞之，莫不怒髮衝冠；而西北之民聞之，莫不感激流涕。如此則師出之日，吾之民將見人自爲戰，彼之民必有倒戈者矣。願朝廷決意行之無疑。

自今日以往，由宰執以及臺諫侍從之臣，則當日造於便朝，由郎曹而下以及百職事之臣，則當日會於都堂。凡防守江淮之策、圖取中原之計，朝夕相與討論，次第而施行之。規模籌畫，必定於浹旬之間，以解東南倒懸之急，以慰西北來蘇之望，則天下幸甚。

18 己亥，金國賀生辰使高景山等辭行，上御後殿東廊之素幄，宰執起居畢，升詣御榻之東西，相向立。上與宰執已下，並首絰衰服，掩面號慟。人使朝辭畢，哀止。次引景山赴幄，授書訖，退。尚書左僕射陳康伯率百官赴几筵殿門外，南面拜表，請聽政。詔不允。賜北使御燕於都亭驛。知樞密院事葉義問白巾常服，黑角帶，入驛押伴。詔幹辦内東門司趙志忠弛慢不職，送吏部與合入差遣。初，北境有被逐將渡淮者，武功大夫、忠州團練使、知濠州劉光時疑寇至，是日，遂驅軍民入橫澗山，謂之移治。居民皆棄其資産而去，生理蕩然。淮南轉運副使王秬聞之，遣卒五百人押歸舊治。事聞，光時坐貶秩。七月己丑行遣。

19 庚子，百官再上表請聽政。詔不允。詔浙東五郡禁軍弓弩手並起發，赴判明州兼沿海制置使沈該，浙西諸郡及衢、婺二州並赴平江府駐劄浙西副總管李寶，江東諸郡赴池州駐劄都統制李顯忠，福建諸郡赴太平州駐劄破敵軍統制陳敏，江西諸郡赴江州駐劄都統制戚方，湖南北非沿邊諸郡赴荆南府駐劄都統制李道軍，並聽候使喚。

20 辛丑，百官朝臨畢，三上表請聽政。詔答宜允。自是日一臨，至小祥止。詔右迪功郎史岑年改合入官。岑年爲修仁尉，叛兵齊述之亂，草寇蜂起，岑年盡散其衆，至是始録之。

太府少卿、總領四川財賦王之望言：

契勘蜀中三大將下軍兵，一歲衣賜錢糧，絶長補短，錢引二百道，可養一端⑦。前年三將增招一萬人，及吴璘下招填二千七百九十一人，共約歲用錢引三百餘萬道。朝廷節次降到截留錢物，共二百五萬道，所闕尚多。近四月，吴珙將帶三千人往襄陽，令吴璘限一季招填，又合歲用六十餘萬引。財賦有限，支費日增，恐不可以持久。今兵雖未必用，而邊戍不可省。四川諸州禁軍，除闕額外，見管三萬餘人，其間儘有强壯及格，少嫩向長者，但訓練弛廢，事勢苟簡，不成部伍，多只充守倅兵官，占破雜用，枉費廩給。今若揀選一半，分作三番，如祖宗時出軍法，每年發遣一番，往隸三將，以充戍守，入隊教閲，周而復始，如此則分在三將者，常有五千人，可以暗補所闕之數。三年之後，教閲既徧，一萬五千人皆爲勝兵，無事則散在州郡，緩急則盡可爲用。如禁軍不足，即於廂軍内選刺。若有逃亡事故，本州逐漸揀填。其逐兵自有本州衣糧，不過歲番五千人者給口食米耳。每兵月計七斗五升，歲用米四萬五千石。若以招軍，止贍得二千五百人，更欠衣賜料錢之類。前三將招萬人之後，軍中子弟長成者不多。以後若有招收，必更短少，恐不如諸州見所揀。聞軍中每次招軍，外來一人，費至百千，少亦半之。若限期促迫，則所費愈多，將士頗以爲苦。或謂川兵懦弱，不堪戰守，是不然，在所以用之何如耳。

今三將軍中，亦不純是西人，西人多而川軍少，又經揀選，參雜而用，何所不可？契勘四川腹内州軍，並各無事，其西南接近蠻界，如瀘、叙、嘉、黎等處邊界，亦皆安帖，無用多留禁卒。兼每歲一番繫見在人六分之一，住留在川者⑧，尚有五分，亦不乏用。惟夔州新置武帥，控扼沿流，而李師顔見團結教閲，想漸成部伍。若夔路禁軍免行抽撥，亦不過減千人以下，更在朝廷詳酌。

1 六月壬寅朔，殿中侍御史陳俊卿權尚書兵部侍郎。先是，俊卿復言張浚可用。上曰：「卿欲用浚爲何官？」俊卿曰：「此在陛下。」上曰：「浚才疎，使之帥一路，或有可觀，若再督諸軍⑨，必敗事。」俊卿曰：「人皆以浚爲可用⑩，陛下何惜不一試之？」上首肯。俊卿又言：「張去爲竊威權，撓成算，乞斬之以作士氣。」上曰：「卿可謂仁者之勇。」至是，宰執奏事，上曰：「陳俊卿敢言，朕將賞之。」陳康伯言俊卿在臺振職，乃有是命。

御史中丞汪澈入對，言：「講和之久，將帥養驕，軍政隳弊。軍士之廩給薄者，幾無以自活，宜優恤之，以養其力。」又言：「淮南山水寨，舊來鄉豪自相結集，當隨宜存恤，使自爲守，無令監司州縣擾之，庶收其萬一之用。」又言：「軍旅將起，費用方繁，今局務之可省者尚多，支費之浩瀚者尚廣，百官之冗員尚衆，官府之横用尚繁，宜條其不急，大加節約，以濟今日之務。」從之。

拱衛大夫、利州觀察使張榮添差淮南東路馬步軍副總管，泰州駐劄。榮本泰州土豪，建炎間聚衆爲盜，屢與敵角，故復用之。

2 癸卯，以淵聖皇帝升遐，降諸路流罪以下囚，釋杖以下。

詔中書門下後省詳議節約事件。用汪澈疏也。已而給事中黄祖舜等奏：「併敕令所歸刑部，權罷籍田司，減太常樂工，省大理評事三員、主簿一員，太學博士、録、正、書庫官，指使、武學諭各一員，軍器所監造官二員，幹辦提轄監門官各一員。」從之。

3 丙午，小祥，上詣几筵殿行禮。

詔諸路監司節浮費以待用，仍自兩浙轉運司、臨安府始。

權尚書吏部侍郎汪應辰兼權國子祭酒。

右朝奉大夫、通判建康府蘇師德提舉荊湖南路常平茶鹽公事。師德以常同友婿，故久廢，至是稍用之。

敷文閣待制、知太平州陳正同與左朝請大夫、知建州王傅兩易。

4 丁未，出宫人三百十九人。趙甡之遺史：「六月乙丑，放仙韶院女樂二百餘人。上聞淵聖訃音，且知金人有用兵之意，或傳金人欲來索仙韶院女樂。上不忍良家子陷於絶塞，乃盡遣出宫。」甡之所云，或即此事。按今年七月丙子，詔書有云：「乃者放嬪御，罷教坊，惟是約己裕民。而浮言胥動，幾惑衆聽。」則甡之所記，乃當時傳聞之詞，非實事也。

5 戊申，主管侍衛馬軍司公事成閔入辭。詔賜金器劍甲。

6 己酉，御史中丞汪澈爲湖北京西宣諭使，置司鄂州，仍節制兩路軍馬。澈辭節制，許之。

監察御史杜莘老守殿中侍御史。莘老入見，上曰：「知卿不畏强禦，故有此授，自是用卿矣。」時陳俊卿既出臺，求去甚力。莘老因奏事，從容曰：「人材實難，況多事之際，令俊卿輩在論思之地，必有補益。」上以爲然。俊卿乃復留。

是日，右朝奉郎、通判楚州徐宗偃遺鎮江都統制劉錡書云：「近聞肅膺宸命，進師廣陵。先聲所至，士氣賈勇。竊惟今日之事，非他事比，安危成敗，在兹一舉。古人有云：『唇亡則齒寒。』蓋言表裏之相依也。今欲保長江，必先守淮。頃歲韓宣撫駐軍山陽，山東之兵不敢一日窺伺，幾至成功，而姦臣誤國，莫遂其志。今清河口去本州五十里，地名八里莊，相望咫尺，若不遣精鋭控扼，萬一有緩急，頃刻可至城下。彼得地利，兩淮之民悉爲其用，則高郵、廣陵豈足以捍其衝？若遣偏師屯本州，彼既不敢長驅，山東諸郡怨其暴斂，不忘戴宋，一呼響應，勢若破竹。」錡亦以爲然。

7 庚戌，詔布衣陳光國、大同王德並爲右迪功郎，薛志忠、朱興、鞠炳並爲承信郎，以忠義自奮，上書可采也。光國自陳：「隱跡山林，無求於世，不欲受爵賞。」上許之。

8 辛亥，北使高景山還至盱眙軍，未就宴，泗州遣人關報守臣周淙，稱有金牌天使欲來傳宣，邦人驚懼，謂金牌不時來，昨紹興十一年有來傳宣者，大軍繼之，即傾城奔走，宴罷。天使大懷正入館，白袍紅綬，腰懸金牌，乘馬直造廳事，索香案，呼送伴使右司員外郎吕廣問等，令跪以聽，遂道金主旨意，以爲：「本欲八月遷都，今大臣奏宫殿修畢，欲以六月中旬前去南京，令送伴回，奏知本國。」南京謂汴都也。軍民聞之，雖稍釋疑，然有夤夜提携奔竄，官司弗能禁。會朝廷亦坐白劄子下轉運副使楊抗，相度清野，民尤恐懼。自是淮南官吏，老幼悉往江南矣。此以徐宗偃兩淮紀實修入。宗偃時以楚州通判應辦北使，至界首，目擊其事故也。相度清野指揮，未知在何日，今依宗偃所記聯書之。

9 壬子，成閔率衆發臨安。閔行未旬日，得報，金主自温湯還汴京⑪。中書舍人虞允文復白執政云：「金主已去，請留閔後軍屯江池之間。若金出上流，自江鄂往援，即淮西兵盛，便出大信口，近采石，亦可以援淮西。」不聽。

10 癸丑，詔罷教坊，其樂工許自便。

11 甲寅，命知樞密院事葉義問撰孝慈淵聖皇帝謚册文。參知政事楊椿、同知樞密院事周麟之篆謚寶文，翰林學士何溥撰謚議。

右武大夫、兩浙西路馬步軍副總管元居實爲樞密副都承旨，提舉江淮措置盜賊。中書舍人虞允文等言：「承旨清資，與侍從品秩相亞。自神宗作新官制，更用士人，而副承旨之選，與之俱重。近歲廖虞弼以非才而用，未幾罷黜，其後多虚其選。今居實無尺寸功效，亟登清班，物論籍籍。臣願收還此命，令居實以舊職措置，俟其立功之後，旌用未晚。」上從之。居實素結宦官，帶御器械劉炎嘗爲臺諫言，居實是除，炎薦之也。居實結宦官而得副承旨，楊萬里撰虞允文墓碑云爾。劉炎薦居實，乃杜莘老劾疏中語，今參附書之。

同知樞密院事、充大金起居稱賀使周麟之上疏曰：

臣聞事有必至，理有固然，固不待上智而後知。昔日之和議，今日之渝平是已。方敵之許和也，初豈有至誠惻怛之心哉？徒以久戰而不休，故其心厭；盡力而不克，故其志沮，是以不得不歸之於和。馴至於今，垂二十年。彼以無道竊位，懼吾興問罪之師，不能當也。彼沛然自大，尚猶藉我爲援，内安反側，亦未遽萌搏噬之意。暨巫伋之行，則以侈辭拒我矣。秦檜死，蘖芽寖生，屢詰行人，以買馬渡淮之禁，至罷榷場，以絶南北貿易。朝廷復遣王綸輩，庶有以安之。繼遭慈寧禍故，泛使三出⑫，辭卑幣重，禮厚而疑愈深。比顯露狂謀，不顧信誓，欺天畔神，敗盟必矣。

累日以來，側聽聖訓，仰見廟謨雄斷，不惑羣策。唯是遣使一事，遲回至今。曉夕深思，蓋有不可者七。何則？彼之所予，我不敢受。彼之所欲，我不敢從。使人到彼，其將何辭以對？其不可一也。若曰但守舊約，彼必云故主已廢，事當在我，果可以禮義説哉？其不可二也。議事邀使，既已指名，遣非其人，正犯凶怒，其不可三也。親征之斷，矢於宸衷，王旅戒嚴，陸續進路，事端彰著，彼必聞之。乃欲走驛輸誠，是將翻以爲詐，其不可四也。執政大臣，預聞密論，若加詰問，難以飾詞，避則爲欺，實對則賣國，其不可五也。南牧之釁，陛下知之，應敵之決，海内知之，而反藉一介行李以解紛，適足以欿王師而誤大計，其不可六也。今天下無貴賤老穉，智愚勇怯，告之以用兵復讎則喜動容色，告之以屈尊祈請則怒髮衝冠。臣若昧於一行，人情怫然，或致王雲之禍，草芥微軀，縱死何益？其不可七也。

爲今之計，豈有他哉？惟陛下法天行健，堅定規模。俟其來南，盡鋭奮擊，天人助順，必有成功。昔周世宗征李景，景奉表稱藩，削去帝制，非不貶損自下，而孫晟見戮，終奪十四州而後止。則卑巽之不足恃也。世宗盛德如是，尚執殺使者而逞其欲，況亮之忮忍乎？若夫彼有速亡之形，我有恢復之冀，有血氣者，類能言之，陛下審處而應之耳。臣當竭智畢力，協贊事機。倘有摇尾乞憐，復下穹廬之拜，臣竊恥之。且臣昨將命，亮數詢叩樞廷事，臣以翰苑異職爲解。今待罪於是，彼將復有問焉，則無從敢對，蓄憤弗泄，必殺臣而動兵。兵端所由，咎在臣啓，雖闔門孥戮，不足償責。

疏入，上大怒。左僕射陳康伯見麟之，以國事勉之。麟之語侵康伯，康伯曰：「上若遣康伯，聞命即行。大臣同國休戚，雖死安避？」麟之卒辭之。

12 乙卯，詔秘閣修撰提舉台州崇道觀劉岑、左朝散大夫徐嘉並召赴行在。二人皆願使金，故有是命。

太尉、威武軍節度使、鎮江府駐劄御前諸軍都統制劉錡爲淮南江南浙西制置使，節制逐路軍馬。錡自順昌之捷，金人畏之，下令有敢言其姓名者，罪不赦。上知其能，故有是命。

右朝請大夫、提舉江州太平興國宮陳桷復秘閣修撰，充淮南等路制置司參議官。桷久從韓世忠軍，軍罷而廢，至是復用之。

詔吏部縣令窠闕，再行破格差注一次。以權吏部侍郎凌景夏言，在部者七百餘人，發遣不行故也。

13 丙辰，不視朝。百官臨於几筵殿，次赴几筵殿門外，進名奉慰。自是朔望皆如之。

是日，浙西馬步軍副總管李寶入奏事。翌日，上謂輔臣曰：「寶非惟驍勇⑬，兼其心術可以仗倚。朕素識其人，觀之久矣，他日未易量。」陳康伯曰：「誠如聖訓。」先是，寶言：「連江接海，便於發舶，無若江陰。臣請徙守，萬有一不任，甘死無赦。」上從之。寶即遣其子公佐與將官邊士寧潛入敵境，伺動静。至是，敵謀益泄。復召至闕廷，問方略。寶奏以海道無險要可守，敵艦散入諸洋，則難以蕩滅。臣止有一策，出百全。」上問：

「何如？」對曰：「凡用兵之道，自戰其地，與戰人之地不同。自戰其地者，必生之兵也。戰人之地者，必死之兵也。必生者易破，而必死者難却。今敵未離巢穴，臣仰憑天威，掩出不意，因其驚擾而疾擊之，可以得志。」上曰：「善。」問所總舟幾何⑭，曰：「堅全可涉風濤者得百二十，皆舊例所用防秋者。」所總人幾何，曰：「僅三千，止是二浙、福建五分弓弩手，非正兵也，旗幟器甲，亦已粗備。事急矣，臣願亟發。」陛辭，賜寶帶鞍馬、尚方弓刀戈甲之屬，及銀絹萬數，以爲軍實。

右朝奉郎、提舉兩浙路市舶曾懷獻言曰：「航海之役，船有輕重，篷有疾遲，風有大小。竊嘗聞於高麗之商，謂敵人之便，惟乘騎，縱使至岸，無馬不能捨舟，如猛獸失林，將自投於穽，若海道亦爲之備，徒分兵耳。」懷，公亮曾孫也⑮。

14 丁巳，御史臺檢法官兼主簿王瑀、秘書省校書郎劉度並爲監察御史。瑀，汪澈所薦也。

樞密院編修官陳良祐爲御史臺檢法官。

15 戊午，淵聖皇帝大祥，上易禫服。禮部侍郎金安節請權留衰服於几筵殿，以待梓宮之還。從之。

帶御器械劉炎同提舉措置沿淮盜賊。此據杜莘老劾奏劉炎章疏修入，日曆無之。

16 庚申，禫祭。

夜，彗出於角。

17 壬戌，右司員外郎、充送伴使呂廣問等還行在，奏：「臣等到盱眙軍，有金牌郎君到來，令臣等跪受大金皇帝聖旨，云六月二十三日來南京。」此據趙甡之遺史。

18 癸亥，中官正判太史局李繼宗等各降一官，坐奏星文不實故也。

19 甲子，尚書吏部員外郎權秘書少監劉珙試起居舍人。

右朝請大夫、知揚州王趯爲兩浙西路提點刑獄公事。

武功大夫、榮州刺史劉澤知揚州。朝議以維揚重地，當用武帥。會澤自襄陽召歸，乃有是命。

20 乙丑，左迪功郎、建康府府學教授戴達先以近臣薦召對，論：「自昔欲成天下之功者，必賞功罰罪，以作天下之士氣。」上納其言。翌日，以達先爲太學正。

21 丙寅，詔許淮南諸州移治清野。此據趙甡之遺史，日曆無之。

宰執奏疏決行在刑獄。上曰：「此間固應如法。惟慮外郡視以爲常，恐致奉行不虔。」陳康伯奏當諭旨行下，使中外均被陛下勤恤之實惠。

22 丁卯，左朝請郎吴芾爲監察御史。芾，錢端禮所薦也。

左朝散大夫、荆湖北路提點刑獄公事趙沂爲利州路轉運副使。沂，長江人也。

殿中侍御史杜莘老言：「善御天下者，無事則深憂，有事則不懼。無事深憂，所以預備；有事不懼，所以濟功。今敵欺天背盟，政陛下待以不懼之時。願繼自今，益以剛大爲心，勿以小利鈍爲異議所摇，諛言所惰，則人心有所恃，而士氣振矣。」因上四事，一用建炎詔書，不限早暮，延見大臣及侍從，謀議國事。二申敕侍從、臺諫、監司、守臣，速舉可用之才。三敵情雖叵測，然趣我使期，宜以時遣，使曲在彼。四車駕既謀順動，則留鑰所付，宜詳擇重臣。又言：「藝祖簡諸道兵，補禁衛，訓閲精整，故方鎮讋服，莫敢有異心。今親征有期，而熊虎兩司班直親兵纔五千餘人，羸老居半，至有不能甲冑者，乞亟留聖慮。」皆從之。

23 戊辰，右朝散大夫徐嘉爲敷文閣待制、樞密都承旨，假資政殿大學士、左太中大夫、醴泉觀使，充大金起居稱賀使。秘閣修撰、提舉台州崇道觀劉岑試尚書户部侍郎。岑與徐嘉俱至行在，上召對，岑曰：「臣受國家厚恩，今老矣，惟不惜一死可以報國，有如議不合，當以臣血濺金主之衣。」上愕然，於是遣嘉。

24 庚午，武翼大夫、貴州刺史、權知閤門事、充大金起居稱賀副使張掄落階官，爲文州刺史。

25 辛未，太府少卿、總領四川財賦王之望申：

今月二十九日，伏準宰執通簽劄子，備到北使奏陳語録。奉聖旨，令諸路都統制并沿邊帥守監司，照應事體，隨宜應變，疾速措置，務要不失機會。今有本職合行申禀事件。一⑯，川蜀向來用兵，都轉運司領財賦，而隸於宣撫司，如趙開輩皆宣撫置其所厚。宣撫司有便宜，都漕司依倚而行，以爲一切之政，故粗能應辦。是時，兵統於諸帥，財領於都運，而宣撫使兼總之。後來朝廷改置總領，實分版曹之務，倉庫皆以户部爲名，而以朝臣奉使。趙不棄初除四川總領日，申畫一項，云昨來張成憲應副韓世忠錢糧，申明與宣司別無統攝，止用公牒行移。乞依張成憲已得指揮。朝廷降旨從之。自是，兵與財賦各有攸司，勢若提衡，輕重相濟。東南三總領，責任差輕，又朝廷在近，凡事有所倚重，匱乏可容丐乞。蜀在數千里外，奏報往復，動經數月，與東南事體不同。近朝廷以吴少保爲宣撫，而應干事，務令王制置同共措置。四川軍事，有所統一，甚合事宜。是則宣撫制其兵，制置共其謀，而總領主其饋餉。兵未必日交，謀未必日用，而饋餉則不可一日有闕。在今日，總計憂責最重，了辦爲尤難也。

四川自置總領司以來，未經用兵，一旦有事，與當時不同。恐或諸司或有申明，不相參照，朝廷行下，臨時難以酬應。人最所吝惜者，財也。最所貪愛者，亦財也。總領一司，於郡縣則急其入，於將士則裁其出。職事所行，大抵皆拂逆人情，爲衆怨之府。若非朝廷主張假借，使有以自立，則緩急之際，殆難與財賦作主。事關軍國，利害非輕。今吴少保忠義體國，兼愛軍民。王閣學明達憂時，務循法度。皆與之望心腹相照，可容協濟。顧朝廷分司庀職，非爲一時，當計久遠。處畫分明，則易相調護，各得守其職分矣。

今總領所、户部倉庫、糧審院並在利州，職當科撥應副。若以軍一動，其般發轉輸，須合有隨軍轉運。前此或以諸路漕臣兼充，或以宣撫司參議官爲之。今三都統邊面皆屬利路。利路漕臣，皆賴協濟，責任最繁。須置兩員，更迭出入，庶不乏使，仍宜得强幹有風力者爲之。朝廷遣王官出使，盡總四川財賦，以軍馬錢糧爲職事。或有出入，自應竭力應副，不容闕乏。若與將帥故爲異同，不體緩急，使其無以赴功，致誤國事，何説以辭誅罰？然主兵者，亦當惜其有無，凡所須索，酌度緊慢，據實關報。事通商量，則易於應辦。若乘倉猝之際，或相蹙迫，臨時必致狼狽。朝廷各宜訓諭，使同心協議，體國從長，如一家無有彼我，則功無不濟矣。

用兵對敵，有攻有守。蜀中自守之策，蓋已屢試，應干費用，粗有準則。若欲出師擣虚，以爲牽制，則與守禦事體不同。其糧運遠近，士卒多少，經由去處，計司須豫聞梗概，少爲支備。乞即下宣撫制置司照會。北使所奏，今年九月末金主巡獵陳、蔡、唐、鄧之郊，明年二三月方來京兆。若秋冬以後，王師迎擊於東，蜀兵牽於西，遂能殄敵於淮漢之間，固大善。萬一游魂關陝，則蜀中來年所備愈重。日月尚遠，何以支梧？之望自到官，多方經畫，催驅州縣，務要辦而不擾。上半年比較諸色所入，已多於遞年最多之數二百餘萬引，其勢極矣，不可復加。所入雖增，費出亦夥，只發吴四廂兵老少三千人，并運興州寄椿米二十萬石，水脚錢及一兩處移屯等，已合添用一百十八萬引有奇，其他雜費尚多，難以悉舉。諸軍關諸器械、帳幕、旗幟之類，方來未已，皆常歲所無有，將來調發之數，皆不在此。今於經賦之外，既一毫不敢有取，而東南用度至廣，臣子之義，所當體國，非甚不得已，豈忍煩瀆朝廷？以此日夜憂恐，未知攸濟，伏惟俯賜矜察。

是月，和州布衣何宋英上書論：「敵必敗盟，宜先事爲之備。今天下之所欣慕，敵國之所畏服，惟張浚、劉錡，願委以兵權。」又論：「不當遣歸附人，及竄斥上書者。」又言：「今國勢危於累卵，而方且費國用，造御舟，乃於海岸欲爲避寇之計。天下聞之，舉皆失笑。萬一敵人對舟迤邐前逐，風濤萬里，進退不能。當是之時，其禍有不可勝言。與其坐困一隅，不若進幸建康，以壯國勢。」書凡數萬言，其大指如此。

校勘記

①猾虜意可卜　「猾虜」，原作「敵」，據皇朝中興繫年要録卷一六改。

②執政欲遣閔全將禁衛兵禦襄漢上流　「全」，宋史全文卷二三上作「等」。按：此據員興宗九華集卷二五紹興采石大戰始末「廟論欲遣成閔全領禁衛兵禦襄漢上流」語，故一仍其舊。

③中乃獨奏曰　「獨」，原闕，據皇朝中興繫年要録節要補。

④朝廷與雠虜通好二十餘年　「雠虜」，原作「敵」，據皇朝中興繫年要録節要改。

⑤首言虜已授甲造舟　「虜」，原作「敵」，據皇朝中興繫年要録節要改。

⑥直秘閣江淮荆浙福建廣南路提點坑冶鑄錢李稙陞直敷文閣荆湖北路轉運副使李稙　「稙」，原作「租」，叢書本作「祖」，均誤，據本書卷一九三「直敷文閣荆湖北路轉運副使李稙」記事改。

⑦可養一端　「端」，原作「隊」，據叢書本改。

⑧住留在川者　「住」，原作「在」，據叢書本改。

⑨若再督諸軍　「再」，皇朝中興繫年要録節要作「并」。

⑩人皆以浚爲可用　「用」，原闕，據皇朝中興繫年要録節要補。

⑪金主自温湯還汴京　「湯」，原作「遠」。按前文已載金主亮在温湯，故依此逕改。

⑫泛使三出　「泛」，原作「命」，據叢書本改。

⑬實非惟驍勇　「惟」，原作「常」，據皇朝中興繫年要録節要改。

⑭ 問所總舟幾何 「總」，原作「須」，據叢書本改。

⑮ 懷公亮曾孫也 「曾」原闕。按，琴川志卷八：「曾懷字欽道，宣靖公曾孫。」宣靖，曾公亮謚號。因據補。

⑯ 一 按：考王之望漢濱集卷八措置備邊餉餽朝札，此文所論事項共五條，此僅録其一。

建炎以來繫年要録卷一百九十一

1 紹興三十有一年秋七月按是月壬申朔。癸酉，御史中丞、充湖北京西宣諭使汪澈入辭，上命：「凡吏之能否，民之利病，悉以上聞。」澈受詔而去。

詔左迪功郎、新德安府府學教授王質已降召試館職指揮，更不施行。質，宣城人，入太學爲諸生，始登第即召試，而言者論其學術膚淺，日游權門，乃罷之。

温州進士王憲特補承節郎，充温州總轄海船。先是，降空名告身六十道下温、福諸郡造海舟。憲獻策，乞用平陽莆門寨所造巡船爲式，每舟闊二丈有八尺，其上轉板坦平，可以戰鬭。詔用其言，遂有是命。憲獻策在六月戊辰。

敷文閣直學士、提舉江州太平興國宫劉觀卒，年八十六。

2 乙亥，百姓郭云内殿奏事。郭云未見，當考。

忠翊郎孫顯忠爲閤門祗候、知安豐軍，以顯忠在廬州措置民兵有緒故也。

3 丙子，詔曰：「乃者放嬪御，罷教坊，省閑局，減冗員，惟是約己裕民，而浮言胥動，幾惑衆聽。監司郡守其各體朝廷之意，明致之民，務在實德，毋爲虚文，以稱朕意。」

言者論：「南班宗室生日支賜等並行全給，蠹耗國用。」户部請損其半。上曰：「所賜無幾，若減其半，恐宗室無以自贍，姑仍舊可也。」

4 戊寅，言者論：

寶元、康定間，西鄙用師，富弼上備寇之議，乃以東南諸路兵力單弱及州郡長吏不職爲憂，請加澄汰，選置實材，以應時用。前輩遠慮，蓋有深旨。中興以來，休養生息，煙火萬里，斯民有白首不識兵革者。其間惡少，易以孽芽，擿伏發姦，正須良牧。然今之所謂郡太守者，平時援資格而來，簿書期會，僅取趣辦。若一旦有征行調發之煩，供億饋餉之擾，比閭糾集之政，在朝廷意慮之外，及約束之所未至者，求其機權足以應變，威信足以服衆，强力足以集事，愷悌足以宜民，而能弭患於未形者，蓋十無三四。望内委臺諫督察，外責監司刺舉。其罷軟昏繆，以至蓄縮非材者，並令以祠録自請。仍戒大臣，詳加考覈。侍從、臺諫廣共諮詢，各據所知，盡公保舉，俾分憂顧，以課殊效。朝廷更加詳審，明立品式，稍廣其科條，寬其資格。或棄小瑕而録用，或不待次而陞遷。其被舉者與舉之者，是否功罪，皆當同之，賞罰必行，使之競勸，庶有以濟當今之急務。

從之。

左朝奉郎、知化州廖顒言：「軍賊凌鐵等，見在雷、化州境内嘯聚，未能討蕩。望將雷州改除武守，仍許節制高、容、廉、化四州軍馬，遇有盜賊會合，兵丁掩捕，合用錢糧，令轉運司應副。」從之。時東南第十二將高居弁會五州巡尉官兵與戰，鐵敗死。

右朝奉郎、知光化軍莫濛言：「京西數州法官獄吏，罕有正員，不習法令，每公事可疑，懼憲司駁正，輒以己見施行。乞自今徒流公事，不以有無疑慮，並申提刑司詳覆。」從之。

5 己卯，殿中侍御史杜莘老言：

謹按帶御器械劉炎，一介小人，持心狡險，污穢之跡，臣不欲猥形白簡。前月十七日，忽來訪臣云：「元居實措置兩淮，乃炎所薦。而炎今日亦受劄子，同共措置。使炎當時不受改換，今已優閒，來日當往力辭。」夫炎以文資易武級，乃其願欲，初非朝廷强之。今已多歷年所，其所受官禄亦不薄矣，豈今日尚興怨望，而辭避職事也？

陛下邇者約己裕民，減放宮嬪，乃盛德第一事。炎乃與臣言：「主上不消放出宮女，豈不漏泄禁中事？」夫陛下燕閒之際，清心寡欲，耽玩經史，縱宮嬪之出，於禁中事有何漏泄？而炎敢輕議。臣伏讀今月五日詔書有云：「乃者放嬪御，朕誠意所加。」而令下之始，胥動浮言，幾惑衆聽。臣謂炎居近習，尚敢輕議而騰口於外，則在外浮言未必非炎倡之也。炎之罪大，誠不容誅。望重加竄逐，以爲人臣怨望朝廷、輕議君上者之戒。

詔：「炎可送吏部與在外合入差遣，令臨安府押出門。」乃以炎監嘉州商稅。趙甡之遺史云：「劉炎初爲右通直郎，換閤門宣贊舍人，主管内帑錢，往來榷場，買犀玉書畫，依托内侍以進。後帶御器械，值王全、高景山上殿無禮，羣臣不能措一辭，而炎乃逡巡投機，全國大體，俾狂黠使人折服退去，可謂失之平生，收功須臾矣。而羣臣不思己之不敏，乃疾炎之見機，於是杜莘老論之。」

6 壬午，敷文閣待制、樞密都承旨徐嘉等辭行。

7 癸未，宰相陳康伯率百官爲孝慈淵聖皇帝請謚於南郊。謚曰恭文順德仁孝，廟號欽宗。

敕令所删定官陸游爲大理司直。

8 甲申，宰相陳康伯上恭文順德仁孝皇帝謚議，詔恭依。

9 乙酉，右司諫梁仲敏請：「初官有出身人滿三考，無出身人滿四考，方許監司帥守薦以京職，庶抑趨競而惠孤寒。」詔吏部看詳，尋從之。

修武郎、東南第十二將高居弁知雷州兼節制高容廉化四州軍馬，賞功也。

10 丙戌，右朝奉郎、通判楚州徐宗偃獻書宰執言：

山陽俯臨淮海，清河口去郡五十里，實南北必争之地，我得之則可以控制山東。一或失守，彼即長驅，先據要害，深溝高壘，運山東累年積聚，調發重兵，使兩淮動摇，我將何以捍禦？自北使奏請，意欲敗盟，人情洶懼，莫知死所。及朝廷除劉錡爲五路制置，分遣軍馬渡江，邊陲肅静，民賴以安。山東之人，日有歸附之意。如沿淮一帶，自北而來者，晝夜不絶，不容止約。若朝廷速遣大兵，且命劉錡或委本州守貳，選差有心力人，明示德音，誘以官爵，謂得一州或一縣，與補是何官資，使之就守其地。其餘招誘，自百人千人至萬人，受賞有差。將見一呼響應，山東悉爲我有。若大軍未至，彼懷疑貳心，未肯受招。

招之亦未必能守，適足以貽邊患。至於合肥、荆、襄，命大將分占形勢，覘邏其實，隨機應變，以爲進討之計。恢復中原，可立而待。」

先是，漣水縣弓手節級董臻者，私渡淮，見宗偃言：「山東之人，久困暴斂，日欲歸正。若士馬一動，悉皆南來。」宗偃出己俸厚贈之。是月初，臻果率老幼數百人來歸。宗偃言於朝，未至，會知樞密院事葉義問遣武翼郎焦宣來諭意，俾招收之。守臣王彦融怒不自己出，乃言臻不願推恩。宗偃因遺義問書言：「旬日以來，渡淮之人，晝夜不止，漣水爲之一空。臨淮縣民，亦源源而來不絶。泗州兩遣人諭盱眙，令關報本州約回，然有死不肯復去。計其家屬之數，幾萬人矣。理宜優恤，多方存拊，濟其乏絶。然非有大軍彈壓，得之亦不爲用。兼慮對境，别生事端，却貽邊患。且小人喜亂，利於一時剽掠，或先事輕舉，有害大計。」乃補臻承節郎，仍令淮東副總管李横以鎮江都統司兩將之兵往楚州屯駐。此並據宗偃紀實修入。宗偃申董臻歸正，在此月十一日壬午，焦宣至楚州在十三日甲申，今聯書之。

11 丁亥，殿中侍御史杜莘老言：「今行營重兵，遠在邊境。而策應之精鋭，又須觀時而動。諸州所謂强弓弩手者，亦已盡遣。萬一郡縣間有一夫竊發，豈不上貽宵旰之慮？今東南廂禁土軍，元額毋慮十數萬人，皆爲監司守臣兵將官穴占，而諸路將副，或以給使吏職富勢居之，咸不適於用。望收兵選將，責之教閲，以備他盜。假以歲月，亦可助大軍之勢。」從之。詔使相以下宣借人各減三分之一。明年九月又減。

主管侍衛馬軍司公事成閔以所部至鄂州，屯於古將壇之左。閔既發臨安，邊事未動，鄂州軍中罔測其情，或勸都統制田師中善爲備者。由是人情皆不安，市井驚惶。至有妄言來取師中者，或請師中以素隊迎之於道周，人情乃定。閔至鄂未幾，移屯應城縣，在鄂、郢之間焉。

右司諫梁仲敏言：

臣竊謂人臣之罪，莫大於懷姦而避事。夫小官之避事，固已當嚴治，而況爲大臣者？爵位既崇，禄賜既厚，乃敢於艱難之際，專爲身謀，朝廷何賴焉！臣謹按同知樞密院事周麟之，姦險爲最，貪惏無恥。素乏才術，因片言隻語，遂謂能文。自登從班，益務躁進，傾心交結，自謂得計，以至於趣利害義。若併貪産業於鄉邦，收接賄賂於私室，倚小人爲腹心，而中傷善良，罪惡甚重①。朝廷用過其才，擢居樞府。臣竊爲麟之者，正當自揣不稱，捐軀報國，而乃懷姦避事，是其罪之尤大者。此而不治，朝廷何以使人？臣竊見麟之受使事之命已多日，治行已備，因見使人之來，便有懼意，巧爲推避之計。其説以謂執政不當行，尤爲無理，前此固嘗屢遣執政爲使矣。就使麟之自有所見，何不言之於受命之初，而使人既來之後，方創爲此説，其爲姦回罔上，罪不容誅。致勞聖慮，別擇人出使，今已行矣。麟之偃蹇高位，於心安乎？天下忠義之士，豈不解體哉！望將麟之誅竄遠方，以禦魑魅，以昭示人臣慢命不忠之戒。

殿中侍御史杜莘老言：

臣聞挾姦罔上，人臣之不忠；避事辭難，人臣之不義。謹按同知樞密院事周麟之，背公營私，寡廉鮮恥，十手所指，殆非一端。臣試以奉使一事言之。歲在己卯，顯仁皇后升遐，告哀鄰國，麟之實充使命。方其未行也，朝廷措置金繒，其數已定。麟之堅欲增添數目，朝廷務從大體，姑從其請。夫太母攢祔，用度浩繁，麟之乃求厚賂，何不惜國家之費乎？及其將行也，太史卜良日，三節遣行李，既已陛辭，晨出國門，行至日莫，麟之思家，遂顧小車潛歸，妻孥飲燕，次日方始出城。士論沸騰，達於天聽。宰相湯思退容隱，不加詰問。及其既行而歸也，出好語欲爲己功，以邀高爵，此何理哉？其挾姦罔上，止爲身謀，不忠有如此者。逮今春金人來居於汴，朝廷議遣麟之出使。麟之奏請自擇副使，遂舉蘇曄，與之交結，各賣三節人員，皆有定價，估金入己，喜見顏間。其後使人之來，語言紛紜。麟之乃緣飾辭理，謂執政不當行。遂牢辭固避，私憂掩泣。衆聞而鄙之，有「哭殺富鄭公」之誚。臣竊觀唐太宗以盧祖尚都督交州，既奉詔而託疾，帝遣杜如晦諭之曰：「匹夫不負然諾。卿既許朕矣，豈得悔？」祖尚固辭，帝怒曰：「我使人不從，何以爲天下？」命斬之朝堂。今麟之既不欽承休命，至煩聖慮，別擇奉使。縱陛下寬仁，免其朝堂之戮，則貶竄其可後乎？伏望睿斷，重賜施行。

12 戊子，左中大夫、同知樞密院事周麟之與在外宮觀，放謝辭。辛執進呈臺諫章疏，上曰：「爲大臣臨事辭難，何以率百僚？」乃有是命。日曆載麟之罷政在七月十七日戊子，樓鑰拜罷録亦同。而熊克小曆於六月十九日庚申書之，趙甡之遺史繫之七月二十四日乙丑，皆誤也。會要稱麟之七月十九日罷政，後責筠州，亦恐差誤。當是十七日戊子罷政，十九日庚寅乃責筠州也。甡之又云：「上以麟之初請行，復自請止，今具析②，麟之伏罪，遂罷。」按他書乃不云分析事，今具附此，俟考。

宰執言：「淮南諸郡，近日懷來流民甚衆。」上曰：「可諭劉綺，選其壯者爲效用，餘皆授田貸種，且以常平錢米濟之。」

司農少卿許尹言：「浙路應起行在和糴本錢歲爲一百七十二萬緡，舊例分四季，今所發纔三十二萬緡，乞令户部逐時比較，當職官按劾。」從之。

13 己丑，權户部侍郎兼權樞密都承旨錢端禮乞以前後奉使所得金主之語，付三省樞密院，編録成册，遇遣使命，則令通知，庶幾可以專對。從之。

武功大夫、忠州團練使、知濠州劉光時降授武顯大夫、吉州刺史，令在任以責後效。坐前棄城，爲言者所劾也。事祖已見五月。

右司諫梁仲敏言：

臣竊見同知樞密院事周麟之，濫居樞府，衆論已洶洶，而又懷姦避事，天下益爲之不平。臣遂冒昧僭越，論列麟之，上瀆聖聽。臣訪聞麟之罪惡不一，未可殫舉，且取其罪之顯著，人所切齒者言之。麟之父，嘗爲常州富人邵伸門客，死之日，邵家借以吉地安葬。麟之既貴，不思存恤其家，乃强占墳旁地二十餘里。邵家兄弟不從，即以勢力致以獄，勒使供退。罪一也。貸錢與强知文者，乘其急，而索其數倍之息，得田四百畝。又貸錢於妻母前夫之子，亦乘其急，而奪其屋。見訟於有司，畏其勢力，未敢决。罪二也。昨周方崇爲臺官，麟之諂交，認爲宗親。其間多有朋比，以害善良。麟之爲給事中，其所論校及掌内外制所行誥詞，率皆挾私意之輕重而爲之，人皆知其意之所在。罪三也。顯仁皇后上僊，遣麟之告哀於鄰國。乃邀求禮物加厚，不恤國家事體。是時已陛辭出城，而乃戀戀私家，以小車復歸，踰宿乃去。罪四也。及爲同知樞密，有合破使臣指使，豪户潘昇元係下班祗應，以錢三百緡而得之，餘皆有所賂，而後補外。人相傳以爲非錢不行。罪五也。麟之既蒙厚恩，擢在政府，是宜忠義自力，而蓋前愆，以不負聖君眷待之意。今乃於受命出使之際，輒敢懷姦避事。舉措如此，人咸嫉憤。伏聞聖斷，罷麟之樞密院職事，以慰公論。然若小人已僥倖高位，當艱難時，又獲叨冒真祠，燕居鄉閭，則不忠不義者反爲得計，其害不細。伏乞聖明更賜詳酌，重與竄斥遠方施行。

殿中侍御史杜莘老言：

臣日者不避誅罰，上章論列樞密周麟之挾姦罔上，避事辭難之罪，乞正典刑。雖蒙睿慈，特賜罷免，然不加貶竄，而尚畀祠禄，物論洶洶未平。臣固知陛下聖德寬仁，曲全體貌，以尋常大臣之罷，例得奉祠，故於麟之亦復推此恩數。奈何麟之罪大，其逆君命，便私計，非尋常之比。今若例與真祠，俾得捆載而歸，優游鄉社，是使小人得志，而遂其便私之計也。麟之剽竊小才，殊無器識。跡其舉措，市井不如。世家泰州，因用建康户籍，取解中第。乃認故相秦檜父子爲鄉人，專事阿諛，務其結託。遂從正字，遽擢西掖。其進用不正，已見於此。至若主封駁，則因書黄而潛受金瓶；在翰苑，則因草制而多求潤筆。違法而酤私醖，則取辱於平江之郡將；恃勢而占民田，則結怨於常州之富人。後省張安仁爲書吏，麟之委以營私，則指使補之。軍卒葉世寧有義女，麟之取以居室，則幹辦呼之。士人有浚井而得古硯，麟之欲償以百金，得其硯而弗償也。鄉官因赴調而帶古畫，麟之欲報以差遣，得其畫而弗報也。胡蒙乃其妻父，因舊憾而久立之客次；張守乃其師資，因物故而不還其遺書。舉措如是，天下久已切齒。況違陛下之命，避免出疆，不恤國事。若投諸荒裔，始快人心。臣竊觀藝祖皇帝親征澤潞，中書舍人趙逢扈從，懼登太行山，以墜馬辭行，止留懷州。及還京，當草制，又稱疾不入。帝怒曰：「此人得非不肯上山者乎？人臣乃敢如此。」即日付御史按鞫，貶房州司户。夫宥密之官，尊於中舍之職。辭免使命，重於懷州之留。藝祖尚竄趙逢，陛下豈容貸麟之乎？伏望宸斷，將麟之宮觀寢罷，特加遠竄。仍將臣所上章疏昭示中外，以慰公議。

14 庚寅，左中大夫周麟之責授左朝奉大夫、秘書少監，分司南京，筠州居住。中興聖政：臣留正等曰：「人君設高爵厚禄，加體貌以待二三大臣，非私之也，以其能爲人之所難爲，而任人之所不能任者也。當無事時，居高食厚，被顧遇而不辭；遇事之難，輒辭焉。彼固未嘗以身許國，與所期者甚異，此而不懲，何以厲臣節？太上皇帝罷麟之本兵之柄，爲避事者之戒。善乎其有以勸百哉！」

右朝議大夫、淮南轉運副使楊抗復直徽猷閣。

左朝請郎章服知鄂州。

初，上命池州諸軍都統制李顯忠擇淮西地利，爲固守之計。至是，顯忠言：「江北平夷，別無險阻。惟樅楊鎮北二十五里中坊浄嚴寺依峽山口一帶，地里衝要，可以屯駐。乞於八月初，分遣半軍過江屯駐。顯忠躬親往來，伺其動息。即全軍渡江，觀敵所向，隨機決戰。」從之。

15 辛卯，淮南轉運副使楊抗奉詔遣右朝奉郎、通判楚州徐宗偃往淮陰縣措置歸正人。父老謂宗偃曰：「兩淮本一家，雖投來之心甚切，本意宿留王師，進發日願爲鄉導，戮力破敵。今以諸處招納，或作文字勸誘，或毆逼過淮，否則公肆劫掠，不容存住。齎糧至微，今已狼狽。紹興十一年間，我曹蓋嘗歸順矣。北界取索，悉蒙押發以去。今誓死不願再回，幸公全活。」宗偃布宣國家存恤之意，且命邑官，使之有親戚者，則往依投。願向以南州軍者，各從其便。或欲請佃公私閑田者，給之。仍令保聚近裏城邑，量修廬舍，勿使暴露。抗言於朝。乃賜錢萬緡，米三千石，令本州賑濟。此以徐宗偃紀實修入。紀實又稱御前金字牌，至令本州與漕臣同共措置淮北歸正之人。以時考之，恐即此月十七日戊子宰執所得上語批降指揮也③。

16 壬辰，敷文閣待制、樞密都承旨、充大金起居稱賀使徐嘉等至盱眙軍，金主已遣翰林侍講學士韓汝嘉至泗州待之。是日平旦，泗州守臣蒲察徒穆遣人至盱眙言④：「韓侍講帶金牌到來，欲見國信使、副宣諭。」巳刻，嘉遣通事傳語⑤，乞中流相見，俄而汝嘉已登舟渡淮。嘉欲就岸口亭子相見，汝嘉即與徒八人馳馬徑入宴館。嘉與副使文州刺史、知閤門事張掄皆大驚，朝服以待。汝嘉入館，闔其扉。守臣周淙即館外穴壁以窺，汝嘉令嘉、掄跪於庭下，抗聲稱有敕，遂言曰：「自來北邊有蒙兀、達靼等⑥，從東昏時數犯邊境。自朕即位，已久寧息。近準邊將屢申，此輩又復作過，比之以前保聚尤甚，衆至數十萬。或説仍與西夏通好，鎮戍突厥、奚、契丹人等，力亦不能加，曾至失利。若不即行誅戮，恐致滋蔓。重念祖宗山陵盡在中都，密邇彼界，是以朕心不安。以承平歲久，全無得力宿將可委專征，須朕親往，以平寇亂。故雖宮室始建，方此巡幸，而勢不可留。已擬定十一月間，親臨北邊，用行討伐，然一二年間，却當還此。今日諸司奏聞，有使稱賀，本欲差人遠迓，如期入見。緣近者國信使、副高景山、王全等傳旨，召一二近上官位，有所宣諭。今卿等雖來，即非所召。若卿等到闕而歸，徐遣所召官等，定見遲滯，有妨北討之期。故令卿等便回，即令元指官位人等前來，亦可一就稱賀。仍須九月初定當到闕，實慮未詳上件事意，或致疑訝，故茲宣示，想宜知悉。」言畢陞堂，分賓主而坐。嘉戰灼無語，掄乃稍進而問曰：「萌子小邦，何煩皇帝親行？」汝嘉不能對。掄曰：「侍講遠來，口言有敕，本國君相，何以爲憑？乞書於紙，以俟聞奏。」汝嘉即索紙筆，書畢而去。嘉等遺以纈帛香茶，皆不受。此以趙甡之遺史、徐夢莘北盟會編并今年七月二十七日尚書省劄下沿邊帥守監司劄子參修。熊克小曆稱汝嘉與嘉等相見於淮岸口，實甚誤也。

17 癸巳，賜江淮制置使劉錡度僧牒五百，爲犒軍之用。

徽猷閣待制、提舉江州太平興國宮宋暎卒。

左朝請郎、知信陽軍王之道提舉荆湖北路常平茶鹽公事。

敷文閣直學士、四川安撫制置使兼知成都府王剛中言：「被旨令臣斟量緊慢，移司就近，與吴璘同共措置軍前事務。乞照胡世將已行事宜，行下遵守。」詔四川財賦自合總領所專一應辦外，如遇警急調發，申奏朝廷不及，其軍中賞罰，令宣撫制置司先次隨宜措置施行訖奏。剛中又言：「三都統下統制將佐陞差，及應干報應文字，並係制置司行遣，今乞令吴璘同共簽書。」從之。剛中又奏陞差事在是月乙未。

18 甲午，上謂宰執曰：「夜來小雨應候，可嘉。」陳康伯曰：「禾稻向熟，雨澤時降，則豐年可望。」上曰：「屬有邊事，今乃得雨。天相國家，使不闕食。」康伯曰：「誠如聖諭。」

右朝奉郎、知通化軍莫濛言：「江、淮、荊楚之間，年穀屢豐，粒米狼戾。望令屯營去處，兑撥合解官錢，令州縣從便和糴。」從之。

19 乙未，詔：「新造會子，許於淮、浙、湖北、京西路州軍行使，除亭户鹽本錢並支見錢外，其不通水路州軍上供等錢，許盡用會子解發。沿流諸州軍錢會各半，其諸軍起發等錢，並以會子品搭支給。」用户部請也。

20 丙申，命參知政事楊椿兼篆聖文仁德顯孝皇帝謚寶。

司勳員外郎余時言面對，論：「臣僚因公罪落職未復之人，乞許以致仕恩任子。若因言章或按劾，雖贓私罪而無實狀者，與降等推恩。文武臣僚，曾經推勘按劾，雖有贓私罪犯而未結正，及言章泛言貪汙而無實跡，雖未得宮觀差遣而致仕者，特與降等蔭補。」詔中書後省參照舊法看詳聞奏。九月丁丑議上。

21 丁酉，右從政郎、新兩浙西路提點刑獄司幹辦公事趙伯圭爲右宣義郎，通判明州。伯圭，子偁長子，故有是命。

22 戊戌，敷文閣待制、樞密都承旨、充大金起居稱賀使徐嘉等言：「臣等至盱眙軍，有金牌韓汝嘉前來，傳到北界宣諭言語。」詔：「嘉等還行在，仍令沿邊帥守監司、諸軍都統制、諸路總領所照應今年五月甲午指揮，及今來事體，慮有姦詐，更切固守持重，廣行間探，嚴作隄備，毋致輕易，落其姦便⑦。仍先具知稟以聞。」此據總領所案牘修入，日曆無之。

權吏部侍郎凌景夏言：「國朝慶曆三年，編定勳臣姓名凡二百四家，既録用其子孫矣。逮至建中靖國元年，再編一百一十六家，許子孫乞恩澤。陛下即位以來，每遇郊祀大赦，未嘗不念其家，或至淪没，每加録用。然臣竊謂崇觀以來，至陛下即位，跋涉艱難，所以衛社稷捍牧圉者，不可謂無其人，略而未編，亦一闕也。望俾有司檢會自崇觀以來勳業著於國史者，續行編定，以勵忠烈。」事下吏部，後不行。

23 己亥，徽猷閣直學士致仕鄭望之卒。

是月，金主亮南徙汴京，其臣自左丞相張浩以下，具九節儀從，迎亮於南薰門。亮及門而雨暴至，儀從皆不克舉。亮入內，至承天門，迅雷大風作，天變如此，亮不知懼也。一日，亮坐正隆殿，召其大臣問曰：「許多宰執，孰有能爲統軍者？」尚書右丞劉萼白：「臣請爲之。」亮喜，即拜萼爲淮南道行營統軍，將二萬衆，歷唐、鄧以瞰荆、襄。又以金紫光禄大夫平陽府總管張中彦爲西蜀道統軍，孟州防禦使王彦章副之，將五萬衆，據秦、鳳以窺巴、蜀。工部尚書蘇保衡統水軍，驃騎上將軍完顔鄭家奴副之⑧，由海道將趨二浙。餘兵亮自將焉。張棣正隆事迹載亮問大臣統軍事在九月。而楊抗奏李申言，張中彦、劉某差除，在七月十六日，今且附七月末。

校勘記

① 罪惡甚重　「重」，原作「衆」，據叢書本改。

② 令具析　「令」，原作「今」，據叢書本改。

③ 恐即此月十七日戊子宰執所得上語批降指揮也　「批」，原作「此」，據叢書本改。

④ 泗州守臣蒲察徒穆遣人至盱眙言　「蒲察徒穆」，原作「富察特默」，據金人地名考證改。

⑤ 嚞遣通事傳語　「傳語」，原作「古」，據叢書本改。

⑥ 自來北邊有蒙兀達靼等　「蒙兀達靼」，原作「蒙古塔坦」，據金人地名考證改。然考證「達靼」作「達答」，亦誤，據本書卷一九三校勘記所引皇朝中興繫年要録節要改。

⑦ 落其姦便　「便」，叢書本作「詐」。

⑧ 驃騎上將軍完顏鄭家奴副之　「家奴」，原作「嘉努」，據金人地名考證改。

建炎以來繫年要録卷一百九十二

1 紹興三十有一年八月辛丑朔，忠義人魏勝復海州。勝素無賴，私渡淮爲商。至是，率其徒數百人至海州，自稱「制置司前軍，大兵且繼至」，海州遂降。熊克小曆云：「李寶子公佐，挾歸正官魏勝得海州。」今從徐宗偃兩淮紀實。

右朝奉郎趙學老通判秀州。學老，野子。已見。

2 癸卯，故左朝議大夫李彌遜追復敷文閣待制。彌遜始坐詆和議謫籍，至是始復之。

右文殿修撰、提舉江州太平興國宫孫覿復敷文閣待制致仕，覿年八十矣。

太學博士蔣芾、國子正芮曄並爲秘書省正字。

3 甲辰，左朝請郎馮時行知彭州。初，時行守黎州，上記其名，召赴行在。時行至建康，以疾不進，上疏言：

敵決敗盟，望移蹕進幸建康，下罪己之詔，感動中外，願與社稷，俱爲存亡。自古未有人主退而能使天下進，人主怯而能使天下勇。今之形勢，不比全盛之時，車駕已在江南，無復可往之地。福建、二廣，陛下可到，彼亦可到。蜀雖險阻，形勢迫促，如鼠入牛角，必不能久。將士觀望，忠義之氣沮喪，散而爲盜賊，大事去矣。又沿邊備禦，朝廷雖已措置，然尚多闊疎。荆南兵弱，循、贑將士，不服李道節制，緩急豈能爲用？鄂州田師中老且病，上流重地，恐不可保，願以李顯忠代之。劉錡有威名，借其譽望，不當使置之前行。張浚憂患頓挫更歷，已無少年輕鋭之氣。願陛下捨一己之好惡，勉用浚以副人望，決能使軍民回心，踴躍鼓舞，其效亦非小補。

財用在今日最爲難事，宜省官吏，減州郡冗卒。陛下痛自撙節，蠲損切身之奉，以養戰士。清心寡欲，疎遠閹寺。與賢士大夫骨鯁謀議之臣，共濟艱難，然後命大臣留守宮闕。陛下如建炎之初，馬上從事，以數十騎往來循撫諸軍①，江、淮、荆、襄，無有定處，使敵莫能測。今敵使已還，臣料朝廷必有大措置，一新天下耳目，旬日之間，寂然無聞。臣恐廟堂之議，猶欲遣使祈請，冀和議可以遷延。以臣計之，萬無此理。臣紹興初蒙陛下召對，時敵適請和。臣以爲疑，至煩聖訓，以爲親屈己之意，然和議既成，無以善其後。臣之愚言，猶有驗於今日。今敵既敗盟，臣又以其狂愚，冒瀆聖聽，望陛下特垂聖覽，採而用之。無使狂瞽之言，又驗於異日也。

疏奏，乃有是命。

直秘閣、淮南路轉運副使王秬與在外宮觀。

右朝奉郎、知通化軍莫濛爲淮南轉運判官兼淮西提刑，提舉常平茶鹽公事。時秬自言生長兵間，諳練戎事，願得步騎五千，求試方略。因請至都堂白事，許之。殿中侍御史杜莘老奏：「秬自到官，將淮上兵民，分隸諸將，民情皇駭。今又狂率大言，侵將帥之事。」秬遂罷去。初，詔淮、漢郡縣籍民爲兵，秬在淮南，乃選丁壯，欲涅其手面，從大軍役使，民駭而逃。莘老言：「敵未至而先毆吾民，非計，請令民兵止聽郡縣官節制，征役無出鄉。」從之。淮民乃定。

直顯謨閣、知荆南府續觱既受朝命，乃請籍民爲義勇。其法，取於主户之雙丁，每十户爲甲，五甲爲團，甲團皆有長。又擇邑之豪爲總首，歲於農隙教以武事，而官給其糧。其後隸於籍者，至七八千人。武昌令薛季宣亦求得故陝西、河北弓箭手保甲舊法，討論甚具。會有伍民之令，乃出其法行之。五家爲保，五保爲甲，六甲爲隊，地形便合爲總，不以鄉爲限，總首副總首領焉。官族士族富族皆附保，蠲其身，俾輸財供總之小用。諸總必有射圃，民暇則集，無蚕暮之節。盡禁蒱博，獨許以擊刺馳射角勝。五日更至縣廷，閲其尤者，勞賞之。里閭皆以武功相高，氣俗一變。旗幟總别爲色，槍杖皆中度。候望干掫，不幸死者，予棺，復家三歲。諸鄉皆置樓，盜發，伐鼓舉烽，以相號召，瞬息遍百里，盜爲衰止。總首白事，吏無得預。追胥興發，一以縣檄爲驗。季宣，徽言子也。此皆不得其時，因罷王秬，遂牽聯書之。

4 乙巳，尚書省言：「兩國使命往來，舊係盱眙軍前期差人議定禮數，近兩次大金金牌天使過淮，顯是守臣不職，兼慮倉卒祗備不及，却致失禮。」詔右朝散郎、知盱眙軍周淙特降二官。

5 丙午，右奉議郎、通判楚州徐宗偃挈其孥渡淮南歸，因赴制置司議事。

6 丁未，詔：「婉儀劉氏可歸本家逐便，本閣官吏，並發遣歸合屬去處，官告令有司毁抹。」和州防禦使、知閤門事、幹辦皇城司劉伉提舉洪州玉隆觀，任便居住。放劉婉儀事，史不言所以，趙甡之遺史云：「初，劉錡都統鎮江之軍，屢請決戰用兵，朝廷猶俟金人先有釁隙，則以兵應之，故未許。錡申請不已，及除制置使，亦申請用兵。一日，汪應辰獻復和策，堅執和議，且言：『國家自講和至今，未嘗有違闕，用兵之議，恐誤大計。』繼先因間見上言：『今邊鄙本無事，蓋緣新進用主兵官，好作弗靖，喜於用兵，重欲邀功爾。若斬一二人，則和議可以復固。』上不懌曰：『是欲我斬劉錡乎！』是時，盱眙軍奏到：『金人遣韓汝嘉直入盱眙館，口傳敕，不許奉使徐嚞渡淮，未有以處之。』上在劉才人位進膳，不舉筯，才人怪之，遣中人物色聖情因何不懌，乃得應辰之策，繼先之言。才人侍上，因用言寬解上意，大抵與繼先之言相似。上怒，問曰：『汝安得此言？』才人不能隱，遂具説遣中人物色得繼先之言。上大怒。劉才人俄以他事，賜第別居。」

右武大夫、容州觀察使、兩浙東路馬步軍副總管傅選移江南東路，建康府駐劄。

7 戊申，淮南等路制置使劉錡言：「新創踏射威强弓兵。」宰執乞推賞，上曰：「此未可遽行，不知威强與尅敵高下如何，今若別置名，恐壞格法，莫若且以尅敵爲準。」

宗正少卿唐文若爲起居郎。上嘗諭大臣以：「文若與虞允文、杜莘老、馬騏才皆可用。」

尚書兵部員外郎劉堯仁充右文殿修撰，知池州。屯田員外郎韓彥直充秘閣修撰，知蘄州。給事中黄祖舜、中書舍人楊邦弼言：「論譔之職，祖宗以待文學博習之士，其後或以旌勸勞能，未有僥倖躐至者。乞令堯仁依舊充秘閣修撰，彥直依舊直顯謨閣，赴任後有治效，因以加之，庶幾倖門不開。」詔可。上因言：「祖舜在後省，所言皆當。」陳康伯曰：「誠如聖訓。」二人還舊職，在此月辛亥。

8 辛亥，詔兩淮諸州，起理二税之外，凡諸色科敷，如天申節銀絹、土貢銀、人使歲幣、亭館顧船貼撥等錢，並停罷。用權刑部侍郎張運請也。

詔昭慶軍承宣使致仕王繼先令於福州居住。用殿中侍御史杜莘老奏劾也。繼先怙寵干法，富埒公室，子弟直延閣，通朝籍，姻戚黨友，莫非貴游，數十年間，未有敢摇之者。自聞邊警，日輦重寶之吴興，爲避賊計。莘老入見，面奏繼先十罪，大略謂：

繼先初係賤工，負擔喝藥。因奴事秦檜，入拜其妻，叙爲兄弟，夤緣薦引，遂得以薄術供奉。陛下盛德至仁，以顯仁皇后間餌其藥，特加寵遇。而繼先憑恃恩寵，二十餘年，恣爲姦惡。乃於都城廣造第宅，占民居數百家。以至侵官街，塞運河。其屋宇臺榭，皆高廣宏麗，都人謂之快樂仙宫。僭侈如此，罪一也。專用給使李彦輩數人，强奪良民婦女，以爲侍妾。雖有婚姻，一切不顧。鎮江倡家女童，妙於歌舞，又作御前取索，至今尚在，罪二也。淵聖皇帝成喪之後，舉家燕飲，令妓女舞而不歌，舉手頓足，謂之啞樂，罪三也。自聞金使之來，日輦重寶，載之吴興，罪四也。陰養無賴惡少年數百人，私置器甲，日夕教練，罪五也。繼先因其子守道、悦道，累爲兩浙運司主管文字，遂盡籠公私之利，虧損官課，賤市絶産，多役禁兵，罪六也。受富民金鼐海舟，薦爲閤職。事見二月辛卯。凡州縣治大姦，興大獄，有力之人，厚賫金帛，以賂繼先，隨即解免。罪七也。又於都城及他處佛寺，建立生祠，即囑州縣蠲免科須。凡天下名山大刹常住所有，大半入繼先之門。又於北山招賢寺因山作園，民間丘墓，悉令移掘，罪八也。繼先嘗强奪其姊真珠，直千餘萬緡，爲姊所訟，乃誣以姦罪編管，罪九也。凡醫工技出其上，動輒沮格擠陷，故中外貴近，多爲繼先用藥謬誤，以致危困，罪十也。

繼先過惡，臣特舉其大者如此，餘雖擢髮，實未足數。

上作而歎曰：「有恩無威，有賞無罰，雖堯、舜不能治天下。」乃詔繼先福州居住，其子武泰軍承宣使兩浙西路馬步軍副都總管安道、右朝議大夫直徽猷閣兩浙西路安撫司參議官守道、右朝奉郎直秘閣兩浙轉運司主管文字悦道、孫右承議郎直秘閣錡等並勒停。凡繼先掠良家子爲奴婢者百數，悉還其家。籍其貲，以千萬計。

9 壬子，詔：「醫繼先田園及金銀，並隸御前激賞庫，專以賞將士。其海舟付李寶。」天下稱快焉。趙甡之遺史云：「王繼先遭遇，在紹興中，冠絶人臣，權勢之盛，與秦檜埒。張去爲以下，猶不足道。大抵上以國事委之檜，家事委之去爲，一身委之繼先，所以繼先憑恃恩寵，靡所忌憚。及是乞斬新進用主兵官，上不懌，劉才人因寬解上意，與其言相似，上大怒。杜莘老探知上意，乃具白簡，乘勢彈擊，甚善之舉也。惜乎莘老蜀人，去國稍遠，不知繼先出處，而言『繼先因奴事秦檜，夤緣薦引，又顯仁皇后間餌其藥，特賜寵遇者』，非也。其所言十事，乃繼先之細過耳。」繼先乞斬主兵官事，已具此月丁未劉婉儀可歸逐便注②。

右通直郎、直敷文閣劉堯勛换武略郎閤門宣贊舍人，從所請也。

10 癸丑，兩浙轉運司獻趲積錢二萬緡，臨安府獻五萬緡。上謂大臣曰：「可樁留外府，若下諸路，切戒毋得科敷，如昔時羨餘，實資贓吏而擾吾民也。」

尚書禮部郎中王普爲太常少卿。

吏部郎中陳之淵爲秘書少監。

司封員外郎兼建王府贊讀史浩試宗正少卿，祠部郎中兼建王府直講張闡試將作監，兼職並仍舊。

詔皇子建王故妻咸寧郡夫人郭氏追封淑國夫人。

文州刺史、權知閤門事張掄幹辦皇城司。

成忠郎、閤門祗候張薿充東南第四將。薿，掄子也。

資政殿大學士、知建康府王綸薨。

是日，金主亮弒其母太后於宫中。初，其母病，亮往視之，問以所苦。母曰：「吾無他疾，以皇帝用兵不止，遠征江南，是吾病也。」亮大怒，曰：「非朕母，乃梁宋國王之小妻也③。」遂命護國將軍赤盞彦忠弒之④，以威言者，於是左右縮頸，國人以目。其后徒單氏與太子光瑛復諫⑤，亮亦欲誅之，母子俱避去，三日而後出。

11 甲寅，浙西馬步軍副總管李寶以舟師三千人發江陰。先是，寶自行在還，即謀進發，軍士洶洶，争言西北風力尚勁，迎之非利。寶下令：「大計已定，不可揺，敢有再出一語者斬。」遂發。徽猷閣直學士、知平江府洪遵竭資糧器械濟之，放蘇州大洋。行三日，風果怒甚，舟散漫不能收，寶慷慨謂左右曰：「天欲以試李寶邪！此心如鐵石不變矣。」即酹酒自誓，風亦隨止。退泊明州關澳，追集散舟，不浹旬復故。而裨將邊士寧自密州還，言：「魏勝已得海州矣。」寶大喜，促其下乘機速發，而大風復作，波濤如山者經月，未得進。

12 乙卯，江淮制置使劉錡引兵屯揚州。錡將渡江，以軍禮久不講，乃建大將旗鼓以行，軍容整肅，江、浙人所未見也。時錡方病，不能乘馬，乃以皮穿竹爲肩輿，鎮江城中香煙如雲霧，觀者填擁。右奉議郎、通判楚州徐宗偃見錡，力陳：「兩淮要害，山陽密邇清河口，實爲控阨之地。合肥扞蔽壽春，自古北軍悉由渦口渡淮。彼或長驅，則兩淮皆非我有，望速遣精鋭列戍，勿使敵得衝突。」錡疑未決，淮東副總管李横、浙西副總管賈和仲適來白事，皆共贊之，乃遣殿前司策應右軍統制王剛以五千人屯寶應。徐宗偃兩淮紀實稱八月十一日至維揚軍前，而趙甡之遺史，劉錡軍至揚州，乃在十五日乙卯，疑宗偃先至揚州也。

13 丙辰，國子博士兼建王府小學教授劉藻守尚書祠部員外郎。

浙東提鹽司言：「温州積鹽數多不售。」詔商人算請十袋者，增給二袋，即本路住賣者，增一袋，仍限半年。以温鹽水路由海道，陸路涉山嶺，客人少肯請販故也。

左奉議郎方疇降一官。疇通判武岡軍，坐失察吏人減常平錢，法寺當私罪絞。詔貸命，除名編管。及秦檜死，疇訟枉於朝，再鞫得實改正，猶坐微文奪官焉。

劉婉儀之未廢也，遣人諭廣州蕃商蒲琚獻名珠香藥，而以承信郎告償之。提舉市舶林孝澤以非奉朝旨，執不行，且言於朝。詔毋獻。

建武軍承宣使許世安卒。

是日，金主亮殺其翰林直學士韓汝嘉。汝嘉自盱眙歸，諫亮寢兵議和，亮曰：「汝與南宋爲游説邪？」遂賜死。

14 丁巳，詔鄂州駐劄御前諸軍都統制田師中令赴行在奏事。殿中侍御史杜莘老言：「師中老而貪，士卒怨，偏裨不服，臨敵恐誤國事。」御史中丞、湖北京西宣諭使汪澈亦言：「師中握兵久且耄，緩急恐不可倚仗。」上乃召之。尋以潭州觀察使、知襄陽府吴拱爲鄂州諸軍都統制。田師中之召，吴拱之除，日曆本不書，今以徐夢莘會編增入。會編稱拱九月庚辰交鄂州都統，去此凡二十三日。

15 辛酉，百官受明堂誓戒於尚書省，上易純吉服。

16 壬戌，資政殿學士張燾落致仕，復知建康府。

樞密都承旨徐嘉、文州刺史知閤門事張掄自盱眙還行在。徐宗偃之在淮陰也，有遷民孫一者，自北來言：「嘗爲金差往濱州充水手，暨逃歸，而家屬已渡淮，偶相值於此。」備陳海道曲折，謂舟船雖大且多，然皆松木平底，不可涉洋。水軍雖多，悉簽鄉夫，朝夕逃遁，一有警急，必致潰散。及有願募人往焚燒其舟船者。宗偃因條具邊防利便，遂併以其事白廟堂，附疾置以達，至奏邸，特空函耳。朝廷乃劄付宗偃根究沿路盜拆，後數日，乃知遞過山陽城下，爲郡中竊匿。宗偃復條書附嘉、掄以歸。金人既却二使還，復求遣，仍令於九月中旬至汴京。朝廷報以：「三節人從，悉已放散，若再行收拾，恐趁期不及。俟非久賀正，當令嘉、掄充使、副，一就奏稟。」今此並據徐宗偃紀實。亮不意朝廷與之絶，大怒。

濟南府布衣高禹特補右迪功郎、揚州司户參軍。禹父敞知朐山縣，魏勝之得海州也，敞與奉直大夫知東海縣支邦榮皆欲迎拜。邦榮，京東人，在金中進士及第，或勸之使去，邦榮曰：「我本大宋之民，將安歸？」遂以縣降。禹將其家之淮甸，頗能言金國利害，制置使劉錡遣赴行在，遂有是命。徐夢莘北盟會編稱李寶至東海縣，僞知縣高敞降拜，寶載敞下海，令其子禹挈家往淮甸。按馮忠嘉海道記，寶以此月壬辰發明州關澳，十月庚子乃抵東海縣，夢莘所記恐誤。

是日，劉錡在揚州，得省劄諜報，金以二十五日渡淮。謂右朝奉郎、通判楚州徐宗偃曰：「錡來日提師，自天長趍盱眙，君速歸語太守，寶應以北，日下清野，勿留寸草，有不如約，當以軍法從事。」又謂轉運副使抗曰：「錡調人馬，公主軍食。各有司存，毋相侵奪。倘糧運乏絶，非人情敢私。」抗與錡素不相下，聞其言甚恐。後三日，宗偃至楚州，金以是日渡淮之説已無驗，守臣王彦融以未得制置司檄，亦不聽。宗偃乃白錡，願以策應右軍移屯城下。又旬日，錡遣統制官吴超以所部駐盱眙，宗偃再以書乞留屯淮陰，合兩軍共萬人，淮民稍定。

17 癸亥，太常少卿王普言：「三衙藏冰甚富，而祭祀未嘗供冰，望自今令供冰如故事。」從之。

右朝散郎、知安豐軍向汋轉一官，知信陽軍。

降授右朝請郎、主管台州崇道觀馮檠叔知興化軍。

18 乙丑，右宣義郎、通判揚州劉祖禮知泰州。

19 丙寅，詔訪聞諸軍勘請回易處仍舊尅除，或非理斂索，並行禁止，違者重寘之法。初，上念出戍官兵之勞，出内帑七萬緡，分犒其家。殿中侍御史杜莘老言：「軍士負回易子錢甚夥，例以月廩取償，不先除此弊，緡出禁帑，入將帥私室矣。」上悟，遂悉除軍債。

20 戊辰，上齋於文德殿。

忠義人魏勝特補武翼郎，統制忠義軍馬。趙甡之遺史於此日即書勝除閤職知海州，恐誤。

進士李坤言北界調發事宜，及金主遣張中彦窺蜀，劉蕚窺漢南等事。淮南轉運副使楊抗以奏，遂命坤以官。

21 己巳，起復慶遠軍節度使⑥、主管侍衛馬軍司公事成閔充湖北京西制置使，節制兩路軍馬。

1 九月庚午朔，命輔臣朝饗太廟。

2 辛未，宗祀徽宗皇帝於明堂，以配上帝，建王亞獻，嗣濮王士輵終獻，樂備而不作。初，禮官以行禮殿隘，欲祀五天帝於朵殿，五人帝於東西廂。太常少卿王普言，有熊氏乃聖祖之别號，因引皇祐故事，並升於明堂，各依其隅，鋪設五人帝，在五帝之左，稍退五官神位於東，皆遣官分獻。罷從祀諸神位，用元豐禮也。先是，權禮部侍郎金安節以淵聖皇帝未祔廟，請宫廟皆以大臣攝事。權工部侍郎黄中請毋新幄帟，毋設四輅，以節浮費。皆從之。祭之日，用鹵簿萬一百有四十人，禮畢，就常御殿庭，宣制書赦天下。

3 壬申，詔降授武泰軍承宣使、提舉台州崇道觀劉寶，令於福建路任便居住。日曆寶今年正月壬辰初降官時，已降旨福建路任便居住，不知赦後何以又降此旨也。熊克小曆今年四月末，書陳俊卿論鎮江都統制劉寶責散官安置。按日曆寶去年十月辛酉，用汪澈、陳俊卿章疏罷鎮江都統，今年正月壬辰落節，克恐誤。

4 癸酉，淵聖皇帝百日，上詣几筵殿行禮。

中書舍人楊邦弼卒，大臣言其貧，詔賜銀帛二百匹兩。

5 甲戌，金人犯鳳州之黄牛堡⑦。先是，統軍張中彦與陝西都統完顔合喜⑧，合喜，婁室孫，初見紹興十年十一月。將五千餘騎，自鳳翔大散關入川界三十里，分爲三寨。至是，游騎攻黄牛堡，守將李彦堅來告急⑨。四川宣撫使吴璘方受賀，即肩輿上殺金平，彦堅督官軍用神臂弓射虜⑩，却之。璘遣將官高崧爲之援，仍與本堡管隊官張操同力拒敵，虜遂扼大散關，深溝高壘以自固。璘駐青野原，顧謂其下曰：「虜自守之兵，不足慮也。」益調内郡兵，分道而進，面授諸將方略。時四川安撫制置使王剛中被旨往軍前見璘計事，剛中乘皮輿以避矢石，人皆哂之。剛中聞劉錡制置淮南，因對璘談錡之美。璘曰：「信叔有雅量而無英概，今天下雷同譽之，璘恐其不能當亮也。」剛中未以爲然。

6 丙子，知資州王堡言：「蜀中地狹民稠，衣食不給。在法，歲以仲冬朔日給貧民常平義倉米豆，日一升，十歲以下半之，至三月終止。緣蜀中常平窠名，自軍興皆已移用，而義倉非水旱不可擅支。乞以義倉米豆通融支散。」又請民户所輸畸零物帛，依舊法合零就整，同旁送納。皆從之。

少師、瀘川軍節度使致仕、榮國公錢忱薨⑪。其子權户部侍郎端禮以憂去位。詔贈忱太師，擢其孫右朝奉郎竽爲直秘閣。

7 丁丑，詔：「帶職正郎，因事奪職而不降資，或雖降資而非犯入己贓私罪徒以上，及臣僚因言者論列而無贓私罪者，雖未得宫觀，並許以致仕恩澤任子。帶職員郎，未經奏薦而落職未復者，亦如之。」以給事中黄祖舜等看詳有請也。事初在七月丙申。

8 庚辰，給事中兼侍讀黄祖舜同知樞密院事。

開封府進士劉藴古特補右迪功郎，添差兩浙西路安撫司準備差遣。藴古在北，作提盝販賣釵環者，往來壽春榷場，與南客語，欲歸朝言南北利害，有好異者，接引使歸朝，至則上書，遂有是命。時又有進士梁淮夫者，應天人，大父陟，官至朝奉郎，元符末，坐上書入黨籍。至是，淮夫自北來歸，見大臣言北事。大略以爲：

「自金亮篡位以來，前此功臣誅鋤已盡，大興土木，軍民離心。又金人所射弓不過五斗，其器甲非如本朝堅利，若我兵遲遲不決，萬一亮死，更立新君，或土木畢工，稍革暴政，則人思息肩矣。彼中百姓，延頸以俟天兵，若聞再議講和，則民心必變。又河北盜賊已起，萬一此徒益熾，假仁義而行之，其爲患不在金人之下。今宜以正兵守淮甸以示弱，使游騎侵陝右，以下關中，彼必以精兵盡赴關中之急，然後以奇兵由濱州分二路以趨燕、晉，斷其歸路。」又條上在北聞見事宜十九事，大略謂：「北軍畏怯，無復昔時輕鋭果敢之氣。且宿將已盡，今之所用者，惟歸朝人馬。又鞍馬亦不多，其所括水軍，皆灌園種稻取魚之人，實不識江海水性。今敵之千户，每人但有甲兵三百人，萬户九百人，其餘皆民兵簽軍，實無鬭志。」又言：「金人所憚惟劉錡、李顯忠。又言金人令倪蠻子等三人，指教打造戰船七百隻，皆是通州樣。各人補忠翊校尉，俟將來成功，以節度使待之。去年十一月，唐、蔡州報，沿邊有人馬甚衆，不委便是南兵，移文諸州，各加嚴備。百姓聞之，往往遞相慶賀，至有出郊，或移他郡，迎問南兵，至期久而無耗，皆怏怏悵望。」又言：「中間金人收取河南之後，張七郡王軍至南京穀熟縣，往往虜掠良人妻妾，奪取財貨，其酷無異金人。百姓之心，皆始失望。今宜預先戒約，使官軍所至，秋毫無犯，最爲要切。」又言：「金主篡位之初，嘗對諸大臣言，若趙宋如東昏時依舊通和，煞好。方一月餘，劉麟作右丞，上章乞簽鄉軍收江南，金主出麟作上京轉運使，繼而身死。」又言：「金人未修内以前，米斛極賤，米不過二三百一石。自修内後，連綿水旱，螟蝗間作，賦税之外，以和糴爲名强取民間者，如帶糴、借糴、帖糴之類，二年之間，不下七八次，民間有米，盡數爲之拘括，無則以户口大小，擬定數目，勒令中納，以此官積蓄多，而民間乏食。」

是日，鄂州駐劄御前諸軍都統制吳拱始視事，遂漸發諸軍往襄陽。京西湖北制置使成閔以鄂州左軍統制郝晸權知襄陽府。郝晸知襄陽，日曆不載，但於明年四月乙未書「王宣知襄陽府，郝晸令依舊歸軍」。趙甡之遺史云：「成閔至鄂州，受左軍統制郝晸金三百兩，令晸知襄陽府，自此皆知閔爲不足與成事功矣。」以事考之，郝晸知襄陽，必在吳拱改除之後，故因拱受命書之，當求他書係其本日。

9 辛巳，上謂宰執曰：「近臣僚多上封事，朕嘗親閱，往往至夜分。」陳康伯曰：「陛下乙夜之覽，豈不重勞？」上曰：「誠恐其間不無利害。」又曰：「方茲多事，朕於宮中，所在常令以筆硯自隨，每思得一事，即札記付外行之。」康伯曰：「陛下憂勤，雖湯、文昧爽日昃，何以過之？」

權尚書禮部侍郎兼侍講金安節試給事中。

定江軍節度使、開府儀同三司田師中自鄂州至行在。上召見，師中乞奉祠，乃除萬壽觀使，奉朝請，以王繼先第賜之。

右通直郎韓元吉爲司農寺主簿。元吉已見紹興二十九年八月。

秉義郎、主管高郵軍官莊陳順特轉一官。忠翊郎、監高郵軍官莊車定方減二年磨勘。時高郵軍初復，闕兵與糧，順、定方各集義兵數百人，自備衣糧器械，轉運副使楊抗言於朝，乃有是命。

10 癸未，言者論：「攻守並用，軍之善謀也。今劉錡在維揚，則令分萬人自楚、泗入山東。成閔、吳拱在荊襄，則分萬人自襄漢入京西。吴璘在興州，則分萬人自仙人關抵關陝。惟陳、潁近京都，金人聚精鋭於此，未可即攻，則遣王權時權在建康，顯忠在池州。回翔廬、壽，聲言深入，别遣戚方在江州，以萬人擇利而進。蓋大軍持重，偏師擣虚。使智者爲朝廷計，無出於此矣。」詔劄與諸將。時將作監兼建王府贊讀張闡亦獻三策，一增沿江諸處之守，以張威聲。二益京西、淮東之兵，以爲犄角。三修江南諸郡之備，以自藩蔽。且言：「金無故背盟，天怒人叛，臣三説或行，將見敵人進退跋疐，必爲其衆所斃，且鳥獸散矣。」

11 甲申，夜，楚州劄探使臣荀道至臨淮之新店，遇銀牌天使，奪其所持革囊歸，以示通判徐宗偃。啓緘，乃金國御寶封送泗州牒稿，令謄録關報本朝，催督稱賀使徐嘉、張掄於十月二十日以前須到得來，如敢依前不遣，可自今以後，更不須遣使前來，當别有思度。其言多指斥。宗偃不敢白，即繳納轉運副使楊抗，而録其副以達輔臣。此並據徐宗偃紀實。

12 乙酉，詔劉錡、王權、李顯忠、戚方各隨地分，措置沿淮三處河口，嚴爲隄備。先是，錡亦檄權引兵迎敵，權受檄，與其姬妾泣别而行。又聲言犒軍，悉以舟載其家金幣，泊新河爲遁計，築和州城居之。錡再檄權往壽春，權不聽命，以威脅總領財賦都絜、江東轉運判官李若川固請於朝，乞留權守和州江面。錡又督行，權不得已，每三日遣一軍往廬州屯戍。

13 丙戌，百官赴顯仁皇后几筵殿行殿酹禮，凡三日。

詔皇太子建王故妻淑國夫人郭氏特贈福國夫人。以明堂恩也。

中書舍人兼權直學士院虞允文兼侍講。

14 丁亥，四川宣撫使吳璘遣將彭清直至寶雞渭河，夜劫橋頭寨，勝之。時金人集陝西諸路兵，分屯於隴州之方山原，及秦州鳳翔之境，意將分軍四出，與散關之兵，犄角相應。璘乃命前軍統領劉海，同統領王中正、左軍統領賈士元，合所部三千人騎，趨秦州戌子，海受檄，即引兵而出。海，兖州人也。

左宣教郎徐履行太學録。

15 己丑，顯仁皇后大祥，上服素紗中白羅袍，親行撤几筵之祭，百官常服黑帶，進名奉慰。

16 庚寅，四川總領所調利路民夫運糧赴軍前，用隨軍轉運司議也。初，太府少卿、總領四川財賦王之望以軍興移運，當置隨軍漕臣。時直秘閣、利州路轉運判官計有功足疾不能行，而又朝請大夫、新除利州路轉運副使趙沂在湖北未至。之望請於朝，不俟報，遂與宣撫使吳璘、制置使王剛中共議，以便宜檄左朝奉大夫知利州兼宣撫司參議官趙不愚、左朝請大夫通判階州成份權隨軍轉運司公事，日下供職。不愚既就職，白調利路夫九萬運糧至軍前。之望詰之曰：「自魚關至大散關，不過三百里，安用許夫？」不愚乃與之望議，先運五萬人三月糧，人日食二升半，計運米十一萬三千五百斛，應用五萬夫，夫持七斗米。自魚關至鳳州，百八十里，往來六日程，凡四十有八日而畢。除興元府、興、洋、利州、大安軍不科外，先於劍、閬、巴、蓬四郡調夫萬人，循環應副。之望以爲若大軍未動，宜刷茶鋪、馱驢、遞兵、廂軍，及僦民間駝乘，以漸爲之。會遣兵復秦州，不愚乃白調利、文、龍州，及前四郡夫共三萬一千人，令諸州守貳以民間産力高下品差，每五十人爲一隊，數外差大小甲頭二名，火頭三名，調夫事據四川總領所案牘，以九月二十一日行下，庚辰，二十一日也。故係於此。後五日，不愚又白調彭、漢、綿州、成都府二萬夫，之望以道遠難之。不愚乃徑調興元府、興、洋、階、成州、大安軍、河池縣夫三萬六千人以行，舊民夫裹糧自備。至是，之望始令船運，日給米二升。然利路諸州，封疆闊遠，所起夫皆以縣令部押，仍令持兩月糧，附收官庫，謂之準備錢。民間一夫之費，爲七八十千，雇夫以行者又倍。王敦詩撰王之望文集序云⑬：「趙不愚初欲調九萬夫，之望斥之，不愚皇恐，立減六萬人，人日支米二升。」以總所案牘考之，興元二萬夫，洋、閬州各萬夫，劍州六千夫，巴、蓬、利州各四千夫，龍、成州各千五百夫，階州二千夫。自魚關至鳳州，百八十里，往來六日程。蓋集序不無增飾也，當以案牘爲正。其後運糧十五萬五千九百餘斛，料二萬八千餘斛，至黃牛堡，費夫糧二萬七千九百餘斛有畸，民大以爲擾。運米十五萬五千九百三石七斗八升，以一夫七斗計之，六萬七千夫，每番當運四萬三千四百石，則是摺運四番。自鳳州至黃牛堡，又添一日程，四番計二十八日。而支過人夫口食米，止計二萬七千九百八十石五斗四升，以每夫二升計之，只係二十日口食，不知何故。關外四州比歲屢荒，今歲乃大熟，故糧糗及約而辦，階州陋邦也，米至四萬石，他物輸軍稱是。隆興二年十月、乾道二年正月所書支還運米脚錢事可參考。

17 壬辰，遣内侍官三員往淮東西、荆、襄勞賜軍士，仍賜主兵官銀合茶藥。

樞密院請：「兩淮、京西、四川沿邊知州軍各帶沿邊都巡檢使，庶幾可以專一措置邊事。」從之。

右承議郎安堯臣主管台州崇道觀。堯臣初見建炎元年正月辛卯。

浙西馬步軍副總管李寶以舟師發明州關澳。

是日，忠翊郎、監盱眙軍淮河渡夏俊復泗州。俊見金人敗盟，遂有占泗州之意，寓居武功大夫張政者，與俊議，政聚衆得百八十人，時守臣周淙退保在天長，俊等謀定，陰備渡船，夜漏未盡，遂渡淮，先據西城，西城人覺知，皆稱願歸大宋。俊轉至城東，下觀汴口，有空舟焉，俊取得六十餘航。金人所命知泗州蒲察徒穆⑬、同知州大周仁聞之，率麾下數十騎棄東城遁走，俊入東城撫定。江淮制置使劉錡以俊知泗州。

18 癸巳，右朝請大夫、知忠州張德遠言：「峽路保正，以皇祐編敕，尚差至三等户，物力不均，望依紹興免役令，選差物力最高之人。」從之。

是日，金人犯通化軍。先是，通化未有守臣，鄂州都統制吳拱以游奕軍統制張超權軍事，超纔入城，忽報金人鐵騎數百入門，超閉譙門，令從者率邦人巷戰，金人死者數十，乃引去。

19 甲午，册謚大行淵聖仁孝皇帝曰恭文順德仁孝，廟號欽宗。命尚書左僕射陳康伯上册寶於几筵殿。

盱眙軍奏夏俊已復泗州。

左朝奉郎、通判楚州徐宗偃録白金國趣遣奉使牒草至行在。

是日，興州駐劄御前前軍統領劉海復秦州。初，秦州既陷，金人徙城北山，地最徑險，守將蕭濟素狎官軍，弗爲備。有明威將軍號乞求闌者⑭，荒湎尤甚，每日自歌曰：「金亦有，銀亦有，我曹爲樂宜耐久。」先是，敵軍戍寨者三千，前二日，打糧傍郡，弱者守室。至是，劉海引兵傅城下，濟弗之覺也，近城數里乃覺之。海與左軍統領賈士元、同統領王中正計曰：「秦城險而堅，未易拔也。今城守似怠，當以火攻之。」遂積藁縱火，煙上蔽城，寨破，海登焉。夜中，乃開門以降，得糧十餘萬斛，遂以正將劉忠知州事，撫定人民，各安其素業。

於是宣撫司偕制置司第功以聞⑮。

20 乙未，金人寇信陽軍。先是，京湖制置使成閔遣中軍統制趙撙屯德安，撙至之五日，信陽告急。撙曰：「信陽雖小，實爲德安表裏，不可失也。」乃留遊奕軍統制宋奕守德安府，自將所部騎赴之。敵騎徑去，侵蔣州。時江州都統制戚方在淮西，即引其兵南渡。

江淮制置使劉錡命楚州以海舟數十艘往淮陰軍前，分布守禦。時金人大軍已至清河口，地名桃源，錡猶在揚州未發也。

是日，鄂州諸軍都統制吴拱發兵戍襄陽者盡絶。時拱被朝命，襄陽或有變，不能自保，則令退守荆渚。拱以書遺大臣言：「荆南爲吴、蜀之門户，襄陽爲荆州之藩籬，屏翰上流，號爲重地。若棄之不守，是自撤其藩籬也。況襄陽依山阻江，沃壤千里，設若侵犯，據山以爲巢穴，如人扼其咽喉，守其門户，則荆州果得高枕而眠乎？若欲保守荆州，自合將襄陽爲捍守之計。當得軍馬一萬，使拱可得指畫，則修置小寨，保護禦敵，營闢屯田，密行間探。」然議者謂拱言襄陽形勢雖善，而所謂修置小寨者，其意在於退守方山而棄城不守，闔關自固，而不以兵接戰也。先是，御史中丞、湖北京西宣諭使汪澈道出九江，右奉議郎、新通判湖州王炎見澈談邊事，澈即辟炎爲屬，自鄂渚偕至襄陽，撫諸軍。澈聞議者啓置襄陽而併力守荆南，亦奏：「襄陽重地，爲荆楚門户，不可棄也。」至是，秋高，澈乃還鄂州以調兵食。既而拱至襄陽，首置萬山寨，寨無水無薪，師徒勞役，時人不以爲便。

21 丙申，權尚書工部侍郎黄中移禮部侍郎。司農少卿許尹權工部侍郎。

詔皇叔崇信軍節度使提舉佑神觀士衎、建寧軍節度使提舉江州太平興國宫士㒟並令歸南班，奉朝請。二人先罷宗官，居於外故也。

遣入内東頭供奉官李宗回撫問四川宣撫使領興州都統制職事吴璘、興元都統制姚仲、金房都統制王彦，并以茶藥賜之。

殿中侍御史杜莘老言知長寧軍劉忱所爲貪黷，放罷。

是日，四川宣撫使吴璘所遣將官曹洙復洮州。先是，金人所命知洮州阿令結往北界軍前未還⑯，洙至城下，其妻包氏率同知昭武大將軍奥屯蟬只與官吏軍民來降⑰。詔封包氏爲令人。既而阿令結來歸，璘即命同知洮州，賜姓趙氏。阿令結，西蕃人也。費士戣蜀口用兵録，復洮州在今年十二月，誤也。按王之望今年十月四日所申乞復陝西運司劄子，亦稱已復隴、洮州，足知在九月下旬不疑，今從宣撫司奏狀附此。

22 戊戌，四川宣撫使吴璘、四川安撫制置使王剛中奏金兵犯黄牛堡。詔：

金人無厭，背盟失信，軍馬已犯川界，今率精兵百萬，躬行天討。有措置招諭事件如後，令三省樞密院降敕榜曉諭。中原百姓，見爲簽軍，想未忘祖宗德澤，痛念二聖不還，豈肯從蕃，反攻舊主？榜到，各宜相率從便歸業，内有願立功效來歸人，當議優加爵賞。一，女真、渤海、奚、契丹應諸國等人，暴露日久，豈不懷歸？見此文榜，請各散回本國，别事君長，以圖子孫長久之計。一，中原諸路州縣官吏軍民，有能以一路歸者除安撫使，以一州歸者與知州，以一縣歸者與知縣。餘見任官，更不改易。一，諸路忠義豪傑，山寨首領，能立功自效者，並依前項推賞。一，中原并諸國良民，見爲奴僕者，並放令逐便。内有能自擒獲其本主歸順者，即以本主官爵田宅給賞。一，諸國官吏軍民，不願歸本國者，當盡還官爵，雖見用事之人，一例旌賞優恤，與中國人一般，更不分別。因而能立功自效者，不次擢用。一，軍行秋毫無犯，並不殺人放火，亦不劫掠財物婦女。一，事平後，放免税租十年。一，應干敵人殘虐科斂等事，如簽事刷人夫、水手、工匠，差科軍器、糧草、舟船、牛車、騾馬，揀奪人家室女、繡女，一切非法騷擾，並行除放。一，淫酷之刑，如滅族、剥皮、油煎、鋸解、鉤脊之類，深可痛傷，並一切除去。

於是，印發行下。

是日，江淮浙西制置使劉錡發揚州。錡在揚州病，上遣中使譚某將醫往視，錡曰：「錡本無疾，但邊事如此，至今猶未決用兵。俟敵人侵犯，然後使錡當之，既失制敵之機，何以善後，此錡所以病也。」中使以奏，錡遂行，日發一軍，時錡已病不能食，但啜粥而已。

23 己亥，忠翊郎夏俊爲武翼郎閤門宣贊舍人，賞功也。

興州都統司後軍第二正將彭清、左軍第一副將張德破隴州。清以是月乙未出師，遂進兵傅於城下，列攻具分擊之，克其城。守將奉國上將軍盧某、同知昭武大將軍劉某巷戰不勝，走凉樓不下，清積薪焚之，軍民乃降。四川宣撫使吴璘以清知隴州，尋令將官談德守方山原，俾清引其兵赴鳳州軍前會合。德至良原縣，遇敵接戰，自卯至午，官軍不敵，遂潰而逃。初，德與其徒請兵出梁泉魚龍川往攻方山原，清從之。既行，德乃改道經良原縣界，遂失利。清復引兵還方山原。

是日，蘭州漢軍千户王宏殺其刺史安遠大將軍温敦烏也以降⑱。宏嘗爲秉義郎，後爲金人所獲，俾部押蘭州軍馬。宏聞王師克秦州，乃誘諭漢軍使降，人多從之，惟北官不聽，宏遂與其徒魯孝忠等率所部合鬭，殺烏及鎮國上將軍、同知蘭州蒲察撒等⑲，將騎兵五百、步兵二百來歸。宣撫使吴璘承制授宏武功大夫，知蘭州，統領熙河軍馬。授孝忠秉義郎、同知蘭州。費士戣蜀口用兵録、趙甡之遺史皆作温敦烏也，今從宣撫司所奏。

是月，金主亮以其尚書右丞李通爲大都督，而將軍黏安阿述虎副之⑳，令先造浮梁於淮水之上，亮遂自將入寇。時亮衣橘紅袍，所乘馬金甲，自宋門出。其后徒單氏與太子光瑛俱送行。亮亦掩泣，徐曰：「天實使之，不自由也。」亮兵號百萬，氈帳相望，鉦鼓之聲不絶，遠近大震。煬王江上録云：「内侍梁漢臣本宋内侍，陷敵，每思報讎，乃進曰：『燕京自古霸國，虎視中原，陛下可修燕京大内，時復巡幸，使中原之民，望帝都爲近。』遂納其言，差漢臣充修燕京大内使，孔彦舟爲副使。自天德元年起，至正元三年畢工㉑，改燕京爲中都。正元四年八月十八日，至燕京。蕭玉奏曰㉒：『陛下移都燕京，去白溝百里之餘，皆宋故土。孔彦舟、酈瓊、靳賽、徐文之徒，頃皆宋臣，皆握大兵，盡屯平原。萬一有變，非國之福。』亮曰：『卿無憂也。』梁漢臣奏曰：『臣聞南宋講武教兵，有吞中原之志，願陛下無安樂於内，可令山東兩路、河北三路通水去處，積草聚糧，仍教諸州軍置造軍器，兼修大梁大内，虎視江淮，及造戰船，以備海道征伐。』並依。一日，宣梁漢臣曰：『朕欲修汴京大内，時復巡幸，卿爲朕行，毋得有辭。』以漢臣充修汴京大内正使，孔彦舟爲副使。正元三年，梁漢臣至汴京。正隆元年春起夫，四年畢工。梁漢臣、孔彦舟又令人催造通州戰船數千隻，委兵部尚書蘇保衡及徐文統押，僉女真、渤海、契丹、漢兒軍五十萬，山東、河北路并簽漢軍一十萬，諸路蕃漢軍七十萬，諸路捕魚梢工水手一十七萬。蕃漢軍共九十七萬，令分八路入南界。完顔仲統軍，取長安、鳳翔，至西蜀。完顔明統軍，自西京至均、房。阿魯木律統軍自亳州㉓，乞伏赤朱自壽州、合肥至和州界㉔。郭律木自青、齊至淮、楚界㉕。蘇保衡奏，自通州至定林口二百八十里，陸路不通，河溝無水通舟入海。梁漢臣曰：『起三路民夫，開梁擔水，作成游泥，用夫拖船入海。』人人稱冤，道路嗟歎，而無敢叛者。漢臣又奏洛陽好花，宜巡幸看花。正隆二年三月，洛陽一夜天降大霜，羣花盡死。漢臣曰：『願陛下降詔，催促諸路大軍進取江、淮，無失其時。』於是下詔催促。有人譖孔彦舟者，遂賜酒酖之。命彦舟充西京留守，起行至路，藥發病遂死。正隆五年五月起汴京。」此所云事迹月日與他書差不同，今併附此，更俟參考。　初，亮肆虐既久，宗族大臣已悉被誅，而舊臣如張通古、孔彦舟、蕭玉之徒，亦皆坐死，國人莫有固志。及將用兵，又借民間税錢五年，民益怨懟。亮借民税五年，此以金國翰林直學士趙可所撰户部郎中王某墓誌修入，蓋今年事。　於是，中原豪傑並起，大名王友直、濟南耿京、太行陳俊，唱義集衆，而契丹之後耶律窩斡亦興於沙漠㉖，諸軍始有殺亮之謀焉。

校勘記

① 以數十騎往來循撫諸軍　「十」，歷代名臣奏議卷九一提點成都路刑獄公事馮當可上書作「千」。

② 已具此月丁未劉婉儀可歸逐便注　原文於此後有以下文字：「宋史全文：進呈後省繳駁劉堯仁、韓彦直進職事。先是，給事中黄祖舜、中書舍人楊邦弼同狀乞劉堯仁仍舊秘閣修撰，韓彦直依舊直顯謨閣赴任，候有治效，因以加之，庶幾倖門不開。上曰依奏。」按：本條記事，前已於戊申日記載此處重複。而後者當爲抄宋史全文所載，且宋史全文一書成於元代，則此注乃四庫館臣所添加，非作者所注，故逕行删去。

③ 乃梁宋國王之小妻也　「梁」，原作「南」，據叢書本改。

④遂命護國將軍赤盞彦忠弑之　「赤盞」，原作「持嘉」，據金人地名考證改。

⑤其后徒單氏與太子光瑛復諫　「徒單」，原作「圖克坦」，據金人地名考證改。

⑥起復慶遠軍節度使　「軍」，原闕，據文義補。

⑦金人犯鳳州之黄牛堡　「之」原闕，據皇朝中興繫年要録節要卷一六補。

⑧統軍張中彦與陝西都統完顔合喜　「合喜」，原作「喀齊喀」，據金人地名考證改。

⑨守將李彦堅來告急　「堅」，原作「仙」，據宋史卷三二高宗紀九「紹興三十一年九月甲戌，金人犯黄牛堡，守將李彦堅拒却之」記事改。下同。

⑩彦堅督官軍用神臂弓射虜　「虜」，原作「敵」，據皇朝中興繫年要録節要改。下同。

⑪少師瀘川軍節度使致仕榮國公錢忱薨　「川」，原作「州」，據文意改。

⑫王敦詩撰王之望文集序云　「撰」，原作「選」，據文意改。

⑬金人所命知泗州蒲察徒穆　「蒲察徒穆」，原作「富察特默」，據金人地名考證改。

⑭有明威將軍號乞求闌者　「乞求闌」，原作「奇珠諾爾」，據金人地名考證改。

⑮於是宣撫司偕制置司第功以聞　「於是」原闕，據叢書本補。

⑯金人所命知洮州阿令結往北界軍前未還　「阿令結」，原作「阿哩雅」，據金人地名考證改。

⑰其妻包氏率同知昭武大將軍奥屯蟬只與官吏軍民來降　「奥屯蟬只」，原作「鄂屯察濟」，據金人地名考證改。

⑱殺其刺史安遠大將軍温敦烏也以降　「温敦烏也」，原作「温都烏雅」，據金人地名考證改。

⑲同知蘭州蒲察撒等　「蒲察撒」，原作「富察薩」，據金人地名考證改。

⑳而將軍黏安阿述虎副之　「黏安阿述虎」，原作「紐赫鄂碩和」，據金人地名考證改。

㉑正元三年畢工　「正」字，避「貞」字諱改，下同。

㉒蕭玉奏曰　「玉」，原作「王」字，即以尚書省驛史爲禮部尚書者，見金史卷五海陵紀，據改。

㉓阿魯木律統軍自亳州　「阿魯木律」，原作「阿嚕穆爾」，據金人地名考證改。

㉔乞伏赤朱自壽州合肥至和州界　「乞伏赤朱」，原作「齊芬珠徹」，據金人地名考證改。

㉕郭律木自青齊至淮楚界　「郭律木」，原作「郭拉們」，據金人地名考證改。

㉖而契丹之後耶律窩斡亦興於沙漠　「窩斡」，原作「鄂哈」，據金人地名考證改。

建炎以來繫年要録卷一百九十三

1 紹興三十有一年冬十月庚子朔，手詔曰①：

朕履運中微，遭家多難。八陵廢祀，可勝坏土之悲；二帝蒙塵，莫贖終天之痛。皇族尚淪於沙漠，神京猶陷於草萊。銜恨何窮？待時而動。未免屈身而事小，庶期通好以弭兵。屬戎虜之無厭②，曾信盟之弗顧。怙其篡奪之惡，濟以貪殘之凶。流毒徧於華夷③，視民幾於草芥。赤地千里，謂暴虐爲無傷；蒼天九重，以高明爲可侮。輒因賀使，公肆嫚言。指求將相之臣，坐索漢淮之壤。吠堯之犬，謂秦無人。朕姑務於含容，彼尚飾其奸詐。嘯厥醜類，驅吾善良。妖氣寖結於中原，烽火遂交於近甸④。皆朕威不足以震疊，德不足以綏懷。負爾萬邦，於兹三紀。撫心自悼，流涕無從。方將躬縞素以啓行，率貔貅而薄伐。取細柳勞軍之制，考澶淵却狄之規⑤。詔旨未頒，歡聲四起。歲星臨於吴分，冀成淝水之勳；鬬士倍於晉師，當決韓原之勝。尚賴股肱爪牙之士，文武大小之臣，戮力一心，捐軀報國。共雪侵凌之耻，各堅恢復之圖⑥。播告邇遐，明知朕意。遺史曰：「詔未降一月之前，市人皆能誦其詔文。詔既降，始知久已製成⑦，但未降間不當漏於外耳。又先期降付吴璘軍中，有旨未得頒行。璘具奏乞頒行，俄已降出頒行矣。」

少保、奉國軍節度使、四川宣撫使吴璘檄告契丹、西夏、高麗、渤海、韃靼諸國⑧，及我河北、河東、陝西、京東、河南等路官吏軍民等曰：

蓋聞惟天無親，作不善者神弗赦；得道多助，仗大義者衆必歸。敢攄一切之誠⑨，用諗萬方之聽。我國家功高上古，澤潤中區。列聖重光，方啓中興之運；斯民不幸，適丁板蕩之災。蠢兹女真之微⑬，首覆契丹之祀。恃其新造⑪，間我不虞。妖氛既陷於神都，虐焰殆彌於宇縣。兩宫北狩，訖罹邊境之煙塵；大駕南巡，未正漢京之日月。凡居率土，誼不戴天。主上紹開中興，宏濟大業。望山河而隕涕，瞻陵廟以傷心。蓋卧薪嘗膽之是圖，寧拯溺救焚之敢緩？然人命至重，佳兵不祥。靡辭屈己以事讎，姑欲安民而和衆。豈謂頑冥之虜⑫，狃於篡逆之資。以至不仁，行大無道。毆我中原之老稚，翦爲異域之囚俘。乃輕棄於穴巢，輒坐張於畿甸。自謂富彊之莫敵，公然反覆以見欺。指揮而取將相之臣，談笑以求淮漢之地。

九州四海，聞之怒髪以衝冠；百將三軍，誰不搴旗而抵掌？幕府濫膺齊鉞，盡護戎旃。冀憑宗社之威靈，一洗穹廬之穢孽⑭。待時而動，歷歲於兹。天亡此胡⑮，使委身而致死；人自爲戰，不與賊以俱生⑯。帝尊一臨，士氣百倍。劉制置悉南徐之甲，成馬軍興侍衛之師；李四廂虎視於青徐，王太尉鷹揚於潁壽。鄂師擣殽函之險，步軍充伊洛之郊。前無堅鋒，勇有餘憤。以此制敵，何敵不摧？以此攻城，何城不克？惟彼諸蕃之大國，久爲鉅宋之歡鄰。玉帛交馳，尚憶百年之信誓；封疆迥隔，頓疎兩地之音郵。願敦繼好之規，共作侮亡之舉。至於晉秦奇士，齊趙雋材。抱節義之良謨，志功名之嘉會。爲劉氏左祖，飽聞思漢之忠；徯湯后東征，必慰戴商之望。抗旌雲合，投袂風從。或據郡以迎降，或聚徒而特起。乘吾破竹之勢，立爾剪茅之勳。侯王寧有種乎？人皆可致富貴。是所欲也，時不再來。更期父老之誨言，深念祖宗之德化。勿忘舊土，重建丕基。檄到如章，書不盡意。

檄樞密院所降本也。

江淮制置使劉錡至盱眙軍，會將議事。

是日，浙西副總管李寶以舟師至東海縣。先是，魏勝既得海州，久之，官軍不至，城中之人始知爲其所給，然業已背金，不敢有貳心。勝懼，乃推寶之子承節郎公佐領州事，自出募兵，得數千人，往攻沂州。有女真萬户之妻王夫人者，陽引兵避之。勝入城遇伏，與戰大敗，僅以身免。勝復還海州，金兵圍之。寶聞，麾兵登岸，以劍畫地曰：「此敵界，非復吾境，當力戰。」因握槊前行，接敵奮擊，士無不一當十。金驚出意外，亟引去。於是勝出城迎寶。寶維舟犒士，遣辯者四出，招納降附。時山東豪傑開趙、明椿、劉异、李機、李仔、鄭雲等，各以義旗聚衆。趙與耿京所部馬軍將王世隆合，共攻城陽軍。城陽軍者，密州之莒縣陷僞改焉。趙等聞寶來，遣使詣軍前納欵，寶以爲修武郎。會金人自沂州遣五百騎至城陽軍，解圍，趙等散去。世隆以其軍屯日照縣境。寶舟至膠西縣，遣提舉一行事務曹陽佯借民馬，與小吏徐堅往迎之，世隆以其衆降。後數日，開趙亦至，寶以世隆、趙並爲山後都統制，以待官軍進攻，且爲聲援。

2 辛丑，言者請降空名度牒官告，下江、浙、福建市軍儲，每州給度牒十道，及右迪功郎告一道，其有山險非沿流不出米州軍，即易輕賫以進。從之。

武功大夫、康州刺史、隨州兵馬鈐轄邢舜舉權知郢州，用成閔薦也。

右朝奉郎、通判楚州徐宗偃送吏部差監無爲軍在城税務。右司諫梁仲敏劾宗偃妄稱制置司之命，令本州清野，故有是命。

崇信軍節度使、開府儀同三司、領殿前都指揮使職事趙密乞依楊存中例，奏男賡、侄孫厚並於文資内安排，許之。給事中金安節等言：「右選所載使相蔭補格法，無補文資者，不應用例棄法。況存中紹興十年初陳乞狀，稱主兵在外，而密今以殿職在内，一不同也。存中奏子，而密奏侄孫，二不同也。存中二十八年郊恩日已任少師，在法合奏文資。密今任使相，當隨本色蔭補，三不同也。國家待遇人才，文武一道，初無輕重於其間，但祖宗百世不刊之書，凡爲人臣者，當共遵守。又契勘密今次蔭補二人，並乞文資安排。其奏補男賡，亦未合條法，若許依楊存中例，已爲優異之恩。所奏侄孫，難以引用。欲望聖慈，裁酌施行，仍乞自今後文武官奏薦，並依法，不得引例，庶幾人各安分，不廢成憲。」

是日，金人自渦口繫橋渡淮。

先是，池州都統制李顯忠提兵在壽春、安豐之間，欲回軍廬州，徐觀其變，至謝步，諜報敵自正陽渡淮矣。正陽屬安豐軍。參議官劉光輔曰：「若欲尋戰功，豈可退却？宜據形勢之地，結壘以待之。見利則進，策之上也。」顯忠從之。得低山深林，可以設伏，顯忠率腹心百餘騎，轉山取路，敵直掩顯忠之背，顯忠覺之，率諸將邀截，獲數人。俄聞敵大至，遂自峽山路渡大江以歸。顯忠軍中有中侍大夫至小使臣官告付身僅二千道，是役也，書填悉盡，中侍大夫王光輔及統制官孔福等受之。

3 壬寅，泗州土豪孫鑑、王璪、忠順人李永、葛松並補承信郎，付盱眙軍使喚。初，湖北京西制置使成閔以馬司之軍赴武昌。上命所過郡縣，以經總制錢常平義倉米濟其軍食。至宣諭使汪澈言：「總制錢每月解發，通判廳諸縣，多是催人户折帛錢，及以等第高下敷借應副。乞令逐州通判，以五年一州統取經總制之數，撥下大軍經由縣分，通融支遣，及豁還民户。」從之。

4 癸卯，少保、四川宣撫使吴璘兼陝西河東招討使。太尉、江淮浙西制置使劉錡兼京東河北東路招討使。起復寧遠軍節度使、主管侍衛馬軍司公事、湖北京西制置使成閔兼京西河北西路招討使。

詔以軍興，應頑民持刃爲劫盜者，並處死，有不獲者，遣兵收捕，雖遇大霈，永不招安。用議者請也。

武翼郎、閤門宣贊舍人夏俊知泗州。

武翼郎、統制忠義軍馬魏勝知海州。朝廷聞敵圍海州，勝與權州事李公佐共擊却之。翌日，以勝爲閤門通贊舍人，而公佐爲閤門祗候。

詔今次大禮，合加恩臣寮，權不鎖院宣麻，止降制給告，事定日如舊。

太府少卿、總領四川財賦王之望申：「準尚書省劄子，坐湖廣總領所申，乞將吴拱帶行官兵錢糧草料，依循、贛、夔州體例，責令舊應副官司，發赴襄陽府交納。緣上件官兵，朝廷已令限一季招填，本所自無此一項闕額衣糧。欲乞免行科發。」户部勘當不從。

是日，金主亮至安豐軍，又破蔣州。

5 甲辰，吴璘奏劫金人橋頭寨獲捷。上謂宰執曰：「朕與金國講好二十年，未嘗有纖毫之隙。不意使人王全口陳，邀我將相大臣，又欲得漢東、淮南之地。一時臣下，誰不勸朕用兵？朕謂和好未解，則兵釁不可開，姑發信使，以審其事。至淮不納，既歸，又求遣使，反覆詭詐，多求釁端，意在敗盟。重兵壓境，託名打圍，謀爲深入。朕不免屯兵嚴備，戒敕諸將，務爲持重，以觀其變。而犯蜀無名，果爲戎首之事，曲直寧不判然？散關小捷，豈非信順之助？而況篡弑君親，誅戮殘忍，天地所不蓋載，禽獸所不肯爲。神怒人怨，滅亡無日。今三道出師，置帥招討。審彼己，量虚實，撫定我城邑，招集我人民，收復我寢廟。毋焚燒，毋虜掠，毋殺傷，以圖萬全之舉。高爵醲賞，朕所不吝。卿等贊朕成算，協以衆謀，庶幾恢復神州，以復兩朝之耻。」陳康伯曰：「臣等雖不習武，敢不奉以周旋？」

秘閣修撰淮南等路制置使司參議官陳桷、直敷文閣荆湖北路轉運副使李稙並兼逐路招討司隨軍轉運副使，應辦劉錡、成閔軍錢糧。

左武大夫、興州駐劄御前中軍統制吴掖知成州。

6 乙巳，劉錡自盱眙軍引兵次淮陰縣，留中軍統制劉汜、左軍統制員琦守盱眙。時金人將自清河口放船入淮，錡列諸軍于運河岸以扼之，數十里不斷，望之如錦綉。

7丙午，宰執言：「諸處屯戍將兵，暴露日久，欲再行犒設一次。」詔所在總領所一面取撥給散，於內帑給還。

是日，劉錡遣淮陰鄉導卞彬以輕舟載二百人伺敵動息，回報敵舟師甚衆。錡不信，厲聲叱之。

8丁未，金人以鐵騎列於淮之北，望之如銀。

左朝奉大夫宋似孫爲軍器少監。

直秘閣、利州路轉運判官計有功移知嘉州。

右文林郎曹伯達特改右宣議郎。伯達初權虹縣簿，焚金詔不拜。事見十年五月。上命改京秩，秦檜抑之不行，至是自陳而有是命。

是日，金人立其東京留守、葛王褎爲皇帝⑰。褎，太祖旻孫，晉王宗輔子，初見紹興九年三月，淳熙元年更名雍。改元大定。初，金主亮刷國中女真、五國、渤海、契丹、漢兒軍，自備衣甲鞍馬南寇。衆謀曰：「皇帝失道，遠犯南朝，未知勝負，難以歸國，我等豈能作失家之鬼乎？不若就近往東京，與渤海酋豪，册立留守葛王爲主，何如？」僉言：「亦是太祖之孫，有何不可？」於是入府求見大王褎，纔出，則庭下悉呼萬歲，遂即位，改元，大赦。熊克小曆載褎立在十月庚子朔。注云：「或言立褎在六月。」今從宋翌所記金亮本末。按苗耀神麓記立褎在丨月八日丁未，與赦書月日同，今從之。金人赦書：「門下，朕惟前君乃太祖皇帝之長孫，受文烈遺命，嗣膺神器，十有五年。內撫外寧，近安遠至。雖晚年刑戮過甚，而罪不及民。前岐國王亮，位叨宰相，不思盡忠以救，敢行篡弒，自僭竊以來，昏虐茲甚。是用列其無道，昭示多方。一，前來皇叔元帥曹國王，自先朝以親賢當任，止因篡位之初，自懷恐懼，無故殺害。一，前來太宗受太祖遺命，不忘至公，傳位前軍諸子，並當職任。止因篡位之初，自懷疑懼，將太宗親子八人，子嗣等七十餘口，並以無罪，盡行殺戮。一，開國功臣晉王孫、領行省楚國王阿辛[18]，止因篡位之初，自懷疑懼，將阿辛并凡子嗣三十餘口，及駙馬丞相斡古剌[19]，并宗室海州刺史等五十餘口，並以無罪，盡行殺戮。一，左副元帥、國王撒改[20]，累建功勳，因篡位之初，自懷疑懼，計備遥設，以白礬書假言宮外拾得，令其誣告，并其子御史大夫沙津，及太祖親弟遼越國王男、平章孛急弟兄子嗣一百餘口[21]，兵部尚書毛里弟兄子嗣二十餘口[22]，太皇太妃并子任王限阿[23]，並以無罪，盡行殺戮。一，前來太祖長女公主，係曹國王親姊，因篡位之初，無故殺害。一，開國功臣皇叔、太師、梁王長子韓王，臨民清正，忌其聲譽，令其家人誣告，勘問不成，故意殺害。一，應係開國功臣，太祖、太宗時已經封贈王爵，無故並行追奪。一，會寧府係太祖興王之所，所建宮殿，無故拆毁。一，中都大内，營造累年，殫竭財力，不可勝計，民力未定，仍拆毁南京大内，再行修蓋。並皆窮奢極侈，土木之功，前所未有。一，因伊小兒病，却將乳母並二醫人等，盡行誅戮。一，宋國講和之後，臣禮不闕，頓違信誓，欲行併吞，動衆興兵，遠近嗟怨。醫人祈翰副陳諫不可，更不循省，便行誅戮。并舊有軍器，盡行燒毁，却令改造。遂致公私困竭，生靈飛走，無不凋弊。一，昨來皇叔曹國王被殺之後，嬸母國妃納在宮中，及親族姊妹侄，并應命婦有容色者，恣行烝淫。一，亡遼豫王子嗣三十餘口，天水郡王子嗣一百餘口，並以無罪，横遭殺戮。一，嫡母太后曾言不可南征之事，手自殘殺，其大逆無道，古今未聞。一，德宗嫡孫節使母妻子弟，并太師梁王兒孫婦，曹國王次夫人并子，及韓國夫人并兒婦孫等，並以無罪，盡行誅戮。一，樞密使北京、西京留守等，因北征回，並加誅族，宰執亦被鞭撻。其餘過惡，不可備舉。前録數條，稔於聞見，遂致天怒人憤，衆叛親離。朕方留守東京，遵養時晦。四方豪傑，將士吏民，咸懷怨苦，無所控告，自遠而至者，數十萬衆。日來赴愬，再三敦請，不謀同辭。或以太祖皇帝聰明神聖，應期撫運，皇孫繼嗣，止予一人。曆數有歸，不期而會。朕推誠固讓，至於再三。請者益堅，辭不得已。恭念太祖創業之艱難。祖宗社稷，深懼乏祀，俯循羣情，勉登大寳。臨御之始，如履春冰。宜推肆眚之恩，以布惟新之令。可大赦天下，改正隆六年爲大定元年。十月八日昧爽以前，除殺祖父母父母不赦外，罪無輕重，已結正未結正，已發覺未發覺，咸赦除之。内外大小職官，並與覃恩。仍委尚書省條奏施行。於戲，以寬而衆可御，敢希堯帝之仁；代虐而民允懷，庶及湯王之德。尚賴文武勵翼，忠良贊襄。咸告嘉猷，永臻至治。咨爾兆庶，體予至懷。」裦時三十七。張棣正隆事迹云裦乙巳年三月一日寅時生，小字忽剌馬[24]。

9戊申，上謂大臣曰：「朕曩於内帑儲錢備邊，士大夫不諭朕意，甚者至指爲瓊林、大盈之比。顧朕雖積此，亦何嘗妄費一錢？向撥百萬緡付公府，而近日遣軍及諸處犒賜，皆於是乎出，豈不正資今日之用？況方用兵，國賦亦須得人經理，士大夫耻言利，多事之時，艱於選任，亦今時之一病也。」中興聖政：臣留正等曰：「太上皇帝與鄰國講好二十餘年，使命往來，無纖介之隙，而乃於内帑儲邊備錢，一毫不敢妄費，是其未嘗斯須忘患也。暨金亮敗盟，師興財費，而無横賦重斂以及民，非聖慮深遠疇克哉？」

權尚書吏部侍郎汪應辰充集英殿修撰，知衢州。中書舍人兼直學士院虞允文言：「應辰早歲以文章決科，其材實堪世用。今若藉其才以禦外侮，則衢郡不爲邊要。若以爲有罪亟當罷黜，則不明言其罪，以正其當黜之名。若出於應辰之自請，則邊境多虞，而人材相繼去國，此物論所以爲朝廷惜也。望且令依舊供職，以待後日煩使。」從之。

左朝奉大夫、知荆門軍姚岳令再任。岳在荆門，籍民兵置槍仗，號强壯子弟，號令齊一。宣諭使汪澈見而善之，奏岳緩急可倚，乃有是命。

三省樞密院奏：「招納歸附歸正人賞格：應接納金人萬户或蕃軍千人者，補武翼郎。下至蕃軍五人漢軍十人者，補進勇副尉，凡十等。如蕃漢僉軍自能歸附者，並優補官資，有官人優加陞轉，仍不次擢用，令降黄榜曉諭。」

是日，夜，漏下二鼓，王權自廬州引兵遁，屯昭關。初，金主亮在壽春，欲渡淮繫浮橋，已成，邏者獲權軍擺鋪數人，中有一曹司。亮見之，問權所在，曹司曰：「在廬州。」又問：「有兵幾何？」曰：「有兵五萬。」亮曰：「是也，吾知之矣。」乃以金十餘兩遺曹司，且令附書與權。權聞亮已渡淮，遂自廬州退兵，沿路作虛寨。以敵游騎爲權軍所執，權與之酒，問其虛實。有都壕寨者曰：「大金起兵六十萬，以十萬出清河口，不戰，但爲疑兵，以當淮東之軍。以二十萬分往京西，三十萬隨郎主來。其十萬人出戰，十萬人護駕，十萬人奪渡江。」權曰：「不可當也，宜引避之。」遂退保和州，令破敵軍收後。

10 己酉，總領四川財賦王之望言㉕：「利州路見管階、成、西和、鳳州㉖，元隸陜西路，今來已收復隴、洮州，并管下諸縣、城寨、原堡不少，見議進發大軍，將來恢復陜西州軍，有合就便措置錢糧草料應辦等事，與四川路分別無相干，又本所相去隔遠，事力不及。欲乞朝廷依舊復置陜西路轉運司，管轄新復州軍，措置合行事件。庶幾事有司存，各任其責，亦可濟辦。」

11 庚戌，詔大臣私第接見賓客，頗妨治事，自今日毋過三次。

右朝奉郎、淮南轉運判官莫濛降一官放罷。初，命濛隨王權軍應辦錢糧，濛遷延不之任，乃罷之。右司諫梁仲敏又言其慢，命詔濛勒停。濛特勒停在壬子。

右朝請郎、新知信陽軍向汮爲淮南轉運使判官兼淮西提刑提舉常平茶鹽公事。

武翼郎、知均州武鉅爲武節郎、閤門宣贊舍人。以鉅言「招納到北界巡檢杜海等二萬餘人」故也。

初，劉錡在淮陰，日與王權軍中流星遞文書，往來不斷。至是，淮西路阻，文書不通，中軍統制劉汜等在盱眙，錡命往招信以來體探，至招信界，聞金人扼路，不可行，遂往淮陰合軍。是日，夜，漏下四鼓，直秘閣、知廬州、主管淮西安撫司公事龔濤棄城走。時諜報敵兵至北門外二十里，濤聲言：「將本州人馬往無爲軍等處措置捍禦，委修武郎添差本州駐泊兵馬都監楊春權州事。」遂行。春，開封人，自行門换授。

12 辛亥，武功大夫、東南第二將兼提舉沿淮民社向琪領高州刺史。

左朝散大夫、知眉州樊汝霖爲成都府路轉運判官。汝霖，金堂人也。

江淮制置使劉錡令淮東副總管張榮選所部戰船六十五艘，民兵千人，赴淮陰軍前使唤。先是，有詔調淮東丁壯萬人付榮，於射陽湖等處緩急保聚。時淮東遭水災，民多乏食，錡乞日給民兵錢米，及借補首領官資，以爲激勸。而轉運使楊抗令榮分其兵之半歸農，半給錢米。至是，調赴軍前者，皆潰逸不歸，榮卒不能軍。

是日，金人陷滁州。初，金主亮既渡淮，令萬户蕭琪，以十萬騎自花靨鎮由定遠縣取滁陽路至揚州。琪至藕塘㉗，駐軍數日，先以百餘騎犯清流關，官軍無與敵者。又二日，遂長驅入關，直抵滁州。右朝奉大夫、知州事陸廉棄城去，敵所過皆不殺掠，或見人則善諭之，使各安業。有軍人遺火焚民居草屋一間者，立斬之，乃揭榜以令過軍。

初，淮南轉運副使楊抗令州縣鄉村臨驛路十里置一烽火臺，其下積草數千束。又令鄉民各置長槍，催督嚴切，人甚苦之。至是，金入滁州界，方以乏馬芻爲患，而所得積草甚衆，又鄉民皆棄槍而去，盡爲金人所取。琪之深入也，每過險阻，必憂有備，至則全無守禦，如蹈無人之境。金甚笑我之失計焉。此以王之望所奏蕭琪所言收入。

13 壬子，皇子寧國軍節度使、開府儀同三司、建王瑋爲鎮南軍節度使，以明堂恩也。

四川宣撫使吴璘等奏已復秦州。上曰：「金人無故敗盟，數路出師。朕之應兵，良不得已。今日之捷，雖由祖宗德澤，然亦天人信順之助。可令璘存撫四民，各令安業，以慰壺漿向化之意。内爲金簽軍者，務恤其家，毋令重擾，暴斂虐刑，一切除去。」陳康伯曰：「神州陷没三十餘年，今一方之人，喜見漢官威儀。」上曰：「完顔亮窮凶極暴，吾民脱去湯火，如解倒懸，此皆卿輩指蹤之功。」康伯曰：「臣等何功之有？皆仗陛下弔伐威靈，中原傳檄而下，自此始矣。」

殿中侍御史杜莘老言：「四川見管常平義倉米六十二萬石，乞依兩淮、湖、廣已得旨，令漕臣遣官覈實，以備軍食。」從之。

左宣教郎、提舉荆湖北路常平茶鹽公事張震爲秘書省著作佐郎，黄中薦之也。

詔前籍劉寶貲産皆還之。

是日，江淮制置使劉錡得金字牌遞，報淮西敵勢甚盛，令錡退軍備江。時錡在淮陰，與金人隔淮相持已數日。至是清河口有一小舟順流而下，錡使人邀取之，有粟數囊而已。錡曰：「此探水勢者也。」俄頃金人各抱草一束，作馬頭以過舟，舟約數百艘，有載糧往濠州者，有載激犒之楚、揚州者，泝流牽挽，其勢甚速。錡募善没者鑿舟沉之，敵大驚。先是，淮南轉運副使楊抗聚民爲水寨，以土豪胡深充都統領。抗在淮陰見錡與金人相持，自言欲守水寨，且催督錢糧應副大軍，乃棄其軍而去，遂渡江居江陰軍。

14 癸丑，户部侍郎劉岑等乞：「借江、浙、荆湖等路坊場浄利錢一界，計錢三百八十萬緡，以備賞軍，限半月足。」許之。國朝混一之初，天下歲入緡錢千六百餘萬，太宗以爲極盛，兩倍於唐室矣。其後月增歲廣，至熙、豐間，合苗役市易等錢，所入乃至五千餘萬。渡江之初，東南歲入猶不滿千萬，上供纔二百萬緡，此祖宗正賦也。吕頤浩在户部，始創經制錢六百六十餘萬緡。孟庾爲執政，又增總制錢七百八十餘萬緡。朱勝非當國，又增月樁錢四百餘萬緡。紹興末年，合茶鹽、酒算、坑冶、榷貨、糴本、和買之錢，凡六千餘萬緡，而半歸内藏。昔時中都吏禄兵廩之費，全歲不過百五十萬緡。元豐間，月支三十六萬。宣和崇侈無度，然後支百二萬。渡江之初，連年用兵，月支猶不過八十萬。其後休兵浸久，用度滋多，户部嘗患無餘㉘，及軍興，遂有此請。浄利錢明年二月罷借。

是日，金人圍廬州，修武郎、添差兵馬都監、權州事楊春勒兵乘勢突陣，以出過中派河，率鄉兵守焦湖水寨。

15 甲寅，劉錡遣兵渡淮，與金人接戰。先是，錡遣殿前司策應右軍統制王剛等，間以兵數百渡淮，金人退却，官軍小勝。既而金人悉衆來戰，錡不遣援，節次戰没者以千數。至是，又遣刀斧手千人渡淮，或進或却，以退無歸路，死者什七八。

金主亮以大軍至廬州城北之五里，築土城居之。江州都統司將官張寶復入蔣州。蔣州既爲金人所破，詔戚方措置收復㉙，金聞官軍且至，遂遁去。

是日，金人寇樊城。先是，都統制吴拱至襄陽，欲屯萬山小寨，或襄陽失利，則西入蜀，諸軍皆洶洶不定。時荆南軍新創，金將劉蕚擁衆十萬，揚聲欲取荆南，又欲分軍自光、黄擣武昌。朝廷以金昔嘗由此入江西，慮摇根本，令拱遣兵護武昌一帶津渡。拱將引兵回鄂，宣諭使汪澈聞之，馳書止拱，而自發鄂之餘兵進戍黄州。拱還襄陽，嘗褊躁不自已，會劉蕚取通化軍。前一夕，牛首鎮莊家三人縋城入襄陽，告以金且至，拱疑之，不爲備。翌日，敵騎三千忽至樊城，欲奪浮橋，徑至城下。自講好後，樊城不修築，多缺壞，副將翟貴、部將王進時以兵二百戍焉。統制官張順通以百騎巡逴，與敵遇，擊之，會繫浮橋未成，敵不得濟。二將引兵出戰，拱登城，漸出兵禦之，敵少却。金人三却，至竹林下，鐵騎突出，官兵遂敗。拱以四舟渡師助之，阻風不至，二將俱死，士卒半掩入江中。至晚，敵騎退。是役也，以大捷聞。武功大夫張平未嘗出戰，亦以奇功遷中衛大夫，軍中謂之樊城功賞。

16 乙卯，命學士院撰祝文，具述「國家與金和二十餘年，備存載書，今無故渝盟，師出誠非得已」之意，以告天地、宗廟、社稷諸陵，及嶽瀆等諸神。

詔：「比令侍從、臺諫等薦舉知縣縣令，今員數已多，未有闕可處，其權住薦舉。」户部侍郎劉岑等言：「軍旅方興，主上出内帑以賞軍，輔臣辭常賜以節費，惟富人巨室，久擅高貲，初無毫髮之勞，望令捐家貲以自獻，州縣受納，以其數上聞，而朝廷等第推恩，公私兩便。」從之。令州縣榜諭。

詔萬壽觀使田師中許於將帶隨行使校軍兵内，差三百人充使唤。給事中金安節等言：「陛下禮待諸將，必盡於始終之間。然比者朝廷以湖襄地重，遠自禁衛，分兵戍守。今却於湖襄差兵前來，應副舊將當直，輕重之際，事不相侔。又聞湖右士卒，心携已久。隨從在此之人，出語籍籍，傳於道路。使之强留，未必安帖。欲望量留鄂兵三二十人外，只於行在諸處差撥應副，庶幾陛下禮待諸將之意曲盡，而於邊防大計，不致有妨。」從之。

江淮制置使劉錡聞王權敗，乃自淮陰引兵歸揚州。淮甸之人，初恃錡以爲安，及聞退軍，倉卒流離於道，死者十六七。錡之未退也，檄淮東副總管張榮以所部人船盡赴淮陰。是日，榮被檄，即發泰州㉚，至楚州，則大軍已退，其所統民兵皆驚潰。榮收散亡，僅千人，至邵伯埭，決運河水入湖以自保焉。

17 丙辰，直秘閣、知利州趙不愚爲利州路轉運判官兼陝西河東招討司隨軍轉運判官，用吳璘等奏也。

金主亮入廬州，詣諸寺廟焚香畢，還市中，下馬，召城外被虜百姓數十人，親自拊循，使之歸業，人賜銀十兩。

興元府都統制姚仲遣忠義統領王俊率官兵義士至盩厔縣，遇金人於東浴谷口，破之。

侍衛步軍司右軍統制邵宏淵以左右二軍至真州。

金州都統制王彦遣統制官任天錫、郭諶等領精兵出洵陽，至商州豐陽縣，克之。

侍衛馬軍司中軍統制趙撙引兵至蔣州。先是，江州都統制戚方奏以武德大夫、本司副將張存權知蔣州，以所部三百守之。撙既至，以本軍將官秉義郎蘭某權知州事，存力争不聽，遂與其衆之沙窩。此據張存申省狀修入。存狀稱：「張寶等十月十六日掩殺敵軍過淮，當日收復蔣州了當，至十八日申時纔方馬軍司趙統制到城下，張寶放下弔橋，令趙統制入城。」

丙辰，十八日也，故附於此。但存所申又云：「蒙戚都統申，朝廷差存權知蔣州。存自九月二十六日起離蘄州，至十月初五日到蔣州。十二日未時，有成太尉下中軍趙統制復部領人馬到州衙安下，令存將州事日下交割與鄂州將官藺秉義。」一狀前後日辰，參差如此，殊不可曉。按：日曆金人十月五日癸巳破蔣州，則存初五日未應已權州也。必有一誤，當求他書參考。

左武大夫、建康府駐劄御前破敵軍統制姚興與金人戰於尉子橋，死之。先是，王權既屯昭關，將士猶有欲戰之心。權引兵先遁，金以鐵騎追及尉子橋，興以所部三千人力戰。權置酒僊宗山上，以刀斧自衛，殊不援興。自辰至申，興出入三四，殺敵數百。統領官戴皐下道避敵，敵遂假立權幟以誘興，興奪入，與其徒拱衛大夫忠州防禦使鄭通等五十人俱陷，死之。事平，贈興容州觀察使，即其地立廟。

是日，中書舍人權直學士院虞允文聞王權至濡須，知事急，度權與劉錡必退回，遂率侍從數人同見輔臣，言：「權退師以臨江口，必敗國事。」尚書右僕射朱倬、參知政事楊椿皆曰[31]：「權自言退師，以導敵深入，身當其衝，令步軍司左軍統制邵宏淵出其右，池州都統制李顯忠出其左夾攻之。」允文等力辯其不然，且言權必爲走計，倬等猶以爲不然。

18 丁巳，得報，王權果敗歸，中外大震。上召太傅、和義郡王楊存中同宰執對於内殿，上諭以欲散百官，浮海避敵。左僕射陳康伯曰：「不可。」存中言：「虜空國遠來[32]，已犯淮甸，此正賢知馳騖不足之時，臣願率將士[33]，北首死敵。」上喜，遂定親征之義。此據楊萬里所撰虞允文墓碑及王曬所撰楊存中墓碑參修。員興宗紀采石始末云：「丁巳權渡江。」誤也。按諸書，權以癸亥渡江，蓋丁巳日始知權敗於淮西耳，興宗恐誤。

時有欲遣使詣金以緩師者，敷文閣待制曾幾聞之，上疏曰：「遣使請和，增幣獻城，中無小益，而有大害。

爲朝廷計，當嘗膽枕戈，專務節儉。整軍經武之外，一切置之。如是雖北取中原可也。且前陛下降詔，諸將傳檄，數金人君臣如罵奴爾㉞，何辭復與和耶？」

太府少卿、總領四川財賦王之望言於宰執曰：

四川諸軍，頭項非一，乘軍興之際，凡所須索，多踰格例。本所去朝廷至遠，調護極難。今狀申明，應諸軍錢糧事務，合從逐軍統兵官徑行取撥。唯復從宣撫司審實移文本所應辦，若事有所總則，本所差易酬應，乞賜詳酌，速降處分。或直作朝廷行下，仍將本所嚴行約束，令撙節用度。諸軍緊急非泛支費，申奏朝廷不及，據宣撫制置司關報量度放行。不得輒徇人情，耗破官物。務在彌縫諸將，使本所不生間隙，庶可協濟大功。事屬機危，密陳肝膽。一經鈞覽，便告焚除。毋致孤蹤，陷於失身之戒。實關軍國，非爲一司。伏望體念四川總領與向來都運司，及東南諸總領事體不同，特垂矜恤。

尚書省勘會：

四川軍馬經常合用錢粮，各有窠名應副外，今來調撥之際，費用百出。總領所職在錢糧，自當竭力措置應辦。撙節浮費，務在協和。及將帥諸軍，忠義體國，與本所不生間隙，庶可協濟大功。應錢糧事務，並合開具的確合用之數，申宣司審實，移文總所應辦。遇有急速非泛支費，申奏不及，仰宣制司關報本所，量度應副，不得妄亂耗費。劄付逐司照會。

少保、奉國軍節度使、四川宣撫使吴璘封成國公，以明堂恩也。

是日，官軍復鄧州。先是，閤門宣贊舍人、知均州武鉅遣總轄民兵荀琛、將官李元等領兵進取，右奉議郎、知房州司馬倬遣鄉兵二千爲援，且濟其軍食。至是，琛等復鄧州。倬，伋弟也。

19 戊午，知樞密院事葉義問督視江淮馬軍。中書舍人兼直學士院虞允文參謀軍事。樞密院檢詳諸房文字洪邁、秘書省校書郎馮方並參議軍事。

權禮部侍郎黄中請爲欽宗作主祔廟。從之。

侍衛步軍司左軍統制邵宏淵及金國統軍蕭琦戰於真州胥浦橋西。琦自滁州引兵至瓦梁，扼滁河不得渡，執鄉民歐大者問之。大因記紹興十一年韓世忠以數百騎往定遠縣，虚驚而回，至瓦梁，盡毁民居以爲浮橋，恐金人效之，乃答以有路自竹崗鎮，可徑至六合縣。琦從之，俾爲鄉導，遂迂路半日，故六合居人，皆得逃去。宏淵在真州，方飲酒，有報金人且至者，亟率衆相遇於胥浦橋。宏淵命將官三人拒於橋上，金人弓矢如雨，王師多死。城中老弱皆竄避，惟守家强壯，猶登城以觀。正争橋間，敵實草以渡河，三將皆死。宏淵率親隨軍入城掩關以拒，故軍民皆奔於江上，得舟渡江以免。宏淵毁閘板，退屯於揚子橋，真州遂陷。敵得城不入，徑自山路犯揚州。趙甡之遺史云：「是役也，宏淵酒醉未醒，實不入陣，身在橋之東，以麾將士，追三將在橋上，占橋迎戰。及其退軍也，百姓閧然，爲之語曰：『邵太尉在西府橋，當住番人矣。』揚州百姓則曰：『若非邵太尉在真州力戰番人，則揚州之人皆避之不及。』至有言宏淵馳馬入陣，鏖戰出入數四，血污滿體者。其力戰迎敵之舉，起於百姓，後好事者不究其實，爲請立祠堂於二州，可謂不虞之譽矣。」甡之所稱西府橋即胥浦橋，今併附此，更須參考。

江淮制置使劉錡軍還，至邵伯埭，聞金犯真州，疑揚州已不守，未敢發。會探者報揚州城上旗幟，猶是官軍。錡曰：「雖失真州，而揚州猶爲國家守㉟，當速進。」乃自北門入見安撫使劉澤。澤以城不可守，勸錡退屯瓜洲。錡令諸軍憩歇，徐圖所向。

金州統制官任天錫復商洛縣。

20 己未，鑄樞密行府之印。

知樞密院事、督視江淮軍馬葉義問言：「今來軍期之際，事務不少，全藉逐路州縣當職官竭力應辦。如內有避事不職，及生事騷擾百姓，或老病怯懦，不堪職任之人，并見闕官去處，欲許臣先次選官，填替對移。其罪狀顯著者，具奏取旨，重賜竄責施行。」從之。此據武昌軍回申行府狀。

詔翰林學士何溥祠馬祖。又命招討使禡祭於軍中。

池州都統制李顯忠乞犒軍錢物，詔以銀萬兩賜之。

侍衛馬軍司中軍統制趙撙引兵渡淮攻蔡州。撙在信陽軍，聞金已寇淮右，曰：「此可以進兵擣其虛矣。」遂行。

是日，金州統制官任天錫等復商州，獲其守將昭毅大將軍完顏守能、同知州武騎尉馬彥，降食糧軍千餘人。時關、陝空虛，華州密邇商、鄧，人心驚搖。金所命蒲城令與尉皆遁去，丞喬宬召耆老告之曰：「事勢若此，南軍且至，爾等何以禦之？」皆曰：「有降而已。」宬曰：「即偏師至，南軍奔潰不暇，從之而去者，死於蹂躪。其不能出者，責以背叛，孥戮之。莫若一心固守，此萬全策也。」既而有謀翻城內附者，宬執而戮之，衆乃止。扆，平陽人也。蒲城事，以金國翰林直學士趙可所撰喬扆墓誌修入，此可見人心戴宋之深也。扆本中國人，乃不顧大義如此，可勝誅哉！今具載可本文於後：「改華州蒲城丞。正隆之季，關陝空虛，華州密邇商鄧，人心動摇，令與簿皆挈家遁去。君召耆老告之，曰：『今事勢若此，南軍且至，爾等何以禦之？』皆曰：『有降而已。』君復好謂曰：『國家之興，實天所授。人荷寬政，亦已久矣，其忍負之乎？苟如所言，將捨順效逆。一旦朝廷以偏師至，其軍奔潰不暇，從之而去者，爲官軍所乘，皆死於蹂躪。其不能去者，責以背叛，拏戮之。今丁口數萬，同一心力，足以自固。吾爲爾等計，莫若善壘浚隍，厲兵積粟。吾雖不肖，願率先父老以圖共守，此萬全策也。』衆皆喜，曰：『敬受令。』於是，增卑培薄，躬執畚鍤，以道其衆，不旬浹而城完。乃料揀丁壯，得二千人，悉令登陴。又選精鋭百人，以爲牙兵。其餘衛坊曲，更巡邏，備炊爨者，皆當其任。禁繫豪猾，逐去游手。命寄居官，分守要害，延老儒與參謀議。部分既定，甲胄登城，諭以禍福。既而有謀翻城以應敵者，執而戮之，人皆屏息。未幾，渭南、赤水、華州、華陰、白水、下邽皆爲南軍所據。賊楊萬、李孝章率衆傅城，自冬及春，首尾凡四月，誘脅百方。君誓死無二，人知感激自奮，賊不能攻。大定二年春正月，官軍至，賊始散走。君空壁而出，與官軍合擊，追奔數十里，振旅而還。君慮民之嘗陷於賊者，不能無罪，諭使自陳。其後捉殺使誅從亂者，此邦之人，獨賴以免。人亦感君之恩，繪君像，户皆祠之。」

21 庚申，葉義問入辭，乞犒軍金帛，上命出内帑九百萬緡予之。參謀軍事虞允文繼對，上諭曰：「卿儒臣，不當遣，以卿洞達軍事，勉爲朕行。」允文曰：「臣敢不盡死力。」

太傅、寧遠軍節度使、醴泉觀使、和義郡王楊存中爲御營宿衛使。初，王權之未敗也，權禮部侍郎黄中爲上言淮西將士不用命，請擇大臣督諸軍。至是，又率同列言存中不可遣狀甚力，不聽。

户部言：「朝廷不住調發人馬往淮上，緣諸處總領所係在沿江南岸置司。乞總領官不時過江，往來檢察催取，隨軍轉運司并所委官同共多方措置，悉力應辦，不得有誤軍食。」從之。

盱眙軍免解進士胡昉爲右迪功郎，充泗州司户參軍。用守臣夏俊請也。

趙撙破褒信縣。

是日，建康府都統制王權自和州遁歸。權聞敵且至，紿其衆曰：「已得旨，棄城守江矣。」遂引兵登車船渡江，屯於東采石。

22 辛酉，左金紫光禄大夫、提領江州太平興國宫湯思退復觀文殿大學士，充醴泉觀使兼侍讀。知樞密院事、督視江淮軍馬葉義問發行在。朝廷始聞劉錡自楚州南歸，盡棄淮東之地，然尚未知王權渡江也。

詔：「將來巡幸，應軍旅非泛支降錢糧差除等事，並隨行在處分。百司常程事，依舊留臨安府行遣。内不可決者，即申行在所。」

是日，金人入和州。初，金兵至近郊，猶未知王權棄軍而歸也。後軍統制韓霖最後出城，乃縱火，城中喧亂。金人聞之曰：「南兵遁矣。」遂進兵入城。城中糗糧器械並委於敵。敵勢奔突，軍民自相蹂踐，及争渡溺死者，莫知其數。將士憤怒號呼，指船詆駡，皆以權不戰誤國爲言。統制官時俊殿後，以弩伏道傍，敵騎稍止。潰兵往往棄甲，抱蘆葦浮江而渡，得生者十四五。

23 壬戌，詔：「朕德不足以懷遠人，致金人復背盟好。勞我將士，蒙犯矢石。念之坐不安席，食不甘味。自今月二十四日，當避正殿，減常膳。」

尚書户部侍郎劉岑兼御營隨軍都轉運使，先往沿江措置。

寧國軍節度使、池州駐劄御前諸軍都統制李顯忠爲御營先鋒都統制。隨州觀察使、主管侍衛步軍司公事李捧爲前軍都統制。右武大夫、高州刺史苗定爲右軍統制。武經郎、閤門宣贊舍人、殿前司摧鋒軍統制郭振爲左軍統制。翊衛大夫、利州觀察使劉鋭爲中軍統制。仍命顯忠屯蕪湖，以扼裕溪口之衝，且爲王權聲援。捧嘗請斷吴江橋以拒金，或又欲塹常熟之福山，以斷其騎軍。徽猷閣直學士知平江府洪遵曰：「審爾，是棄吴以西邪？」凡堂帖監司符移，皆收不行。自李捧以下差遣，諸書皆不書。日曆明年正月乙酉李捧見，丙戌苗定見，癸巳郭振見，二月劉鋭見，並係此銜，但不知後軍爲何人也。徐夢莘北盟會編，壬子，御營前軍都統制李捧往江上捍禦，朝辭。恐即此日事。洪遵行狀又稱李捧請斷吴江橋，亦不得其時，今且附此，更須參考。

成忠郎、閤門祗侯、東南第二副將都遇知濠州。

召降授武顯大夫、吉州刺史、知濠州劉光時還行在。時州已不守，光時寓治横澗山寨。

殿中侍御史杜莘老乞令勳臣、戚里、内侍之家，獻家財以助國，仍加優賞。從之。

詔選人舉主考第應磨勘者，許不俟替官赴闕。用權吏部侍郎凌景夏請也。

資政殿學士、知建康府張燾始至本府視事。建康知府題名：「張燾，十月二十三日到任。」壬戌，二十三日也。趙甡之遺史在二十日己未，恐誤。先是，建康居民驚移而去者十五六，及燾至，人情粗安。

侍衛馬軍司中軍統制趙撙至新蔡縣，金人所命令佐率衆迎敵，撙一鼓破之。

是日，江淮浙西等路制置使劉錡退軍瓜洲鎮，金陷揚州。初，邵宏淵既失利，金人自山路徑犯揚州，屯於平山堂下。宏淵亦退在揚子橋南，毁閘板而渡，揚州軍民皆傾城而奔。錡乃退軍，自南門外，拆民屋爲浮橋，軍過即毁之，由東門而去。

守臣武功大夫、榮州刺史劉澤亦奔泰州，往通州，渡江入平江府。

先是，右朝請大夫、提舉淮南東路常平茶鹽公事王珏被旨守海道。至是，獨引兵趨崇明西沙，或勸毋行，珏不聽，即日登舟，文書帑藏，無毫釐之失。

24 癸亥，詔侍從百官更互赴行在所供職。先令翰林學士何溥、吏部侍郎凌景夏、張運、給舍金安節、劉珙、臺諫梁仲敏、杜莘老、吴芾、禮官王普、尚書郎徐度、薛良朋、余時言、柳大節、姚寬從行。仍命景夏等分攝六曹、都司、樞掾、太府、司農職事㊱。時權兵部侍郎陳俊卿措置海道，而户部侍郎劉岑、中書舍人虞允文先往建康。從官兩省留臨安者，惟汪應辰、徐嘉、黄中、路彬、許尹、唐文若六人而已。寬，舜明子也，時以右丞議郎監六部門兼權右曹郎官。

始，有司辦嚴，用紹興七年故事。杜莘老爲上言：「今親征，與曩日事異，宜皆從簡，以幸所過郡縣。」上曰：「此行中宫及内人不往，止與建王行，欲令偏識諸將耳。」乃命王府直講史浩從行。自虜人窺伺江淮㊲，一時宿將，莫不震怖惕息，獨王處之恬然不懼。廷臣有奏請王爲元帥者，及扈行，遏遽日至，王預料某所可守，某所可攻，某人可用，後率如所言。廷臣請王爲元帥，據張闡所進聖德事蹟云爾，當求言者姓名增入。

言者乞：「令諸州縣豪勢上户自備錢糧，招槍仗弓箭手赴行在，優立賞格。」從之。

尚書户部郎中、總管江東財賦淮西軍馬錢糧都絜陞司農少卿。

直敷文閣、荆湖北路轉運副使李稙落職放罷。右朝奉郎、知漢陽軍林之純爲荆湖北路轉運判官。之純輕薄無行，不爲吏民所敬。宣諭使汪澈出使，之純謹奉之。澈問稙財計事，稙士人，據案牘行移而已，諸州財賦，未嘗經心，不能對。之純嘗爲總領所屬官，粗知財賦所出納。一日間見澈，且言湖北財計，澈大喜。之純乃風郡人詆澈，舉其才。澈即奏吴珙進軍襄、郢，而稙留鄂州，不隨軍，坐是糧乏，又薦之純可用。於是申命。之純十二月壬戌正差。

是日，王權自采石夜還建康，既而復如采石。時金主亮率大軍臨西采石楊林渡已數日。權與左朝請大夫知太平州王傳猶庇匿不以聞。州學諭汪餘慶與教授蔣繼周同往見傳責之。傳氣奪，一日發八奏。初奏言金人已犯采石，而不言東西。朝廷大驚，三省樞密院吏皆挈家以出，都人驚移，不可止。次報金人已到楊林，而不言楊林渡。朝廷莫知其在江之南北，益懼。因遣人於閭巷間求當塗歷陽人問楊林所在。夜二鼓，乃得一士人言：「楊林，西采石之渡口也。」於是，憂疑稍定。繼周，青田人也。

25 甲子，特進、提舉江州太平興國宮、和國公張浚復觀文殿大學士，判潭州。

左太中大夫、提舉臨安府洞霄宮湯鵬舉復資政殿學士，知太平州。

左朝請大夫、知太平州王傳提舉江南西路常平茶鹽公事。

武節郎、閤門宣贊舍人、知均州武鉅爲果州團練使、知均州兼管内安撫使，節制忠義軍馬，賞功也。

入内内侍省押班林肇主管大内公事。

趙撙下平興縣。忠義統領柳萬克復羌城㊳。

是日，右武大夫興州前軍統制兼主管中軍軍馬吴挺、邵州防禦使知文州節制軍馬向起敗金人於德順軍之治平寨。先是，金遣兵之涇原，宣撫招討使吴璘命起、挺率所部捍禦，過德順，遇金游騎二千餘，與官軍接，遂駐於治平。統領官劉海、將官曹建以數百騎掩擊之，斬其將潑察㊴，生俘數十人，入其郭。金恐南軍襲其後，乃火城寨爲疑軍。海等以爲救至，遂引還，金乃得去。宣撫司第賞首先出陣破敵者爲奇功，進官四等，其下各有差。

26 乙丑，鎮江府左軍統領員琦及金人戰於揚州皂角林，敗之。初，金人既得揚州，即遣兵逐劉錡，與官軍遇。至是，大軍來争瓜洲渡。錡命統制官賈和仲、吴超等拒之於皂角林，琦陷重圍，下馬死戰數十合。中軍第四將王佐以步卒百有四人往林中設伏，金既入，張弩俄發，金以運河岸狹，非騎兵之利，稍引去。遂大敗之，斬統軍高景山，俘數百人。時諸處以報捷旗趨行在者，絡繹於道路。市人爲之語曰：「雖日聞報捷可喜，但一報近如一報，亦可憂。」督視軍馬葉義問讀錡捷報，至「金人又添生兵」，顧謂侍史曰：「生兵是何物？」聞者皆笑。當時，謂之兔園樞密㊵。此以趙甡之遺史附入。

27 丙寅，直敷文閣兩浙轉運副使王時升、直秘閣兩浙轉運判官林安宅各特轉一官。時升等言：「拘收到錢三十萬緡，以備巡幸之費。」故有是命。

浙西馬步軍副總管李寶與金人舟師遇於密州膠西縣陳家島，大敗之。初，金主亮用降人倪詢、商簡、梁三兒等計，造戰船數百，使工部尚書蘇保衡等統之，約以十月十八日至海門山，入錢塘江幹事畢，令雄州刺史阿瓦來江上迎報[41]。金舟泊唐家島，寶舟泊石臼山，相距三十餘里，而北風日起，寶憂之。有大漢軍水手數百來降，大漢軍，簽起上等户也，皆富豪子弟。寶問之，頗得北軍事實。裨將曹洋請逆戰，知朐山縣高敞曰：「不可，彼衆我寡，宜避之。」洋曰：「彼雖衆，皆不諳海道。且降人云女真在船中，惟匍匐而睡，略不能動，雖衆何爲？況我深入至此，前逆大敵，雖欲退走，其可得乎？有死而已。」時金候風即南，不知王師之猝至也。寶伺金未覺，遣洋與裨將黄端禱於石臼神，祈風助順。夜漏將盡，起碇進船。風猶未順，衆有難色。良久，南風漸應。衆喜，争奮引帆握刃。俄頃，過山薄敵，鼓聲震疊，敵驚失措。虜帆皆以油纈爲之[42]，舒張如錦繡，綿亘數里。忽爲波濤卷聚一隅，窘蹙摇兀，無復行次。會火頭船中有火起者，寶命以火箭射之，着其油帆，煙焰隨發，延燒數百。火不及者，猶欲前拒，寶命勇士躍登其舟，以短兵擊刺，殪之舟中。其餘簽軍，皆中原舊民，脱甲而降者，三千餘人。獲其副都統、驃騎上將軍、益都府總管完顔鄭家奴等五人，斬之。阿瓦亦爲官軍所殺。保衡舟未發，亟引去。熊克小曆云：「統軍蘇保衡未發舟，不可獲，旋聞自經死。」蓋因馮忠嘉海道記所書也。按范成大攬轡録，蘇保衡爲水軍都統，葛王立，除右丞，則保衡此時不死，忠嘉蓋誤。得倪詢等三人及虜詔書、印記、征南行程曆與器甲、糧斛以萬計。

江淮制置使劉錡在瓜洲四日，無日不戰。錡恐人心不固，乃遣人自鎮江取妻子以安人心。至是，有詔令錡專防江上。會錡病已劇，遂肩輿渡江，留中軍統制官劉汜以千五百人塞瓜洲渡㊸。

知均州武鉅遣將與忠義軍復盧氏縣。

是日，侍衛馬軍司中軍統制趙撙引兵攻蔡州，距城二十里。金人出兵，背城而戰。方成列，撙出金不意，命官軍於宿草間乘風縱火，鼓譟而進，金披靡。撙率親兵衝擊，斬其總管楊寓，遂整衆入城，秋毫無犯。宣諭使王澈以撙提舉諸軍。

先是，朝廷聞敵犯淮西，亟命湖北京西制置使成閔統諸軍併舟師，爲王權之援。武昌令薛季宣獻計於澈，謂閔軍已得蔡，有破竹之勢，宜守便宜勿遣，令閔乘虛下潁昌，趨汴京，金內顧必驚潰。澈不能用。

28 丁卯，詔視師江上南班宗室並免扈從。

詔蔡京、童貫、岳飛、張憲子孫家屬，令見拘管州軍並放令逐便。用中書門下省請也。於是飛妻李氏與其子霖等皆得生還焉㊹。

是日，知樞密院事葉義問至鎮江，權立行府。中書舍人兼參謀軍事虞允文見太尉劉錡，問兵敗狀，錡曰：「兵凶器，聖人不得已而用之。」允文曰：「敵人席卷兩淮，直窺江表，今日之用兵，爲得已乎？」錡曰：「錡非好官職者，今當上還制置、招討二印耳。」允文曰：「國事如此，九重方有蒙塵之懼。公持是印，欲安所歸乎？」錡慚不能答。

是日，金州統制官任天錫自商州遣兵會虢州忠義首領辛傅等取朱陽縣，降其知縣事奉議大夫劉楫、商洛都監供奉班祗應王元賓，俘女真九人。

29 戊辰，殿中侍御史杜莘老直顯謨閣，知遂寧州。延福宮使、安德軍承宣使、入内内侍省副都知張去爲致仕。先是，去爲取御馬院西兵二百人，髡其頂髮，都人異之，口語籍籍。莘老劾奏之，上不樂。莘老執奏不已，竟罷去爲御馬院，致其仕，而莘老亦出。

右迪功郎鄭樵充樞密院編修官。樵以布衣特起，至是稍用之。

太府少卿、總領四川財賦王之望言：

本所庫管錢引，見在萬數不少，陝西諸路，並係敵中行使銅錢地分，若不預行措置，竊慮恢復之初，諸軍進發，出川路界分，止以銀絹支散，本所錢引遂成無用，爲害甚大。照得前此榷場未開日，四川錢引，客人已私下將帶，往來陝西，暗行買賣。將來既得陝西，則川、陝路通，客旅奔凑，布帛茶藥之類，皆是川貨，與錢引相兼貿易，實爲利便。欲乞朝廷速降指揮，如收復到陝西州軍，許將錢引依四川行用，其見使銅錢一文，紐川鐵錢二文，庶幾公私貨幣流通，不致妨闕。議者必謂封疆既拓，錢引可以多添，此誠便利。然蜀中交子，祖宗時止一百二十餘萬道，皆有稱提見錢，今節次增添錢引，凡四千一百四十七萬餘道，只有鐵錢七十萬貫。其所以流通者，蓋緣鹽酒等物，陰爲稱提。而本所贍軍庫，常有數百鉅萬，不散於外，故引法未致大壞，此亦天陰有以相之也。引法一壞，則蜀不可爲矣。

故今引法，尤當愛護，不可輕有增損。向都轉運司以軍興急迫，增印數百萬道，引價頓減，遂於通衢鑿毁，以救其弊。今官庫之積，皆當散出。若更增添，須當消息而行。乞密降省劄，略示大數付之望，不下轉運司收掌。令之望酌度事宜，或三五十萬，或百十萬道，作番次旋旋增添，不令外人知所添之數，足以給用即止，不必盡如朝旨所增。蓋添引頓多，則引價必損。諸軍恐其折閲，則便多邀銀絹，臨時實礙支遣。又所復州軍未知多寡，可守不可守，而錢引既印，則不可復收，併與見界之數行用俱輕，爲害不細。之望備員總計，當此軍興，若得多印錢引，以救目前之急，實爲大幸。但爲朝廷久遠之計，慮及如此，伏望特賜照察。十二月庚子施行。

初，金新主褎既立，遣通事蕭恭持赦詔撫定州縣，及中都。權留守拒而不從，恭立誅之。大興尹李天吉懼而聽命。於是自黄河以北皆下之。左丞相張浩自汴京録褎赦，馳以報金主亮，亮歎曰：「朕欲候江南平後，取『一戎大定』之義以紀元，是子乃先我乎？」命取書一帙，示其下，果預識改元事。亮即遣右議軍郭瑞孫回衆攻褎，令盡誅黄河以北之叛己者。天吉，燕人。瑞孫，藥師孫，兵部尚書安國子也。亮得褎報，諸書不見月日。按褎以此月八日立，而自上京至泗州五千八十四里。自泗至盧和不遠，則亮之得報，必在十月下旬。今且附月末。

校勘記

① 手詔曰　「手」原闕，據皇朝中興繫年要録節要卷一六補。

② 屬戎虜之無厭　「戎虜」，原作「强敵」，據皇朝中興繫年要録節要改。

③ 流毒徧於華夷　「華夷」，原作「江淮」，據皇朝中興繫年要録節要改。

④ 吠堯之犬謂秦無人朕姑務於含容彼尚飾其奸詐嘯厥醜類驅吾善良妖氣寖結於中原烽火遂交於近甸　以上四十二字原闕，據皇朝中興繫年要録節要補。

⑤ 考澶淵却狄之規　「狄」，原作「敵」，據皇朝中興繫年要録節要改。

⑥ 各堅恢復之圖　「堅」，原作「肩」，據皇朝中興繫年要録節要改。

⑦ 始知久已製成　「知」，原作「則」，據三朝北盟會編卷二三二引遺史改。

⑧ 少保奉國軍節度使四川宣撫使吴璘檄告契丹西夏高麗渤海韃靼諸國　「韃靼」，原作「塔坦」，據金人地名考證改。

⑨ 敢攄一切之誠　「攄」，原作「據」，據皇朝中興繫年要録節要改。

⑩ 蠢兹女真之微　「蠢」原作「惟」，「微」原作「邦」，據皇朝中興繫年要録節要改。

⑪ 恃其新造　「恃」，原作「怙」，據皇朝中興繫年要録節要改。

⑫ 豈謂頑冥之虜　「謂」原作「彼」，「頑冥」原作「冥頑」，「虜」原作「主」。據皇朝中興繫年要録節要改。

⑬ 盡護戎旃　「護」，原作「獲」，據皇朝中興繫年要録節要改。

⑭ 一洗穹廬之穢孽　「穹廬」原作「乘輿」，「穢孽」原作「耻辱」，據皇朝中興繫年要録節要改。

⑮ 天亡此胡　「亡此胡」，原作「鑒此忱」，據皇朝中興繫年要録節要改。

⑯ 不與賊以俱生　「賊」，原作「敵」，據皇朝中興繫年要録節要改。

⑰ 金人立其東京留守葛王褎爲皇帝　「褎」，原作「褒」。蓋字形相近而訛。按：金世宗即位前爲葛王，其名，今宋本皇朝中

興繫年要録節要卷一六即作「褒」，故據改。下同。
⑱ 領行省楚國王阿辛　「阿辛」，原作「愛新」，據金人地名考證改。
⑲ 及駙馬丞相斡古刹　「斡古刹」，原作「翁古察」，據金人地名考證改。
⑳ 左副元帥國王撒改　「撒改」，原作「薩哈」，據金人地名考證改。三朝北盟會編卷二三三作「撒海」，即撒離喝。
㉑ 及太祖親弟遼越國王男平章孛急弟兄子嗣一百餘口　「孛急」，原作「博濟」，據金人地名考證改。
㉒ 兵部尚書毛里弟兄子嗣二十餘口　「毛里」，原作「摩哩」，據金人地名考證改。
㉓ 太皇太妃并子任王隈阿　「隈阿」，原作「威赫」，據金人地名考證改。
㉔ 小字忽剌馬　「忽剌馬」，原作「呼喇美」，據金人地名考證改。
㉕ 總領四川財賦王之望言　「川」，原作「州」，據叢書本改。
㉖ 利州路見管階成西和鳳州　「利」，原作「和」。按，據文獻通考卷三二二輿地考，此四州屬四川之利州路。此「和」字顯係「利」字之誤，因改。
㉗ 琦至藕塘　「藕」，原作「藉」，據劉時舉續宋編年資治通鑑卷七「琦至藕塘，駐軍數日，先以百餘騎犯清流關」之記事改。
㉘ 户部嘗患無餘　「户」，原闕，據皇朝中興繫年要録節要補。
㉙ 詔戚方措置收復　「詔」，原作「訪」，據叢書本改。
㉚ 即發泰州　「泰」，原作「秦」，據叢書本改。
㉛ 尚書右僕射朱倬參知政事楊椿皆曰　「朱」原作「宋」，「椿」原作「春」，據本書卷一八九、一九〇記事改。

㉜虜空國遠來　「虜」，原作「敵」，據皇朝中興繫年要録節要改。
㉝臣願率將士　「臣」，原闕，據皇朝中興繫年要録節要補。
㉞數金人君臣如罵奴爾　「罵奴」，原作「寇仇」，據叢書本改。
㉟而揚州猶爲國家守　「而揚州」，原闕，據宋史全文卷二三上、三朝北盟會編卷二三〇補。
㊱仍命景夏等分攝六曹都司樞掾太府司農職事　「景夏」，原作「夏景」，據叢書本乙正。「司」原闕，據文義補。
㊲自虜人窺伺江淮　「虜」，原作「金」，據皇朝中興繫年要録節要改。
㊳忠義統領柳萬克復羌城　「復」，原作「伏」，據叢書本改。
㊴斬其將潑察　「潑察」，原作「博綽」，據金人地名考證改。
㊵謂之兔園樞密　「兔」，原作「土」，據宋史全文卷二三上改。按：兔園，漢梁孝王園也。五代劉岳譏宰相馮道所遺下乃兔園册，意即鄉校里儒教田夫牧子之所誦。見白孔六帖卷二四。
㊶令雄州刺史阿瓦來江上迎報　「阿瓦」，原作「阿噶」，據金人地名考證改。
㊷虜帆皆以油纈爲之　「虜」，原作「敵」，據皇朝中興繫年要録節要改。下同。
㊸留中軍統制官劉汜以千五百人塞瓜洲渡　「劉」，原作「范」，叢書本同。據下卷十一月庚午「金人犯瓜洲渡，中軍統制官劉汜迎敵」之記事改。
㊹於是飛妻李氏與其子霖等皆得生還焉　「李」，原作「季」。按：飛妻李姓，見鄂國金佗稡編卷六秦國夫人李氏遺事及續編卷一三先祖妣李氏復楚國夫人告，因據改。

建炎以來繫年要録卷一百九十四

1 紹興三十有一年十有一月己巳朔，監察御史吴芾行殿中侍御史。先是，芾建言：「陛下當修德以服金人，金以其力，我以其德。雖强弱之勢不侔，而勝負之形已見。」又言：「陛下勿以敵之進退爲憂愉，勿以事之緩急爲作輟。凡下詔必務責己，引對必令盡言。使隱之於心有合於天地，發之於政無愧於祖宗。」上韙其言，故有是命。芾又言：「今日之事，有進無退。若爲蓄縮之計，則大事去矣。」

監察御史劉度守右正言。

詔樞密院招效用二千人，令忠鋭第五將張耘措置。

江州都統制戚方奏已復蔣州。

金州統制官任天錫引兵至虢州城下，守臣蕭信引戍兵迎敵，不勝，遁去。官軍入虢州。

2 庚午，劉錡捷奏至。上曰：「劉錡在淮東屢捷，可謂與國家宣力。」遂遣使以金五百兩、銀七萬兩，偏勞有功將士。上又曰：「使人人如此立功，將來凱還，王爵亦所不吝。」時金人犯瓜洲渡，中軍統制官劉汜迎敵，用克敵弓射却之，金人焚驛亭而去。

給事中金安節等言：「伏覩聖旨，擇十一月初五日車駕進發，今扈從百司雖嚴備，臣等竊度事宜，見今諸將占據城險部分，爲守江之策，未見申到次第前來。所遣樞密督視一司，計程方抵建康，而宿衛使楊存中將帶人馬見行起發。欲望先次並行催督，仍令同兩淮制置使司疾速措置擺布，務要嚴整，早見次第，逐一具申，然後車駕別擇日進發，庶免程期促迫，有妨中外措置。」詔已降指揮，今月五日巡幸，緣係顯仁皇后禫祭，可令有司別行擇日。

3 庚午，右朝請郎、新知嚴州楊師中知江陰軍，填復置闕。江陰比廢爲縣，至是復之。仍賜師中銀二萬兩爲軍費。

詔：「江、浙、福建路揀發赴三衙軍兵闕額，並令逐州招填。如額足，亦許額外招收。」

是日，右武大夫、吉州刺史、知通州崔邦弼棄城走。先是，邦弼課民修城，民被其擾，苦之。邦弼常言：「如有警，當以死守。」比敵破揚州，邦弼已失措，前一日欲遁去，州人撤弔橋，遮道責之，邦弼語塞而止。至是，遣其親卒夜縱火，人皆趨救，邦弼因得縋西城而去。軍人剽掠，城中幾亂。提舉常平茶鹽公事王珏聞之，遣統領官盛佺將兵四百入城彈壓乃定。邦弼遲疑數日，不得已，復還城中。

4 辛未，敷文閣待制張子顔、子正、集英殿修撰張子仁[1]、秘閣修撰江南西路轉運副使張宗元各特轉一官。子顔等奉詔獻平江、鎮江府、太平、湖、秀、常州諸莊米十萬石以助軍，故有是命。於是，少保吴益兄弟，韓世忠、秦檜子孫，故將劉寶、内侍張見道、富民裴氏，相繼獻金錢如詔旨。吴氏獻錢五萬緡，韓彦古米萬斛，秦塤獻金五千兩、銀七千兩、米二萬斛，拱衛大夫裴希稷等獻銀萬兩、錢二萬緡。而楊政妻崇國夫人南氏亦獻錢十五萬緡，乃以其子厦、庥並爲成忠郎。

詔拱衛大夫、文州刺史、建康府後軍統制韓霖依軍法。以王權言其託病不戰也。未及誅，而權罷，上知其情，乃詔霖奪官自效。霖貸死在十一月甲申。

湖北京西制置使成閔引全軍發應城縣，回援淮西。

是日，知樞密院事葉義問在鎮江，得知建康府張燾公狀，言：「金人侵犯采石，爲渡江之計，其勢甚危，乞日下火急起發前來，保守江渡②。」

江淮制置使劉錡還屯鎮江，而病已劇。義問以武信軍承宣使、淮南東路馬步軍副都總管李横權鎮江府駐劄御前諸軍都統制職事，趣令過江。故校書郎馮履手記：「范秘監子由，辛巳年嘗作劉信叔錢糧官。信叔時在揚州，敵人入境，劉曾遣驍將至清河口攻破敵人，遏絶其來。已而聞真州失利，遂帶軍馬急渡江入京口，防揚子江口。劉以爲：『敵衆我寡，勢力不敵，若不防揚子江一面，帶兵深入，或恐敵人出吾後，臨江而濟，則大事去矣。』當時劉公只以守江爲上，不敢與敵争勝也。敵有百萬，劉公止有七萬故爾。已而，葉樞密義問以爲劉怯不肯進攻，遂行督責之令。劉云：『某非不向前，以爲須守江爲上策，力不敵耳。萬一出師前去，敵騎出吾後，則江爲可憂。』葉云：『招討相公既不敢去前，便可以病在告，奉旨便宜行事，此當别委官也。』劉云：『如此則甚好。』於是告病。葉遂請大將偏問誰可嚮前者，獨李宏請行。葉遂以大將牌印付之。」子由，范處義字也。按此所云，當得其真，但稱敵有百萬，及以李横爲李宏，皆差誤，取其本旨可也。義問乘大舟，以二校執器械立馬門左右，見者無不笑。義問至鎮江，聞瓜洲官軍與金人相持，已惶遽失措。行府有統制官輔逵、米忠信數人。或問：「金人重兵，近在江北，何以却之？」逵曰：「國家勢弱，無法可以却敵。」聞者皆掩鼻。時江水低淺，沙洲皆露。義問役民夫掘沙爲溝，可深尺許，沿溝栽木枝爲鹿角數重，曰：「金人若渡江，姑此障之。」鄉民執役且笑曰：「樞密肉食者，其識見乃不逮我輩食糠籺人。一夜潮生，沙溝悉平，木枝皆流去矣。」會建康告急，義問乃遵陸而進。

壬申，觀文殿大學士、新判潭州張浚改判建康府，兼行宮留守。

召資政殿學士、知建康府張燾赴行在。

寧國軍節度使、池州駐劄御前諸軍都統制李顯忠爲建康府駐劄御前諸軍都統制。

親衛大夫、常德軍承宣使、侍衛步軍司右軍統制邵宏淵爲池州駐劄御前諸軍都統制。

詔：「建康府駐劄御前諸軍都統制王權赴行在奏事。仍令總領江東淮西財賦都絜將權軍不以是何錢物，盡數拘收椿管，申尚書省。」趙甡之遺史，王權被召在甲戌，蓋誤。

左宣教郎、新知大宗正丞王十朋依所乞主管台州崇道觀。

詔進納授官人，並損其直十分之二，與免銓試，仍作上書獻策名目，理爲官户，永不衝改。自下鬻爵令半年，願就初品文階者纔一人，言者請損其直以招來之，故有是命。

鎮江府中軍統制劉汜及金人戰於瓜洲鎮，敗績。時金人以重兵直擣瓜洲，權都統制李橫引諸軍迎戰，葉義問督鎮江駐劄後軍渡江東，衆皆以爲不可。義問彊之，未著北岸，義問懼怯之狀見於顏色，即向西去，曰：「欲往建康府催諸軍起發耳。」市人皆媟罵之。金人兵勢甚重，汜提本部兵先走，諸軍皆不進，橫以孤軍不可當，亦遁。於是背印使臣不歸，失其都統制印。金人追官軍，官軍壅路不能行，遂涉運河而西，亦有奔走得脱者。金人鐵騎掩至江上，左軍統制魏俊、後軍統制王方戰死柳林中，皆金瘡被體。汜性驕惰，不習軍事，至是卒敗。馮履手記：范處義語云：「劉信叔以召歸臨安。李宏驅其兵七萬人在瓜洲往逐敵人。敵大黠，遂引兵却，而所簽軍在後，我師縱兵大殺，所殺皆簽軍，如此橫屍二十餘里，無慮殺至十四五萬，弓力已乏，兵刃皆卷鈍，箭亦盡。敵知吾困憊，然後出精兵反與吾戰，力不敵。李宏所將七萬師遂退至瓜洲。敵兩處伏兵夾起，向師行時先留六七千人在瓜洲作飯，候逐敵回方食。已而敵伏兵起，先剿殺作飯者，我兵退無可食，又伏兵發，軍遂大潰。是時汜在金山上，見日方晚照，見甲光如銀山崩摧，皆赴河，止是對岸船百餘隻，急渡得軍中將佐，餘皆不能渡。又身上被甲，遂沉及被殺。七萬人皆没，我軍奪氣。葉歸罪於劉汜失利，斬之。」此所云恐不無飾説，今不取。義問離鎮江三十里，至下蜀鎮。未刻，有流星急遞馬傳淮東總領朱夏卿手帖云：「官軍敗退，瓜洲渡爲金人所據。」義問大驚，又聞采石敵兵甚衆，欲復還鎮江，因問向裏山路可通入浙東否，諸軍皆喧沸曰：「樞密至此，不可回，回則有不測。」左右亦懼，乃請義問速趨建康。

江州右軍統制李貴引兵至潁河，焚敵糧舟，獲金帛甚衆，遂進攻潁昌。

是日，金人以百騎至無爲軍，左朝奉大夫、知軍事韓髦先已遁去，居荻港。惟總首隗壽率民兵在城中，至是亦遁，井邑悉爲惡少所爇。髦，山陰人。

6 癸酉，淮寧人陳亨祖執金人所命同知陳州完顔耶魯[3]，以其城來歸。亨祖，州大豪也。聞官軍已得蔡州，遂領民兵據其城。事聞，即命亨祖爲武翼大夫、忠州刺史、知淮寧府。

是日，侍衛馬軍司中軍統制官趙撙去蔡州，以援成閔，留從義郎、鄂州駐劄御前軍正將李詢知州事。詢，蔡州人也。於是，金人所命刺史蕭懋德復入城據之。

7 甲戌，詔三省有格法常程細務，權令執政官書押，事定日如舊。

新除直顯謨閣、知遂寧府杜莘老守司農少卿。莘老既罷言職，而給事中金安節、中書舍人劉珙言：「陛下厲精圖維，虛己聽納，每延見羣臣，旰食未寧，將以宏濟艱難，攘斥外侮。今言事之臣無名求去，陛下即允其請，臣等竊所未諭。伏望陛下爲宗社，爲政體，少留睿慮，以彰聖德。」故有是命。

武功大夫、高州刺史、權領東南第二將向琪爲右武大夫、永州防禦使。録巢縣掩殺金人之勞也。

詔放公私僦錢一月。

鄧州人孫儔携家屬民丁千餘，至襄陽境上。鄂州都統制吴拱言於朝，詔補儔修武郎，充忠義軍統領。

是日，葉義問至建康府。夜，被旨罷王權，赴行在，以李顯忠代之。督府詐以檄召權來府議事，命中書舍人、參謀軍事虞允文往蕪湖趣顯忠交權軍，且犒師采石，蓋權軍在采石未散也。時知建康府張燾至府纔十餘日，夜漏下二鼓，燾方就寢，允文扣門求見甚急，曰：「此何等時，而公欲安寢乎？」燾曰：「日來人情洶洶，視太守動息爲去留。儻不鎮之以静，必不安。雖然，舍人何以見教？」允文曰：「適諜者言，虜以明日渡江[4]，約晨炊玉麟堂，公何以爲策？」曰：「燾當以死守留鑰，遑恤其他。舍人平日以名節自任，正當建奇功以安社稷。」允文曰：「此允文之素志，特決公一言耳。」

先是，金主亮爲内變所撓，自將細軍駐和州之雞籠山。用内侍梁漢臣議，將自采石濟，乃携千餘騎，謁西楚霸王祠，卜之不吉。亮怒，命爇其廟。俄有大蛇見於棟樑，又聞其間如數千人大呼。亮大驚，亟引去。

8 乙亥，詔諸軍將士，但與金人戰鬬，并守禦立功之人，並與理爲戰功。先是，有旨，除殺金平、和尚原、順昌府、大儀鎮、明州城下立功人外，餘不得爲戰功。至是，始有此命。

詔減度牒之直，每道爲錢三百千。又詔獻納八千緡以上補官人，並免試。

是日，金主亮臨江築壇，刑白黑馬各一以祭天，期用翌日南渡。

9 丙子，中書舍人、督視江淮軍馬府參謀軍事虞允文督舟師拒金主亮於東采石，却之。允文未至采石十餘里，聞鼓聲振野。允文見官軍十十五五坐路傍者，問之。衆曰：「王節使在淮西聲金不聲鼓[5]，我曹皆騎士，節使命棄馬過江，今已無馬，我曹不解步戰。」從者皆勸允文還建康，曰：「事勢至此，皆爲他人壞之。且督府直委公犒師耳，非委督戰也，奈何代人任責？」允文不聽，策馬至采石，趨水濱，望江北虜營[6]，不見其後。而權餘兵才萬八千人，馬數百而已。金主亮登高臺，張黃蓋，被金甲，據胡床而坐。諸將已爲遁計。允文召其統制張振、王琪、時俊、戴皐、盛新等與語，問之曰：「虜萬一得濟，汝輩走亦何之？今前控大江，地利在我，孰若死中求生？且朝廷養汝輩三十年，顧不能一戰報國？」衆曰：「豈不欲戰，誰主張者？」允文曰：「汝輩止坐王權之謬至此，今朝廷已別選將將此軍矣。」衆愕，立曰：「誰也？」允文曰：「李顯忠。」衆皆曰：「得人矣。」允文曰：「今顯忠未至，而虜以來日過江，我當身先進死，與諸軍戮力決一戰。且朝廷出内帑金帛九百萬緡，給節度、承宣、觀察使告身皆在此，有功即發帑賞之，書告授之。」衆皆曰：「今既有所主，請爲舍人一戰。」允文即與俊等謀，整步騎，陣於江岸，而以海鰍及戰船載兵駐中流擊之。時水軍將蔡某、韓某二人各有戰艦一艘，皆唯唯不動。乃急命當塗民兵登海鰍船踏車。軍人説諭民兵曰：「此是必死之地，若齊心求生，萬一有得歸之理。」民兵皆然之。布陣始畢，風色作。金主亮自執小紅旗麾舟，自楊林口，尾尾相銜而出。亮所用舟，皆撤和州民居屋板以造，及掠江濱渡舟，舟中之指可掬。虜始謂采石無兵，且諸將盡伏山崦，未之覺也。一見大驚，欲退不可。虜舟將及岸，官軍小却。允文往來行間，顧見時俊，撫其背曰：「汝膽略聞四方，今可作氣否？若立陣後，則兒女子耳。」俊回顧曰：「舍人在此。」即手揮雙長刀，出陣待敵。風色忽止，官軍以海鰍船衝虜舟，舟分爲二。官軍呼曰：「王師勝矣。」遂併擊金人。金人所用舟底闊如箱，極不穩，且不諳江道，皆不能動。其能施弓箭者，每舟十數人而已，遂盡死於江中。有一舟漂流至薛家灣，薛家灣者，采石之下數里。有王琪軍在焉，以勁弓齊射舟，不得着岸，舟中之人，往往綴屍於板而死。是役也，二戰艦終不出，允文追二將，各鞭之百。金人死士不死於江者⑦，亮盡敲殺之，怒其舟不能出江也。

初，亮問頃年梁王何以得渡江。或答曰：「梁王自馬家渡過江，江之南雖有兵，望見我軍即奔走。船既着岸，已無一人一騎。」亮曰：「吾渡江亦猶是矣。」及楊林口出舟，當塗之民在采石上下登山以觀者，十數里不斷。亮望之曰：「吾放舟出江，而山上人皆不動，何也？」方敵舟未退，會淮西潰卒三百人自蔣州轉江而至，允文授以旗鼓，使爲疑兵。敵既敗去，允文即具捷以聞，且椎牛酒以勞軍，夜半復布陣待敵。琪，德子。新，亳州人。張俊下亳州，新挈家來歸，俊奏授正使兼閤職，漸陞爲正將，隸中軍。至是，爲水軍統制。張振，河內人。已見紹興十五年二月。

是日，金州統制官任天爵取商、洛、豐陽諸縣。

10 丁丑，旦，虞允文遣盛新引舟師直楊林河口⑧，戒曰：「若虜船自河出⑨，即齊力射之，必與争死，毋令一舟得出。如河口無虜船，則以尅敵神臂弓射北岸。」新即駐舟江心，齊力射虜。虜騎望見舟師，遽却。其上岸者，悉陷泥中而斃⑩。官軍復於上流以火焚其餘舟。允文再具捷奏，且言：「虜軍鼎來，臣不當便引去，且留此與統制官同謀戰守。須俟一大將至，乃敢還建康，望陛下特寬憂顧。」

金主亮既不得濟，乃口占詔書，命參知政事李通書之，以招王權曰：「朕提兵南渡，汝昨望風不敢相敵，已見汝具嚴天威。朕今至江上，見南岸兵亦不多，但朕所創舟與南岸大小不侔，兼汝舟師進退有度，朕甚賞愛。若盡陪臣之禮，舉軍來降，高爵厚禄，朕所不吝。若執迷不返，朕今往瓜洲渡江，必不汝赦。」遣瓜洲所掠鎮江軍校尉張千拏舟持書至軍前，將士皆變色。允文亟曰：「此反間也，欲携我衆耳。」時新除都統制李顯忠適自蕪湖至，謂允文曰：「雖如此，亦當以朝廷已罪王權之事答之，庶絶其冀望。」允文以爲然，遂作檄曰：「昨王權望風退舍，使汝鴟張至此。朝廷已將權重寘典憲，今統兵乃李世輔也，汝豈不知其名？若往瓜洲渡江，我固有以相待，無虚言見怵，但備一戰，以決雌雄可也。」遣所獲女真二人齎往。亮得書大怒，遂焚宮人所乘龍鳳車，斬梁漢臣及造舟者二人。於是，始有瓜洲之議。采石却敵事，諸書所載，參差不齊，今並附載於後。

蹇駒撰虞尚書采石斃亮記云⑪：「虞公至江上，而虜騎充斥⑫，戰艦數百艘，列在北岸，若欲濟者。虜酋方築臺刑白馬祭天，旗幟滿野，金鼓之聲，聞數十里，喊聲動天地。王權所留水軍車船咸在，而諸將故等夷，未有統屬，莫肯用命，盡伏山崦。虞公使人謂曰：『國家糜禄廩，竭民之膏脂，以養爾輩。今事勢危急，此正壯士立功報國，以取富貴之秋。而乃甘心跧伏山崦，以延須臾之命，又安能必保其腰領乎？若奮身前鬭，萬有一勝，生則取封爵，死則有褒贈。爾輩熟計之。』將士皆歡呼曰[13]：『舍人既肯向前，某等當竭力以死報國家。』有頃，賊舟齊發[14]，直來南岸。虜酋親在臺上，手麾紅旗催發。須臾，賊舟漸近。我軍徐出山崦，擺列江岸。賊初未之覺，一見大驚，欲退不可，遂以箭相射。我軍羣弩俱發，賊出中流[15]，中箭者悉墜江中。車船乘勢衝撞者，應時沉没，遂不能濟。次日復來，方擂鼓裝船欲進，見我水軍，賊船盡却[16]，遂不敢前。我以海鰍船五十餘隻[17]，先往北岸，截斷楊林渡口，用尅敵弓齊射。賊棄船上岸，悉陷泥中，不能動，坐受箭而斃。虜酋度勢不可進，遂自取御寨舟船，悉焚毁而去，餘舟爲我師所爇皆盡。」

員興宗記紹興采石大戰始末云：「十一月初四日，劉錡兵大敗於瓜洲。江、淮之間，民皆奔走。是時，虜主以重兵臨采石已數日[18]，知建康府張燾屢遣官來催督府措置。虞侯與葉樞初六日到建康。是夜，被旨罷王權，以李顯忠代之。督府詐以檄召權來府議事，夜遣虞侯持檄走池州，喚李顯忠分付人馬，令會於采石，蓋權兵在采石未去。初七日，發建康。初八日早，去采石於路十五里[19]，聞鼓聲震野。問道路傍人，云是虜主臨江，昨日刑白黑馬各一祭天，取今日過江。虞侯見道傍茶坊酒店，官軍閑坐，虞侯呼之，其説與道路之言合。虞侯又問云：『既是虜主今日過江，因甚却只在這裏？』衆兵皆言：『王節使在淮西，每日只打鑼不打鼓，未嘗得接戰。我輩皆是馬軍，節使令我棄馬，步走過江，如今已無馬，我輩不會步戰厮殺[20]。』隨行官吏多欲回，虞侯曰：『須要去江上看兵勢。蓋上遣我來，當進不當退也。』有進言者云：『事敗至此，舍人與人一擔擔何也？』虞侯不聽。虞至采石，諸將皆無戰意。公方會合諸將士，詰之曰：『我聞王節使在淮西每日打鑼不打鼓。』衆曰：『果如此。』虞侯慰勞曰：『權不戰，教汝輩不成事。今汝輩半死半活，至此不易。然王權已罷兵權，管你輩不得。我是朝廷官家差我擔金銀來犒設你輩。今有節度、觀察至副校尉官告，皆擔來。你輩食官家禄，官家養汝三十年[21]，不審能戮力一戰否？』衆曰：『我輩也要戰，但無人主此事。』虞侯與説：『我今日只辦兩眼，隨你輩成得功大，與你輩填大的官告。立得功小，填小的官告。若死於此，則當同死於此。若你輩走，我亦隨你去。你輩道去甚處？我便去見官家，説道某人統制已下某人肯厮殺，某人不肯。』諸軍大讙曰：『今日有分付，大家去厮殺。』於是，方布陣擺戈船。是時，江北虜兵甚厚，極目望上下流，二三十里不絕，鼓聲震地。虞侯即躍馬至岸口，見北岸一高臺，臺上有一大紅綉旗，黄旗各二，左右肅立。中有大黄蓋，有一人服金甲，據胡床，坐其上，衆云：『此虜酋也。兵號四十萬，馬數倍之。』虞遂與諸將議，與統制官張振、王琪、戴皐、時俊、盛新列馬步軍爲陣，静以待之。分戈船爲五，以其二傍東西岸行，東護岸，西拒賊船㉑。其一駐中流，載精兵以待戰。其二藏小港中，以待不測。擺布僅畢，忽聞虜中發喊，虜酋親執小紅旗，麾數百舟絕江而來，未頃刻間，有數十舟達南岸㉓。虜登岸，與官軍戰，公往來行間。公令時俊先登㉔，軍皆死鬬，斬殺過半。岸上之虜皆投拜，戰於江中，死以萬數。天色晦，敵猶未退。會官軍在淮西有潰散者三百人，自光州路轉江而至。虞侯拊勞之，授以旗鼓，設爲疑兵。虜果以爲援至，鼓聲乃已，却打梆子聲，虜引餘舟遁去。或欲引水軍掩其前，斷其歸路。虞侯以爲不可，所謂歸師勿遏是也。或恐官軍一傷，我軍少，何以繼之？虜萬里入犯，如此之盛，不止今戰。若官軍少，則明日何以爲敵？但以强弩襲其後，追射之，虜兵多傷。至夜，師旋。計岸上之屍二千七百餘人，射萬户一人，生獲千户五人，女真三百餘人，餘皆正軍。健者星夜遁去。即夜具奏，舊將去，新將未至，決不敢引去。是夜，椎牛張酒以勞軍。有説舍人乃閤門宣贊者㉕，及見樞密院人吏在虞侯前甚恭，問之，曰：『乃中書舍人，非武官舍人也。』將輩乃盡禮致恭。至夜半，仍令布陣，再與將士出戰，虜兵已稍希。虜至辰時以來，凡再鼓，公舉旗揮出海船五之二，分其半向北岸上流，直楊林河口。諸將或問公何故，遂説與諸將：『當時只合將船守楊林河口，不合放賊船令出。』命統制盛新引船直楊林河口，於江心下泊船，度虜前所不到處，戒之曰：『若虜船自楊林河出，即齊射之，必與爭死，無令一船得出岸。如河口未有船出，即以克敵神臂弓射北岸。』於是盛新受令，於江心駐船，齊力射虜，應弦而倒以萬數。虜見船無歸路，即時從下流放火自焚。官軍亦於河口上流以火船焚其餘舟凡一百八十餘隻。亮陸遁去。至午間，遣一小舟，令張千持書至，書意似與王權有約，悉其策出於用間，亟以已發遣王權之事報之。」

煬王江上録云：「亮與王權相拒於歷陽，王權領衆回走東采石㉖。虞允文督張振等海鰍船共七百八十隻，措置防守江岸。金主遣奉國大將軍乞伏赤朱押戰船一千餘隻出楊林口㉗，沿江擺布。諸軍戰船包掩，敵船低小，盡没於江。梁大使奏云：『本國大捷，請陛下登舟，早達建康㉘。』金主欲登舟，赤盛明威將軍奏曰㉙：『陛下番船低下，盡被南宋壓沉大江，奈何陛下乘舟欲渡？是梁漢臣賣陛下於宋朝耳。』亮見敗舟奔岸，大怒，謂漢臣曰：『汝本宋朝舊臣，朕高官厚禄，恩過朝士，而敢反？』命赤盛斬漢臣於江岸。」

馮履記范處義語云：「葉樞幕中，虞允文、汪大猷參贊軍事。李宏軍潰，葉遣虞舍人往建康視師。中路見王權敗兵，以爲前者失利，今願自效贖過，然無人爲證者，遇虞舍人，虞云爾輩肯出力爲朝廷殺敵人，我可爲汝輩作證。於是，王權之衆皆踴躍自奮，虞遂領之而去，大敗金師。」

楊萬里撰虞允文神道碑云：「十一月甲戌，公與義問至建康。是夜，有詔罷劉錡，以成閔代。召王權，以李顯忠代。於是義問檄公如池州，招顯忠領西師，且犒師采石。乙亥，公行。是日，逆亮已次采石㉚，刑白黑馬祭天，期以詰朝渡江。丙子，公未至采石十五里所，已聞江北鼓聲振天。見官軍十十五五坐道傍，蓋王權敗軍也。公念權已去，顯忠未來，若坐待顯忠，國事去矣。呼而問之，曰：『逆亮在江北，汝等何乃在此？』從者皆勸公還建康，曰：『事勢至此，皆他人壞之。且督府委公犒師耳，非委公戰也。彼自有將帥，公奈何代人任責以速辜？』公曰：『吾位從臣，使虜濟江則國危，吾亦安避？今日之事，有進無退。不敵則死之，等死耳。退而死，不若進而死，死吾節也。』策馬至采石，趨水濱，望見江北虜兵連營三十餘里，不見其後，號七十萬㉛，馬倍之。而王權潰兵止一萬八千人，馬數百而已。諸將已皆爲遁計，公召其將時俊、張振、戴皐、盛新、王琪勞問之，曰：『虜萬一過江，汝輩走亦何之？今前控大江，地利在我，孰若死中求生乎？且朝廷養汝輩三十年，乃不能一戰報國乎？』衆皆曰：『豈不欲戰？誰主張者？』公覺其可以義動，因誦言曰：『汝輩止坐王權之謬至此，今朝廷已別選將將此軍矣。』衆愕，立曰：『誰也？』曰：『李顯忠。』衆皆曰：『得人矣。』公曰：『今顯忠未至，而虜以來日過江，我當身先進死，與諸君戮力決一戰，何如？且天子出内帑金帛九百萬，給節度、承宣、觀察使告身，今皆在此。有功即發帑賞之，書告授之。若有遁者，我亦歸報某用命，某不用命。』衆皆曰：『如此則我輩效命，有所付矣。請爲舍人一戰。』公即與時俊等謀整步騎爲陣，分戈船爲五，其二上下東南兩涯爲遊軍，其一載精兵於中流以待戰，其二伏内港以備不測。號令甫畢，公復上馬至水濱，見北岸有一高臺，其上立大朱綉旗，左右各二，環立侍者，中張一大黄蓋，有一人被黄金鎧，據胡床坐其下者，逆亮也。忽虜衆大呼，聲動天地。亮親秉一小旗，麾舟數百艘，絶江而來。一瞬間，七十餘舟已達南岸。其登岸者，與官軍戰。我師少却，公乘馬往來陣間。顧見時俊，撫其背曰：『汝膽略聞四方，今可作氣否？若立陣後，則兒女子耳。』俊回顧曰：『舍人在此耶？』即手揮雙長刀，出陣奮擊。士皆殊死戰，無不一當百，俘斬略盡。其中流者，船小而卒衆，又自争舟，兵刃隔塞，運棹不便，而我之蒙衝往來如飛，横突亂刺，虜舟被溺死者數萬㉜。頃刻，江水爲赤。虜引餘舟遁去，公命强弓勁弩追射之，虜兵多傷。至夜師還，數屍四千有七百，殺萬户二人，生得千户五人，女真五百人。是夕，公具捷奏聞，椎牛釃酒，大饗將士。公謂虜明日必復來，乃與諸將再往水濱整列步騎、戈船，出海鰍船五之二，以其半直北岸上流楊林河口，以遏虜舟之所自出。丁丑，虜衆如牆而進，我師射之，應弦而倒，死者萬計。舟來未已，海鰍逆擊，虜舟大敗。顧見我師扼其歸路，即縱火自焚。我師舉火，盡焚其餘二百艘。逆亮遁去，入揚州。」

李顯忠行狀云：「王權棄兵渡江，督府被旨，罷權兵柄，檄公會軍采石。始權失律也，時雍國虞允文參贊督府，訪權所以敗之實，其軍咸詆權失，且曰：『非我輩不戰之罪，亦非虜之善勝㉝，蓋權望風先遁，我輩何能自振？』虞公曰：『朝廷已令李都統交此軍，爾謂如何？』衆合辭云：『用李公，則我等有所賴。』公於是領權軍。亮至楊林，瞰江築高臺，植二黄旗，中張黄蓋。亮躬擐金甲，執小紅旗麾軍，恃衆以爲江可渡也。公即措畫，依山列馬，步軍成陣，五分戈船，以其二泊於東西兩岸，其一泊中流，藏其二於蘆洲港中。頃之，賊麾數艦渡江，呼聲震天地。賊舟及岸，漸次登陸。遣時俊、王琪、戴皐、張振、張榮迎擊之。我師賈勇，以一當十，俘斬之餘，降者甚衆。又疾遣戈船併進，以神臂克敵弓射之，中者洞貫。虜溺水死者，不可勝計。賊船於是退遁。向者港中所匿戈船，出斷其後，奪賊船二十餘艘，繼以輕舸縱火，焚其戰船，火光蔽江，煙焰徹天。亮既敗，公遂募軍校抵亮所，諭之曰：『今管軍非王權，乃曩時擒撒離喝李世輔㉞。汝衆逼江，將何爲？曷若稍却，容我渡軍爲一戰決勝負？今汝臨水而陣，是不欲戰也。』亮聞之，走淮東。」

熊克中興小曆云：「金主駐軍和州之雞籠山，必欲由采石而渡。朝廷詔王權詣行在，以池州都統制李顯忠代之，命中書舍人虞允文趣顯忠交權兵。時顯忠未至。丙子，金主登壇，建黄綉旗二，中張黄蓋。金主執小紅旗，麾衆渡江。時王權所留水軍車船咸在，而諸將未有統屬，莫肯用命，盡伏山崦。惟提舉張振、王琪稍任其責。允文自建康來，因使人督之。敵舟漸近，於是振、琪與統制官時俊、盛新等徐出山崦㉟，列於江岸。敵初未之覺，一見大驚，欲退不可。我軍用海鰍船迎擊，士皆死鬭。敵舟沉溺者數萬，其回北岸者，亮皆殺之，遂不能濟。允文具以捷聞。丁丑，敵復來，望見車船遽却。我軍復以海鰍船先往北岸截楊林渡口，用克敵弓射之。敵棄船上岸者，悉陷泥中而斃。」

王明清揮麈第三録云：「逆亮簽刷北人南攻[36]，以四十萬自隨，出淮西，來與王權相遇，而王權之衆不能當。在和州對壘，權盡遣渡船過南岸，與其衆誓云：『國家養汝輩許時，正要今日以死上報。』衆皆唯唯，兩軍堅壁不動。權以二三腹心自隨，手執諸軍旗號，戒諭諸將云：『不可妄動，且看虜軍有陣脚不固不肅者，看吾舉逐軍旗號，方舉動。』虜軍數重之内，有紫傘往來傳呼者，莫知其意。虜軍先來犯陣，遇大雨遂退。復駐軍於舊寨，無一不肅。諸將遂語權曰：『虜軍如此，我軍如何可戰？』權云：『諸公不可説此語。今日正當報國之時，宜盡死於此，不可有一人異議。』諸將云：『太尉欲與諸軍死此，却將甚軍馬與國家保守江面？』權悟其言，遂言：『當從諸人議往南岸叫船，渡軍馬還，與國家保江。却自往朝廷請罪。』又與諸將計算軍馬渡江時，有殿後者，必爲虜騎所追，合損折一軍半人馬。又要一將殿後，統制官時俊云願爲殿後，保全軍馬過江，衆服其勇。王琪是時爲護聖馬軍統制，亦同行，云：『所部軍馬乃主上親隨，太尉不可失却他一人騎。』遂令護聖馬軍先渡，諸軍次第而濟。虜騎果下馬來追襲。時俊牌手盡當之，幸所失不致如所算之數。諸軍遂就采石，各上戰艦，以備虜人。權爲樞密行府押詣朝廷，竄於海外。逆亮築臺江岸，刑白馬祭天，自執紅旗麾諸軍渡江，行至中流，爲采石戰艦迎敵。時俊在舟中，令軍士以寸扎弩射敵人，赴水者多盡，皆退走。亮知江岸有備，遂全軍過揚州。軍士奏凱，未及登岸，虞丞相允文以參贊軍事偶至采石，遂與王琪報捷於朝。虞自中書舍人除兵部尚書，自此遂蒙眷知。琪除正任觀察使，諸將在江中獲捷者亦皆次第而遷。水軍統制盛新功多而獲賞最輕，抑鬱而死，建康采石軍馬至今憐之。次年春初，明清從外舅起師合肥，道出采石，親見將士言之。」

趙甡之遺史云：「愚嘗用心稽究采石事實，質之於士人、僧道、軍兵、商賈、官員，觀騰報之功狀，考一時之記録，莫不張其聲勢，大其功伐，皆不可取信。惟太平州及東采石之百姓所言者，不約而同。蓋其所親見，而又無容心於毁譽也[37]。愚取之，遂爲定説曰：丙子晨，隔江見楊林渡金人築臺，四旁有黄黑煙突起[38]，人皆莫知所謂。或曰昨日刑白馬祭天，今日祭風，欲出船渡江耳。少刻，煙漸微細，而青白色。辰巳刻之間，有紅傘登臺，亮在其下，有綉旗環遶之。俄聞樞密行府有參贊軍事中書虞舍人到采石市中喫食，乃允文也。或走報允文，請臨江督軍。允文至江口，是時風色已作，人謂金人祭風，果應乎？望楊林口有舟出江，相次尾首相銜而出㊴，凡出一十七舟。楊林口忽生沙，塞斷江口，餘舟皆不可出。允文命發戰艦，有水軍蔡將、韓將二人，各有戰艦一艘，皆唯唯不動。乃急命當塗民兵登海鰍船踏車，每舟有軍兵數十人㊵，發十海鰍往迎之。允文坐蛾眉臺中，戰抖幾不能止㊶。軍人皆説諭民兵曰：『此是必死之地，若齊心求生，萬一有回歸之理。』民兵皆然之。風色忽止，官軍以海鰍衝十七舟，舟分爲二。官軍呼曰：『官軍勝矣。』遂皆併殺金人。金人舟其底闊如箱，極不穩，且不諳江道，皆不能動手，其能施弓箭者，五七人而已，遂盡死於江中。有一小舟，爲水漂流至薛家灣。薛家灣者，采石之下數里，有王琪軍在焉，以勁弓齊射，舟不得着岸，舟中之人，各中一二百箭㊷，往往綴屍於板而死。取金人之舟視之，乃用和州民舍拆板而造者，每舟可戴二十人，板木釘灰，皆不如法，其敗固宜也。是役也，金人有四十舟在楊林，出江者止十七舟，官軍止有海鰍十艘迎戰。二戰艦終不出，允文逮蔡將、韓將，各鞭之一百。金人死士五六百人㊸，不死於江者，亮盡敲殺之，怒其舟不能出江也。初，亮問頃年兀朮何以渡江。或答曰：『兀朮自馬家渡渡江，江之南雖有兵，望見我軍即奔走。船既着岸，江岸已無一人一騎。』亮曰：『吾渡江亦猶是矣。』及楊林口出舟，當塗之民在采石上下登山以觀者，數十里不斷，不啻數十萬人。亮隔江望之曰：『吾放舟出江，而山上人皆樂觀之。』既而連亘數十里，駐足不動，遂成江南壁立萬仞之勢，豈人力能使之然哉？蓋天實爲之也。甡之嘗試以允文二奏劄論之，昔歲馬家渡之役，兀朮出舟於江，官軍不戰而潰，金人遂陷建康，蹂踐江浙四明而回。當時議者謂，方金人進舟欲渡，時有能鼓率士氣，竭力禦之，可使金人皆葬魚鼈之腹，不爲難矣。雖用力不多，假使以郡、使相賞之，其誰以爲不當？采石之役，正猶是也。或官軍退却一步，則敵人登岸，不知肯似向時蹂踐江浙而復回乎？海鰍十艘，雖用力不多，而金人悉死於江中。若以前事爲鑒，雖厚賞，極一時富貴，以酬其不退却之功，可爲當矣。允文乃虛張功伐，大其勞績，意在於邀求厚賞，以結將士之心，自譽己才，而冀他日之用，可謂之要君，亦可謂之欺君矣。允文謂午後到采石，鼓聲已震地。允文方與統制張振等議列馬步軍爲陣，分戈船爲五。若金人已擊鼓，乃欲進兵也，允文方列馬步軍爲陣，分戈船爲五，不亦遽乎？列馬步軍爲陣，刹那間猶可辦也。分戈船爲五，非十刻不能辦，豈容擺布僅畢，敵人方發喊？況鼓聲振地已久，雖欲出舟，何用發喊？又謂數百舟絶江而來，且楊林渡當冬月乾淺，惟單舟乃能出口。若欲出數舟，非二十刻不能辦，豈可謂頃刻間？通計官軍分戈船爲五，金人出數百舟，當占三時，自午後又占三時，日已莫矣。又謂七舟遽達南岸，既戰罷，計岸上之屍，凡二千七百餘人。七舟可載二千七百餘人，則一舟當載四百人矣。國家水軍，舟船大而壯實者，無如馬船。官軍每隊五十人㊹，馬船猶不能載八隊，況金人拆民間板木旋釘爲舟，而能載四百人乎？允文謂親身往來行間，再三傳令，激以大義，許以酬賞。至今當塗采石之人，指此語爲笑端。允文藉此，蓋有心望爲宰相也。丙子之奏既行，丁丑又作奏，允文盛稱采石之功。難者曰：旗頭本執持大旗，麾衆當先，臨陣鏖戰之際，已斷其左臂，大旗固不可操執，正爭命之間，安得小旗而麾之耶？其疏一也。采石丁夫，不過有數千人。況踏車轉戰，至夜疲怠之餘，安可役使？允文謂掘塹闊一丈五尺，深八尺，一夕之間，開得數百丈，又爲内堤可立官軍，計其工料，非疲怠之卒一夕可辦者。其疏二也。愚嘗經由采石，尋訪掘塹立堤之地，采石人皆大笑之，且曰：『采石地勢有高有下，有山有水，雖有連接，亦有斷頭，安得掘數百丈之塹，立數百丈之堤？』愚熟觀其地利，深以其言爲是。諸軍虛張報捷者，不可勝數。是時，王權方去軍兩日，議者謂權不去，則爲權之功，故天下事有幸有不幸也。允文見敵人既退，又上第三奏劄，皆有可議者。夫敵人應弦而倒者以萬數，不知用幾萬神臂弓、克敵弓，能如是耶？況官軍以舟船杜塞楊林河口而已，楊林河口不甚寬闊，而又敵人擺陣處，在岸上乎？在舟中乎？若在岸上，則與河口全不相干。若在舟中，不過有數舟相對，安得應弦而倒者以萬數也？」

臣嘗以衆説參考之。采石之役，若非虞允文身在兵間，激厲諸將，則將士潰亡之餘，將鳥奔獸散之不暇，使敵人一涉江，則大事去矣。斃亮録所書雖簡而盡。員興宗記載差詳，但其間如麾數百舟，死以萬數之類，乃文士遣詞之常語，亦猶前史所載「睢水爲之不流」、「秦軍爲却五十里」之類，固不可以此而遂没其實也。王明清、熊克輩乃謂諸將已却敵軍，而允文後至采石，不已誣乎？按陳良祐撰楊椿墓誌云：「北主盛兵欲渡采石，虞公允文以中書舍人參軍事適至，趣舟師扼其衝，北主怒，移屯揚州。」良祐乾道中爲吏部侍郎，與允文異論譴責者也。此文出於淳熙四年，蓋允文既没之後，而所云如此，則明清與克之言誠不足信矣。明清稱王權欲以死報國，而諸將令其保守江面，此言已不足據。至謂時俊殿後，所失不及一軍半之數，則尤爲不然。建康軍五萬，今止餘萬八千，何止折一軍半也？及賞功，以張振爲遥宣，王琪爲遥察，允文言其薄，願以己官與之。

於是張振、時俊除正任承宣使，琪等觀察團練使。明清乃謂琪賞重而新賞輕，亦非其實。李顯忠行狀又盡以爲顯忠之功，尤爲謬妄。蓋敵舟之來在丙子，顯忠之至在丁丑。方捍敵之時，顯忠實未至也。趙甡之遺史雖詆允文爲多，然其指授諸將之功，終不可没。至謂敵出十七舟，每舟可載二十人，則亦未足據。金亮之來，其勢甚盛。若如甡之所云，是金人渡江之兵纔三百餘人，豈不兒戲？今江濱渡舟不甚大者，尚可容五七十人，孰謂敵所造舟反不及之也？晁公忞敗盟記言，一舟濟五十餘人，當得其實。甡之又稱官軍發十海鰍船，每船有軍兵數人㊺。及謂采石丁夫踏車轉戰至夜疲怠之餘，安可役使？此言最爲緊切。以日曆所載，明年五月二十九日，建康府具到采石當時籍定踏車夫數考之，凡六千三百人。若盡使之踏車，則每一海鰍用夫六百三十人，是又大於馬船一倍矣。況每舟止有軍兵數人，而用夫六百人乎？以是觀之，恐不止於十海鰍。若止用十海鰍，則餘夫甚多，猶不妨於掘塹也。大率紀事之體，抑揚予奪，當盡其實。若稍涉用情，則後之人，將有所不信矣。楊林口生沙塞斷江口，他書皆不載。按日曆、會要所載，葉義問奏疏，其言沙塞港口事，乃云敵人開二港，欲徑衝丹徒，一夕大風沙漲，不得渡。以此奏考之，丹徒縣屬鎮江，則非采石交兵之地。一夕沙漲，則亦非午後出舟之時。甡之載此，以明敵舟得出者少，用掩允文之功，尤非其實。義問奏疏，詳見此月二十六日甲午。

11 戊寅，詔殿前司差官兵千人往江陰，軍馬步軍司各差五百人往福山，並同民兵防托江面。此據步司統領劉青申行府狀。

12 己卯，殿中侍御史吴芾、左司諫梁仲敏、右正言劉度同班入對，以上將親征也。

左朝奉大夫、主管台州崇道觀鍾世明提舉福建路常平茶事。

13 庚辰，翰林學士兼權吏部尚書何溥等九人同班入對，亦以上將親征也。

觀文殿大學士、醴泉觀使兼侍讀湯思退爲行宫留守。

三省樞密院上將士戰死推恩格，横行遥郡九資，横行遥刺八資，遥郡七資，遥刺正使、横行副使皆六資，副使五資，大使臣三資，小使臣二資，校副尉及兵級皆一資。詔以黃榜曉諭諸軍。

是日，金主亮以大軍趨淮東。趙甡之遺史、員興宗記采石始末皆云亮以丁丑往淮東，而晁公忞敗盟記云金亮十二日離采石，十三日宿曠口，十六日抵維揚。今從之。

14 辛巳，采石捷奏至。

右朝請大夫、江南東路轉運判官呂稽中主管台州崇道觀。

尚書度支員外郎柳大節爲江南東路轉運判官。

保康軍承宣使、提舉萬壽觀張見道致仕。

是日，金主亮宿曠口。

15 壬午，遣中使賜李顯忠金合茶藥。

詔：「北來歸正之人，諸場務不得收税，違者必罰無赦。仍牓示，許被害人直訴。」

殿前都指揮使趙密獻本司收積錢十萬緡、銀五萬兩，以助軍用。詔奬之。

16 癸未，四川宣撫使吳璘自仙人原還興州。時西路之軍，已得秦、隴、洮、蘭州，而金州王彥軍東取商、虢，金人以重兵據大散關不下。會璘疾病，乃暫歸，留保寧軍節度使、興元諸軍都統制姚仲在原上節制。

太府少卿、總領四川財賦王之望遣宰執書言：

蜀中自九月五日，大兵與敵相持七十日矣。中間取秦州方山原，見置守戍。又取洮隴，足以張聲勢，壯士氣。然須破大散關，取鳳翔，然後可以無憂。蓋敵重兵並在鳳翔、散關、和尚原一帶，積糧頗多，欲以持久困我。吴宣撫方圖攻取。自軍興來，已費四百餘萬引，向去支費，未有限極，若只今事定，已不足用，稍遼緩之，其將奈何？前許尹在此，未有邊事，朝廷凡應副百萬引，猶未充所乞。自之望到官，警急如此，費用何啻數倍？而不曾乞朝廷一錢，豈是給足？蓋粗知體國，以東南調度之廣，不忍有所干求也。近日朝廷又令應副夔路萬兵錢糧，而三軍皆招額外强壯，勢力愈困，增創愈多，何以枝梧？旦夕不免有請於朝。伏望特賜矜照。」之望此劄子不得其日，以時考之，當在此月半以後，故因吴璘下仙人原附書之，未必即此日也。

初，金主亮既往淮東，中書舍人虞允文謂建康都統制李顯忠曰：「京口無備，我今欲往，公能分兵見助否？」顯忠曰：「惟命。」即分主管侍衛步軍司公事李捧軍一萬六千人及戈船來會京口。允文至建康，留守張燾謂曰：「亮約八日來此會食，使燾安往？」衆議可以往鎮江者，皆有難色[46]。燾曰：「虞舍人已立大功，可任此責。」允文欣然從之。至鎮江，謁招討使劉錡問疾。錡執允文手曰：「疾何必問？朝廷養兵三十年，我輩一技不施，今日大功乃出於一儒者，我輩媿死矣。」楊萬里撰允文神道碑稱庚辰，公至京口。庚辰，十二日也。按金亮十二日方離和州，允文不應其日已至京口。員興宗所記李捧分軍在十五日[47]，今從之。允文未知的以何日至建康，併附此日。興宗又稱李顯忠分戈船百艘，恐亦差誤。建康軍中安得有戈船許數？或海鰍等船在其中，亦未可知。今削去百艘二字。

17 甲申，直徽猷閣、淮南轉運副使楊抗落職，令自效。以江淮督視府劾其不辦錢糧也。

左武大夫、鎮江府駐劄左軍統制魏俊贈中衛大夫，邕州觀察使、武功大夫、鎮江府駐劄後軍統制王方贈拱衛大夫、蘄州防禦使，官子孫如新格，録瓜州之死也。

武功大夫榮州刺史知揚州劉澤、直秘閣知廬州龔濤並放罷。據龔濤申督視府稱，十二月三日辰時被受。

威武軍承宣使、知舒州張淵權主管淮西安撫司公事。拱衛大夫、和州防禦使、淮南東路馬步軍副都總管賈和仲權知揚州兼主管淮東安撫司公事，候收復日，續赴本任。皆用葉義問奏也。揚、廬既失守，義問言：「東路通泰州，密邇鹽場，利源所在。見有忠義寨三二萬人，西路舒、蘄州流民所聚，正可廣行招募，以壯軍聲。」乃以便宜選用二人，仍令和仲權於泰州置司，故有是請。

定江軍節度使、開府儀同三司、萬壽觀使田師中乞依舊接續支破真俸，從之。師中因入對，面以爲請，上許焉。給事中金安節等既書録黄，而户部執奏以爲不可。安節言：「紹興禄格，使相見任管軍與宫觀差遣人，請給多寡不同。師中見係萬壽觀使，即合支觀使請給。前蒙聖恩，特免借減，已是優異。今來又乞，依舊接續，支破真俸，即一歲添米麥四千餘石，衣絹數至多。户部執奏，委合條法，況今軍事未息，費用實繁。師中退休祠廷，坐享厚禄。若復從援例之請，何以杜僥倖之門？望令有司，除依先降指揮免借減外，餘依格法施行。」

是日，金主亮至揚州。

18 乙酉，拱衛大夫、永州防禦使、建康府駐劄御前游奕軍統制張振爲中侍大夫、定江軍承宣使。右武大夫、忠州團練使、殿前司護聖軍統制王琪爲拱衛大夫、宣州觀察使。以葉義問奏二人采石拒敵之功也。

殿中侍御史吴芾言：

臣謹按，王權夤緣結託，濫膺閫寄。不知忠義，但務掊斂。近者金人敗盟，朝廷命權進屯淮上。乃惑於內寵，心懷顧戀，與其愛姬數十，泣别三日而不能行，士卒聞之，無不竊笑。及至淮上，宣言欲犒軍，悉出其家金寶，厚載而往。既至中途，復傳令未用，且於新河伺侯，實欲緩急之際，易於他之，故假犒軍之名，以持去耳。其謀出此，夫豈有鬬志哉？權在歷陽，修築城壘，祇爲自安計。所謂沿淮守禦之備，初不經意。及劉錡檄權往壽春，即令總漕二司應辦糧糗。權以威脅二司，同請於朝，乞留權守和州。朝廷劄下錡，錡復督行，權不得已，三日發一軍，凡二十四日止發八軍，止於廬州戍守。故敵人犯淮，得以繫橋，從容而進，如入無人之境。權亦旋棄廬州，回屯昭關，將士雖有欲戰之心，權領親兵先遁，麾衆使退，終不得交鋒。及敵騎至尉子橋，始遣姚興一軍迎敵。興戮力血戰，數告急於權。權於仙宗山上，以羣刀斧手自衛，飲宴自若，殊無應援之意。自辰至申，遣二百輩往。不意賊假立權幟以誤之，興奔而入，遂與其徒俱陷，所存者無一二，權方走旗獻捷，冀以欺罔自解。自是徑回和州，州城新築，所積糧可贍數月。權誠能效臧質之守盱眙，抗魏師數十萬，使歷旬不拔而去，則亦何畏於敵哉！權志不在守，乃誑言於衆，謂已得金字牌，棄城守江。自十月二十一日先往采石，坐於車船之上，仍放火以燒西門。而城內所有錢糧、器甲、騾馬盡委於敵。權是時退却，猶當潛師宵遁，使敵不知，或結陣而退，反旗鳴鼓，若將向敵，尚可以全吾師也。不知出此，爲敵所覺，遣兵逼逐，致使軍民奔突，踐蹂渡江，沉溺而死者，又三之二。將士怨怒號呼，聲動天地。其潰兵抱蘆葦浮江而過者，往往散而之他。權當收兵江上，日夜糾合，以雪前恥。乃於二十五日夜半，徑發采石，歸於建康城中。使千萬人之命，一旦無罪而就死地，其亦不容誅矣。今陛下奪其兵柄，召之而來，儻赦而不誅，臣恐諸將相視效倣，陛下雖有百萬之兵衆，安得而用？

臣聞周世宗之擊劉崇也，大將樊愛能、何徽引兵先遁，世宗收愛能與徽及所部軍使七十餘人悉斬於市。自是驕將惰卒，竦然知懼，卒成平定之功。夫以區區之世宗，猶能如此，陛下亦何憚而不爲哉？欲望陛下，暴權之惡，聲權之罪，明正典刑，梟首江上。使將士聞風，争先效命，以赴國難。則威令赫然行於萬里之外，敵國雖强，不足平也。

武略郎、閤門宣贊舍人、鎮江府駐劄御前中軍統制劉汜特貸命除名，英州編管。王權及汜既敗軍，乃先罷權爲在外宫觀。及吴芾奏權罪，請正典刑，上怒甚，將按誅權，以厲諸將。同知樞密院事黄祖舜密言於上曰：「權罪當誅，然權誅，則汜不可貸，若貸汜而誅權，是謂罪同罰異。顧錡有大功，今聞其病已殆。汜誅，錡必愧忿以死，是國家一敗而自殺三大將，得毋爲敵所快乎？」上納其言，二人得不死。

江州諸軍都統制戚方言：「本軍統制官李貴及忠義總首孟俊取順昌府。」

果州團練使、知均州武鉅奏已復盧氏縣。

是日，金州都統制王彦所遣第七將邢進復華州。彦既得商、虢，乃進屯虢州，令統制官兼知巴州吴琦以其軍應援。琦至虢州之板橋，遇敵與戰，其子漢臣死之。統制官任天錫引兵夜擊華陰，殺其縣令，進攻華州不克，彥更遣進，以所部往。時敵兵分屯渭南城中，兵少，進乘勝克之，獲其同知昭武大將軍韓端愿等二十餘人。

19丙戌，權禮部侍郎黃中言：「本朝倣唐之制，創爲九廟。今日宗廟，自僖、宣二祖以及祖宗，凡九世而十一室。望遵已行典故，遷翼祖神主而祔欽宗。」詔恭依。

詔：「出空名官告，下兩浙、江、湖、閩、廣州郡，勸誘出賣，每縣八員。所賣及二萬緡縣，令減一年磨勘。諸縣出賣數足者，郡守貳亦如之。」

右司諫梁仲敏面奏：「王權棄軍不戰之罪，謂兵卒怨憤，皆有爲王太尉所疾而死，不能厮殺報國而死之語，極可痛傷。兩淮及江上之人，恨不食其肉。竊覩關報，劉汜以瓜洲之戰敗却，合按軍法，特貸命勒停編管。而權之得罪，止於罷兵柄，領宮祠，居住於善地，議者謂同罪異罰，非所以示公。又況權之罪加於劉汜。望陛下以國事爲重，以兩淮生靈爲可憫，特加誅戮，以慰人心。」

20丁亥，太尉、威武軍節度使、鎮江府駐劄御前諸軍都統制、江南淮南浙西路制置使兼京東河北路招討使劉錡提舉萬壽觀，以疾自請也。

翊衛大夫、利州觀察使、御營宿衛中軍統制劉銳權鎮江府駐劄御前諸軍都統制。銳權鎮江都統制，諸書不載，日曆此月二十一日，銳有奏狀，結銜如此。

秘閣修撰、知靜江府李如岡爲敷文閣待制，知廣州。

左正言劉度入對，言：「王權初無寸功，久叨重寄。平居則虚名占籍，隳壞軍政，刻削廪稍，剥下自豐。一旦有疆埸之虞，望風退縮。歷陽之奔，士卒尚欲回戰，而權麾之使退。一城軍民，争舟赴水，死亡幾盡，軍資戎器，併以遺敵。臣竊聞建隆中，晉州荆罕儒戰死，藝祖斬不效命者二十九人。咸平中，望都之役，諸將有臨陣而遁者，章聖謂近臣曰：『今日未能偃兵，若不推窮，將來何以爲戒？』遂誅二十餘人。此祖宗之成法也。近自瓜洲之衄，陛下以劉汜先退，已竄之遠方矣。況元帥之罪，重於偏裨。淮西之敗，重於瓜洲。則王權之誅，豈可出劉汜之下哉？當今軍旅方興，征伐未艾，而刑罰之行，輕重失當，臣恐士心不服。願陛下稽藝祖、章聖之法，速正典刑，以服人心，以作士氣。」

是夜，雪。

湖北京西制置使成閔自京西還，見葉義問於建康，翌日至鎮江。閔在京西承金字牌，令策應建康江面。閔喜於得歸，兼程疾馳，士卒冒大雨，糧食不時，多死於道路。初，閔率馬軍出戍，沿途犒勞之物，不可勝計，盡以歸己，不散士卒。及還，至鎮江，軍士有因醉出怨言於市者，閔斬之。

21 戊子，四川宣撫使吴璘復力疾上仙人原。

是日，有客詣葉義問上書云：「以太一局考之，金人不煩資斧，當以冬至前有蕭牆之變。」闔府皆未以爲然。

22 己丑，膠西捷奏至，上大喜，即日召所遣承節郎曹洋對於内殿，曰：「朕獨用李寶，果立功，爲天下倡矣。」

即賜詔書奬諭，命幹辦御藥院賈竑押賜金合茶藥金酒器數十事，且書「忠勇李寶」四字表其旗幟。

清遠軍節度使王權特貸命，追毁出身以來文字，除名勒停，瓊州編管。

右司諫梁仲敏試右諫議大夫。

御史臺檢法官陳良祐、左承議郎周操並爲監察御史。良祐，金華人。汪澈、吴芾薦也。

御營宿衛使楊存中、建康府都統制李顯忠言：「見率將士，戮力一心，期於克敵，伏乞少緩進發之期。」從之。初，上以瓜洲失利，亟命存中往鎮江措置守江，且命官埋鹿角暗樁，自鎮江至於江陰境上。時江岸才有車船二十四艘，既而虞允文與李顯忠所遣戈船亦至。

權兵部侍郎陳俊卿言：「敵擾淮甸幾兩月矣。前日瓜洲雖失利，不旋踵而有捷音。既而李寶舟師又大捷，此天祐聖德，敵宜滅也。但荆、襄爲吴、蜀之咽喉，敵自春以來，積糧草於唐、鄧，修營寨於西京，蓋欲窺伺。屬吾有備，遂改圖兩淮，而其糧草爲王師所焚。今敵騎盡過淮東，恐其知成閔之師順流東下，必留二三萬騎往來兩淮，而出吾不意，復窺荆、襄。願詔大臣與上流諸將謀所以守之。又王師分戍長江巨海，備衆而隙多。今惟患兵少，宜於閩、廣厚賞以募舟師，此皆不可緩也。」俊卿所奏未知的在何日，今因李寶捷奏附書之。

太府少卿、總領四川財賦王之望言於宰執曰：

之望職總四川財賦，專一報發御前軍馬文字，有大利害君相所宜知者，不敢不以上聞，若朝廷行與不行，則非之望之所敢必也。吴璘天資忠義，自聞警報，即上殺金平、仙人原，與賊相持。中間取秦、隴、洮、蘭等州，及分遣王彦東取商、虢，委有功績。然金人重兵盡在鳳翔府、大散關、和尚原一帶，多積糧食，守備甚固，其意未可測。此敵不破，川蜀之憂未艾也。吴璘日夜措畫，以圖攻取，事未可期。而其人平時多病，日餌丹砂數十百粒，比暴露之久，時復發作。前欲遣姚仲出秦州，而身自攻關，最苦臟腑，臟腑稍安，又苦腎腸之疾，每疾劇時，亦頗危殆，幾至死。以今月十五日下仙人原，還興州醫治，却令姚仲在原上彈壓兵馬。强敵對壘，人心危懼，四川事勢可爲寒心。蜀人前此恃以爲安者，以其侄吴拱在此，緩急有賴。吴拱移襄陽，渠每以失助爲憂。今疾病如此，豈可不預爲之所？之望不知東南事體緊慢，吴拱可輟不可輟，只論目今蜀中形勢，不若亟令吴拱復還，使吴璘一向安健，而得吴拱之助，則軍聲愈振，可以速成大功。假使疾勢增損不常，則此一軍，亦無他慮。吴璘既爲宣撫，而尚領都統職事。若除吴拱爲都統，而吴璘以宣撫使判興州，於體尤順。切恐朝廷以吴拱歸蜀，襄、鄂闕帥爲疑，則李師顔見駐峽州，可以就用。夔非衝要，謀帥不難。人命不可知，一方安危，所繫全急。望朝廷權事輕重，速賜處置施行。

又言：

若吴拱還蜀，宜以東南形勢已壯，令吴拱歸圖關陜爲詞。璘平日愛重拱，拱亦每事盡言，璘無不從。自拱之去，有事闕人商量，人亦少敢言，大段失助。人謂璘雖一向平復，拱亦宜常在左右。出則使之統率，居則贊其謀議，於乃叔所補甚大。

是日，浙西副總管李寶以所部泛海南歸。寶既捷於膠西，會聞金主亮已渡淮，乃還軍駐東海縣。既而山後統制官王世隆、開趙皆來會。寶命趙率其衆傍海以行，而與世隆同舟赴行在。李寶回師，諸書不見月日。三省樞密院激賞庫有殿前司水軍統制范實申狀，稱右部正將陳士鋭於今年八月内，隨逐節使太尉前去山東解圍。海州、膠西見陣於十一月二十一日，同䑸放洋回軍，故繫於此。

23 庚寅，金主亮在瓜洲鎮御營。

宿衛使楊存中，中書舍人、督視府參謀軍事虞允文以敵騎瞰江，恐車船臨期不堪駕用，乃與淮東總領朱夏卿、鎮江守臣趙公偁相與臨江拽試，命戰士踏車船徑趨瓜洲，將迫岸復回。虜兵皆持滿以待㊽。其船中流上下，三周金山，回轉如飛。虜衆駭愕，亟遣人報亮。亮至，見之笑曰：「此紙船耳。」因列坐諸酋㊾，一酋前跪曰㊿：「南軍有備，不可輕。且采石渡方此甚狹，而我軍猶不利。願駐於揚州，力農訓兵，徐圖進取。」亮震怒，拔劍數其罪，命斬之。哀謝良久，乃杖半百而釋之。徐夢莘北盟會編，庚寅，亮在瓜洲臨江。李横發水軍戰艦出江中耀威。按此時劉錡已去，若成閔未來，則當是劉鋭權都統職事，此云李横誤也。楊萬里撰虞允文神道碑，稱允文與楊存中、成閔謀閲舟師，而熊克小曆無閔姓名，當考。

24 辛卯，吏部員外郎曾注上言，乞信賞必罰。上謂大臣曰：「賞罰人主之大權。昨王權臨陣退衄，朕已遠竄。今三大帥招討制置之命，宜批旨便除，以示懲勸。」注，侯官人。上所言蓋指成閔、吴拱、李顯忠也。

遣閤門祗侯戚世傑賜江州都統制戚方金合茶藥。

25 壬辰，拱衛大夫、忠州刺史、殿前司右軍統制王剛以所部至泰興縣。時知縣事尤袤猶堅守不去。翌日，金人游騎至城下，剛率衆拒之。袤，無錫人也。

26 癸巳，翰林學士兼權吏部尚書何溥上欽宗神御殿名曰慶瑞。然新宮諸帝，實同一殿，但立其名以爲樂曲之名而已。

慶遠軍節度使、龍神衛四廂都指揮使、主管侍衛馬軍司公事、充湖北京西制置使成閔兼鎮江府駐劄御前諸軍都統制，充淮南東路制置使、京東西路河北東路淮北泗宿州招討使。

寧國軍節度使、建康府駐劄御前諸軍都統制李顯忠爲淮南西路制置使51、京畿河北西路淮北壽亳州招討使。

潭州觀察使、捧日天武四廂都指揮使、鄂州駐劄御前諸軍都統制吴拱爲湖北京西制置使、京西北路招討使。

27 甲午，知樞密院事、督視江淮軍馬葉義問言：「比敵人進逼江上，與鎮江、建康、太平諸郡，纔隔一水。先是，一人謀開第二港河，欲徑衝丹徒，施工累日。一夕大風沙漲，截斷不得渡，人皆以爲水府陰祐。乞詔禮官，依五嶽例峻加帝號，令建康府守臣擇地建廟，其金山、采石二水府亦乞增封，遣官祭告。」詔禮部太常寺討論。已而，太常寺言：「江瀆已封廣源王，欲特增加六字，擬昭靈孚應威烈廣源王，建廟賜額曰佑德。其乞峻加帝號一節，候恢復中原日，别議封册施行。」從之。

是日，金人分兵犯泰州。初，金主亮在瓜洲，聞李寶由海道入膠西，焚其戰艦，而成閔諸軍方順流而下。亮愈忿，乃還揚州，召諸酋52，約三日畢濟，過期盡殺之。諸酋謀曰：「南軍有備如此，進有渰殺之禍，退有敲殺之憂，奈何？」其中一酋曰：「等死，死中求生，可乎？」衆皆曰：「願聞教。」有總管萬戴者曰：「殺郎主，却與南宋通和歸鄉，則生矣。」衆口一詞曰：「諾。」平旦，諸將大懷忠、蕭鷓巴詣御寨奏事[53]，亮醉卧未起。懷忠問宿直將軍樂家奴曰[54]：「郎主夜來有何聖旨？」家奴曰：「昨夕與后妃飲，言三日渡江不得，將大臣盡行處斬。」諸將聞之，益懼。亮謂威勝統軍、勸農使耶律阿列[55]，范成大攬轡録云耶律勸農使，人往往不知其名。此據神麓記。曰：「爾所將勝兵，我明日自點。數少，必誅無恕。」阿列自計兵亡已過半，與其子宿直將軍母里哥謀[56]，亦欲弑亮。亮有紫茸等細軍，不遣臨敵，專以自衛，衆患之。鷓巴曰：「晚朝奏遣細軍東取海陵，仍請樂將軍諭以禍福，則可濟矣。」乃謂細軍曰：「淮東子女金帛，皆逃在泰州，我輩急渡江，汝輩何不白郎主往取之？」細軍欣然共請，亮許之，於是細軍去者過半。亮妹婿唐括安禮能文知兵[57]，掌黄頭女真。亮聞新主褒立，遣安禮以本部兵歸，故諸將益無所憚。趙甡之遺史，亮婿駙馬管黄頭女真三萬人。按亮子女尚少，其婿恐未能典軍。以范成大攬轡録考之，知兵者乃安禮，蓋亮妹婿也。

28 乙未，金人弑其主亮於龜山寺。諸酋既定議，夜漏未盡二鼓，率兵萬餘人，控弦直入亮寢帳。閽曰：「何爲者？」曰：「欲奏事。」將軍樂家奴入告以南人劫寨。亮驚起，求劍甲不得，左右親兵皆散走。諸酋射帳中，矢下如雨，亮被矢呼曰：「汝南人乎？吾人乎？」皆曰：「吾人。」遂連射殪亮，併及其帳中妃侍五人。參知政事李通、兵部尚書郭安國、左補闕馬欽皆死。馬欽即劉光世親軍副統制，其北歸事已見紹興十五年十一月庚申。亮在位十二年，年四十。吕中大事記曰：「二十八年，金將叛盟，孫道夫既言之，杜莘老又言之[58]，而朝廷不之信。二十九年，黄中使回，言金已治汴京，而二相猶詰之，以爲妄。金已定寇江之計[59]，王綸使還，妄言和好無他，而湯思退遽爾稱賀。秦檜之餘孽，遺毒可勝道哉？惟黄中以爲朝廷與金通好，我未嘗一日言戰，彼未嘗一日忘戰。惟陳康伯以爲今日之事，有進無退。故三十一年九月，逆亮入寇[60]，百官盡爲避狄之計[61]，惟康伯與黄中家屬在城中而已。二公既決親征之議，於是金將合喜至渭河，吴璘敗之。金將劉謣犯襄陽，吴珙敗之[62]。史俊敗之於茨湖，李顯忠敗之於全椒，李寶敗之於膠西，引舟師至石臼島，而錦纈帆爲之一燼。劉錡敗之於皂角林，至瓜洲渡四日，無日不戰，而金師不得濟。惟劉汜、李横不利[63]，王權逗遛不進，葉義問督視無功，亮得以至采石。而虞允文海鰍船一出，敗之於楊林渡。亮又趨瓜洲，允文踏車船一出，回轉如飛。金退揚州，而自倒戈矣。以講和之久，兵將驕怠者二十年，意其氣必衰，心必怯矣。今也兵無不戰，戰無不勝。檜之邪説雖熾，而張、趙、韓、岳屢勝之威猶在也。」何俌龜鑑曰：「吾觀亮之來也，飄忽震蕩，瞰巴蜀，窺海道，撫浮梁而渡淮，將投鞭以絶江，其勢亟矣。而王赫斯怒，爰整其旅。親征一詔，寫八寢廢祀之悲，述二帝蒙塵之痛。人怨神怒，賈勇直前。而宰相奏曰：『敵國敗盟，天人共憤。今日之事，有進無退。若聖意堅決，則將士之氣自倍。』故合喜入渭河，吴璘敗之。韓保衡入海州，李寶敗之。劉謣入襄陽，吴珙敗之。而江淮之師，則金亮之所統也。淮之東，吾有劉錡。淮之西，吾有成閔，敵不能入矣。自夫錡以疾聞，王權失守，而後敵得至采石。横以懦失，劉汜不利，而後敵得至瓜洲。然采石之役，鰍船一出，敵其魚矣。今之允文，非昔之權也。瓜洲之役，車船一踏，鯨鯢驚逝。今之允文，非昔之横、汜也。卒使佛貍飲江而死，苻堅臨淮而滅。兹固天助，亦人謀哉！」

嚴州奏：「起到義兵三百人。」詔隸御前忠鋭第五將張耘使唤。

金人陷泰州。趙甡之遺史載此事在乙未，熊克小曆在丙申。按三省激賞庫有沙世堅申狀[64]，稱十一月二十七日金人攻破泰州。乙未，二十七日也。先是，泰州守臣請祠去，通判王濤權州事。九月，濤以移治爲名而去，留州印付兵馬都監趙福。金人侵淮甸水寨，都統領胡深與其副臧珪棄水寨，率鄉兵二千入泰州，以兵勢凌福。福具申於葉義問，義問以深權知州，深以珪權通判，福權本路兵馬都監。淮南轉運副使、提領諸路忠義軍馬楊抗又以其右軍統領成忠郎沙世堅權海陵縣丞兼知縣。深聞金人欲犯泰州，與世堅率其衆棄城先遁。珪堀斷姜堰，盡泄運河水。至是，敵細軍至城下，遂徑登其城，縱火擄掠。福死於亂兵，城中子女强壯，盡被敵驅而去。時楊存中命殿前司右軍統制王剛以所部權知泰州，而城已陷矣。沙世堅申，十一月二十五日敵兵再到城下，當夜捉到姦細王乞僧，稱：「泰州趙都監、戴縣尉已有文字，與敵交割泰州。至當夜三更以來，胡權州同世堅等前來巡城，見戴縣尉將本部五千餘人用箭射忠義軍。胡權州與世堅等恐内外相應，遂將兵出城。至二十六日午時，大兵果到城下。爲孤軍勢力不如，遂迤邐前去如皋縣駐劄。」此恐其飾説，今從趙甡之遺史。熊克小曆，丙申，亮細軍破泰州，統制官王剛棄城走江陰。按激賞庫有剛申狀，稱十一月二十七日，準御營宿衛使司并樞密院劄子，奉聖旨王剛權知泰州，已於十二月初六日入城。則泰州破之日，剛始被命，而未權州也。又江陰軍十二月初五日申，今月二日準御營使司牒將應干官私海船濟渡王剛軍馬，本軍即時拘收押發，到對岸泰興縣界石莊，載渡王剛所部軍馬，前來本軍駐泊未絶。據此則泰州既破八日之後，王剛軍馬猶在江北。克稱剛棄城走江陰，恐亦差誤，今不取。

是日，天重陰。有樞密行府使臣胡斌者，能爲天文，謂樞密院檢詳諸房文字洪邁曰：「昨夕四鼓，濃雲塞空欲雪，而東北忽穿漏，一大星墜，蓋虜主死祥也[65]。」未幾，虢州簽軍雷政渡江，報亮已被殺。金亮之死，晁公忞敗盟記在二十七日乙未，趙甡之遺史在二十八日丙申。按苗耀神麓記云：「耶律阿里等謀以二十六日夜分弑亮。」蓋二十七日未明時也。楊萬里撰虞允文神道碑稱乙未夜弑亮，實差一日。

29 丁酉，詔吴璘於關外募勇士充效用，不刺手面，每及三百人，差官部押赴行在。

太府少卿、總領四川財賦王之望言：「諸州人户典賣田宅，合收契税錢，失陷最多。蓋緣所收窠名七分隸經總制，三分屬係省諸州。以係省所得既少，不復經意，其在民間已交易契書，不行拘催投印，已納在官錢物，亦不盡實收附。今欲將四川州縣田契稅錢，從本所措置拘收，將收到錢，取新立經總歲額及係省數目撥還逐處外，餘數乞不立爲額。仍免分隸諸司，盡撥赴本司，應副大軍支遣，無損於民，有利於官，所補不細。」從之。時軍事方興，調度日急。之望一日與官屬泛舟嘉陵江，酒酣，謂左宣教郎本所幹辦公事何耆仲曰：「吾比得蜀中富民隱契稅錢，可以佐調度。」耆仲曰：「今日之事，縱如紹興初用兵，時冉家灣、丁劉圈、和尚原醲賞之數，在本所之積猶枝梧，奈何當困弊之餘，自戕其根本？且向之富民，即今之鬻田者。設有隱稅，所得幾何？公前日持無科配之説，今遽行此，與科配何異？」之望不從。於是遣官置司，會三年飛甲之籍。限滿不首，許諸人告，依法論罪，以田宅準元價三分之一沒官，以沒官之半給告人。凡嫁資遺囑及民間葬地，隱其直者，視鄰田估之，雖産去券存，亦倍收其賦。於是，歲中得錢四百六十七萬餘引，而極邊所捐八郡及瀘、夔等未輸者十九郡不與焉。紹興三十二年十月，王之望申，已委官去處三十三州，合納錢四百六十七萬九千九百三十九道，係則今年十月終申到數，下項一十九州，近方委官，未見申到數目：黎、盧、龍、巴、忠、興、施、黔、劍、文、金、夔、閬、達州、南平、梁山、大安軍、富順、大寧監。下項八州，係邊遠去處，更不差官：威、茂、珍、階、成、西和、鳳州、長寧軍。下項五州，陳首未盡，見行展限：成都府、閬、簡、涪、萬州。詳見本年月。之望因劾耆仲離間他司，遂罷去。耆仲，青城人也。

30 戊戌，顯仁皇后禫祭，上行禮於別殿。

敷文閣待制、知臨安府趙子潚獻犒軍錢十五萬緡，詔特轉一官。

是日，金國都督府遣人持檄，來鎮江軍議和。初，金主亮既殞，諸軍喧囂不定。户部尚書梁球，球，廣寧人。

已見紹興二十六年十二月。趙甡之遺史稱有梁尚書，而無其名。按范成大攬轡録稱球此時爲户部尚書，故知即其人也。員興宗記采石始末，稱十一月九日金主鞭梁大使一百，又稱衆殺金主，併殺梁大使。注名球，引亮來采石者。按梁大使，乃漢臣，興宗誤也。聞亂馳入曰：「事已如此，固無可奈何。然方與敵國相持，不知何以善後？」衆皆不言，球曰：「當撫定諸軍，勿使囂亂，徐思計策可也。」衆稍定。球乃草檄，言班師講好事，訪聞瓜洲所俘成忠郎張真，即遣之南渡。

是月，四川黎州虛恨部蠻兵掠犍爲之籠蓬堡，武節郎、成都等路第一副將鄭祥等四人爲所殺。堡在賴因、銅山之間，距縣三百餘里，自紹聖後，蠻不由此路入寇，民耕殖安土成聚。先是，蠻王歷階與其子蒲底、判官田三二繼死。歷階，紹興二十八年死。蒲底、三二，二十九年死。蒲底之子袁弄始八歲，其首領熱具等三人用事。至是，熱具夜率千餘人，由離弩山路犯籠蓬堡，會鄉民有入箐採蜜蟎者，蠻因迹而襲之，擄男女千餘人，以長繩繫縲，聯貫數十，或使持負擄掠所得而去。其日己卯也。蠻分兵襲賴因寨，提點刑獄公事王濯命祥等引官軍射士躡之，祥與賴因人約，兵近則舉狼煙，使城中出守兵相應，次小叟，道嶮峽，蠻急扼其前，犍爲縣尉以射士禦之。蠻乘高墮石飛楯中官軍，官軍多死。祥斂衆臨水，陣不成列，倉卒不能具狼煙。又蠻以兵綴賴因，城中不能出兵。前鋒始交，官軍懼，稍稍潰去。蠻乘山行，分兵出其後，合擊之。祥不能軍，易士卒服亦將遁。有軍士持鼓進曰：「此可涉也。」祥從之。蠻因其囂潰，鼓噪蹙之，餘衆悉赴水死。祥與部將王忠、犍爲尉、嘉眉巡檢暨禁兵、射士六百餘人皆歿。蠻斷其首，取其器械，使其王子親軍數百人服之。明日，陣於賴因城下，閱其俘而歸。至青孤山，天大雪，迷不能進，裴回賴因之下者數日，州人猶驚潰。守臣李莘民命撤東津浮橋之竹絙以待之，聞者皆笑。制置使王剛中遣正將李毅發八州兵千餘人來援，毅至榮丁寨，遣二校以四百人覘。蠻聞官軍集，欲亟去。相望數里，衆懼且潰，二校不能止。提刑王濯又檄毅毋輒殺，軍益戢。居數日，蠻復由離弩山路按隊徐行而去。毅發卒搜山，得一死蠻，斷其首，告捷於成都。事聞，詔祥等各官其一子。於是，始以官兵二百人偕土丁戍其地焉。

總領四川財賦王之望言：「四川自今調發諸頭項軍馬十餘萬衆，與金兵對壘，已經八九十日，用度浩瀚。其累年樁積，并朝廷前後撥降錢物，準備應副，已經欠闕。而支費名色，增創愈多，深恐有誤大計。之望到任一年，雖報警急，並不曾申奏乞分文錢物。蓋以東南用度至廣，粗懷體國之心，若稍能了辦，實不忍更有干請。今勢不得已，合控告朝廷，謹分項條畫收支見在并闕少數目，及前此用兵獲降指揮利害曲折，申尚書省。伏乞特賜體念，速降指揮。」之望此申不得其月日，以狀中所云對壘八九十日考之，當在此月下旬，故且附月末。或可移附此月二十九日丁酉申明白契劄子之前。先是，朝廷以軍興出度牒五千道，賜本所爲軍費，至是，又以四路上供錢五十萬緡與之。降度牒、撥上供，此並據隆興元年之望辨白契劄子所云修入。日曆無之，當考其月日。

校勘記

① 敷文閣待制張子顏子正集英殿修撰張子仁　「子正」之「子」原闕。三朝北盟會編卷二三七載子仁兄弟獻米助軍所署有「右通直郎充敷文閣待制提舉佑神觀子正」，居子顏之次，故據補。

② 保守江渡　「江渡」原闕，據三朝北盟會編卷二三八補。

③ 淮寧人陳亨祖執金人所命同知陳州完顏耶魯　「耶魯」，原作「葉嚕」，據金人地名考證改。

④ 虜以明日渡江　「虜」，原作「敵」，據皇朝中興繫年要録節要卷一七改。

⑤ 王節使在淮西聲金不聲鼓　「聲金不」，原闕，據皇朝中興繫年要録節要補。

⑥ 望江北虜營　「虜」，原作「敵」，據皇朝中興繫年要録節要改。下同。

⑦ 金人死士不死於江者　前「死」字原闕，據皇朝中興繫年要録節要補。

⑧ 虞允文遣盛新引舟師直楊林河口　「遣」字原闕，據皇朝中興繫年要録節要補。

⑨ 若虜船自河出　「虜」，原作「敵」，據皇朝中興繫年要録節要改。下同。

⑩ 悉陷泥中而斃　「而」，原闕，據皇朝中興繫年要録節要補。

⑪ 蹇駒撰虞尚書采石斃亮記云　蹇駒，潼川府鹽亭縣人，紹興十八年進士，仕至知雅州。其所著瓜州斃亮記，今有單行本，三朝北盟會編卷二四一亦載其文，然與此處所引全然不同。蓋此所引用，出自三朝北盟會編卷二四八所載張燾行狀。當係作者李心傳誤署此題。

⑫ 而虜騎充斥　「虜」，原作「敵」，據三朝北盟會編卷二四八改。下同。又，本節所引文字中，「虜酋」原作「金主」，「賊船」原作「敵舟」，皆逕改，不另出校。

⑬ 將士皆歡呼曰　「歡」原闕，據三朝北盟會編卷二四八補。

⑭ 賊舟齊發　此四字三朝北盟會編卷二四八作「賊舟濟江」。

⑮我軍羣弩俱發賊出中流　三朝北盟會編卷二四八「俱」作「齊」，「出」作「在」。
⑯見我水軍賊船盡却　「我」原闕，「賊」原作「戰」，「却」原作「出」，均據三朝北盟會編卷二四八補改。
⑰我以海鰍船五十餘隻　「五」，三朝北盟會編卷二四八作「二」。
⑱虜主以重兵臨采石已數日　「虜」，原作「金」，據三朝北盟會編卷二四二引國史館編修官員興宗采石戰勝録改。本節以下同。又，「虜酋」，原作「金主」，亦據改。
⑲於路十五里　「於」，原作「餘」，據三朝北盟會編卷二四二改。
⑳我輩不會步戰厮殺　「戰」原闕，據叢書本補。會編作「走」。
㉑官家養汝三十年　「家」原闕，據三朝北盟會編卷二四二補。
㉒西拒賊船　「拒賊」，原作「裹敵」，據三朝北盟會編卷二四二改。
㉓有數十舟達南岸　「數十」，三朝北盟會編卷二四二原作「十數」。
㉔公令時俊先登　「令」，原作「謂」，據三朝北盟會編卷二四二改。
㉕有説舍人乃閤門宣贊者　「乃閤門」原闕，據三朝北盟會編卷二四二補。
㉖王權領衆回走東采石　「領」，原作「令」，據叢書本改。
㉗金主遣奉國大將軍乞伏赤朱押戰船一千餘隻出楊林口　「乞伏赤朱」，原作「齊芬珠徹」，據金人地名考證改。
㉘早達建康　「早」原闕，據叢書本補。
㉙赤盛明威將軍奏曰　「赤盛」，原作「齊克紳」，據金人地名考證改。

㉚ 逆亮已次采石 「逆亮」，原作「金主」，據楊萬里誠齋集卷一二〇宋故左丞相節度使雍國公贈太師謚忠肅虞公神道碑改。以下同。又，本節所引，凡「虜」原皆作「敵」，皆據神道碑改，不另出校。

㉛ 號七十萬 「七」，原作「四」，據誠齋集卷一二〇改。

㉜ 虜舟被溺死者數萬 「被」，原作「破」，據誠齋集卷一二〇改。

㉝ 亦非虜之善勝 「虜」，原作「敵人」，據名臣碑傳琬琰集下卷二四故太尉威武軍節度使提舉萬壽觀食邑六千一百户食實封貳仟户隴西郡開國公致仕贈開府儀同三司李公行狀改。以下之「賊」，原或爲「敵」之改，不另出校。

㉞ 乃曩時擒撒離喝李世輔 「撒離喝」，原作「薩里罕」，據金人地名考證改。

㉟ 於是振琪與統制官時俊盛新等徐出山崦 「制」，原作「副」，據叢書本改。

㊱ 逆亮簽刷北人南攻 「逆亮」，原作「金主」，據王明清揮麈三録卷三改。下同。又，本節引文，凡「虜」，原皆作「敵」，亦據改，不另出校。

㊲ 而又無容心於毁譽也 「容」原闕，據三朝北盟會編卷二三八引遺史補。

㊳ 隔江見楊林渡金人築臺四旁有黄黑煙突起 「渡」原闕，據三朝北盟會編卷二三八引遺史補。「起」原作「地」，亦據改。

㊴ 相次尾首相銜而出 「首」，原作「尾」，據三朝北盟會編卷二三八改。

㊵ 每舟有軍兵數十人 「十」原闕，據三朝北盟會編卷二三八補。

㊶ 戰抖幾不能止 「抖」，原作「灼」，據三朝北盟會編卷二三八改。

㊷ 各中一二百箭 「中」原闕，據三朝北盟會編卷二三八補。

㊸金人死士五六百人　「六」原闕，據三朝北盟會編卷二三八補。

㊹官軍每隊五十人　「官」，原作「他」，據三朝北盟會編卷二三九改。

㊺甡之又稱官軍發十海鰍船每船有軍兵數人　按：前引三朝北盟會編卷二三八已謂每船有官軍數十人，非數人。故此「十」字最爲關鍵，闕此一字，即無法推知海鰍船作戰人數矣。李心傳據傳本之誤，以爲依據，則立論難免有所不當也。

㊻皆有難色　「難」，原作「艱」，據皇朝中興繫年要録節要改。

㊼員興宗所記李捧分軍在十五日　「員」，原作「緣」，據上文改。

㊽虜兵皆持滿以待　「虜」，原作「敵」，據皇朝中興繫年要録節要改。下同。

㊾因列坐諸酋　「酋」，原作「將」，據皇朝中興繫年要録節要改。

㊿一酋前跪曰　「酋」，原作「將」，皇朝中興繫年要録節要作「首」。據宋史全文卷二三上、宋名臣言行録别集下卷六楊沂中改。

51建康府駐劄御前諸軍都統制李顯忠爲淮南西路制置使　「使」，原闕，據叢書本補。

52召諸酋　「酋」，原作「將」，據皇朝中興繫年要録節要改。下同。

53諸將大懷忠蕭鶻巴詣御寨奏事　「鶻巴」，原作「札巴」，據金人地名考證改。下同。

54懷忠問宿直將軍樂家奴曰　「樂家奴」，原作「樂嘉努」，據金人地名考證改。下同。

55亮謂威勝統軍勸農使耶律阿列　「阿列」，原作「阿里」，據金人地名考證改。下同。

56與其子宿直將軍母里哥謀　「母里哥」，原作「穆爾古」，據金人地名考證改。

㊼亮妹婿唐括安禮能文知兵　「唐括」，原作「唐古」，據金人地名考證改。
㊽杜莘老又言之　六字原闕，據皇朝中興大事記講義補。
㊾金已定寇江之計　「寇」，原作「犯」，據皇朝中興大事記講義改。
㊿逆亮入寇　原作「金亮入犯」，據皇朝中興大事記講義改。
51百官盡爲避狄之計　「狄」，原作「敵」，據皇朝中興大事記講義改。
52吴珙敗之　「吴」，原作「劉」，據皇朝中興大事記講義改。
53惟劉汜李横不利　「汜」，皇朝中興大事記講義原作「錡」。
54按三省激賞庫有沙世堅申狀　「三」，原作「二」，據文意改。
55蓋虜主死祥也　「虜」，原作「金」，據皇朝中興繫年要録節要改。

建炎以來繫年要録卷一百九十五

1 紹興三十有一年十有二月己亥朔，侍衛馬軍司中軍統制趙撙復蔡州。初，撙自蔡州引兵南歸，後三日至麻城縣，復被詔與鄂州都統制吴拱、荆南都統制李道併力攻取。二人未至，撙疾趨城下。金人所命刺史蕭懋德聞撙至，披城爲寨，相拒兩日，不出戰。至是，夜漏未盡，撙命將士潛師入城，城無樓櫓，不可守，懋德遁去。

詔主管侍衛馬軍司公事成閔所部軍馬並加倍犒設一次，以自襄、郢初至鎮江也。

秘閣修撰、江南西路轉運副使張宗元獻助軍錢十萬緡、米十萬石。詔遷一官。

成忠郎張真自揚州金寨至鎮江，出所持金檄云：「大金國大都督府牒大宋國三省樞密院：國朝太祖皇帝創業開基，奄有天下，迄今四十餘年。其間講信修睦，兵革寢息，百姓安業。不意正隆失德，師出無名，使兩國生靈，枉被塗炭。奉新天子明詔，已行廢殞。大臣將帥，方議班師赴闕，各宜戢兵，以敦舊好。須至移牒，牒具如前事。須牒大宋三省樞密院照驗，大定元年十一月三十日牒。銀青榮禄大夫、右領軍都監、開國公蒲察[1]，龍虎衛上將軍、左領軍都監徒單崇進[2]，左領軍監軍、瀋國公徒單坦，儀同三司、右領軍、副都督、函國公，銀青榮禄大夫、右領軍大都督開國公，太保、左領軍、大都督齊國公。」金牒内無左副都督階銜，疑即李通見殺故也。林栗上宰執書稱詳其闕牒，尚有兩名不書，不知右監軍爲誰。督視行府回牒金人軍前云：「今月一日，承來文照驗正隆廢殞事，除已繳奏外，須議移文牒請照會。「紹興三十一年十二月一日，侍衛馬軍都指揮使、御前諸軍都統制成，太傅、御營宿衛使、和義郡王楊，左中大夫、知樞密院事、都督諸路軍馬葉。」是時，行府云都督者，以金人稱大都督來議和，我不可示之以弱也。

右武大夫、吉州刺史、知通州崔邦弼聞泰州陷，欲棄城去，恐百姓不從，夜二鼓，遣人於城內外縱火，乘喧鬧徑出，渡江之福山。既而提舉常平茶鹽公事王珏劾於朝，降二官放罷，而珏已死矣。

2 庚子，詔淮東制置使成閔元帶到鄂州軍馬，日下發還。言者論：

金人自擁重兵，身臨淮東，日生姦計，意欲渡江，故朝廷督責諸帥，嚴爲捍禦。今鎮江已有元來屯駐軍馬，見係都統劉銳所管，并步軍李捧、都統邵宏淵及殿前司諸軍精鋭，盡集京口一帶。近日制置成閔又自襄、漢率軍來赴鎮江防遏，及摘帶鄂州所屯人馬同來。然鎮江既有諸帥軍馬湊集在彼，今又益以成閔之軍，則軍勢不爲不盛。計其扼天險以拒金人，亦足以制敵取勝。

然臣之區區，竊知金人見有十餘萬衆，屯聚汴京。臣深慮敵人知我重兵盡集鎮江，則襄、漢一帶必虛，儻以精兵襲我上流，吴拱雖有軍馬在彼，勢力單弱，倉卒衝突，我雖欲應援，然泝流數千里之遠，豈能旦夕而至？使敵人萬一出此，則利害誠爲非輕。欲望速降睿旨，將成閔帶到鄂州軍馬速賜發還本處，仍乞戒諭吴拱，明遠斥堠，嚴切捍禦，常爲待敵之策，庶幾首尾不落敵人變詐。

故有是旨。先是，閔以鄂州水軍及勝捷軍統制張成、後軍統制華旺所部偕行，乃令成等還鄂州屯駐。激賞庫有成閔回申，云初五日被受初二日密劄。蓋未聞捷報前指揮也。

太傅御營宿衛使和義郡王楊存中、淮東制置使成閔、中書舍人督視江淮軍馬府參贊軍事虞允文、司農少卿總領淮東軍馬錢糧朱夏卿等，黄旗奏報：「已殺虜酋完顔亮訖③。」朝野相賀。上曰：「此人篡君弑母，背盟興戎。自采石與海道敗後，知本國已爲人所據，乃欲力决一戰。今遽滅亡，是天賜朕也。朕當擇日進臨大江，洒掃陵寢，肅清京都。但戒諸將無殺掠，此朕志也。」

初，敵騎瞰江，朝臣震怖，争遣家逃匿，權禮部侍郎黄中獨謂其家人曰：「天子六宫在是，吾爲侍臣，若等欲安適邪？」比敵退，獨中與左僕射陳康伯家屬在城中，衆皆慚服。時存中與允文共議偕至江北岸，以察敵情。諸將憚行，允文、存中獨以輕舟絶江而北。上嘗謂康伯及留守湯思退曰：「楊存中忠無與二，朕之郭子儀也。」王曮撰存中神道碑云：「王與虞公以輕舟絶江，而敵騎奄至。方舉酒相屬，神觀屹然，敵不敢逼。」曮所云不無增飾，今不取。員興宗所記采石始末稱允文與存中初二日渡江，至瓜洲措置。後二日赴行在，初六日奏事。而楊萬里所撰允文墓碑不言允文渡江。以日計之，自瓜洲兩日無緣至行在。蓋允文、存中渡江即回，興宗或誤記也。馮履記范處義語云：「金亮死，范丈再同權知揚州葉宏過江北，有瓦礫之場，見虞舍人再過，以爲當去前路促督追師。范云：『此已深冬雪寒，不見道路，若止如此去，恐中路無宿止飯食之地。』虞卒往，凡四日止行四十五里，止於雪中一小坡上，雖欲回，亦不知路。偶然范丈爲葉守言，募兩健卒賫一壺酒，一盞飯，前路伺候。果見虞在雪中，見酒至，甚喜。因令此人引之回，謁揚守，見范丈云：『某悔不聽年兄言，幾至狼狽。』然徐往則敵已去，不可追矣。」按此所記，尤差誤難憑。若允文渡江四日而後回揚州，則初六日何以遽至行在？今並不取。

尚書省勘會：「近節次收復陝西州軍，合添用錢引行使。」詔：「四川總領所添印三百萬道，委王之望專一收掌，逐旋約度合用之數，作料次給降，足以給用即止。其餘合行事件，仰一面隨宜措置施行訖聞奏，仍不下司。」此事本之望陳乞，已具今年十一月戊辰。

是日，金人以舟師犯茨湖，官軍擊却之。茨湖在漢江之南，與光化軍相對，有鄂州副統制李勝、荆南副統制張進之軍在焉。至是，敵以舟渡師，欲攻襄陽，會風勢不利，不得着岸。鄂州前軍旗頭史俊麾旗涉水，直登一舟，呼曰：「前軍得功矣，諸軍宜進。」敵初不虞敢登其舟，遂大驚失措，行隊不整，有墜水而死者。諸軍繼進，俊殺其千户一人，奪舟數十。金人乃還。趙甡之遺史云，史俊殺其將杜萬户，而趙成京西戰功録云殺狗兒千户④，二書不同，當考。

3 辛丑，右武大夫、宣州觀察使、添差兩浙西路馬步軍副總管兼提督海船李寶爲靖海軍節度使、兩浙西路通泰海州沿海制置使、京東東路招討使，遣幹辦御藥院陳子常押賜旌節、官告、鞍馬。於是，承節郎曹洋特遷武經郎，賜金帶，餘將士第賞有差，賞膠西之捷也。

詔御營宿衛使楊存中以右軍統制苗定所管步軍前來扈從。

詔：「兩淮帥臣、監司、州縣失守官吏並放罪，除已放罷人外，令還任。其殘破州縣當省員者，監司、帥臣相度以聞。」後減諸司屬官二十四員，使臣二百餘員，吏卒二千餘人，歲省錢七十餘萬緡。

初，上將如建康撫師，而欽宗神主未祔廟，行宮留守湯思退欲省虞速祔，而釋服以行，既十日矣。至是，權禮部侍郎黄中言不可，上納焉。議者猶謂凶服不可以即戎。上曰：「吾固以縞素詔天下矣。」卒從之。

樞密行府議遣兵過江，乃檄淮西制置使李顯忠速選精鋭甲軍至鎮江府會合。所有采石一帶留下軍馬，令池州都統制邵宏淵權管。此據宏淵申行府狀。

總領四川財賦王之望復言：「吴璘疾病，乞朝廷權事勢輕重，還吴拱於蜀，使璘腹心有助。」之望恐璘不起，朝廷以姚仲代璘，故預有此請，凡五遺大臣書言之。

是日，金國統軍劉蕚聞茨湖軍敗，遂班師。軍無行陣，多失路，爲鄉民所殺。細軍之在泰州者，亦棄城而去。

4 壬寅，觀文殿大學士、醴泉觀使兼侍讀、充行宮留守湯思退乞鑄行宮留守印，仍就尚書省置司，行移如都省體式，合行事務，從權便宜施行訖奏。又請以敷文閣待制、知臨安府趙子潚兼充參謀官，尚書右司員外郎吕廣問充參議官，秘書省正字芮曄主管機宜文字，樞密院編修官鄭樵、諸王宫大小學教授吴袛若、司農寺主簿韓元吉並幹辦公事。皆從之。

崇信軍節度使、開府儀同三司、領殿前都指揮使職事趙密爲行宮在城都總管。利州觀察使、殿前司策選鋒軍統制張守忠爲行宮在城都巡檢。武功大夫、侍衛馬軍司右軍統制、權主管本司職事張仔爲行宮城北巡檢。右武大夫、忠州團練使侍衛步軍司神勇軍同統制、權主管本司公事王存爲行宮城南巡檢。

詔再放行在公私僦錢一月。

是日，主管侍衛馬軍司公事、淮東制置使成閔自鎮江引兵之揚州，御營宿衛使楊存中亦遣右武大夫、權殿前司右軍統領李伋自江陰軍引所部渡江，之石莊進發。此據江陰軍申行府狀。時葉義問遣使臣李彪伺金人回軍動靜，閔令報曰：「成太尉大軍在揚子橋相持，來日當大戰矣。」彪不聽。道路喧言，金人已去，揚州空虛。閔計不行，乃以馬軍司之兵自天長追襲，主管侍衛步軍司公事李捧亦以神勇軍襲之。敵軍凡數萬竄，其行如林，官軍皆不敢與相近，但遥護之出境而已。員興宗記采石始末云：「初二日，虞侯即與楊存中、成閔渡江，至瓜洲措置。」而蹇駒斃亮記云：「壬寅，成閔復揚州。」壬寅，初四日也。趙甡之遺史云：「癸卯，閔自鎮江府渡江追襲。」又云「亮死之七日，閔乃渡江」。以日計之，亮以十一月乙未被殺，後七日即壬寅，甡之誤以亮死在丙申，故載閔渡江復差一日耳。熊克小曆亦載閔復揚州在壬寅。今從之。

5 癸卯，詔：「金亮渝盟，侵犯王略。屬兹進發，躬往視師。文武羣臣，各揚厥職。輯寧中外，共濟大功。」熊克小曆於此月庚子，方書「殿中侍御史杜莘老乞親征從簡，以幸所過郡縣」等事。按莘老十一月戊辰已罷御史，甲戌復除司農少卿。蓋莘老所言，在初下詔巡幸之時，克失於細考也。

詔：「金人完顏亮以十一月二十七日駐揚州，爲其下所殺。今四川宣撫司統率軍馬，隨路進討，恢復州縣，雖曰分路調發，亦仰常相關報，互相應援，不得輒分彼此。務要協力，共成大功。諸路招討司準此。」

敷文閣待制、知臨安府趙子潚請權行團結保甲，巡察姦盜。又請：「强盜情理深重者，許酌情斷遣，並候事定日如舊。」皆從之。明年二月己未罷酌情指揮，閏月丙戌罷團結保甲。

詔：「樞密行府行下沿江諸大帥，各條陳目，今進討恢復事宜合如何施行，具已見利害，疾速聞奏。」資政殿學士、知建康府張燾首陳十事，大率欲預備不虞，持重養威，觀釁而動，期於必勝。

御史中丞汪澈言：「紹興二十五年，臣僚白劄子，謂岳飛既已伏誅，岳州與其姓同，本路諸司乞改岳州爲純。臣竊謂岳飛之叛，固自有公論。以姓名而改州名，尤悖於理。又光州、光化軍，以避金人之名，易光爲蔣，光化爲通化，尤可切齒。乞改岳州、光州、光化軍名額，一依舊制。」從之。

直顯謨閣、新知蘄州韓彦直充泗宿州招討司隨軍轉運副使，代陳桷也。

直秘閣洪濤爲沿海制置司隨軍轉運副使。濤前棄廬州去，今復用之。

拱衛大夫、和州防禦使、權知揚州賈和仲聞敵去，乃以單騎入城，猶未有官吏。

池州都統制邵宏淵自蕪湖以親兵至采石。成忠郎、提領諸路忠義軍馬所右軍統領沙世堅自如臯縣以忠義軍百餘人入泰州。

6 甲辰，進呈金國都督府牒。上曰：「金主既已誅夷⑤，餘皆南北之民，驅迫而來。彼復何罪？今即日襲逐，固可使隻輪不返，然多殺何爲？但檄諸將，迤邐進師，會京畿，收復故疆，撫定吾人足矣。」左僕射陳康伯請率百僚稱賀，上曰：「未須爾，候到汴京，與羣臣共慶。」按金檄，以初一日至江，初二日捷旗至行在，而初六日方進呈金檄者，蓋葉義問在建康，疑從行府繳申，故稍緩，或虞允文自持赴闕也。熊克小曆乃載敵遣張真持牒請和於成閔入揚州之後，失之矣。

太常博士林栗遺宰相書言：「敵人於我有不共戴天之讎，禍極凶殫，自取屠裂，今乃按兵江壖，議立新主，從容移檄，令我戢兵。萬一其計得行，是一亮死一亮生也。詳其關牒，尚有兩名不書，則其中同惡亦未堅定。爲今日計，宜敕諸將進軍臨之，別遣重兵，分出泗、亳、潁、壽，規取汴京，截其歸路。勿與之戰，使之前不得鬬，退無所歸，然後開以生還之路，示以丹青之信，諸軍但許受納降欵，若只是通和文字，不得收接。若失此時，縱其北歸，是禄山斃而慶緒興，思明弒而朝義立，中原塗炭，不知何時而已，惟廟堂垂聽。」中書舍人、兼權直學士院虞允文自鎮江還，入見，上慰藉甚渥。允文言：「車駕進發，而敵尚有在淮東西者，今當督淮上之兵，斷敵歸路，發鎮江、建康之兵，爲掩襲之舉，可使敵無噍類。」上從之，而敵去已遠矣。

司農少卿杜莘老直顯謨閣、知遂寧府，從所請也。莘老爲御史，極言無隱，取衆素所指目，如王繼先、張去爲輩，悉擊去之。及罷去朝，士祖道都門，以詩稱述者百餘人，都人至今以爲美談。雖宿衛武夫，府寺賤隸，誦前朝骨鯁敢言之臣，必曰杜殿院云。

昭慶軍節度使、提舉佑神觀劉懋獻錢二萬緡，以助軍用。

殿前司右軍統制、權知泰州王剛以所部至本州。王剛申：「十二月六日將帶一行官兵收復泰州，入城了當。」此妄也。初三日，金人已去。初五日，沙世堅先入城矣。

侍衛步軍司中軍統制顧暉引兵泊瓜步鎮。諜報金兵自和州搭浮橋至六合縣，暉不敢進，留居之。江東安撫司坐暉狀申行府。

是日，均州忠義統領昝朝等復據鄧州。初，敵將劉蕚之敗於茨湖也，還軍及鄧州，駐於城北八里。其武勝軍節度使、威略軍都總管蕭中一亦挈屬出城，駐於蕚軍之南。僞同知節副皆以屬去，中一留州事付監倉王直。中一與白千户、三户謀克言曰⑥：「今日鄧州屯駐之兵悉爲都統帶去，而城中之兵皆土人，萬一爲南宋之兵内應，如何？」衆皆知中一有順南之意，唯唯而已。坐中忽不見白千户者，中一疑走告於蕚矣。乃率其奴婢，將家屬南走，迷失道中，夜屢遭鄉村土豪驚散，至州北百餘里，中一被殺。翌旦，金人皆北去。録事參軍高通聞萼兵已退，乃集軍民謂曰：「今南兵已近，若此時不決，則城中之人皆不可保。」請遂決之。衆請通權節度副使，通曰：「鄧州本大宋所有，今金國已棄我官吏軍民矣。欲與諸公同歸大宋，如何？」衆皆聽命。忽報城下有十餘騎至，問之，則皆朝也，遂納欵。朝本鄧州射士，聚衆在山中，投均州守臣武鉅。

7 乙巳，命右司郎官呂廣問等十一人分攝行宮檢正、太常、宗正少卿、列曹郎官職事。

淮西制置使李顯忠自蕪湖引兵渡江，時金人尚屯雞籠山，而顯忠兵在沙上。觀文殿大學士、判建康府張浚自長沙聞命，即日首塗過池陽往勞，以建康激賞犒之。一軍見浚，以爲從天而下。浚諭顯忠曰：「聖駕將巡幸至此，而敵未退，得無慮乎？」顯忠乃以大軍濟江，去和州三十里，與之相持，然敵亦未退。

池州都統制邵宏淵自采石復還蕪湖，守把元認大信、裕溪河口措置捍禦。此據宏淵申行府狀。

是日，金人遊騎焚真州報恩寺塔，徑往天長。建康府申行府狀。

8 丙午，太常少卿王普言：「今鑾輿順動，而百官留務，皆在臨安行宮。望詔有司，凡祭祀之禮，舉行如舊。」從之。

郢州防禦使、侍衛步軍司中軍統制顧暉充本軍都統制，提總策應軍馬，以其累遣兵焚寨劫橋，故擢之也。

御前忠鋭第五將張耘乞增招效用千人，從之。

是日，淮東制置司統制官王選等復楚州。

9 丁未，鄂州統制官王宣至鄧州。先是，管朝既入城，遣人告捷。京湖制置使吴拱俾宣以千七百騎赴之，拱繼至。又遣訓練官牛宏、王彦忠等率忠義人入汝州⑦。

是日，均州鄉兵總轄杜隱等入河南府。先是，金人以兵二千駐長水縣，金州都統制王彦遣將官楊堅、黨清引兵，會忠義人往擊破之，殺其將二人，獲部將王寶以歸，遂復長水縣，堅以深入敵陳死之。清引其兵進攻嵩州，亦克之。又克永寧、壽安二縣。遂進兵入河南府城中，民吏皆迎降。費士戣蜀口用兵録載復河南事，全不言均州遣兵一節。趙甡之遺史乃略及之。按日曆，明年正月壬辰，知均州武鉅兼知河南府，則必是均州有收復之功，但未得其詳，當考。

10 戊申，上發臨安府，所至羣臣送迎者皆常服，黑帶去佩。時中書舍人、權直學士院虞允文使兩淮，而翰林學士何溥屬疾不能從，惟起居舍人、權直學士院劉珙扈行。乃命起居郎唐文若權行宫直院。

江南東路轉運判官李若川、柳大節言：

金人兇暴，反盟黷武，上天降殃，完顔亮被戮，兵衆遁走，乃傳其子，見留京東，軍馬頗衆，有親信以統之，勢須邀擊，以報擅殺之讎。今過淮敵兵敗亡雖多，尚有十餘萬衆，寧肯束手就死？亦須窮鬭。及金人巢穴⑧，多有完顔宗族類，豈無守國軍馬？必不能奉亮之子，亦不肯助戮亮之衆。定圖自立，更相攻殺，盡而後已。當此釁隙，契丹起而乘之，過於五單于争國，各自救不暇，豈暇尚占中原？且中原百姓被祖宗德澤之深，日思簞食壺漿以迎王師。此誠天啓恢復之時，不可失之機會也。然王師大舉，尤務慎重，以成萬全之功。一乞少憩將士，以養鋭氣。二乞預備錢糧，無致少闕。三乞添造器甲，以備分給中原義兵。緣義兵雖衆，唯闕器甲使用。四乞敵人欲敦舊好，誘以好言以欵之。五乞多遣人密結中原義兵，以爲應援。六乞厚賞募人，探知敵情，以便進取。七乞召集諸大帥，共議軍事，勿致臨時異同。然後諸路並進，非特恢復中原有反掌之易，亦可一舉而空朔庭也。若川此奏，據申行府副本，在十二月十日。

左朝奉大夫、提舉江南東路常平茶鹽公事洪适言：「金亮既殞，大定僭號，未必諸國服從。若能仰順天時，遣使歸疆，則王師不血刃而得土宇，實天下之幸。萬一敵衆尚强，自淮以北，別無争立之人，則宜多遣有膽力人密傳詔檄，使中原義士各取州縣，因以畀之。王師但留屯淮、泗，募兵積粟，以爲聲援。不必輕涉其地，以務争力。俟漢、蜀、山東之兵，數道聚集，見可而進，遲以歲月，必有機會可乘，恢復故地，何啻破竹？庶幾兵力不頓，可以萬全。」

是日，御舟泊臨平鎮。

11 己酉，中書言：「去御舟太遠，連日趁赴奏事不及。」詔宰執舟次建王舟行。

12 庚戌，上次秀州。守臣右朝請大夫俞召虎，左宣教郎、知嘉興縣杜易見於幄殿。自是，所過監司守令皆引對。召虎，歸安人也。

是日，金人大軍自盱眙渡淮盡絶。初，淮東制置使成閔以所部追襲金師，閤門宣贊舍人、知泗州夏俊聞敵歸，遂焚其城而南。金人乃遣千户先至泗州，撤民屋爲三浮橋，頃刻而成。翌日，軍到，皆下馬乘橋而過，望之如雲。既渡絶，閔軍至盱眙，排列於岸之南，聲喏如一。金人笑曰：「寄聲成太尉，有勞相送。」是時龜山沿路，金人遺棄粟米山積，往往有科山東、河北民户令赴平江府秀州送納者。官軍糧運方不繼，賴以自給。閔之衆多福建、江、浙人，不能食粟，其死者甚衆。此據趙甡之遺史修入。激賞庫有成閔申狀，亦稱十二月十二日收復盱眙軍。閔狀又稱收復泗州，奪到粟米三萬餘石，與甡之所云蓋同，已見此月癸丑劉銳入泗州注，或可移米事附於彼耳。

13 辛亥，上次平望。户部侍郎、兼御營隨軍都轉運使劉岑自江上還，入見。

14 壬子，上泊姑蘇館。知樞密院事葉義問自建康，太傅、御營宿衛使楊存中自鎮江還，皆入見。守臣徽猷閣直學士洪遵獻洞庭柑，上不受。自是所過無入獻者。遵言：「官拘舟船聚近海縣，募水手，留民兵，夾運河築烽臺，徒費無益。」乃罷鎮江至臨安所置烽燧，餘皆從之。

15 癸丑，上乘馬至平江府行宮，進膳。時御營宿衛使司右軍統制苗定以所部至平江，乃以定兼權主管行在殿前司職事。定權殿司，不知以何日降旨，激賞庫有定此月初十日申狀，稱今月九日晚到平江府，止宿一更二點。準十二月八日聖旨，令於所至用軍屯泊，以俟扈衛。日曆明年正月十九日丙戌，苗定引見上殿，乃繫改銜。蓋是時，趙密留臨安，故以定兼權也。今且附此，須考。

武經郎曹洋自李寶軍中部所獲叛人倪詢、應簡至行在，就御舟引見。詔磔於平江市。詢，常熟人。簡，道州人。並爲金人造舟者。

鄂州水軍統制楊欽以舟師追金人至洪澤鎮，敗之。夜，鎮江府統制官吳超遣部將段温等追金人至淮陰縣，又敗之，獲其舟船糧食甚衆。成閔申楊欽焚敵船五百餘隻，糧米五六萬石，并奪到糧船二百餘隻，糧米七千餘石。吳超奪到敵船大小三百餘隻，糧米三萬餘石。

是夜，淮東制置司統制官劉銳、陳敏等引兵入泗州。金人既渡淮，有三百人長告其千户曰：「三百人皆有歸心，不可彈壓，奈何？」千户曰：「郎主雖死，豈無王法？」其弟曰：「兄言失矣。郎主雖死，兄何不只在揚州，而須北歸邪？彼有父母，人心難留，豈可以法繩之？」千户默然。三百人各上馬，即時馳去。由是西城之兵，皆上馬馳出，不可遏。俄而東城之人亦去。成閔聞金人盡去也，乃遣鋭等自東城之東渡淮，又令統領官左士淵等自南門入，以收復告。金人所掠老弱之在泗州者，皆委之而去。此以趙甡之遺史及成閔所申參修。閔所申稱閔統率軍馬收復盱眙軍了當，其泗州淮河岸下擺泊舟船數千隻，金兵數萬人，隔河與官軍相距。閔遂將奪下金兵燒不盡橋脚船二千餘隻，併工修整，及於龜山以來搶奪到敵船十餘隻，并分遣統制官劉鋭、陳敏、王公述、張師顔，於十二月十五日夜，於泗州東城之東潛師渡淮。有敵騎數千於城東擺列前來，與官軍相拒。閔又分遣統領官左士淵、張青、魏全部押官軍，攻奪泗州南門，入城占據。閔再率官軍戮力掩殺，敵兵敗走，復收泗州了當。奪到粟米三萬餘石，被擄老小數萬口，放令渡淮歸業。按此所云⑨，與遺史不同，蓋自來諸軍功狀大率如此也。熊克小曆書丙辰成閔復泗州，蓋誤。

16 甲寅，上至無錫縣，宰執奏：「淮東敵人已遁去，淮西尚餘三萬衆據和州。」陳康伯等依旨撰到招安旗榜，不惟諸國之人，雖女真亦一概與補官。内萬户，許以節鉞，其餘視爵秩高下，更超等换授。白身特命以官，奴婢亦優賞，示之生路，庶使束手來歸。上曰：「彼亦人也。比引見所招，捉到金人，朕亦悉貸死，送諸軍役使。蓋首惡止完顔亮一人耳，若概殺之，則不勝其多，朕不忍爲也。」趙甡之遺史丙辰上至無錫縣。蓋誤。

右宣教郎、知無錫縣李森入見。淮東制置使成閔言已復淮東州縣了當。

武泰軍承宣使、提舉台州崇道觀劉寶獻助軍錢萬緡。

是日，淮西制置使李顯忠與金人戰於楊林渡，却之。將士死者千四百人，殺傷大當。翌日，敵乃去。

17 乙卯，上次常州荆溪館。守臣左朝散大夫葉顒、右通直郎知武進縣馮百藥、右通直郎知晉陵縣馬階相繼引對。

浙西沿海制置使李寶自鎮江入見，上慰勞久之。

是日，金人破汝州。先是，京西制置使吳拱遣訓練官牛宏等率忠義人據汝州，會統軍劉蕚自鄧州北歸，宏等邀之於七里河，敵兵盛，忠義人皆無甲，遂敗走。敵圍之五日，及城破，殺戮殆盡。拱在鄧州，遣統制官周贇將八千人往援之，已不及。

18 丙辰，上次呂城鎮。

武功大夫、建州觀察使田開落致仕。開嘗爲興州右軍統領，以疾求退。至是，宣撫使吳璘、制置使王剛中言其筋力壯盛，乃復用之。

淮東制置使成閔至泗州。時土豪劉繹有衆數百在横山，閔承制授繹修武郎、閤門祗侯、權知州事。

19 丁巳，上次丹陽縣。宰執奏，和州敵人已遁去，乃議肆赦及差官撫諭。上曰：「赦書中應亮賊暴虐等事，要一切罷去，仍戒所辟官屬，毋得生事。」

右從政郎、丹陽縣令胡傑入見。

淮西制置使李顯忠遣統制官張榮逐敵至全椒縣，敗之，得敵所獲老弱萬餘口。日暮，顯忠入和州。

是日，觀文殿大學士、判建康府張浚始至本府視事。浚首奏：「乞車駕早幸建康。」聞已進發，乃督官屬治具，不半月而辦。於是，資政殿學士張燾已被召，辭不至，改提舉江州太平興國宮。

20 戊午，上至鎮江府。未就舍，先乘馬幸江下，觀划船。浙西沿海制置使李寶從上行，因陳俘獲與所得百尺舟。上獎諭甚至，因歎曰：「始朕用寶，謗書滿篋，至謂必復從僞，今竟如何？」

晚頓丹陽館。守臣直秘閣趙公稱、司農少卿總領淮東軍馬錢糧朱夏卿入見。

21 己未，上幸鎮江府行宮。兩浙西路提點刑獄公事王趯、提舉常平茶鹽公事徐康入見。趙甡之遺史「辛酉，上至鎮江。壬戌，入行宮駐蹕」，皆與日曆不同。甡之又稱以和州雞籠山金兵未退，故回駐蹕。按此時金兵已退四日，甡之蓋誤。

詔諸路因事干北界編管羈管居住人，並放令逐便。

22 庚申，中書舍人兼權直學士院虞允文入見。允文論：「采石之役，張振等以偏裨勝金亮，今止賞以三官，願貽臣官以賞振等。」上曰：「曩者江上事勢，此何等危事？此輩宣力，功其可忘？」於是振等並落階官。是月甲子降旨。

是日，興州左軍統制王中正等引兵再攻治平寨，拔之。初，劉海既去，治平敵益兵堅守，中軍統制吳挺遣中正及知秦州劉忠共擊之，殺其知寨，降其招信校尉張吉甫等四人。既而，金人謀復取治平，中正引兵於于家堡迎敵，戰十餘合，敵敗走。官軍進擊，大獲其俘，中正爲飛槍中其左頰者二。

23 辛酉，資政殿學士致仕張綱入見。殿中侍御史吳芾言：「知崑山縣胡庭傑、知金壇縣潘文禮應辦巡幸，科擾民户銀器至多。」詔並勒停，永不得與親民差遣。

24 壬戌，曲赦新復州軍：「契勘淵聖皇帝梓宮及天眷尚在沙漠，若中原與諸國人能津致扶護來歸者，賜銀帛五萬匹兩。」先是，宰執進呈赦書事目，上曰：「向已下哀痛之詔，今日恩宥，不必更揚完顏亮過惡，但專罪己而已。」起居舍人、權直學士院劉珙草制，略曰：「茲强敵之干誅，幸上天之悔禍。爰整濯征之旅，坐揚耆定之功。元惡就屠，餘黨悉潰。重念中原之衆，久淪左衽之風。頭顱難保於淫刑，閭里悉空於重斂⑩。宜推在宥，咸與惟新。」自江上用兵，珙獨在禁林，一時詔檄，多出其手，詞氣激烈，讀者感厲。

25 癸亥，張浚言：「金兵已退，兩淮皆定。」

26 甲子，德音：「釋淮南、京西、湖北路雜犯死罪以下囚。」

尚書户部侍郎劉岑充徽猷閣直學士、知揚州，權户部侍郎張運兼御營隨軍都轉運使。岑受命，請步騎萬人以行，又請廢置一路官吏，乃復留岑爲户部侍郎。

中侍大夫、定江軍承宣使、建康府駐劄御前游奕軍統制張振爲定江軍承宣使，中侍大夫、寧國軍承宣使、建康府駐劄御前前軍統制時俊爲寧國軍承宣使，中侍大夫、舒州觀察使、建康府駐劄御前軍統制戴皐爲舒州觀察使，中衛大夫、宣州觀察使、殿前司護聖軍統制王琪爲宣州觀察使，中亮大夫、濠州團練使、建康府駐劄御前水軍統制盛新爲濠州團練使。並以在采石親與金主見陣，保護大江功力爲重故也。新自以功多而賞輕，抑鬱而死，建康、采石軍士至今憐之。盛新事，以王明清揮麈第三録修入。蓋新於接戰次日，又引舟師扼楊林河口，而其賞與張振等無異，故自以爲賞輕也。

武信軍承宣使、淮南東路馬步軍副都總管李横移兩浙西路，常州駐劄。

將仕郎戴公度獻助軍錢萬緡，詔以爲右從事郎。

浙西沿海制置使李寶言：「表兄張讜從王雲出使，不肯順番。寶在膠西見得，見被拘留韓州。乞與除直秘閣，仍令有司訪其子孫取旨。」上許之。給事中金安節等言：「讜使事在三十五年以前，韓州在燕之東北二千餘里，而寶乃自謂見得，不知有何所據。議者謂貼職之授，當自朝廷，而寶乃指名乞除，犯分已甚。况其意又在於搜訪子孫，後將有所徼覬，尤不當從。欲望特賜寢罷，庶幾安分守法之將帥，知公議有在，而益堅其尊朝廷之心，在今日誠非小補。」

是日，金人所命潁、壽二州巡檢高顯，率所部民兵千餘人據壽春府，遂來降。

27 乙丑，直顯謨閣向子固復知揚州。

右朝請大夫、主管台州崇道觀方滋知廬州。

右迪功郎、淮北壽亳等州招討使司幹辦公事劉蘊古爲右承務郎。蘊古爲李顯忠所辟，至是引對，而有是命。

28 丁卯，尚書户部侍郎劉岑充徽猷閣直學士，提舉江州太平興國宫。言者奏：「岑誕謾大言，略不留意職事。邊報方急，便爲自營之計，欺誑廟堂，求爲江上之行，一路騷然，初無秋毫之補。用心如此，所不可恕。」故有是命。

河北安撫制置使王任、天雄軍節度使王友直自壽春渡淮來歸[11]。任，東平人。嘗以罪亡命，敵重賞捕之急。友直方聚衆，任往大名歸之。友直喜，假任契丹以舉事，遂破大名。金主褎既立，下令友直之衆並放罪，令歸業爲平民。其衆聞之，皆散去。友直乃與任等自山東尋路來奔，比入境，有衆三十餘，遂自淮西赴行在。

初，金岐王亮既爲其下所殺，參知政事敬嗣暉欲立其太子光瑛於南京，左丞相張浩不可，併亮后徒單氏殺之。亮所遣先鋒將郭瑞孫至滑州聞變，留不進。金主褎知亮已死，乃與其子允升、允迪擁萬騎趨中都。

諸路歲鑄錢既以五十萬緡爲額，去年五月丙戌。然是歲纔鑄及十萬緡，惟嚴州神泉監直輸行在，而建、韶、饒、贛州皆自提點所泛江入漕渠，輸之内帑焉。

是歲，降空名告劄二十一萬道，付諸軍以備功賞。此據乾道二年八月甲午密院宣諭聖語修入。

諸路上户部主客户一千一百三十六萬四千三百七十二，口二千四百二十萬二千三百三。

校勘記

① 銀青榮禄大夫右領軍都監開國公蒲察 「蒲察」，原作「芬徹」，據金人地名考證改。

② 龍虎衛上將軍左領軍都監徒單崇進 「徒單」，原作「圖克坦」，據金人地名考證改。下同。

③ 已殺虜酋完顏亮訖 「虜酋」，原作「金主」，據皇朝中興繫年要録節要卷一七改。

④ 而趙成京西戰功録云殺狗兒千户 「狗兒」，原作「郭勒」，據金人地名考證改。

⑤ 金主既已誅夷 「誅夷」，原作「殞斃」，據叢書本改。

⑥中一與白千户三户謀克言曰　「謀克」，原作「穆昆」，據金人地名考證改。

⑦又遣訓練官牛宏王彦忠等率忠義人入汝州　「牛」，原作「朱」，據宋史卷三二高宗紀九「吴拱遣統領牛宏入汝州」之記事改。

⑧及金人巢穴　「巢穴」，原作「部落」，據叢書本改。

⑨按此所云　「此」，原作「史」，據叢書本改。

⑩重念中原之衆久淪左衽之風頭顱難保於淫刑閭里悉空於重斂　以上原俱闕，據宋史全文卷二三上補。續宋編年資治通鑑卷七與三朝北盟會編卷二四六所載，雖略有差異，然均有此段文字，知爲四庫館臣所删節者。

⑪河北安撫制置使王任天雄軍節度使王友直自壽春渡淮來歸　此句前原有「丁卯」二字，與前記日干支重複，逕删。

建炎以來繫年要録卷一百九十六

1 紹興三十有二年歲次壬午。金世宗雍大定二年。春正月戊辰朔，日有食之。上在鎮江。時欽宗几筵在臨安府行宮，百官當入臨，留守湯思退以吉月議罷之，權禮部侍郎黄中力争，得不罷。

2 己巳，遣中書舍人、權直學士院虞允文先往建康措置。

徽猷閣直學士、提舉江州太平觀劉岑落職①，以言者奏岑前罪，又論岑請復免行錢不當也。

右朝奉大夫知楚州王彦融、右朝奉大夫知光州强友諒並爲淮南轉運判官，填添置闕。彦融兼淮東提刑、兼淮北宿泗州招討司隨軍轉運判官，友諒兼淮西提刑、提舉常平茶鹽公事。

借補修武郎、閤門祇候郭昇充淮北忠義軍統制。

右文殿修撰、四川制置司參議官吴援丁母憂。制置使王剛中言於朝，特起復。

右宣義郎、新知泰州劉祖禮辭行。

金人犯壽春府，保義郎、樞密院忠義前軍正將劉泰率所部赴救，轉戰連日。是日，金引去，泰身被數十創，一夕死。先是，泰自備家資，募兵三百，糧儲器械，一切不資於官。樞密院檢詳諸房文字洪邁言其忠，詔贈武翼郎，官其家三人。泰贈官在是月乙酉。

3 庚午，上發鎮江府，次下蜀鎮。

左奉議郎、知句容縣范卣入見。時方雨淖，上御氈衣氈笠，乘馬，建王扈從，雨漬朝服，略不少顧，而宰相已下多有肩輿者。

4 辛未，上次東陽鎮。

5 壬申，上至建康府。觀文殿大學士、判府事張浚迎謁道左。衛士見浚復用，至以手加額。浚見上，謝曰：「秦檜盛時，非陛下保全，無此身矣。」上慘然曰：「檜爲人，既忌且妒。」浚起於廢黜二十年之後，復當重寄，風采隱然，軍民恃以爲重焉。詔張浚免兼行宮留守，從浚請也。

6 癸酉，放建康府公私僦錢一月。

初，京西制置使吴拱聞汝州陷，遣統制官王宣領所部往節制諸軍。是日，至汝州之土門，而敵騎已去矣。

7 丙子，祧翼祖皇帝神主藏於夾室。

司農少卿、總領淮西江東財賦軍馬錢糧都絜，左朝奉大夫、提舉江南東路常平茶鹽公事洪适入見。适言：「江鄉之民，以旱荒而遷徙淮甸。比遭敵騎之擾，復還故鄉，則所棄之産，已爲官司估賣形勢之家，買者十不償一。佃者量納租課，無補於官，而有害於民。乞斷自紹興二十九年以後，凡州縣所賣逃産，許原業人以原估價就贖，專委提舉常平官覺察。」上褒予甚渥。

尚書左司郎中徐度權户部侍郎。

右朝散郎、新通判盱眙軍劉敏士知楚州。朝奉郎、通判光州郭淑知光州。

閤門祇候劉澤充樞密院忠義軍統制。

詔金國故武勝軍節度使蕭中一特贈奉國軍節度使。中一率先歸附，上嘉其忠義，嘗欲築館待之，使其至如歸。及爲亂兵所害，京西招討使吴拱令統制官王宣訪尋其妻子，承制授其子穎武翼大夫。言於朝，乃有是命。又封其妻耶律氏爲蘭陵郡夫人，以穎爲鄂州兵馬鈐轄，且命拱多方存恤之。中一事，以趙成京西戰功録及周必大掖垣類稿修入，日曆不如是之詳也。

8 戊寅，張浚入對，上問勞甚渥。

尚書右司員外郎呂廣問爲中書門下省檢正諸房公事、兼權行在左右司郎官。

樞密院檢詳諸房文字洪邁守尚書左司員外郎、兼權行在檢詳。

秘書省校書郎馮方守尚書吏部員外郎、兼權刑比部都官郎官。

閤門宣贊舍人、御前忠鋭軍正將李師民帶御器械。

成忠郎王全爲修武郎、閤門祇候、樞密院忠義統制。全倡義來歸，故有是命。

9 己卯，詔侍從、臺諫各舉可爲監司者一員，郡守二員，有不稱職，當坐繆舉之罰。

是日，淮西制置使李顯忠引兵還建康。淮西兵火之餘，無廬舍，天大寒多雪，士卒暴露，有墮指者。上遣中使撫勞，顯忠厚贐之，中使喜，既還，具以奏上，乃令班師。

10 庚辰，言者論：「監司不按吏，望令郡守每半歲各疏屬縣知縣治狀之得失，具申監司，監司覈實，并與屬郡太守治狀，以聞於朝。仍下御史臺考核，有不如言，論奏殿罰。庶幾郡邑勉勵，而監司之職不至曠廢。」從之。

詔郡守年七十之人，令吏部並與自陳宫觀，著爲令。

直顯謨閣、御營宿衛使司書寫機宜文字楊倓行尚書度支員外郎。

右朝散大夫、江南東路轉運判官李若川，右朝奉郎、江南東路轉運判官柳大節並入見。

11 壬午，金人寇蔡州[2]，侍衛馬軍司中軍統制趙撙率諸軍禦之。京西制置使吴拱亦遣踏白軍統制焦元來援，金以勁矢射城上，守者不能立。金人登城，撙知不可當，乃棄城而下，率諸軍巷戰。自午至申，金人乃去。

12 癸未，言者奏：「自金犯長淮，而江上之民，有所謂踏車夫則操舟檝而雜戰卒，防江夫則持旌旂而頓山岡，以修防則有鹿角夫，以轉餉則有運糧夫，而踏車夫尤爲可念。願按采石當時籍定之數，與免三年科役，其餘亦與犒賞。」從之。既而户部下建康府，具到踏車夫六千三百餘人。詔與免一年。後詔在五月乙丑，今聯書之。

右朝請大夫陳漢知通州，劉子昂知和州。時二州守臣皆遁去，故命之。

右朝奉郎曾造知荆門軍。造，幾子也。

詔放太平州、池州公私僦錢一月。

13 甲申，直顯謨閣、知揚州向子固辭行。

14 乙酉，權知東平府耿京遣諸軍都提領賈瑞、掌書記辛棄疾來奏事[3]，上即日召見。先是，京怨金人征賦之橫，不能聊生，與其徒六人入東山，漸得數十人，取萊蕪縣，有衆百餘。瑞亦有衆數十人歸京，自此漸盛，遂據東平府。京遣瑞渡江。瑞曰：「若到朝廷，宰相已下有所詰問，恐不能對，願得一文士偕行。」乃以棄疾權掌書記，自楚州至行在。瑞，萊州人。棄疾，濟南人也。

淮西制置使李顯忠、主管侍衛步軍司公事李捧入見。顯忠之撤戍也，上欲幸建康南門以觀過軍，會大雪不出，乃召對，飲以金鉼御酒，果實之屬皆渾金器，就賜之。

15 丙戌，嚴州帮源洞效士方文郁言：「募到敢勇義兵百餘人。」詔付御前忠鋭第五將張耘使喚。

16 丁亥，制授王友直復州防禦使。友直歸正，事具去年十二月己巳。友直與王任皆至行在。上喜，欲除友直節鉞，任廉車。友直曰：「向若臣有衆數萬歸朝廷，則受之不辭。今衆不滿百，而受如此之重賞，不可。」於是改命，亦以任爲果州團練使。

給事中金安節等言：

準尚書省備到白劄子，奉聖旨，令臣等同議聞奏者。臣竊惟建康江山險固，從昔以爲帝王之都。蓋以南控楚、越，西連巴、蜀，北接中原，最爲形勝，實東南之要會也。今將圖回經略④，指揮號令，固宜駐蹕於此。然而兩淮師旅之後，藩籬未立。自昔所以壯根本而固形勢者，一切未備。至於宗廟宫室、官寺城壁、倉庫營壘，皆非倉卒所能辦集，實如白劄子所陳。然民思拯援，如在焚溺。比聞大駕進臨江表，方徯來蘇，至於淮壖瘡痍之人，甫遂歸業，亦賴聲勢，以幸安堵，一旦聞戎輅還軫，恐乖始望。臣等謂宜頒詔旨，明諭以建康、臨安猶唐之東、西都，今雖暫還臨安，自此當往來巡幸，不常厥居。仍詔有司按求吳、晉以來城壘故迹，以次營治，以俟駐蹕。庶幾慰遠邇之望，成宏濟之功。臣等愚昧，所見如此，伏望聖慈更賜裁擇。

先是，殿中侍御史吳芾言：「大駕宜留建康，以繫中原之望。」會有陳駐蹕利害者，宰相陳康伯不能決。上命侍從、臺諫同赴都堂集議，芾謂：「建康可以控帶襄漢，經理淮甸。若還臨安，則西北之勢不能相接。」衆不從，遂定回鑾之議。集議指揮，日曆不載，此據金安節奏議修入。按此時從官自安節外，止有左諫議大夫梁仲敏、中書舍人虞允文、權吏部侍郎凌景夏、權户部侍郎張運、起居舍人劉珙五人扈上行，故安節爲首也。奏議無月日，今附降詔回蹕之前。趙甡之遺史云：「羣臣皆入文字，乞進取，往往欲駐蹕建康，不回浙省，陳康伯不能決。上命侍從、臺諫赴都堂集議。上降旨問進取利害，令各具狀奏。羣臣皆不能言，但唯唯請回浙西而已。少頃，傳聞於外，士庶誚之。」

17 戊子，詔曰：「比者視師江上，虜騎遁去⑤，兩淮無警，已委重臣統護諸將，一面經畫進討。今暫還臨安，畢奉恭文祔廟之禮。重維建康形勢之勝，宜令有司增修百官吏舍、諸軍營寨，以備往來巡幸。可擇日進發。」何俌龜鑑曰：「惜夫視師之寄，不屬之魏公，而屬之葉義問。使魏公亟起而任其責，則觀其戰功，又豈止如是而已耶？魏公者，兼資文武，出入將相，幾三十年。武夫健將，言者歎息，兒童婦女，知有都督，其德爲何如？加之許國之心，白首不渝，杜門念咎，老而練事。今日之浚，非前日之浚。建府迎謁，衛士懽呼。浚之措置經綸，曾未設施，而局面又一變。成閔等領三衛，而招討散局；吳璘班師，而宣撫結局矣。金陵王者之宅，席我師之屢捷，爲駐蹕之宏規可也。未及一月，遽爾反旆，何耶？意者天道厭於西北，而黄旗紫蓋應於東南耶？否則，聖心倦勤，而恢復之義將有待於後人耶？邦畿千里，惟民所止，肇域彼四海。四海來假，錢塘之形勢，此其地矣。噫，有田一成，有衆一旅。而祀夏配天，開拓若是，亦可以爲難矣。」

給事中金安節等言：

竊惟去歲金人渝盟，犯侵淮甸，兇焰方熾，遽自殄滅。雖然，此可爲慶，而未可恃也。何則？天道善應，其所培覆，常因乎人。今眷佑皇家如此，可不益思所以副之乎？臣愚竊嘗爲朝廷深慮，以謂當今之計，其大要不過有三：一曰進取，二曰招納，三曰備守。夫中原之地，皆吾土也，有機會而可取，如之何不取？中原之民，皆吾民也，有機會而可招，如之何不招？然觀自昔英雄之君，削平禍亂，未嘗不先固根本而後征討，以致寧一者，如漢高之關中，光武之河内，魏武之兗州是也。

由是言之，進取招納，雖當乘機，而備守之計，尤在所急。備守者，進取招納之本也。備守既固，以之進取，則兵勢益壯，而易以成功；以之招納，則人知所倚，而樂於從命，不可不早圖也。今敵兵遠遁，疆埸罷警，正天假國家以預爲備守之時。伏望陛下深詔大臣，特創一司，遴選練達之士，俾之討論，如豐財積粟、除戎器、峻城壘、練士卒、選將帥等事，皆深謀熟計，俾歸至當，然後廟堂之上，審擇而行之。如或難於置司，則乞詔廷臣及沿邊帥守各陳所見，委官看詳，取其可行者上之朝廷。臣愚不足以知大計，伏惟留神財度，幸甚！安節此疏，不得其月日，奏議集在看詳楊存中等條具淮西利害之前，而奏中止言進取、招納、備守，略不及和議，則必未聞北人遣使已前所上也。今因下詔回鑾附見，更須詳之。差接伴使在此後一日。

邵州防禦使、知文州、節制軍馬向起爲鄂州觀察使，右武大夫、興州前軍統制節制軍馬吴挺爲榮州刺史，右武大夫、達州刺史、興州前軍統制劉海爲拱衛大夫，賞秦州之捷也。時四川宣撫使吴璘在河池，遣中軍統制杜實傳令於起等曰：

軍行並從隊伍，勿亂次，勿殿後，勿踐毁民舍，勿掠民財。逢敵欲戰，必成列爲陣。甲軍弓弩手並坐，視敵兵距陣約百五十步，令神臂弓兵起立，先用箭約射之。箭之所至，可穿敵陣，即前軍俱發。或敵兵直犯拒馬，令甲軍槍手密依拒馬，用槍攛刺，忠義人亦如之。違者並處斬。如敵已敗，許忠義人乘其後追擊之，必生獲女真及金人與其首級，乃議賞，否則闕。其有以僞地兵爲女真、金人冒賞者，罪亦如之。凡布陣之式，以步軍爲陣心，爲左右翅翼。馬軍爲左右肋，拒馬環於左右肋之内，以衛步軍。以一陣約計之，主管敵陣統制一，統領四。主陣撥發各一，正副將、準備將、部隊將，則因其隊爲多寡。陣兵三千二百六十有三，步軍居陣之内者一千二百有七，爲陣心者一千有六。甲軍槍手五百有二，神臂弓二百有二，平射弓二百有二。與拒馬者二百，居陣外分兩翅副翼者五百六十有六，左翼二百八十有三，主陣將官二，平射弓二百一十有七，神臂弓六十四。右翼亦如之。馬軍居陣外爲左肋者二百六十有一，將官二，訓練一，管隊十，隊兵乘騎二百四十有八。右肋亦如之。雖其間有貼撥輔陣增益之不同，而大略可類見矣。

璘遂遣興元都統制姚仲以東路兵自秦亭出貝鞏州⑥，而金房都統制王彦以其兵分屯商、虢、陝、華，虢、華爲敵所取，敵去，復得之。陝州方與敵相持，然亦未退。姚仲出秦亭在此月，不得其日，敵取虢、華，以王之望劄子考之，亦是此月事也。

權知泗州劉繹補正修武郎、閤門祗候，從淮東制置使成閔請也。

18 乙丑，制授耿京天平軍節度使、知東平府，兼節制京東河北路忠義軍馬。權天平軍節度掌書記辛棄疾特補右承務郎。諸軍都提領賈瑞特補敦武郎、閤門祗候。京、瑞並賜金帶，將吏補官者二百人。於是，京東招討使李寶遣統制官王世隆與瑞等齎官誥節鉞以往。

盱眙軍奏：「大金國遣使過界。」先是，金主褎入中都居之，且告於太廟，以父晉王故名宗輔非帝王所稱，改曰宗堯。追謚宗堯曰簡肅皇帝，廟號懿宗，母曰欽慈皇太后。追尊東昏王曰武靈皇帝，廟號閔宗。降亮爲海陵王，謚曰煬。亮后徒單氏爲海陵夫人。又祧德宗宗幹神主，祔懿宗神主於太廟。改通天門爲應天門，以威勝統軍、勸農使耶律阿列爲平章政事，廢參知政事敬嗣暉爲庶人。工部尚書蘇保衡遷尚書右丞。太府、兼權左司郎中魏子平爲户部侍郎。大興尹李天吉爲刑部侍郎。修起居注鄭子聃復爲翰林修撰。此以宋翊金亮本末、張棣金記參修。往歲榷場有貨板行明昌事實者，云宗堯謚立德顯仁啓聖廣運文武簡肅皇帝，廟號睿宗，疑後所加者。東昏明年亦改謚孝成皇帝，廟號熙宗。耶律阿列已下差除，從范成大攬轡録、趙可文集修入。不得其月日，但以與亮、褎廢立事相十，及已嘗見其名字者，則書之，如阿列之遷，嗣暉之廢，決在此時。趙可撰魏子平墓碑稱大定元年冬入覲中都，即拜尚書户部侍郎。而墓誌乃云：「大定元年冬，上即位於遼陽。公自河南赴京師，明年，拜户部侍郎。」則必春初事也。成大稱鄭子聃爲修注，葛王立，除殿中侍御史、兼侍講學士。而可所撰子聃墓誌云大定二年春，復爲翰林修撰。今從之。天吉已見紹興三十一年十月。即遣元帥府左監軍高忠建、禮部侍郎張景仁來告登位⑦。邊吏以聞。景仁，廣寧人也。

尚書左司員外郎洪邁充接伴使，文州刺史、知閤門事張掄副之。

19 庚寅，宰執奏金使二月渡淮。上曰：「今若拒之，則未測來意，有礙交好。受之，則當遣接伴使、副於境上，先與商量，如向日講和本爲梓宮太后故，雖屈己卑辭，有所不憚。而今金國主興無名之師，侵我淮甸，則兩國之盟已絶。今者，使者所以惠我國甚寵，然願聞名稱以何爲正，疆土以何爲準，與夫朝見之儀、歲幣之數，所宜先定，不然則不敢受也。」知樞密院事葉義問言：「金人乞和之議，未可許之，未可拒之。許之則不可盡歸侵疆，而盟約一成，則中原之人無路歸順。拒之則兵連禍結，未有已時。然爲進取之計，既不可急，亦不可緩。急則彼將以此爲辭，恐脅其衆，併力拒我。緩則彼君臣之分既定，上下之情既安，盡反虐政，以收人心，他日圖之，艱於今日。爲今之計，莫若且爲悠悠之辭，以荅其求和之請。并詔諸帥，且與相持，俟吾兵威益震，其京陝之地，半已收復，彼有可畏，堅來請盟，然後聽許。惟聖慈財擇。」

言者請命帥司、監司於新復州縣，搜訪仗節死義，不屈北庭之人，具名以聞，特加優異。從之。

尚書吏部員外郎馮方知邛州，從所請也。

右宣義郎、知上元縣李闢之入見。

右朝請大夫、新知廬州方滋辭行。

太史局奏用二月六日回蹕臨安府，從之。

殿中侍御史吴芾言：「聞金使將至，蓋欲觀吾進退，視吾虚實，不如受禮建康，俟其出境然後還，亦未晚也。」不從。

20 壬辰，洪邁、張掄入對。上謂宰執曰：「朕料此事，終歸於和。卿等欲首議名分，而土地次之。蓋卿等事朕，不得不如此言。在朕所見，當以土地人民爲上。若名分，則非所先也。何者？若得復舊疆，則陵寢在其中，使兩國生靈不殘於兵革，此豈細事？至如以小事大，朕所不耻。」陳康伯曰：「此非臣等所敢擬議。」上曰：「俟邁等對，朕自以意諭之。」

果州團練使、知均州武鉅兼知河南府。令招刺效用馬軍五千，俟招足日之任。

司農少卿、總領淮西江東財賦軍馬錢糧都絜令赴寺供職。建康府市易務經紀人劉彥訟絜欺隱，市易息錢，故有是命。日曆不書此事，但於二月辛巳書絜罷農少，今因李若川改命，追書之耳。

直秘閣、江南東路轉運判官李若川行尚書户部員外郎⑧，總領淮西江東財賦軍馬錢糧。

右朝請大夫、江南東路安撫司參議官陳良弼爲本路轉運判官。

右迪功郎、添差揚州司法參軍高禹爲右承務郎，添差簽書常州軍事判官廳公事。

21 癸巳，中書舍人、權直學士院虞允文，池州駐劄御前諸軍都統制邵宏淵，御營宿衛左軍統制、新知壽春府、主管宿亳安撫司公事郭振皆入見。

右宣義郎劉芮爲國子監丞。

22 甲午，右朝請大夫、提舉淮南東路常平茶鹽公事王珏直秘閣。金之踐兩淮也，帥守、監司皆遁去，珏獨不離所部。敵退，珏招集亭户，復興鹽竈，故褒擢之。

直秘閣、浙西沿海制置司隨軍轉運副使龔濤添差兩浙轉運副使，專一應付李寶軍錢糧。

左朝散郎、知撫州葉謙亨爲江南東路提點刑獄公事。

右朝奉大夫、通判紹興府孫大雅提舉江南東路常平茶鹽公事。

23 乙未，接伴使洪邁、張掄辭行。上顧掄曰：「洪皓三子，其才皆可用。」

24 丙申，太傅、御營宿衛使、和義郡王楊存中爲江淮荆襄路宣撫使。中書舍人、權直學士院、兼侍講虞允文試兵部尚書，充江淮荆襄路宣撫副使。時上將還臨安，軍務未有所付。張浚判建康府，衆望屬之，及除存中宣撫使，中外大失望。給事中金安節、起居舍人兼權中書舍人劉珙言：「比言金人渝盟，干犯王略，恃彊凌侮，勢必漸衰。今陛下親御六飛，視師江滸，大明黜陟，號令一新。天下方注目以觀，傾耳以聽，凡所擢用，悉宜得人。況欲盡獲羣雄，兼制數路，大柄所寄，尤當審圖，國家安危，在此一舉。存中已試之效，不待臣等具陳。頃以權勢太盛，人言籍籍，陛下曲示保全，俾解軍職。今復授以玆任，事權益隆，豈惟無以慰海宇之情，亦恐非所以保全存中也。儻聖意以允文資歷未深，未可專付，宜別擇重臣，以副盛舉。」疏入，上怒，謂輔臣曰：「珙之父爲張浚所知，其爲此奏，意專爲浚地耳。」宰相陳康伯、朱倬召珙諭上旨，且曰：「再繳⑨，累及張公。」珙曰：「珙爲國家計，故不暇爲張公謀。若爲張公謀，則不爲是以累之矣。」命再下，珙執奏如初，乃止。於是允文改使川、陝，存中措置兩淮而已。日曆全不載此事，今以劉珙墓誌、金安節奏議修入。但奏議無月日，趙甡之遺史略載除目於丙申，今從之。允文二月戊戌改命。

右朝請大夫、新知廬州方滋乞招效用千人。許之，其錢糧總領所應付。

御史中丞、湖北京西路宣諭使汪澈言：「已復光化、信陽軍。目今上流事勢稍定。」詔諸路帥司所遣土禁軍弓弩手，並歸原來處。

徽猷閣待制宋喚卒。

是月，詔旨行下民間：「有得金人所遺器甲送官者，以内藏錢償其直，人甲十千，馬甲減半。」

太府少卿、總領四川財賦王之望言：

　昨準指揮，再下本所，令應付吴拱襄陽官兵錢糧。竊惟四川之地，褊隘險絶，財賦所出，不比江浙，而於饋餉爲尤難。古今稱善用蜀者，無如諸葛亮。亮得南中六郡，軍資饒富，又一絲一粟，不入中原。以今準之，事力不侔。亮兵前後四出，其衆不滿五萬。或由祁山，或由散關，或由斜谷，近止數百里，遠不踰三數月。木牛流馬，轉輸之巧，猶每苦糧食之不繼。今蜀中大軍十餘萬，與金相持於散關一百三十餘日，則兵比亮衆爲多。右取秦、隴、洮、蘭，左取陝、華、商、虢，皆仰供億，則地比亮境爲廣。又夔州萬人防扼，亦係本所應副，視亮用蜀之費不啻數倍。若更令越三千里，搬運糧草，饋襄陽之戍，區區巴蜀，何以勝任？古所謂千里饋糧者，亦不過旬月計耳。若錢糧草料三千里外，按月責辦，豈能免於闕誤？

　契勘蜀中屯軍，分隷一十八處，其潼川、興元府、綿、劍、文、龍、渠、金、洋、階、成、西和、鳳州合用糧料，本所每年科支本錢，就逐州夏秋糴買應付。其利、閬兩州邊嘉陵江，係招誘客販，收糴支遣。唯魚關、興州、大安軍三處合用糧料，本所於利、閬州糴買數内運三十四萬前去，水陸只五六百里，約用船脚錢引七十萬道，所有馬草，只於屯駐州軍收到税草内應付。而四川當無事之時，已不堪其勞費。今吴四廂官兵，一歲當用錢糧草料、春冬衣賜物帛，紐筭錢引，計一百二萬四千五百餘道。上件軍兵，朝廷已限一季招填，本所自無此一項闕額衣糧。若更本色前去，襄陽當用水陸脚錢四百三十餘萬道，比之應副興州、魚關、大安軍所費，當六七倍。雖竭四川公私之力，亦恐難以應辦。欲望免行科撥，下湖廣總所照應施行。

從之。

校勘記

① 徽猷閣直學士提舉江州太平觀劉岑落職　「太平觀」，此應是「太平興國宫」之誤，以原文如此，故一仍其舊。

② 金人寇蔡州　「寇」，原作「犯」，據叢書本改。

③ 權知東平府耿京遣諸軍都提領賈瑞掌書記辛棄疾來奏事　「提」，原作「督」，據本卷乙丑記事改。

④ 今將圖回經略　「回」，原作「維」，據皇朝中興繫年要録節要卷一七改。

⑤ 虜騎遁去　「虜」，原作「敵」，據皇朝中興繫年要録節要改。

⑥ 璘遂遣興元都統制姚仲以東路兵自秦亭出貝鞏州　「貝」，叢書本作「具」，恐皆是「據」之誤。

⑦ 即遣元帥府左監軍高忠建禮部侍郎張景仁來告登位 「忠」，原誤作「定」，據宋史卷三二高宗紀九「金主遣其臣高忠建等來告嗣位」之記事改。

⑧ 直秘閣江南東路轉運判官李若川行尚書户部員外郎 「郎」原闕，據叢書本補。

⑨ 再繳 「繳」，原作「激」，據叢書本改。

建炎以來繫年要録卷一百九十七

1 紹興三十有二年二月戊戌朔，中書舍人、權直學士院、兼侍講虞允文試兵部尚書，充川陜宣諭使，措置招軍買馬，且與吳璘相見議事。

罷借江、淮、兩浙坊場淨利錢，尋命已借者理充經界之數，用江東提舉常平茶鹽公事洪适請也。後旨在四月乙亥。

詔故武功大夫、建康府駐劄御前游奕軍準備將韓立特贈拱衛大夫、郢州防禦使。以楊林渡戰没，故有是命。

右朝請大夫、知和州劉子昂辭行。

2 己亥，秉義郎、權池州駐劄御前軍統領邵世雄爲閤門宣贊舍人。世雄，宏淵子也。

3 庚子，張浚、虞允文入對。時浚乞偕執政奏事，上不許，於是與允文同對。詔浚仍舊兼行宮留守。又詔浚罷相後有合得特進恩數，皆還之。浚乞偕執政奏事，他書皆不載。洪遵行狀云：「除知建康府，且許入覲。時虞丞相允文有意北征，先移屯侍衛馬軍，驟增萬竈，敕公同二府議於内殿。公奏呂惠卿請與弼臣同對，神宗赫怒。近太上在金陵，張浚司留鑰，亦不許偕執政奏事，願別班引。上批所委體大，共議勿辭。蓋近此所無也。」

言者論料理江、淮三事：「其一，請於兩淮、荆襄之間創爲四大鎮，如維揚、合肥、蘄陽、襄陽，各爲家計，增城浚隍，以立守備。農戰交修，以待天時。每鎮招集沿邊弓箭手二萬人，人授良田百畝，給與牛種。雖無租賦，實免供饋，悉遵陝西沿邊故事，仍以湖北州縣之在江北者隸蘄陽。二曰，大江之南，控制吴、蜀，夙有屯兵，據其險阻之地。今盍建爲五帥，由鎮江而上，至於建康、九江、江夏、公安，各以二萬人爲屯，附以屬城，供其芻糗，列置烽燧，增益樓船。三曰，選擇兵官，教習諸路將兵、禁軍、土兵、弓手。此皆長久之計。」詔楊存中、成閔、李顯忠、向子固、方滋、楊抗、向汮、王彦融、强友諒相度聞奏。

御營宿衛使楊存中、淮西制置使李顯忠、主管淮西安撫司公事方滋、淮南轉運判官兼淮西提刑强友諒、向汮言：

廬州地勢難守，四經殘破，舒州地勢襟帶，居諸郡之中。乞移淮西帥司，就舒州知州兼領，廬州管下合肥、慎縣、舒城盡歸舒州，將見今廬州作爲合肥，縣陞爲軍，使兼知縣。令建康府駐劄諸軍差統領官一員，充沿淮都巡檢使，將官兵千人、馬二百於合肥屯戍。每歲或半年一易，聽本路帥司節制。和州屢經殘破，民不安業，東西關險阻，古來控扼之所。今若移和州於西關，移含山縣於東關，相去三四里，和州欲改作歷陽軍，使兼知縣。差將、副各一員，將本部官兵於城内屯駐。光州、濠州、安豐軍，今欲移併，附山爲險。濠州入横澗山，安豐軍入暗澗，光州欲改爲光山縣，移入太蘇山，隸安豐軍。所移州軍，候今秋農隙及諸軍休息稍蘇修築，所有居民，使之遷徙，仍附山裏外，撥田永爲己業，官給錢，買牛具種糧。沿淮中渡、霍丘、花靨、壽春及見今光、濠並改作堡，每堡差將官一員充知寨，將帶兵二百、馬三十，令江、池、建康駐劄諸軍均差，並聽合肥屯駐統領官同節制。淮西所管縣，並差武臣充尉，令帥憲司將諸軍今來減損將佐員數，先次差填，營屯田。見今採訪候見的實，別具聞奏。弓箭手緣人方復業，若便行召募，切恐民間憚於從軍，不肯歸業。今來新移州郡，分撥民户田土，權免租税，不三年間，開耕就緒，合行輸税。其間少壯之人，願免税充弓箭手者，聽自陳，老弱之人充税户，公私兩便。尚慮修城築堡，及與民户收買牛具，所費浩瀚，兼所移易州縣，其間官吏不無憚於改更，土著之家，亦必重於遷徙，更乞朝廷付有司詳定。

給事中金安節等言：

奉聖旨，楊存中等探訪到淮南西路利害，并李顯忠已見令侍從、臺諫看詳。竊詳朝廷初意，大要有三：一曰據形勢要害以禦寇，二曰酌道里遠近以便民，三曰減官吏浮費以足用。今存中等所申三者，舉無一得。今所甚急，莫若以戍兵爲首，屯田次之，修城堡以控要害又次之。蓋州郡無兵，則不可爲守。百姓無兵，則不敢安業。只如廬州之合肥，和州之濡須，皆昔人控扼孔道。魏明帝云：「先帝東置合肥，南守襄陽，西固祁山，賊來輒破於三城之下，蓋地有所必争也。」而孫權築濡須塢，魏軍累攻不克。守將如甘寧等，常能以寡制衆。蓋形勢之地，攻守百倍，豈有昔人得之可以成功，而今日有之反棄不問？欲望朝廷於沿江量遣將校及兵一二萬人，早爲經畫，分戍二州，使壁壘相望，足爲沿淮一帶聲勢，以絶窺伺。然後廣開屯田，使兵民得以雜耕。修築東西關之險，以備固守。自餘就募弓箭手之屬，然後以次施行，無不可者。況聞濡須、巢湖之水，上接店步，下抵江口，係廬州界。可通漕運，則一州之戍，其與就食沿江，初無少異，而舒卷之間，成效相遠。欲乞朝廷參酌施行。

於是，存中議遂格。日曆止載手詔指揮，今以金安節奏議附入。楊存中等所上利害，亦不得其月日，皆牽連而書之。

詔：「以浙西、江東常平米二萬石賜兩淮常平司。凡人户之歸業者，悉賑給之，仍具數申省。」

興州前軍同統領惠逢復河州①。先是，四川宣撫使吴璘命逢襲取熙河，逢間道出臨洮。蕃兵統領權知洮州李進、同知洮州趙阿令結、鈐轄榮某皆會。至會通關，掩擊之，獲其關使成俊。諸將議進兵，咸曰：「我擣河州，而賊兵單弱，以强制弱，何憂不克？」一將曰：「不可。吾聞金軍盡在熙，官軍若直擣河，勢必來援，吾表裏受敵，此危道也。不若引兵而西，伺其險路，敵將岔兵，伺其不意，可一戰擒也。熙兵若破，則河軍自下。」衆曰：「善。」即伏兵間家峽，其日正月丙戌也。而金將温迪痕者②，提正軍千五百，從軍亦如之，徑至峽口，以邀官軍。惠逢令羸卒數十騎誘之，約曰：「旗動乃發。」金兵薄羸騎，傍徨旗動，伏兵大奮。會大風起，人馬不辨。李進引兵駐傍山上，若聞空中聲云：「蕃兵亂，蕃兵亂。」進令左右下山，用平射弩旁射，敵大亂。鈐轄榮某乘駿馬，揮鐵鞭殺敵，所向風靡，衆從之，敵遂大敗潰去。追騎至托子橋，橋以截木爲之，久故將敗，有一酋自殿後③，立橋右，瞪目直視追者曰：「會來此決死。」追騎乃不敢逼。敵餘衆渡已，乃乘馬徐去。後獲金兵問之，即温迪痕也。是役也，俘金二百有五人，騎二百。此以員興宗西陲筆略、費士戣蜀口用兵録參修。但筆略稱擒活兵三百五十人，乃與士㦤所録不同，蓋士㦤據案牘故也。逢進薄河州，蕃落指揮劉全、李實、魏進糾集州民，執其同知、中靖大夫郭琪以降。州民皆以香花踵道迎官軍，有流涕者。獨寧河寨官爲金堅守，民排户裂其尸，携其首以獻。諸將既得城，方編籍府庫，人人炫功不相能。或言當暫賞軍，逢命人支錢十餘。時食物貴踴，炊餅一直數十錢，諸兵得賜，擲地大詬曰：「我等捐軀下河州，今性命之賤，乃不直一炊餅也？」俄傳金兵大至，衆欲控城固守，逢曰：「彼衆我寡，河又初附，未易守也。有如城中翻覆，外援不至，將奈何？」即携衆欲出。州民父老咸障馬曰：「鈐轄第坐府中，我曹出力血戰，必有當也，何患兵少？」逢諭衆曰：「我今去此，求援兵於外，非直此去也。汝曹一心努力守城耳。」即令儒林郎吕某權州事，與博軍願留者數十百人。因出屯會通關。李進乘馬過市呼曰：「河州父老有識李進者乎？初不挾一縷以入，今不挾一錢以出。」即馳去。軍士怨惠逢賞薄，有道亡者。

4 辛丑，張浚入見。

詔：「諸路州軍欲助軍興者，毋得輒科於民。若上户自欲獻助者，具以名聞，即議推賞。」

司農少卿都絜罷，以殿中侍御史吴芾劾其「盜用糴米錢，及與市易官夏惇囊橐爲姦」故也。

川陝宣諭使虞允文言：「諸軍進發，除給降錢外，如闕支遣，欲乞預期約度，申取朝廷指揮，就近於四川總領司那撥錢物應副，却將四川合起綱運内撥還。」又言：「新復州縣闕官去處，乞許與諸軍大將公共選差。」又乞置司興元及借奉使印。皆從之。

5 壬寅，虞允文入辭。

淮西制置使李顯忠及其子建康府駐劄御前前軍副將師雄、左軍副將師廉、閤門祗侯師閔、前軍準備將師文同見於内殿，詔並賜金帶。

是日，金人犯汝州，先以精騎渡汝河，守將王宣率親兵迎戰。自巳至酉，天大雨，金大敗，遁去。

6 癸卯，上發建康府，宿東陽鎮。

是日，興州前軍同統領惠逢遣兵復積石軍，執同知軍、宣武將軍高偉。又攻來羌城，亦克之。時金人復取寧河寨，盡屠其民，寨之戍兵皆潰。金合兵萬餘，圍河州。城中百姓計曰：「前日之民南歸者，金盡屠膾。我脱效之，即一寧河也，豈有全理？不如告諭城中父老，相與死守，猶有千一得活。」即籍定户口，男子升城，女子供饋。郡有木浮圖，高數百尺，衆因撤木爲礮械。敵悉力來攻，木鎚少選壓賊有糜潰者。居三日，賊退屯白塔寺。

7 甲辰，上次下蜀鎮。

8 乙巳，上次丹陽館。

御營宿衛使楊存中、權鎮江府都統制劉銳辭還。

夜雷。

9 丙午，上登舟，宿丹陽縣。

10 丁未，次吕城鎮。

太尉、威武軍節度使、提舉萬壽觀劉錡薨於臨安府。錡既奉祠，寓居都亭驛。上聞其疾劇，敕國醫診視。時金之聘使將至，留守湯思退除館以待之，遣黄衣卒諭錡移居别試院。錡疑洒掃已④，且有後命。比下車，糞壤堆積，遂發怒，嘔血數升，夜三鼓薨。詔贈開府儀同三司，例外賜其家銀帛三百匹兩。後謚武穆。

11 戊申，上次常州荆溪館。敷文閣待制致仕孫覿入見。直秘閣、添差兩浙轉運副使龔濤自江陰來朝。

12 己酉，上次無錫縣。左朝奉郎、提舉江州太平興國宫巫伋入見。

是日，王宣與金人再戰於汝州，至暮各分散，殺傷大當。翼旦，金騎全師來攻，我軍敗衂，士卒死者百餘，亡將官三人。

13 庚戌，御舟至平江府，泊盤門外。守臣徽猷閣直學士洪遵、右通直郎知吴縣徐樞、右宣教郎知長洲縣陳忠厚以次入見。詔長洲去歲被水，民田欠租六千餘石，皆蠲之。

14 辛亥，上次平望。

起復閤門祗候、權江州駐劄御前中軍統領王德政爲閤門宣贊舍人。先是，德政部王友直等至行在，上召對，故有是命。德政引對在正月癸巳。

15 壬子，上次秀州。

左武大夫、吉州刺史、侍衛馬軍司中軍統制趙撙爲永州防禦使，賞蔡州之捷也。

是日，鄂州統制官王宣自汝州班師。時金人圍急，屬有詔班師，宣遂棄其城而去。

16 癸丑，上次崇德縣。

17 甲寅，次臨平鎮。

18 乙卯，上次臨安府。留守湯思退率文臣京官、武臣保義郎已上，常服黑帶，奉迎於餘杭門外。御舟泊北郭稅亭。上陞御幄，須殿前都指揮使職事趙密入見，上乘馬還大內。

川陝宣諭使虞允文言：「舊法買馬，分川、秦兩司，今已復秦州，乞令四川總領官特暫兼權提舉秦司買馬監牧公事。」從之。

是日，興元都統制姚仲圍德順軍。先是，仲以步軍六千四百爲四陣，趨鞏州，其下欲急攻，仲不聽，且退治攻具。既至城下，梯砲與城不相等，圍之三日夜，不能克，乃舍之。時鞏之父老，各輦米麵以餉軍，軍門山積。及引去，父老狼狽相顧，謂金今覺我餉南軍，我無類矣，不如作計求活也。即殺官軍後兵輦重者數級，并焚饋物而去。仲退守甘谷城，留統制官米剛等駐鞏州，以觀敵勢，遂引兵之德順。

太府少卿、總領四川財賦王之望言：

契勘蜀中用兵一百六十餘日，賊守散關益堅，吳璘使姚仲攻之不能破。正月初，姚仲領兵三萬餘人出秦亭，取鞏州不下。二月初，退守甘谷城。王彥之衆分屯商虢、陝、華四州⑤，虢、華爲賊所取，賊去復得之。陝州見亦與賊相持，事未可保。近吳璘遣兵復河州，聞見謀德順、熙州，未知如何。惟本所供饋日廣，不容少闕，其爲勞費，不言可知。目下且爾枝梧，若更不增科敷，蜀人易動難安，不敢輕擾，且保固根本，以爲永圖。之望於去年十二月申尚書省，乞依向來體例，截撥諸司錢物，未獲回降。諸將前蒙朝廷劄下，務與本所協和，須索必經由宣司，各皆遵稟。本所得以自立，遠方蒙被惠澤，至深至厚。吴宣撫自十二月中下旬後，所苦漸平。繼聞金酋被殺⑥，人情安定。陝西新復州軍，行用錢引，甚爲通快，價直不損，諸軍率皆願請，不復多求銀絹，極爲公私之利。所有劄下措置事，並未增添田契税錢，更一季可見數目。自此人户推割税賦，各有歸著，尤爲催科之利。

時論者頗以括白契爲不便，故之望及之。之望此劄不得其月日，但以所稱用兵一百六十餘日考之，當在二月以後。又稱見謀德順，故因圍德順附書之。圍德順在十八日乙卯，亦相近也。

19 丙辰，金人犯蔡州。侍衛馬軍司中軍統制趙撙擊却之。初，金既敗歸，撙益修守備。京湖制置使吴拱進屯南陽，遣後軍統制成臯、華旺、捷勝軍統制張成，各以所部兵來援，合撙及踏白軍統制焦元所部纔六千人而已。金將裴滿以數萬寇城下，距城西北一里，依汝河爲營，其日庚戌也。翌日，分兵半攻城，半掠糧草，凡三遣人以書至城下，撙命射之。持書者曰：「此奉書來與趙提舉商量軍事。」撙終不納。諸將曰：「敵人以書來，未知其意，姑接之，何害？」撙曰：「不可，若觀之，非徒無益，必致士卒之疑，適中其計。」前一日，金乘昏黑，填壕於南門外十三處，寂然不聞其聲，質明方覺之。焦元中流矢，遂下城。金人乘勢登城，啓南門而入。撙在城西，方聞南壁失利，即下城，集諸軍占地勢以待。華旺、成臯、焦元欲奪東門出奔，守門統領官劉安不聽。將官李進聞南門被攻急，乃率弩手二十餘人赴之，持刀登城，中三矢而死。撙率士卒巷戰，日轉午，勝負未分。效用王建募死士十一人，截其甲裳，登城殺敵，至申刻，相持不動。馬軍司第十八將王世顯請募敢死士，得四十人，登城接戰，殺其二將，金人囂潰，皆自擲而下，官軍奮擊，死者不可計。會金帥登南門，望官軍旌旗不亂，曰：「今日城又不可得。」復下城而去。撙大呼曰：「番人走矣。」軍士皆歡呼。金人遂敗，争門而出。不得出者，聚毬場中，有千餘人。諸軍圍之，剿殺皆盡。撙命積金人之屍爲京觀⑦。撙苦戰僅十旬，軍不過六千人，大戰之後，軍吏言，戰殁者已四百餘人，負創者三千七百人，可戰者僅二千人而已。金人既敗，猶能整頓行伍於西原，分八頭，每一頭以兩旗引去，以示有餘。官軍望之，皆不言而咨歎。

20 戊午，金再攻城，以大車載薪⑧，欲火西門。趙撙伏壯士甕城，俟其至，開關突擊之，金人棄車而遁。

21 己未，上始御後殿。行宫留守湯思退、敷文閣待制知臨安府趙子潚、敷文閣待制楊偰、樞密都承旨徐嘉、權吏部侍郎汪應辰、權禮部侍郎黄中、權兵部侍郎陳俊卿、權工部侍郎許尹、起居郎唐文若等相繼入見，以上視師，嘉等皆留行宫供職故也。

觀文殿大學士、醴泉觀使、兼侍讀湯思退知紹興府。

集英殿修撰、知紹興府宋棐充敷文閣待制，提舉江州太平興國宫，從所請也。

22 庚申，中侍大夫、榮州刺史、淮西制置使司參議官劉光輔添差福建路馬步軍副總管。殿中侍御史吴芾論光輔擅權妄作，恐致生事，故罷。

是夜，有星墜於蔡州金人之營。未明，金人退兵一舍。

23 辛酉，監察御史黄瑀爲江南東路提點刑獄公事。

右正言劉度入對，言：「今者視師回鑾，願止取親臨行陣折馘執俘有軍功者方得推恩外，一切常典，所宜謹惜，以革僥倖之門。」翌日進呈。上曰：「朕嘗諭度，朕此行不濫與一人官爵，及濫減一年磨勘，卿等所共見也。」

24 壬戌，詔已降指揮，軍士戰死者禄其家一年，即傷重而死於栅中者，給其家減半。

濠州言倉庫並無見在。詔賜激賞庫錢二萬緡，爲官兵之費。晁公遡撰鮮于壙墓誌云：「紹興三十一年，張忠獻公起守建康，君適在長沙，率與偕行。女真方大入，君請佐濠將守，道逢濠人，謂之曰：『金已入吾疆，若何往？往能免乎？我爲爾守，爾盍從我歸？』皆從之。入見濠將曰：『濠有横澗山可守，濠有糧二十餘萬石，可付壯者七斗，弱者五，老者三，負以行。』於是壽春之屯花靨者亦賴以濟。君率濠之民，正什伍，立賞格以守。忠獻公曰：『君信可用也。』」按此時濠州積糧米未必有許數，公遡所云或非其實，姑附此，當考。

詔楊存中多出文榜於兩淮諸處，不以是何軍分逃亡之人，並與免罪，别作一項招收，專充御前使喚。既而言者以爲：「恐隳軍政，且聚逋逃之卒爲御前之軍，殆非佳名，望止令於元舊軍分自陳，仍限兩月。其主兵官，不加撫循，致使士卒逃亡，亦乞重寘典憲。如此則諸軍被國家寬大之恩，不違祖宗立法之意，小人知懼，紀律可行矣。」從之。四月己卯，臣僚奏駁。

鄂州左軍副統制王宣自汝州以二百騎還至唐州。時蔡州圍急，京西制置使吴拱遣步騎萬三千人往援之。統領官游臯等至確山，留不進。拱乃以宣權中軍統制，節制沿邊軍馬，趣救蔡州。

是日雪。

25 甲子，武功大夫、榮州刺史、帶御器械李綽爲入内内侍省押班。

26 乙丑，武功大夫、吉州刺史劉光時知鼎州，以川陝宣諭使虞允文言其出自將門，深曉邊機故也。尋詔光時復忠州團練使。光時復遥團，日曆不書，但於三月庚子以是官見，當考。

是日，鄂州駐劄御前中軍權統制王宣敗金人於蔡州確山縣。前一日，宣以所部距確山三十五里而營。質明，候騎報敵至確山，衆欲不戰，宣不可。乃捨其步士，引騎兵三千先行，分爲三陣。敵沖陣心，宣令諸軍以背刀沖奪，三陣俱進。秉義郎、右軍副將汲靖有勇力，宣召之。靖請百騎，宣與騎二百。靖上馬，據鞍高呼曰：「今日汲靖爲陛下破此賊，賊若不破，誓不生還。」左右聞之，人百其勇。宣曰：「汲靖事濟矣。」靖馳入敵陣奮擊，賊衆披靡。靖出入者三，惟亡二騎。諸軍亦勇進，金人遂遁，宣整衆不追。方金之未敗也，招討使吳拱以趙撙孤軍不可留，屢以蠟書趣回軍。撙以敵圍方急，若棄城而去，賊兵追擊，勢必敗亡，況蔡州軍食有餘。拱怒，以蠟書付諸將，令一面班師。會敵兵敗還，撙乃與諸將夜出，蔡之居人，皆從之，天氣昏黑，墮坑谷而死者甚衆。於是撙自信陽歸德安，而宣亦還屯襄陽府。趙甡之遺史，確山之捷在二月二十六日甲子，趙撙去蔡州在二十七日乙丑，而趙成京西戰功録云，二十六日到鄒溝下寨，去確山三十五里。二十七日早，戰於確山。今從之。

27 丙寅，瘞欽宗重於招賢寺，立虞主，上親遣奠。執政議上宜服袍履，權禮部侍郎黃中言曰：「三年天下之通喪，堯、舜之所共也。後世以日易月，已有愧於古矣。然猶於二十七日釋服之後，因事則服之，庶幾反正。本朝典故，大葬啓攢必服其初服是也。若曰今十月而葬，不可復服，則真宗九月而葬，何爲亦服其初服乎？以故事考之，衰服爲當。」前二日，左僕射陳康伯等進呈。上覽奏曰：「朕爲人子，豈可使事兄之禮過於事父？」中至都堂，右僕射朱倬謂中曰：「徽考大行有故事矣。」中曰：「此前日之誤，今所當改，奈何復因之？」倬因謂：「上意實然，臣子務爲恭順可也。」中曰：「責難於君，乃爲恭耳。」此以會要、日曆及中行狀參修。

是日，金人復取蔡州。

是月，爲姚興立祠於和州，名旌忠。

興元都統制姚仲遣副將趙詮、王寧引兵往攻鎮戎軍。金聞官軍至，闔其城，收其吊橋，擐甲引滿，堅壁固守。詮等引兵斷其貫繩，諸軍畢登，盡發平射神臂弓，射其敵樓，更遣重兵分擊，賊勢不支⑨。主簿趙士持自言本皇族，與同知任誘先開門出降，獲其知軍振戈將軍韓珏。僞定遠大將軍、同知渭州秦弼聞王師下鎮戎，遂托疾不受金命，與其子進義校尉嵩及其弩來歸。宣撫司以弼知鎮戎軍。

校勘記

① 興州前軍同統領惠逢復河州　「逢」，原作「逄」，據叢書本改。下同。

② 而金將温迪痕者　「温迪痕」，原作「温特赫」，據金人地名考證改。

③ 有一酋自殿後 「酋」，原作「將」，據叢書本改。
④ 錡疑洒掃已 「洒」，原作「氾」，據叢書本改。
⑤ 王彦之衆分屯商虢陝華四州 「四」原作「三」，按商、虢、陝、華實爲四州，又王之望漢濱集卷一〇與馮編修書敘及此事，亦稱「王彦之衆分屯商、虢、陝、華四州間」，因據改。
⑥ 繼聞金酋被殺 「酋被殺」，原作「主被弑」，據叢書本改。
⑦ 撙命積金人之屍爲京觀 「京觀」，叢書本作「二京」，蓋作二京觀也。
⑧ 以大車載薪 「載」原作「截」，據叢書本改。
⑨ 賊勢不支 「賊」，原作「敵」，據叢書本改。

建炎以來繫年要録卷一百九十八

1 紹興三十有二年閏二月按是月戊辰朔。己巳，集英殿修撰張孝祥知撫州。

直寶文閣王佐知吉州。

2 辛未，詔：「諸路常平米並令以新易陳。在倉以五年爲率，如過五年，盡數變轉，毋得停留，失陷官物。」

龍神衛四廂都指揮使、寧武軍承宣使、江州駐劄御前諸軍都統制戚方添差兩浙東路馬步軍副都總管，紹興府駐劄。

忠訓郎、幹辦翰林司曹耘爲閤門祗侯。耘，勛子也。

是日，金人以熙蘭之兵圍河州，彌望蔽野，兵械甚設。官軍之未得河州也，守將温迪痕遣食糧軍馳書於臨洮、德順以求援，爲其吏曹劉浩等十有八人謀匿之，不行。已而浩等悉來歸，及敵兵再至，呼於城下曰：「惟以劉浩等縋城而出，乃釋圍。」浩等射其呼者使去。會義軍運砲擊賊衆，殺其將一人，敵乃小却，然亦未退。

3 壬申，欽宗虞主還几筵殿，上親行安神禮。於是自七虞至九虞皆親行之。

4 癸酉，修武郎、知威州趙迪再任。迪，普五世孫也。四川制置使王剛中言其治狀有方，蠻夷畏服，乃有是命。

是日，金人破河州。初，河既受圍，金將温迪痕揚言曰：「河州能爲南人死守，甚壯。今我留此，萬一漢軍乘虚入熙，則熙又爲人有也，不如引兵歸援熙耳。」乃率兵徑去。城上士卒伺知之，交口相賀，守城益怠，弛甲以坐。是夜，人人困卧城陬。漏上，賊驅鐵騎擣城①，斯須城壞，州民尚有未知賊至者②。翌日癸酉，賊驅父老嬰孺數萬屠之③，遷壯者數千隸軍。先是，宣撫使命惠逢、李進等會蕃漢兵援河州，逢以兵徒單寡，不能支敵，乞師者再。頃之，宣撫司遣將領郭師偉將騎七百爲逢聲援④。師偉未至，河州已陷。逢屯通會，進屯臨洮，逢遣人謂曰：「金今再至，是無河州決也。吾曹罪在不測，不如併力以往，猶獲免也。」進曰：「賊兵愈前⑤，近萬人，我以危兵綴之，必取辱。」逢信之，因休士卒。進即星夜趨河州。後二日，逢聞之，掩面泣下曰：「李進誤我。」進至河州，城已陷，敵焚蕩除城趾而已。敵之屠城也，吏曹劉浩與其徒八人遁走得免，餘十人被害，宣撫使吴璘皆命浩輩以官。

5 甲戌，上問宰執以金人消息，朱倬曰：「據報稱葛王又有兄弟争立之禍，則是彼國中多故。」上曰：「金主再世篡弑⑥，自此必内難未已，爲之君者，不亦難乎？」倬曰：「金將有五單于分裂之勢。」上曰：「審如是，則中國自無事矣。」

直秘閣、兩浙轉運副使林安宅爲尚書户部郎中，總領淮東軍馬錢糧。

右通奉大夫韓仲通知明州。

武功大夫、榮州刺史劉澤添差兩浙西路馬步軍副總管，常州駐劄。澤前棄揚州去，至是復之。

6 乙亥，詔資政殿學士、知太平州湯鵬舉令致仕。先是，鵬舉言：「今年七十有四，乞依近旨致仕。」詔鵬舉提舉臨安府洞霄宮。殿中侍御史吴芾言：「鵬舉天姿凶險，老而益甚。其在當塗，妄作威福。」乃有是命。

左朝奉大夫沈介知永州。

入内東頭供奉官賈竑還所寄資，爲武義大夫、保寧軍承宣使、帶御器械。

右朝奉大夫、新通判建康府陳良弼知信陽軍。

7 丙子，上親行卒哭之祭於几筵殿。

8 丁丑，金國奉直大夫支邦榮特換左奉議郎。邦榮已見紹興三十一年八月壬戌。

9 戊寅，上送欽宗虞主於和寧門外，奉辭，遂祔神主於太廟第十一室。以尚書左僕射陳康伯爲禮儀使，嗣濮王士輵、華容軍節度使居廣、純州觀察使居閎爲三獻。祖宗皆用特羊，備樂舞。

詔修武郎、主管台州崇道觀趙師孟赴行在。師孟嘗從胡安國授春秋大旨，屏居衡州僧寺幾二十年。至是，張浚言其「才可任事，操可律貪」，乃有是命。

10 辛巳，中書言：「昨金人牒取有親屬在北界命官等，當時有心懷忠義，不肯從敵，藏避之人，欲下諸州榜諭，許令自陳，仍舊出仕。」從之。

資政殿學士、知洪州魏良臣言：「與江西轉運判官林仲純因職事相失，乞回避。」詔仲純放罷，良臣提舉臨安府洞霄宮。

11 癸未，宰執奏事。參知政事楊椿留身求去，上慰諭不許。先是，欽宗神主祔廟，而椿以年衰不能久立，幾於僵仆，左右掖之而出。椿不自安，乃丐免。於是，殿中侍御史吳芾等相繼論之。

詔出浙西、江東常平米二萬賜兩淮，爲賑濟歸正人之用。

降授右朝請郎馮榮叔知濠州。左奉議郎李燾知榮州。

成忠郎、閤門祗候、知濠州都遇添差淮南西路兵馬副都監，濠州駐劄。

是日，正侍大夫、宣州觀察使、興元府駐劄御前右軍統制楊從儀率諸將攻大散關，拔之。

關之未下也，左從政郎、都統司幹辦公事朱紱以書遺總領財賦王之望言：「諸軍鬬志不鋭，戰心不壯。」且曰：

> 使我力戰，就能果立微勞，其如賞格，當在何處？伺候覈實保明，申獲宣司、總司指揮，往返數旬，豈能濟急？大率目今事勢，與前時異。不立重賞，何以責人於死事？乞詳酌事機，別與措置。略於川蜀科斂軍須之費十分之一，多與準備，賞給錢物近一二百萬。自總所移文諸帥，多出曉示，號令諸軍，各使立功，以就見賞。謂如散關一處，設使當初有銀絹一二萬匹兩，錢引一二十萬道，椿在鳳州，宣撫吳公、節使姚公明告諸軍，遣二三統制官，各以其所部全軍一出，諭之曰：「當進而退，則坐以軍律。進而勝捷，能破關險，則有此重賞。」如是而軍不用命，敵不破滅，無有也。

之望怒，答書言：

用兵百三十日，糗糧、草料、銀絹、錢引，所在委積，未嘗乏與。累次喝犒，并朝廷支賜⑦，自是諸軍應報稽緩，文字纔到本所，立便給散，略無留阻。散關前攻不下，聞自有説。不知是險，固不可取乎？是有可取之理，而無銀絹錢引之故，士卒不用命乎？若可取而士不用命，豈計司之責？必有任其咎者。況聞攻關之日，死傷不少，則非士卒之不用命矣。自來兵家行軍，若逗撓無功，多是以糧道不繼，嫁禍於有司以自解，亦未聞以無堆垛賞給爲詞者也。國家息兵二十年，將士不戰，竭四川之資以奉之，一旦臨敵，更須堆垛銀絹而後可用，則軍政可知矣。

且如向來和尚原、丁劉圈、殺金平諸軍大捷，近日吴宣撫取方山原、秦州等處，王四廂取商、虢等州，吴四廂取唐、鄧州，亦不聞先垛銀絹，始能破敵也。朝廷賞格甚明，本所初無慳吝，如秦州、治平之功，得宣司關狀，即時行下魚關支散，何嘗稍令闕誤？兼魚關金帛錢物充滿府藏，宣撫不住關撥，豈是無有樁辦耶？李晟屯東渭橋，無積貲輸糧，以忠義感人，卒滅大盜。足下以書生爲人幕府，不能以此等事規贊主帥，而反咎主人以不斂於民，豈不異哉？九月以後，興元一軍已支撥過錢引二十八萬道，銀絹二千匹兩，而糗糧、草料與犒設、犒賞不與焉，亦不爲不應付矣。若皆及將士，豈不可以立功？有功當賞，而未得者何人也？朝廷分司庀職，各有所主，而於財賄出納爲尤嚴，經由檢察，互相關防，所有屢降指揮，凡有支費，宣司審實，總所量度，此古今通義，而聖朝之明制也。足下獨不辨，何哉？

來書謂攻散關時，若得銀絹錢引椿在鳳州，而敵不破滅，無有也。椿在鳳州，與在魚關何異？方宣撫以攻守之策會問節使時，亦不聞以此爲言。今散關、鳳翔未破，足下可與軍中議，取散關要銀絹錢引若干，取鳳翔要若干，可以必克，本所當一切抱認。足下可結罪保明具申，當以聞於朝，如克敵而賞不行，僕之責也。若本所抱認而不能克，足下當如何？

紱不敢對。至是，從儀督同統制田昇等夜引兵攻散關，四鼓拔之。遂分兵據和尚原，金人走寶雞。紱，眉山人也。是役也，宣撫司調梁、洋義士萬數，授以楮甲，使之先登。比交鋒，官軍先遁，義士死者大半，西人痛之。

12 甲申，淮南轉運副使楊抗罷，以右諫議大夫梁仲敏論其因循尸素也。

右朝奉郎朱夏卿直徽猷閣，主管江州太平興國宮。夏卿自淮東總領罷歸，乃有是命。

右奉議郎、知房州司馬倬直秘閣，録鄧州之功也。

左朝奉郎、通判信州陳扃直秘閣，知信州。扃以薦得召見，遂有是命。言者論：「扃頗有吏能，褒寵太過。」詔俟滿歲取旨。

13 丙戌，詔賜張浚錢十九萬緡，爲沿江諸軍造舟之費。初，上既還臨安，有勸浚求去者。浚念舊臣無他，在人心尤以己之去就爲安危，乃不敢言去，日治府事，細大必親焉。

秘書省著作佐郎張震言：「自建炎元年至紹興十二年，日曆已成者五百九十卷，多所舛誤。而十二年以後，迄今所修，未成書者至八百三十餘草卷，未立傳者七百七人。切慮日久，益以廢弛。望令本監長貳同共修纂，正其差誤。内因故相所作時政紀所修者，並審訂事實，簽貼修改。」從之。

詔唐、鄧州進士於襄陽府解試院併試。

14 戊子，上始純吉服。

殿中侍御史吴芾論：「軍中冒濫功賞之弊，乞榜諭諸軍，應寄名之人，盡行銷落。」詔限一月自陳，如違停官編管。

官告院言：「諸軍以戰功遷秩給告者，乞並牒軍中拘收綾紙錢。」詔特免。

舊制，宗女出適者給資錢，有司乏財，不以時遣，南外宗女有踰四十不嫁者。時祖宗八世女，但得八十千，再行者又減半。於是，直敷文閣、知南外宗正事子游言：「今宗女未嫁者，歲費錢米一萬一千餘緡，而合得嫁資才九千五百緡而已。望下福建路漕司，以經總錢借支，期以半歲。」從之。

15 己丑，詔免光化軍上供、上貢等一年。

集英殿修撰、知婺州周葵陞敷文閣待制。

秘閣修撰、知温州徐林充敷文閣待制，提舉江州太平興國宮，以年踰七十有請也。

廣東轉運判官林孝澤獻助軍錢十五萬緡，湖南轉運判官黄績、何佾獻四萬緡，詔激賞庫收。

右諫議大夫梁仲敏入對，論：「參知政事楊椿，輔政期年，專務諂諛，以奉同列。議論政事之際，則拱手唯唯。既歸私第，則酣飲度日。以備員保禄爲得計，朝廷何賴焉？」殿中侍御史吴芾言：「椿自爲侍從，已無可稱。其在翰苑，所爲辭命，類皆剽竊前人，綴緝以進。冒登政府，一言無所關納，一事無所建明，但爲鄉人圖差遣，爲知舊干薦舉而已。故都人目爲收敕參政，又以伴食參政目之。去冬警報，初聞有數從官謁椿，勉以規畫，又以危言動之，椿竟不答，但指耳以對，蓋椿素有聵疾也。親厚有風之使去者，椿曰：『吾爲參政，宰相諾吾亦諾，宰相拜吾亦拜，重聽何傷？』其貪禄無耻，至於如此。」左正言劉度亦論：「椿貪懦無耻。頃爲湖北憲，率以三百千而售一舉狀。自爲侍從，登政府，惟聽兵部親事官及親隨吏貨賂請求。望賜罷免，以肅中外。」

16 辛卯，參知政事楊椿充資政殿學士，提舉在外宫觀。椿爲臺諫所擊，四上疏丐免，乃有是命。

詔宰輔、親王、近臣報謝天地、宗廟、社稷、宫觀及諸神。用太常少卿王普請也。

17 壬辰，上始御正殿。

右武大夫、和州防禦使、江州駐劄御前右軍統制李貴爲江南西路兵馬鈐轄，罷從軍。

浙西沿海制置使李寶奏膠西立功將士三千五百九十人，詔第賞有差。於是，左從政郎、京東招討使主管羽檄軍書文字曹秬特改合入官，仍遷三秩。秬，江陰人也。

湖北京西制置使吴拱言：「西北來歸之人甚衆，望權令踏逐寺觀安泊，分給官田，貸之牛種，權免租税。」上從之。

18 癸巳，敷文閣待制、樞密都承旨徐嘉充館伴大金國信使⑧，武功大夫、吉州刺史、權知閤門事孟思恭副之。先是，北使高忠建等將入境，責臣禮及新復諸郡⑨。此據朱熹撰黄中行狀修入。但熹稱「責新復四郡」，則恐誤。蓋此時京西、淮北、陝西新復近二十郡，不但海、泗、唐、鄧而已。接伴使洪邁移書曰：「自古以來，鄰邦往來，並用敵禮。向者本朝皇帝上爲先帝，下爲生靈，勉抑尊稱，以就和好。而岐國無故興師背盟，自取夷滅。竊聞大金新皇帝有仁厚愛民之心，本朝亟諭將帥，止令收復外，不許追襲。乃蒙責問，首遣信使，舉國欣幸，無以爲諭。但一切之禮，難以復仍舊貫，當至臨淮上謁，更俟惠顧，曲折面聞。」近例，迓使相見於淮河中流，及是見於虹縣之北虞姬墓，始抗禮。比錫燕，以欽宗喪制未終，不用樂。

太府少卿、總領四川財賦王之望言於宰執曰：

伏聞金人改圖，願修舊好，遣使叩關，將至闕下。近陝西僞都統者亦揭榜令其將士毋得交戰，以待講解。察其上下之意，和議甚切。蓋和議不定，則必有内憂，不獨懼我師之致討而已。國家以生靈爲念，固應許其自新。有如三事，所宜審處：一正名分，二減幣聘，三畫疆界。竊料金人之議，必出兩端：一則欲仍用舊儀，更增歲幣，而以河南故地盡歸本朝。一則欲復請侵疆，各守舊境，而以契丹故事，求爲敵國。二者皆未可遽也。

女真本窮荒小夷⑩，貢獻於我。海上之盟，以契丹之故，約爲兄弟。契丹既滅，便尋釁端，以宣和爲渝盟，靖康爲失信，劫遷二帝，淪陷中原。聖主中興，懷柔備至，而狃於常勝，必欲兼并。兇力既窮，始通和好。天子不較稱謂，屈己從權者，正以强弱之勢有未敵耳。其後東昏、正隆，屢盟屢變，至敢傾國大舉，直窺濟江。其渝盟信，視我宣和、靖康，孰輕孰重？我可以爲辭矣。今其立者，素非人望，以孱庸之故，得自全於正隆之朝。完顔一宗，誅屠略盡，見在近屬，惟有葛王，僭盜之謀，起於羣下，非有受命之符，遏亂之略也。威福大柄，必在權强，内外乖争，覆亡可待。故即位未幾，已有兄弟之變。近傳金主詔書，兵部尚書可喜⑪、昭武大將軍烏倫⑫、延安府同知李老僧，武義將軍千户烏古剌⑬、統軍司令史斡里朵謀叛伏誅⑭。觀其累世骨肉，自相剪除，此豈安固之基、靈長之運哉？則强弱之勢，與靖康以後事體不侔遠甚。若欲通好，必尋海上之盟，復敵國之禮，然後可許。名分既正，歲幣自輕。凡此二事，彼必不敢固執。

唯分畫之議，恐費商榷耳。大河以南，彼知終非所有，或當輕以與我，而別有所邀。然淮、漢之北，人稀土曠，都無險扼，汴都殘破，徒有虚名，雖或得之，未易經理。發兵戍守，少則不足，多則不堪。措置一乖，腹心罹患，此黠敵反覆已試之策，而我向來受欺覆車之明戒也，豈可保哉？厥今天下之勢，唯陝西爲可復，其地去北最遠，控帶江河，内有四川，爲之根本，我已得其十餘州，若摧散關、鳳翔之衆，則其餘風靡矣。今日之議，設以大河爲界，固中國之福，猶當深圖利害，以敉後艱。若以此更有邀求，豈容墮其姦計？彼欲降尊損幣，自同契丹，而靳吝土疆，不肯分割，則陝西之地，決不可失。宜以我所得陳、蔡、唐、許、潁、嵩、洛并他路諸州兩相换易。如尚不可，則寧稍增幣，期於必從，獨留南陽，以通武關。若我并梁、雍、荆、揚之區，保江、漢、秦、蜀之險，平居無事，積糧固圉，北雖猖獗，亦無能爲。若其有釁可乘，北方不足圖也。此事至重，非片言所決，必一再往復而後可了，惟少忍之而已。陝西既得，則置宣撫司於階、成、和、鳳之間，分布將帥，據和尚、方山、仙人等原，以臨制關中。各用土人，保其郡邑，如熙、秦、京兆要害之處，量出蜀兵戍之，使以其力自參，而不爲蜀累。邂逅有警，則下甲而出征，萬一不虞，則回戈而固守。進可逐利，退無後憂，撫綏數年，形勢自壯。不煩糧饋，不耗金錢，唯稍出蜀縑，增印錢引，以募糴於陝西，便足以了辦經費。天下之利，莫大於此，百世之業也。之望所言在此月，而不得其日。今因差館伴附書之。書中稱若摧散關、鳳翔之衆，則其餘風靡，蓋在未復散關之前也。

權尚書吏部侍郎汪應辰與權户部侍郎徐度兩易，應辰仍兼權國子祭酒。

詔去年十月癸卯所降劫盜一切抵死指揮勿行。

右朝奉大夫、提舉兩浙西路常平茶鹽公事徐康行尚書户部員外郎，總領淮東財賦軍馬錢糧。户部郎中、總領淮東財賦軍馬錢糧林安宅令赴本部供職。

19 甲午，右武大夫元居實爲淮東東路馬步軍副總管，揚州駐劄，專一招填本路闕額軍兵。

右承事郎、幹辦行在諸司審計司曹耜爲軍器監主簿。耜，亦勛子也。

20 乙未，右朝請郎、知盱眙軍周淙言：「蒲察徒穆奴婢，走馬自燕來，報契丹侵擾金國等事。」上謂大臣曰：「上天悔禍，與國相攻。今先遣使請和，則其國中可卜。昔西漢五單于爭立久之，呼韓邪朝於渭上。儻舊疆復還，得奉祖宗陵寢，尤見天意眷顧，誠國家之福也。」陳康伯奏曰：「頃年金后有云：『只見漢和蕃，不見蕃和漢。』今日金先求和，仰見聖德動天之應。」

左中大夫、提舉洪州玉龍觀董弅引年告老，詔復敷文閣待制。既而右諫議大夫梁仲敏論其居鄉擾民，乃降爲集英殿修撰。三月乙卯。

四川總領所增印錢引一百萬道，以備邊儲。先是，密詔許本所增引三百萬道。去年十二月庚子。總領王之望恐害引直，寢不行。至是，宣慰使虞允文取撥百萬以備招軍，之望始增補其數，半充新復州軍省計，半備犒軍而已。

是月，興元都統制姚仲統、忠義統領段彦引兵攻平安關寨，克之，進至原州。金人堅守不下。彦以兵圍其城，鼓勵將士，乘勢畢登，遂拔之，殺其知州完顔撒里[15]，獲同知、鎮國將軍紇石烈訛魯等[16]，并其孥來獻。乃以彦知原州。彦又遣將官陳玘克西壕、柳泉、綏寧、靖安四寨。原州之克，史無其日。捷奏四月九日到行在。費士戣蜀口用兵録繫之閏二月。

1 三月丁酉朔，新除資政殿學士楊椿降充端明殿學士，提舉臨安府洞霄宮。時諫官梁仲敏、劉度連疏論椿持禄苟容，而殿中侍御史吴芾極言：「椿按刑湖北，委政妻弟，關節公行。既位於朝，蜀人之求官理賞者，椿受其賂遺，擅以威勢，逼脅省部，以遂其私。所得減半，不以與人，而盡出賣於富室。所破宣借，元不差人，而收所請於私帑。三衢豪民徐國澄納錢二千二百緡，遂以門客恩澤奏之。衆牙分錢不均，喧爭於市，椿知而不耻。」章再上，乃有是命。

起居郎唐文若、起居舍人兼權中書舍人劉珙並試中書舍人，珙仍兼權直學士院。

權尚書户部侍郎張運充集英殿修撰，提舉江州太平興國宮，從所請也。

殿中侍御史吴芾言：「本臺如遇得旨，令臺諫赴都堂議事，或特令薦舉及同共看詳文字，未審監察御史合與不合干預。」事下吏部，本部言：「依條稱臺官謂大夫、中丞、侍御、兩院御史，又御史臺令稱兩院御史者，謂殿中侍御史、監察御史，合依上條干預。」從之。

2 己亥，詔海州漣水縣依舊隸楚州。以金人圍海州故也。

3 庚子，詔扈從視師官吏軍兵，依紹興四年例各轉一官資。

中書門下省檢正諸房公事吕廣問爲起居郎。

左朝奉大夫宋樸提舉台州崇道觀。

右朝奉大夫、提舉福建路常平茶事鍾世明罷。先是，世明自陳本貫南劍州，乞迴避，詔特免。言者論：「世明居鄉嗜利，有同市人。今爲本部使者，何所不至？朝廷若欲拔拭用之，且試以兩淮凋弊州郡，令以功贖過，仍乞自今應差監司，必先下部，檢點家狀，然後除授。庶幾不廢祖宗之法。」從之。

4 辛丑，左宣教郎、新主管官告院杜易依舊知嘉興縣。初，邑民婁睿等詣提刑，頌易於巡幸之時，催科不擾，提刑官王趯薦於朝，詔召入。會邑民有以本縣曩嘗斂錢募人挽舟，自釘其手，赴御史臺聲冤者。諫官因論：「近韓元吉知建安縣，雖以大臣之薦，亦俟終更，方許赴闕。今易到官未及一考，遂除告院，則是婁睿之言，乃重於執政之薦也。望下本路監司審實，如果有善政，即乞用韓元吉例，仍將御史臺所訴，改送鄰州根究。庶幾毀譽核實，陞黜不爽。」從之。

是日，四川宣撫使吳璘自秦州引兵至德順軍。先是，興元都統制姚仲攻德順，踰四旬不能下，乃以中侍大夫、武當軍承宣使、知夔州李師顏代之，與中軍統制吳挺皆節制軍馬⑰。會金國都統完顏合喜⑱、副都統張忠彥自鳳翔濟師，又遣其左都監自熙河以兵由張義堡駐摧沙，合涇原之師來援，挺與敵遇於瓦亭。統制官拱衛大夫秀州刺史吳勝、閤門宣贊舍人朱勇等以所部逆戰。統領官王宏謂人曰：「吾赤手歸朝，驟官將領，不以死力戰，非夫也！」即突出，部其徒擊敵，坐騎注飛矢如蝟毛⑲。宏不動，敵敗去。然諸軍猶畏敵軍盛，復相持不敢進，璘恐士有怠志，遂自將以往，至是抵城下。

5 壬寅，詔諸路帥府並置會子庫。

左司員外郎充接伴使洪邁、文州刺史、知閤門事充接伴副使張掄等言：「接伴變更舊例事件，望降付三省樞密院，令主管往來國信所照會，令已差館伴及日後接送伴，再賜御筵，中使並令通知，庶免異同。」從之。邁等所更凡十四事，其大略則不傳御名，不問聖躬，不稱上國下國，伴使與北使語稱主上爲本朝皇帝，而北使亦改宋國爲宋朝。舊中使讀口宣，微稱有旨，今抗聲言有敕，舊稱帝恩隆厚，今改稱聖恩，舊私覿用狀申送，今用目子，舊與北使遠迎狀及賂北引接金銀等皆罷。日曆洪邁等奏接伴更變舊例事件，今開具如後：「一，舊於淮河中流取接，今於虹縣北虞姬墓首。一，舊接伴使副，先一日發遠近狀，人使不答，今來不與。一，舊只傳帝名，而北方傳廟諱御名，今彼此不傳。一，舊接伴使問大金皇帝聖躬萬福，北使只問宋帝清躬萬福，今彼此不問。一，舊相見之初，對立已定，接伴出班，就北使立位叙致，今彼此稍前。一，舊上中節公參時，接伴公服出笏，迎於幕外，與之揖，今只着紫衫，而彼冠服如儀，上節先作一番參，接伴稍起，不還揖，中節來則坐受其禮。一，舊北引接初傳銜時，賂以金十兩、銀二十兩，今不與。一，舊與北使語，稱上國下國，今稱貴朝本朝。一，舊北使口稱本朝爲宋國，今改爲聖朝。一，舊對使人稱皇帝爲主上，今稱本朝皇帝。一，舊賜御筵，中使讀口宣，低稱有旨，今抗聲言有敕。一，舊中使與北使相揖，北引接請中使稍前，今只依平揖。一，舊御筵勸酒，傳語稱帝恩隆厚，今稱聖恩隆厚。一，舊送私覿接伴，用銜位姓名申狀，人使回狀押字不書名，今彼此用目子。」

6 癸卯，閤門、客省奏：「北使到闕朝見禮儀及參酌傳語意度，並以在京舊儀及渡江後近例，北使見日，位於西班，照東班宰臣稍退。」從之。

詔閤門宣贊舍人、知海州魏勝妻于氏特封安人。金之圍海州也，勝爲流矢所中，病甚。于氏割股肉進之，勝尋愈，故有是命。

7 甲辰，罷扈從官吏遷官，其禁衛軍兵依已降旨。時言者交章論：「臨安至建康不遠，官吏俸券優厚，其視軍兵之驅馳道路，事固不同。况比來軍下奏功例多冒濫，朝廷方欲痛懲其弊，則賞典所加，豈容不惜？儻謂紹興四年之例不得不遵，則六年移蹕江上，比之四年尤爲淹久，初未嘗有賞，則是當時已悟前賞之非而革之矣。望寢前降指揮，以杜僥倖之門，庶協公議。」故有是旨。

司農少卿、總領湖廣江西財賦向伯奮守司農卿，太府少卿、總領四川財賦王之望試太府卿，以二人餉軍無闕故也。

8 乙巳，少保、奉國軍節度使、四川宣撫使、領興州駐劄御前諸軍都統制職事、充利州西路安撫使、判興州、充陝西河東路招討使吳璘爲少傅，龍神衛四廂都指揮使、保寧軍承宣使、金房開達州駐劄御前諸軍都統制兼知金州、兼金房開達州安撫使王彥爲保平軍節度使，録商虢之功也。

權尚書禮部侍郎、兼侍講黄中落權字。

翰林學士、兼侍讀、兼權吏部尚書何溥充龍圖閣學士，提舉江州太平興國宮，以疾自請也。

9 丁未，左司員外郎兼國史院編修官洪邁[20]、文州刺史知閤門事張掄接伴北使還入見。邁等言：「伏見已降指揮，罷北使沿路遊觀燒香。竊謂朝廷方接納鄰好，所争者大非一事而止也。今賜予宴犒一切如舊，則遊觀小節似不必略。若以欽宗皇帝服制爲辭，則向者顯仁皇后弔祭使來，天竺浙江之行猶且不廢。或彼有請，拒之無名。望令有司依例施行。」詔：「使人欲往浙江觀潮，令館伴諭以：『近日水勢湍猛，損壞江亭石岸，難爲觀看。』其天竺並沿路遊觀燒香，且依近例。或無所請，即依已降指揮施行。」遂以邁守起居舍人，兼職如故。

是日，金國報登位使高忠建等入國門。始，忠建責臣禮及新復諸郡，邁以聞，且曰：「土疆實利不可與，禮節虛名不足惜也。」禮部侍郎黄中聞之，亟奏曰：「名定實隨，百世不易，不可謂虛。土疆得失，一彼一此，不可謂實。議者或有言，土地實也，君臣名也。趨今之宜，當先實而後名，乃我之利。」權兵部侍郎陳俊卿曰：「今力未可守，雖得河南，不免爲虛名。臣謂不若先正名分，名分正，則國威張，而歲幣亦可損矣。」洪邁所奏，他書無之。朱熹撰黄中墓誌云：「迓者以聞。」蓋邁時爲接伴使也。

10 戊申，録文宣王四十九世孫孔瑄爲右迪功郎，以白身最長承繼恩也。

主管淮西安撫司公事方滋言：「右迪功郎盧仲賢招諭到歸正願就屯田人一萬七百五十二人，欲添差仲賢本司幹辦公事，專一招集。其田係在濠州境内，乞令濠州守臣兼帶措置屯田，餘州候招集有緒依此。」從之。

是日，四川宣撫使吴璘復德順軍。璘初至城下，自將數十騎遶城，守陴者聞呼「相公來」，觀望咨嗟，矢不忍發，虜氣索㉑。於是璘按行諸屯，預治夾河戰地。前一日，當陣斬一將，數其罪以肅軍，諸將股慄。乃先以數百騎嘗虜，虜一鳴鼓，鋭士躍出突我軍㉒，遂空壁來戰。我軍得先治地，無不一當十，逮苦戰久，日且暮，璘忽傳呼「某將戰不力」，其人即殊死鬬，虜大敗，遂遁入壁。質明，我再出兵，敵堅壁不戰。會天大風雪，敵引衆夜遁。璘入城，市不改肆，父老擁馬迎拜，幾不得行。遂遣忠義統領嚴忠取環州，獲其守將中憲大夫郭裔。先是，武功大夫、閤門宣贊舍人强霓與其弟武經大夫震皆陷敵，及是自環州來歸。璘嘉其忠義，奏以霓知環州、兼沿邊安撫司公事，震統領忠義軍屯環州。熊克小曆附復德順於四月之末。按德順奏以四月四日至行在，小曆誤也。復環州不得其日，奏至在四月九日，今併附復德順之後。

11 己酉，太常少卿王普假工部侍郎，充送伴大金報登寶位國信使，武翼大夫、榮州刺史、帶御器械王謙假昭慶軍承宣使副之。時已議遣洪邁、張掄出疆㉓，故改命二人送伴。

忠義統領孟晞聚衆數千人於宿、亳之間朱家林，嘗與金人戰，詔以晞爲承節郎。

12 庚戌，權尚書户部侍郎、兼權國子祭酒汪應辰兼侍講，進講春秋。

文州刺史、知閤門事張掄爲果州團練使，起居舍人洪邁特轉一官，録接伴之勞也。

右朝請大夫、知黄州沈邦直依所乞主管台州崇道觀。

右朝奉大夫、新知濠州馮榮叔移知黄州。

閤門祗候、淮南西路兵馬都監都遇復知濠州。

13 辛亥，命權兵部侍郎陳俊卿、權工部侍郎許尹措置兩淮堡寨屯田等事。初，命御營宿衛使楊存中與兩路制置帥漕司同措置，而久未就緒，故復遣近臣。

14 壬子，金國報登位使驃騎上將軍元帥府左監軍高忠建、副使通議大夫尚書禮部侍郎張景仁見於紫宸殿。故事，北使授館之三日即引見，至是，以議禮未定，故用是日。於是北使於隔門外下馬。近例於宫門内隔門接下馬。三節人下馬於皇城外。近例在皇城門内上下馬。使、副位於節度使之南，不設氈褥。近例與宰相齊班，仍並設氈褥。以欽宗喪制未終，不設仗。次燕垂拱殿，不用樂。先是，閤門定受書之禮，略如京都故事。東京舊儀，北使跪於地下進書，内侍啓匣取書，宰執讀書畢，使人陞殿，跪傳北主語，問上起居。客省官宣問畢，北使下殿起居。詔館伴使徐嘉等以所定示之。忠建固執，上特許殿上進書。此月辛亥降旨。及陞階，猶執舊禮。尚書左僕射陳康伯以誼折之，忠建語塞，乃請宰相受書。康伯奏曰：「臣以宰相，難以下行閤門之職。」忠建奉書跪不肯起，廷臣相顧眙愕。康伯呼嘉至榻前，厲聲曰：「館伴在館，所議何事？」嘉徑前，掣其書以進，北使氣沮。上嘉歎之。此以日曆、會要、隆興宣諭聖語、徐嘉待罪奏狀，熊克小曆參修。

兵部尚書川陝宣諭使虞允文言：「自去年以來，湖襄諸軍轉戰京西，因糧於敵，比常年歲計約減省儲積得米斛二十萬石，乞行下本路，於上件米内，支撥應付京西招討使等處新招效用㉔，如川陝諸軍，有上件因糧減省米斛，亦乞行下，許本司移文四川總領所，用支新募軍兵效用。」從之。

15 癸丑，金人圍淮寧府。守城武翼大夫、忠州刺史陳亨祖登城督戰㉕，爲流矢所中，死之。

16 甲寅，右迪功郎尹穡等引對。穡，河南人也。

敷文閣待制樞密都承旨徐嘉、武功大夫吉州刺史權知閤門事、充館伴副使孟思恭言：「館伴金國使人，所有朝見一節，得旨特令上殿進書。臣等先與北使副議上殿禮數，及將進書，客省接書儀範，凡三次説諭北使，張景仁云『都理會得』，已將所議節次奏聞。不期北使、副在殿上却乞近上臣僚接書，續奉旨令館伴接書，臣即時接書進呈訖，合行待罪。」詔放罪。

燕北使於都亭驛，命知樞密院事葉義問押伴。

故秘閣修撰曾開追復敷文閣待制。

詔韓誠已除在京宫觀，誠，嘉彦子。已見。所有請給，自供職以來，未嘗支破，可令依禄格施行。給事中金安節、權中書舍人劉珙言：「臣等初謂國家賦禄高下，具載格法，有司何爲不與放行，致煩聖聽？今將户部案牘契勘，據糧料院狀稱，張説昨提舉佑神觀，請給依例支給。即與張説事體一同，難以免借減。臣等復自檢照給與祿格，諸遥郡承宣使除統兵戰守官外，並行借減，其指揮著在祿格，行之已久。今誠既任宫觀差遣，自合借減，況與張説事體一同，誠難獨免。若或放行，恐後來者轉相攀援，有瀆天聽。望令照應借減指揮施行，庶幾人悉知分，一遵明制。」從之。

四川宣撫使吴璘自德順軍復還河池。是日，金人自摧沙引兵由開遠堡犯鎮戎軍，環城呼噪，衆矢盡發，守將秦弼來救援。時興元都統制姚仲已遣將官王仲等領千兵戍鎮戎，至是，又遣副將杜孝廉領兵五百屯摧沙爲外禦。

17 乙卯，右朝散大夫吴巘提舉淮南東路常平茶鹽公事。

18 丙辰，燕北使於都亭驛，命同知樞密院事黄祖舜押伴。近例不臨宴，則宰臣就館賜宴，至是稍殺其禮。

19 丁巳，金國人使高忠建等入辭，置酒垂拱殿。忠建等既朝，留驛中凡五日，觀濤、天竺之遊皆罷之。至是，面受報書，用敵國禮。將退，遣客省官宣諭云：「皇帝起居大金皇帝，謝遠勞人使，持送厚幣。聞皇帝登寶位，不勝欣慶。續當專遣人，欽持賀禮。」忠建等捧授如儀。

起居舍人、兼國史院編修官洪邁假翰林學士，充賀大金登寶位國信使，果州團練使、知閤門事張掄假鎮東軍節度使副之。亮之立也，秦檜白遣柄臣往賀，至是復用舊禮。

右武大夫、榮州刺史、提舉佑神觀張説知閤門事。

言者請倣漢武故事。詔：「侍從臺諫各舉内外之臣可備使命者，不限官之文武，位之高卑，察其可用，即奬擢以爲緩急之用。苟得如曹利用輩，亦奚患事之不集？詔各舉一員。」

初，嘉州徼外蠻既掠賴因、忠鎮二寨，又於州境立夷神廟而歸，無敢誰何者。言者謂：「諸州寨將祖宗時擇其土豪爲之，特與蠲免徭役，故皆樂於承命。近年以來，不復免役，而又三年一替，其權不專，所部土丁曾不爲用。望復舊制，且久其任。凡三年之中無敗闕透漏，即以校副尉之類補之。如其不才，或致騷擾，即許他人論替。又土丁與夷獠雜居，習熟地理，便於馳逐，望令勒成隊伍，以備緩急。」詔制置司措置。

20 戊午，北使出國門。

忠義軍統制、兼知蘭州王宏引兵拔會州，獲其通事李山甫等五十四人。宣撫司因令宏統制蘭、會州軍馬。

是日，金人陷淮寧府。忠義副統領戴規部兵巷戰，奪門以出，爲敵所害。守將陳亨祖之母及其家五十餘人皆死。後贈亨祖容州觀察使，贈規三官，録其家三人，又爲亨祖立祠於光州，名閔忠。

虜之叛盟也[26]，淮、襄諸軍復得海、泗、唐、鄧、陳、蔡、許、汝、亳、壽等十州，自是但餘四州而已。亨祖贈官等指揮在四月乙酉。

21 己未，上始御經筵。自去秋以用兵權罷講讀，至是復之。權刑部侍郎、兼侍講黄祖舜進論語解義，詔給事中金安節等看詳。安節等言，其書詞義明粹，足爲後學之傳。乃令國子監板行，仍賜祖舜詔書奬諭。

22 辛酉，上諭宰執曰：「近傳到金人賞格，卿等見否？」陳康伯曰：「見之。」上曰：「其意何如？」康伯曰：

「觀其語云：『邊釁既生，未底寧息。』恐是京師總兵蓄官所請，欲復取所失州縣耳。」上曰：「朕熟金國用兵始末，自黏罕、斡離布在時㉗，軍政極嚴，不用賞典，止用威脅其下，而人自畏服。今賞格如此之重，必是人不用命也。」康伯等曰：「聖識高遠，非臣等所及。」

左宣教郎、諸王宮大小學教授袁孚特引對。詔孚守監察御史。

樞密都承旨徐嘉等奏：「館伴更改近例事件，望降付有司，令今後館伴參照施行。」從之。嘉等所陳凡十四事，其大略則更定朝謁與進書、授書儀範，及伴使與北使抗禮而已。日曆：「徐嘉、孟思恭奏，蒙差充館伴大金報登寶位使人，自接見至出驛，有更改事件下項：一，近例館伴傳銜以紙四張，單階先通於北使、副，北使、副以紙一張雙銜便回答，今彼此只用一張雙銜。一，近例館伴先於亭子內等候北使、副上轎，先立轎於班荊館門外，待候北使、副上轎同入。今改只各就船同上轎，擺定入館門，歸幕次中。一，近例掌儀以下，先於北使、副船外岸上立定趨參，其北使上中節止就幕次內參館伴，今來爭議本所掌儀以下，與北上中節各不公參。一，近例在驛每遇過位，館伴使、副於位次便門立定相迎，同至設廳，今改更不相迎，止就設廳上對立相揖。一，近例遇使人入內，使、副於宮門內隔門裏上下馬，今改宮門內隔門外上下馬。一，近例三節人於皇城門裏上下馬，今改皇城門外上下馬。一，使人朝見并意度等儀範，並係與北使對南面爭議，逐急申明，朝廷降到指揮，今來與近例更改不同。一，近例使人在驛遇天使賜到物，以兩次賜物併作一番受賜，拜表謝恩，今更改逐次拜表謝恩。一，近例使人觀濤、天竺之遊，今更不往。一，近例臨安知府書送酒食并書儀與北使、副，並用狀子繫銜書名，北使、副回狀繫銜押字，今改不用狀。一，使人朝辭捧授國書等禮儀，係是爭議改更，並從舊例，即與近例不同。一，近例夜筵解換館伴，請都管以下就筵勸酒，館伴起身與都管以下相揖，其北使、副不起身，今改北使、副皆起身。一，近例館伴自執注子斟勸都管以下，今改作只令通事斟勸。」

權户部侍郎、兼侍講汪應辰言：

太祖乾德四年，詔鹽鐵度支户部判官，自今應制置起請事件，或素未諳詳，不知利害，即牒問曾臨莅者别司判官，同共看詳，晝時回牒可否，從長就便，方得施行。開寶三年，又詔今後一司，如有敷奏，諸司同取指揮，總合便宜，方得行遣。臣竊以人之材智不能兼備，有宜於此而不宜於彼者，故許未達之事，别司得以看詳。事之施行，不能曲盡，有便於此而不便於彼者，故令敷奏之事，三司皆同取旨，其慮事也周矣。今之户部，昔之三司，而郎官分曹治事，各司其局，遵守法令，無敢出意見而議其他者，得毋如太祖詔令所慮者乎？欲乞今後户部或事有相關，或理有可疑，難以便行裁決者，並許長貳臨時與衆郎官聚議，文字皆令連書。既有定議，然後付本曹行遣。庶幾謹重大計，博盡衆謀而不致於疏略牴牾也。

從之。

金人引兵與蕃官杏果同圍原州㉘，守將段彦親率忠義統領鞏詮領兵，併州之官吏軍民，登城以守。金依城建寨，晝夜攻擊。原州城雖固，而忠義兵皆無甲，乃遣使詣鎮戎軍秦弼求援，弼無兵可遣，不得已分第三將趙詮及總押官苟俊所領兵之半應之。杏果本涇原部落子，奔降於北，深知利害險阸之處，金遂將之。

是日，川陝宣諭使虞允文至西縣之東，總領四川財賦王之望自利州往會之。允文之出使也，與京西制置使吴珙、荆南都統制李道會於襄陽，至是又與四川宣撫司吴璘會於河池，前後博議經略中原之策。令董庠守淮東，郭振守淮西，趙撙次信陽，李道進新野，吴拱與王彦合軍於商州㉙，吴璘、姚仲以大軍出關輔。因長安之糧，以取河南，因河南之糧，而會諸軍以取汴，則兵力全而饟道省，至如兩河，可傳檄而定。遂驛疏以聞。先是，之望數以軍興費廣爲言，朝廷令勸諭民户獻納，之望因是親至梁、洋，諭豪民使之輸財焉。

23 壬戌，上謂輔臣曰：「近大將入覲，有以鞍馬寶貨爲獻者。惟馬不可闕，餘皆却之。蓋慮以進奉爲名，公肆掊尅，有害軍政耳。」時主管侍衛馬軍司公事成閔自淮東赴行在，故上語及之。上因言：「宫中平時服食器用，無非儉素，如堯肩豆腐，間以供膳，器皿之屬，亦無稜道，今御厨所用是也。」朱倬曰：「當書之爲後世法。」上曰：「此何足爲後世法？」陳康伯曰：「此盛德事，外間有未知者，豈可不書？」

敷文閣待制、提舉江州太平興國宫周石致仕。

24 癸亥，夏人二千餘騎至菜園川俘掠，又二百餘騎寇馬家嶮。

25 甲子，言者論：「比年以來，士風委靡，以觀望爲進取之資，以姑息干長厚之譽。是以州縣官吏弛慢贓汙，庇而不發。望明詔有司，應官吏以不職不法抵罪，監司守倅不先按發而旋覺察者，並坐以知而不告之罪，務在必行。」又言：「祖宗爲治之道，可爲萬世法。歲月寖久，或因臣僚建言，有所更革，吏緣爲姦。望自今悉付中書後省，或送所隸之司，使之看詳，必於祖宗之意無所違戾，然後施行。則良法美意，在人耳目，吏無所容其姦矣。」從之。

26 丙寅，四川宣撫使吴璘令右軍統制盧仕閔盡以秦、鳳路并山外忠義人及鎮戎軍四將軍馬留隸守臣秦弼。先是，弼言「鎮戎兵備單弱，敵勢甚盛，乞遣援兵」故也。

是月，明州言：「高麗國綱首徐德榮至本州，言本國欲遣賀使。」詔守臣韓仲通説諭，許從其請。殿中侍御史吴芾言：「高麗與金人接壤，爲其所役。如紹興丙寅，嘗使金稚圭入貢，已至明州，朝廷懼其爲間，亟遣之回，至是二十餘載。方兩國交兵，德榮之情可疑，今若許之，使其果來，則懼有意外之虞。萬一不至，即取笑外國。」上從其請，乃止之。

太府卿、總領四川財賦兼權提舉秦鳳等路買馬監牧公事王之望遺宰執書言：

見今三帥分頭征討，官軍義士與招降之衆幾十二萬人，前此用兵，無如今日，犒賜激賞、糴博糧草之費已一千餘萬引。自休兵以來二十年間，纖微積累之數，及累次朝廷支降錢物，皆已費用，所存無幾耳。今不之計，而向去事勢，未有休息之期。戰勝則有重賞，納降則有大費，皆不可預計。本所若常無數百萬以準備，應付緩急，何以枝梧？曉夕憂惶，未知攸濟。

玆者朝廷遣腹心近臣宣諭川、陝，專委以招軍買馬，此誠國家武備所急。然皆在四川安危大計，與總領所用兵循常非泛一切調度之外。虞尚書元初申畫所降指揮，並不仰給本所。朝廷聰明，灼知本所別無錢物可以支撥，故出内庫金給降度牒，以供其用。及宣諭使到此，費用漸廣，與向來遙度事體不同。故凡指揮本所事，間或出乎元初畫降之外，兩司職任，各是逼迫，雖互相昭悉，而皆有不得已者。想宣諭接續，再有申明，而本所未曾承受。總領、茶馬，本是兩大司，平時所費，恐自不貲，今兩司所費，又多於平時數倍，而欲以總所平時所有供兩司數倍之用，況宣諭使司招軍買馬又在其外，而所費尤不可算乎？以前總領兼領茶馬，是欲那取催收之資，以濟軍用。今來之望權秦司，却是暗侵總所財物，以供買馬。

當此軍興調餉之際，以一司所有供三大司非泛之用，其將何以應給？許總領任内，以新招軍合添衣糧，請於朝廷，於茶馬司撥錢四十萬引應付。是時，之望權四川茶馬，今之望爲總計，要將總領所錢物應付兩司買馬，相去只在一年之間，所費十倍之廣，不應取予如此之相反也。若將來本所用度闕乏，誤國大計，將誰任其咎者？已累具誠懇，控告廟堂，乞改授一宫觀差遣，伏望别選才能，委以濟辦，依之望所乞，早賜陶鎔，庶免有誤公事。

是春，淮水暴漲，中有如白霧，其闊可里所，其長亘淮南北。又有赤氣浮於淮面，高僅尺，長百餘步，自高郵至興化縣，若血凝而成者。此據孫祖義高郵志。

校勘記

① 賊驅鐵騎擣城 「賊」，原作「敵」，據叢書本改。

② 州民尚有未知賊至者 「賊」，原作「敵」，據叢書本改。

③ 賊驅父老嬰孺數萬屠之 「賊」，原作「敵」，據叢書本改。

④ 宣撫司遣將領郭師偉將騎七百爲逢聲援 「司」，原作「使」，據叢書本改。

⑤ 賊兵愈前 「賊」，原作「敵」，據叢書本改。

⑥ 金主再世簒弑 「主」，原作「王」，據叢書本改。

⑦并朝廷支賜　「并」，原闕，據叢書本補。
⑧敷文閣待制樞密都承旨徐嘉充館伴大金國信使　「嚞」，原作「嘉」，據本卷後文改。
⑨責臣禮及新復諸郡　「臣」，原作「成」，據叢書本改。
⑩女真本窮荒小夷　「窮荒小夷」，原作「越在遠服」，據叢書本改。
⑪兵部尚書可喜　「可喜」，原作「克錫」，據金人地名考證改。
⑫昭武大將軍烏倫　「烏倫」，原作「鄂楞」，據金人地名考證改。
⑬武義將軍千户烏古剌　「烏古剌」，原作「烏赫哩」，據金人地名考證改。
⑭統軍司令史斡里朵謀叛伏誅　「斡里朵」，原作「鄂爾多」，據金人地名考證改。
⑮殺其知州完顔撒里　「撒」，原作「薩」，據金人地名考證改。
⑯獲同知鎮國將軍紇石烈訛魯等　「紇石烈訛魯」，原作「赫舍哩烏楞古」，據金人地名考證改。
⑰與中軍統制吴挺皆節制軍馬　「皆」，原闕，據叢書本補。
⑱會金國都統完顔合喜　「合喜」，原作「喀齊喀」，據金人地名考證改。
⑲坐騎注飛矢如蝟毛　「騎」，原作「椅」，據叢書本改。
⑳左司員外郎兼國史院編修官洪邁　「郎」原闕，據前文逕補。
㉑虜氣索　「虜」，原作「敵」，據皇朝中興繫年要録節要卷一七改，下行「虜」字同。
㉒鋭士躍出突我軍　「軍」，原作「兵」，據皇朝中興繫年要録節要改。

㉓時已議遣洪邁張掄出疆　「掄」原作「倫」，據本卷三月壬寅條及下文庚戌條改。

㉔支撥應付京西招討使等處新招效用　「新招」，原作「新移」，據叢書本改。

㉕守城武翼大夫忠州刺史陳亨祖登城督戰　「祖」，原誤作「伯」，據宋史卷四五三忠義八陳亨祖傳改。本卷戊午記事：「金人陷淮寧府……守將陳亨祖之母及其家五十餘人皆死。」

㉖虜之叛盟也　「虜」，原作「北」，據皇朝中興繫年要録節要改。

㉗自黏罕斡離布在時　「黏罕」，原作「尼瑪哈」，據金人地名考證改。「斡離布」，原作「阿里布」，據前所回改改。

㉘金人引兵與蕃官杳果同圍原州　「杳果」，原作「興格」，據金人地名考證改。下同。

㉙吴拱與王彦合軍於商州　「州」，原作「川」，據叢書本改。

建炎以來繫年要録卷一百九十九

1 紹興三十有二年夏四月丁卯朔，四川宣撫使吴璘得本司副將兼知德順軍張舜忠報：「金人七千餘騎至九龍泉，距原州十五里，設兩寨於南原，一寨於城西。」時原州受圍五日矣，敵勢益壯，民人糧畜俘掠殆盡。段彦、鞏詮屢來告急，都統制姚仲亦言：「金人更益兵寇原州，今鎮戎之城，周九里三十步。先因地震，樓櫓頽盡，城亦中圮。雖曩時分遣步軍一千、馬軍五千，而城大不足以衛。其後秦弼勒回摧沙寨弓箭手，而弓矢器甲皆闕。已令張舜忠遣步軍五百增戍，又盧仕閔領元留德順兵五百人往援原州。」

2 己巳，詔：「防秋不遠，事貴預備。足食足兵，宜有長策。可令臺諫、侍從各以己見，條具陳奏。」

殿中侍御史吴芾言：「大農之財，一歲所入，幾五千萬，而内藏、激賞不與焉。會其多寡，比景德全盛時十增其四。地不足而賦加多，則取於民者已盡，不可以復求矣，惟當痛節冗費。蓋今天下之兵，内外何翅三十萬？太祖、太宗削平諸國，盡取其數，亦不過此。況大農每歲養兵之費，幾十之九，若更加募，何以贍之？今欲兵之足，莫如核實，不得令虚張人數，揀其驍鋭，汰其疲弱，使人皆可用。則官無費財，是一舉而兩得之也。」時將士陣亡者衆，軍多虚籍，故芾言及之。芾所奏不得其月日，或可移附此月丙申改除户侍之後。

禮部侍郎黄中言：「足食之計，在於量入爲出。今天下財賦，半入内帑，有司莫能計其虚盈，請悉以歸左藏。」且引唐楊炎告德宗語，曰：「陛下仁聖，豈不能如德宗之爲哉？」上善之。

3 庚午，言者奏：「右朝奉大夫、新知信陽軍陳良弼疎庸，右朝奉大夫、新知黄州馮檠叔貪鄙，右朝請郎、新知江州曾愭瑣懦。」詔並罷。

敦武郎、鄂州駐劄御前軍第九將李恂兼知信陽軍。

言者論：「諸軍效用，舊無陞進格法。昨降指揮，三歲與轉一官，至承信郎止。然而國朝八資之制，自守闕進義副尉以上，自有磨勘年限，凡二十二年而後入品。今三歲而轉一資，又有挽强之賞，八資可坐而致矣。近制，效用挽弓一石，每歲一試，八箭中垜與轉兩資，則是三歲而可獲六資矣。其轉資之格，望特詔有司，講求至當，别與定制。」詔兵部看詳。本部言：「欲將轉至守闕進義副尉之人，更不理到軍三年，賞八箭以上轉兩資，顯是僥冒。欲乞六箭上垜轉一資，十箭以上轉兩資。若别行拍試者，依尅敵弓例，每次增加一斗力，至一石五斗止。」從之。

建王女永嘉郡主卒。乾道二年追封嘉國公主。詔以醫官李師堯等屬吏。王奏：「臣女幼多疾患，若加罪醫人，臣之愚分，尤不遑安。欲望寬恩，特與疎放。」疏再上，從之。

是日，德順捷奏至。

4 辛未，詔淮南新復州軍舉人，許於近便州軍一處併試，每終場十三人解一人。中興聖政：「上宣諭宰臣陳康伯等曰：『卿等曾詢訪今歲民間蠶麥何如？向雖多雨，二麥稍黄，今已登場，而價不聞翔踴。朕以令外市糴，以知其直。二者約度，雖小有傷，而成熟亦不減七分矣。』臣留正等曰：『君人者，養人者也。食則憂天下之饑，衣則憂天下之寒。書稱文王卑服，即康功田功。則田功云者，知小民稼穡之艱難，不遑暇逸，以就天下養民之功云爾，此文王之所以造周也。太上皇帝當麰麥既成，乃潛遣市於外，因物之貴賤，以察知歲之豐儉，唯慮天下之民，不得其所養。如是則雖處九重之深，而民之利病何患乎不知？憂勤之心，文王無以過之。中興之業，蓋有所本矣。』」

武功大夫、吉州刺史、權知閤門事孟思恭落階官，爲文州刺史，以嘗再使北廷也。

左朝散郎、知常州葉顒依所乞主管台州崇道觀。

5 壬申，詔御營宿衛使司統制將佐、使臣、軍兵等四萬三百五十二人各轉一官資，出戍暴露者轉兩官資。用太傅、御營宿衛使、和義郡王楊存中奏也。時存中還行在，乃罷存中措置兩淮，而以觀文殿大學士、判建康府張浚兼之。浚出入將相三十年，素爲士卒所畏愛。至是，復總軍政，皆樂爲用。

是日，北使高忠建等出境。

6 癸酉，左宣教郎史正志爲司農寺丞。

殿中侍御史吴芾言：「向來歲遣聘使，多以有用之財，博易無用之物。大率先行貨賂，厚結北使，方得與北商爲市，潛行遁跡，常虞彰露，間遭捃摭，復以賄免，不惟有累陛下清儉之德，亦所以啓敵人輕侮之心。歷年於此，習以爲常，臣下雖知，莫敢輕議。今再通和好，尚慮將命之臣或仍前例，有傷國體，爲害非細。」詔使、副嚴切覺察，如使、副博易，回日令臺諫彈劾。

詔左朝奉大夫、知江陰軍楊師中與右奉議郎、知高郵軍呂令問兩易。

蠲淮東殘破州軍上供銀絹米麥經總制錢一年。

初，蒙城縣人倪震等率丁口數千渡淮來歸，居花靨鎮，糧乏不能自存，頗出怨語。御營宿衛使楊存中言：「淮西有歸正人甚多，既闕糧食，日虞回歸，復興誹謗之言，反使人人解體。望出淮西總領所錢糧，付知壽春府郭振以賙給之。」從之。

是日，四川宣撫司令右軍統制盧仕閔領山外四將、山裏四將兵，及冀演所領部落，趣程盡往，守德順之東山寨。

7 甲戌，辛執進呈次，因論淮上屯田事。上曰：「士大夫言此者甚衆，然須有定論。用諸民乎？用諸軍乎？若論既定，當先爲治城壘廬舍，使老少有所歸，蓄積有所藏，然後可爲。」陳康伯曰：「今西北歸正人願就耕者甚衆，已降牛種本錢。趙子潚所納抽解木植，亦分送兩淮，治屯田人廬舍矣。」上曰：「甚善。」上又曰：「卿等用人，當收慤實爲上。若好名沽激，如畫餅然，終不可食耳。」已而權兵部侍郎陳俊卿自淮東還，乞募民耕荒田，蠲其徭役及七年租稅。從之。俊卿陳請在五月甲辰。

權吏部侍郎淩景夏言：

臣聞定而不易者，謂之法，法不能盡者，存乎人。國家設銓選以聽羣吏之治，其掌於七司，著在令甲，則所守者法也。疑似之間，可與可奪，悉得以例施行，則所任者人也。然所謂法，猶可按籍而視。所謂例，則散在案牘之中，匿於胥吏之手，而長貳有遷改，郎曹有替移，來者不可以復知，去者不能以盡告。

索例而不獲，雖有彊明健決之才，不復敢議；引例而不當，雖有至公盡理之事，不復可伸。臣嘗觀漢之公府，則有辭訟比，以類相從；尚書則有決事比，以省請讞之弊。比之爲言，猶今之例云爾。

臣愚以謂，今吏部七司，亦宜許置例册。凡换給之期限，戰功之定處，去失之保任，書填之審實，奏薦之限隔，酬賞之用否，有定參照。凡曾經申請或堂白，或取上旨者，每一事已，命郎官以次畫時擬定，而長貳書之於册，永以爲例。每半年則上於尚書省，用印給下，仍關御史臺而詳焉。部胥失舉，坐以責罰。事之可爲例者不得遺，例之所不載者不得言也。如是，則前後與決，悉在有司之目，開卷盡知，猾吏無所肆巧，貨賂不得而通，姦弊由之而息。庶幾銓叙平允，實天下士大夫之幸。

詔吏部措置申省。

左正言劉度言：

恭覩紹興二十九年六月詔書，禁約苞苴結交權要，掊克卒伍，以濟請託之私。近聞道路之言，成閔入朝，侍從、卿監、郎官、閤門、内侍，皆有饋賂。受授之間，公然抵冒。此例一開，若不重行禁約，他日將帥入朝，必争治苞苴以相誇尚，而掛虚名，削廩給，必更滋蔓，以充其求，不得可禁矣。况成閔此歸，若有功而欲賞，則遠近觀聽，必曰：「以饋賂而獲遷也。」若有罪而欲貸，則遠近觀聽，必曰：「以饋賂而獲免也。」不惟墮紊邦制，玷累士風，而成閔所以爲身謀者，亦甚踈矣。欲望申嚴戒飭，揭榜朝堂。今後羣臣輒受苞苴，令御史臺彈劾，重置典憲。斷在必行，毋爲文具。

從之。趙甡之遺史云：「言者論成閔苞苴交結，詔榜朝堂，已而收去。」

左朝奉大夫、提舉江南東路常平茶鹽公事洪适行尚書户部員外郎，總領淮東財賦軍馬錢糧，适乃代徐康。康五月甲寅致仕。總所建治京口。名雖淮東，而所總多江東、浙西財賦。适常奏乞以浙西、江東入銜，勿復增薦舉，添官屬，庶名正事順，可以辦集。不從。

親衛大夫、和州防禦使賈和仲添差江南東路馬步軍副總管，建康駐劄。

修武郎、閤門宣贊舍人、權通判唐州胡彬爲武翼郎，職依舊。彬，唐州土豪，聚衆復其州，京西制置使吴拱特授，至是加命。

四川宣撫使兼陝西河東路招討使吴璘言：「收復秦洮路，招到正兵弓箭手萬人，乞支給器甲。」自休兵，有旨令成都、潼川、遂寧府、嘉、邛、資、渠州七作院日造甲，興元府、閬、成州、大安軍、僊人關六作院日造神臂弓、馬甲、披氊。至是二十年，器械山積。逮軍事將興，今工部侍郎許尹時爲總領官，又乞令成都、潼川府、夔州路憲曹二司，取禁軍闕額係省錢，益除戎器。於是，諸庫所管甲至二萬副有奇，其餘稱此。及璘有請，遂命總領所以甲萬副予之。

是日，吴璘命姚仲即日趣程之德順，統制官盧仕閔、姚志並聽節制。如得機便，即進兵，克復涇、渭等州。仲言所領兵少，欲就興元、洋州把守兵内分遣一千爲助，璘從之。於是，仲以河池兵千四百九十有九，秦州兵五千五百四十，通所將兵爲九千三十有九，並詣德順，餘兵留屯甘谷、摧沙、鎮戎軍。時原州受圍已久，應兵寡弱，敵兵益置大砲十有四所，更用鵝車洞子，擁迫城下，矢石亂發，軍民死守，傷没甚衆，勢將不支。守將段彦、鞏詮告於知鎮戎軍秦弼，又言原州、鎮戎唇齒相依，原州失守，鎮戎必孤。弼聞宣撫司，乃就令弼盡領四將兵部落子詣州應援。段彦報杏果率渭州兵圍原州，增至七萬餘衆。盧仕閔謂涇、渭距德順、鎮戎地遠，而原州勢急，聞於姚仲，乞分遣所統制前馬步軍一千七百有四援原州。仲乃令右軍統制李在分遣治平寨屯兵五百人往援之。仕閔以原州急，止分遣其兵寨於東山及渭州道三岔口榆林堡，堡距州五十里，以爲應援，且密遣壯士馳報城中，俾知外援，以堅其守。

8 丁丑，安德軍節度使、龍神衛四廂都指揮使、提舉佑神觀張子蓋爲鎮江府駐劄御前諸軍都統制。子蓋之除，實代成閔。日曆不載除日，但於此月戊寅書子蓋内殿引見，已繫都統制銜。趙甡之遺史在此日。

是日，川陝宣諭使虞允文檄四川總領所：「近奉聖旨，川、陝諸軍因糧減省米斛，許本司移文總領所，用之新募軍兵效用，并四川宣撫司開具到新復州縣見在糧斛，共三十五萬九千八百九十一石，應副軍馬支用。契勘係對數減省總領所合應副贍軍糧斛數目，今請依所降聖旨，將前項減省糧斛紐算糴本水脚錢數，今項樁管，聽候當司取撥支遣①，具已樁錢數回報。」時允文在河池，宣撫使吴璘嘗爲言三路因糧於敵，不仰蜀中漕運。允文即取索拘收到糧米數目，璘不知其故，具以報之，允文遂有對撥糴本之議。

9 戊寅，御史中丞汪澈參知政事。澈宣諭荆、襄還，既見，遂有是命。

10 己卯，右朝散郎劉藴提舉荆湖北路常平茶鹽公事。

右通直郎吕大器知黄州。

右承議郎留觀德知復州。

11 辛巳，武翼郎、閤門宣贊舍人孫儔知鄧州。見任武翼大夫鄭雄別與差遣。儔，鄧州忠義人。初見去年十一月甲戌。

詔以内鄉、淅川兩縣隸均州，事定日如舊。

右武大夫、忠州團練使、新江南西路馬步軍副總管輔逵爲殿前司前軍統制，用趙密請也。

是日，總領四川財賦王之望得虞允文檄，論對撥糴本事。之望以其須索漸廣，乃爲書遺宰執言：

舊宣撫司所管右護軍共八萬五千四百餘人，見今所管御前諸軍計九萬五千六百餘人，比舊已多一萬二百餘人。又當時有田晸一軍五千七百餘人在蜀，後來兵往東南，本所依舊管認衣糧，計一百二十餘萬引。兵雖減而費不減，於見今九萬五千六百人外，更養此五千七百餘人。後來節次蒙截留，只得八十四萬餘道。本所見養之軍，比舊經常歲計正破衣糧軍，計多一萬五千九百人。

以前用兵，舊宣撫司除贍軍歲入外，更有激賞、降賜、稱提、營田四庫錢物，僅一千餘萬緡，專充犒賞。又有未減放民間科敷錢引，及截留供取撥茶馬諸司應干錢物斛斗，該税不盡窠名，不以有無拘礙，並許拘收通融應副，仍以便宜行事。賦外窠取，又節次添印錢引一千四百萬道，及兩次準朝廷降到度牒一萬一千四百一十四道，方粗了辦。自休兵後來，更無宣撫司四庫錢物，又節次裕民，減放過錢引一千九十餘萬道，又無拘截朝廷物運，又不得諸司錢物，又不泛濫增印錢引，其所降度牒比前數少，又發賣未盡，可見今日事體與前時用兵大段不同。之望爲東南調度至廣，不忍數千叩朝廷。而民力凋弊，詔旨每務寬恤，亦不敢輒有科敷。只是悉心盡瘁，多方擘畫。

如去歲贍軍糴本增二三百萬引，近日理會出限田契錢，可得二百餘萬引。前此於階、成、西和、鳳州就糴糧料，并諸處坐倉，比搬運之費，省得百十萬引。如此之類，錙銖積累，以充用度。傳聞過當，便謂豐盈。添支者並無給降，減省者別有樁管。小小增入，指爲寬剩。創新支破，不問有無。如此則總領一司，豈復可爲？假令見今總所果能經畫，致有贏餘，亦合候邊事寧息，具數申稟朝廷，以聽取撥。不應供饋方急，逐事拘刷，使之窘束，更無以準備緩急。官吏橫身抗拒諸將，節省得見存財賦，及其辛苦措置纖毫之入，反供他邑別用，而本所依舊任闕乏之責，盡心之吏，豈不解體？若本所自用兵來，依承舊例，不行撙節，多耗錢物，結將帥之人情，及用度不足，橫斂百姓，以伐四川根本，朝廷何以加罪？至其急闕，未免更行應副，豈復有樁留以待他用者？

之望移書允文，乞會問宣撫司，如果有上件減省到錢，則見今本所庫中所有，自可遣官拘占，不必問本所之可否。允文不從。自川、陝軍興，朝廷給官告，截上供，出度牒，總爲錢六百餘萬緡。度牒五十道，計二萬緡。官告錢二百五十萬緡，上供錢五十萬緡。之望又督責諸州所起贍軍錢物，比遞歲增四百萬緡，田契錢亦四百萬緡。二項皆約比時所入之數。至之望替時，又增一百二十八萬九千餘緡。雖所入未齊，而大數可見矣。之望嘗爲允文所薦，及議軍儲，二人始有隙。

12 壬午，詔履正大夫、安德軍承宣使、御前前軍統制兼知洋州傅忠信令再任。

13 癸未，詔右奉議郎、知江州林珣特令終任。珣引年得祠，而代者曾憒被劾，故復留焉。

親衛大夫、降授邕州觀察使、監汀州在城商税陳思恭致仕。思恭，故閹人，以老病自請也。

14 甲申，殿中侍御史吴芾言：「軍器監陳洪持禄苟容，駕部員外郎趙廱假手登第，不當居天下之清選。」上曰：「武臣子孫只宜爲武官，清望須還白屋，今以將家居之，則公議自然藉藉。」乃罷廱。以芾權尚書户部侍郎。熊克小曆全不載事初②，今從日曆修入。

右承務郎京畿淮北招討司幹辦公事兼權淮西措置招集屯田劉藴古、成忠郎王珍、李雲、王展、韓彦，承信郎蕭通，並見於内殿。

尚書度支員外郎楊倓移吏部。

15 乙酉，詔京西招討司具前後立功將士及邊面立功之人姓名以聞。時言者論：「荆、襄之師，自去秋屯於襄陽，列據漢水，以拒劉萼，露宿野處，相持二月。初有樊城之戰，繼有茨湖之戰。暨萼之奔也，則有汝州之戰。淮、蔡之受圍也，則屢有城下之戰。偏師援蔡也，則有確山之戰。皆以少擊衆，北騎大潰。詢之故老，前後用師，亦未有如此之連捷者。儻不旌别，何以示勸？」故有是旨。是役也，招討使吴璘多補親舊之未曾經行陣者，反令統制官王宣保明焉。此以趙成京西戰功録修入。

太府寺丞陳彌作爲福建路轉運判官。彌作，侯官人也。今年三月己亥，方申嚴監司迴避户貫之禁，不知何以旋有此除，當考。

武功大夫、東南第二將向琪爲宿亳州潁昌壽春府兵馬鈐轄，壽春府駐劄。

詔中大夫已下，因推勘按劾放罷，而非贓罪及私罪徒者，雖未得宮觀，聽以致仕恩降等蔭補。用吏部侍郎兼權尚書淩景夏請也。

是日，川陜宣諭使虞允文自河池還至西縣，總領財賦王之望自興元復會之。之望還利州，允文還興元府。

16 戊子，起居舍人、充大金國賀登寶位使洪邁等辭行。國書曰：「審膺駿命，光宅丕圖。德合天人，慶均遐邇。比因還使，常露悃悰。粤從海上之盟，獲講鄰封之信。中更多故，頗紊始圖。事有權宜，姑爲父兄而貶損；釁無端隙，靡逃天地之鑒臨。既邊境之一開，致誓言之遂絶。敢期後聘，許締新歡。載惟陵寢之山川，寖隔春秋之祭祀。志豈忘於纘舊？孝實切於奉先。願畫舊疆，寵還敝國。結兄弟無窮之好，垂子孫可久之謀。庶令南北之民，永息干戈之苦。儻垂睿照，曲徇懇祈。願竚佳音，别修要約。履兹夏序，善保聖躬。」

秘書省著作郎兼權倉部郎官張震守殿中侍御史。初，上擢起居郎呂廣問爲侍御史，而廣問自言與陳康伯連姻，力辭，乃改用震。

敷文閣待制、提舉江州太平興國宫楊偰知舒州。

武略郎、西南蕃都大巡檢使判穤爲武經大夫、忠州刺史。判穤，長寧軍管下蕃官也，用瀘南安撫司奏而命之。

詔諸軍招到蕃人、女真等，日給錢三百文，捉到人給一百文。先是，主管馬軍司公事成閔言捉到番人，内有堪充馬軍披帶之人，乞依武勇效用例支破請給。而權户部侍郎吴芾言，今諸軍招到人，日止給百錢，米二升有半。若將捉到人請給增倍，顯是輕重不倫，故有是旨。

權户部侍郎吴芾言：「塑製顯仁皇后神御，其三省禮工房、樞密院機速房、禮户工部太常寺等處諸色人，但以經由行遣爲名，添支食錢，委是太濫。」詔日下住支。

17 己丑，蘄州防禦使、知閤門事、幹辦皇城司劉允升爲福州觀察使，果州團練使、知閤門事、幹辦皇城司張掄爲均州防禦使，皆以配填班直推恩也。

18 辛卯，左朝奉大夫主管台州崇道觀鍾世明、勒停人前右朝奉郎莫濛並爲淮南路轉運判官。

資政殿學士、提舉臨安府洞霄宫魏良臣薨，謚敏肅。

19 壬辰，起居郎吕廣問權尚書禮部侍郎。翌日，上謂大臣曰：「廣問老成不沽激，往時薦之者多。」因曰：「朕有一人材簿，每臨朝，臣下有薦揚人材者，退朝則記姓名於簿，遇有選用，披而尋之，無不適當。」陳康伯等又論備邊當擇良將。上曰：「偏裨中有驍勇，卿等可以所聞見，隨其高下，具名以聞。俟於諸軍汰去怯懦，次第代之。」

20 癸巳，左正言劉度試軍器監。度言：「恭覩慶曆四年八月詔曰：『除諫官，毋得用輔臣所薦之人。』臣昨自館職除察官，初因汪澈薦引。今澈既參大政，而臣尚陪諫省，有違慶曆詔書，實難安職，乞改除外任差遣。」故有是命。

集英殿修撰、知泉州李僩陞敷文閣待制，提舉江州太平興國宫，從所請也。

司農少卿朱夏卿論軍中冒請之弊，乞令諸路大軍每遇招收到人，先具名報總領所，每旬委總領官同都統制就本所或教場同共刺填軍號，其效用即對衆審實。從之。

是日，總領四川財賦王之望得隨軍轉運判官趙不愚報：

陝西新復州軍，各有元舊屯駐官兵，按月支請糧料，及調發軍馬前去德順軍，經過批支，并僻遠城寨難就食。亦有復經金人殘破，城寨毁壞，糧料兼無，未曾取見實數，不見得堪與不堪，陳新斛斗的實數目。惟德順軍得小麥粟共四萬五千餘石，並各陳次，已借貸與裏外人户。

不愚又遺之望書云：

因糧事，宣相初無他，止因尚書公問及，遂言此數。繼而尚書公取索，不免具數納劄子呈知，不謂與疏所打算。蓋恢復之初，雖據諸處申到有許多實數，元不曾覈實交盤。兼其間陳次不堪支遣者甚多，又有僻遠處支遣不到者，又有得而復失者，皆未見的確，難以報應。此一段事，出於偶然，元無適莫，切幸融諒。

於是之望以其事報允文及申朝廷言：

假令宣撫司實有上件新復州縣米三十五萬餘石，亦合先從運司覈實，移文本所，用就支新募軍兵效用口食，有餘即合歸本所，應副諸軍食用。便是要還價直，亦須俟食過若干，計數還錢。今來宣諭司不問已食未食，盡據所有，要紐算糴本、水脚錢數，令項樁管，聽候取撥，合計錢引三百九十餘萬道。即是將陝西所得使用不到，及陳腐不堪賤米，却取本所貴價，又不供新募軍兵效用支費，別要取撥，以與元初指揮不同，則所得米斛，非徒於本所無益，反爲大害。幸而宣撫報元未曾取實數，不見得已支見在堪與不堪，宣諭司已灼見虛實，不行前牒。切恐將來收復陝西，實有拘到糧斛不下數百萬石，皆要本所紐計價直，另項樁錢，則須用數千萬，雖竭本所所有，亦不能足。萬一臨時別有樁撥，或朝廷支用，本所難以違拒，於本所經常歲計及軍興調度，大段有妨。伏乞檢會元初申畫，特賜照應施行。

朝廷以爲然，乃於所樁内撥二十萬引賜吴璘爲激犒錢，仍備之望所陳，送允文照會。

21 乙未，中亮大夫、鄂州駐劄御前左軍副統制王宣權知襄陽府，將帶所部軍馬權就本府屯駐。親衛大夫、鼎州觀察使、鄂州駐劄御前左軍統制、權知襄陽府郝晸，令依舊歸軍。

右朝請郎、知盱眙軍周淙直秘閣再任。

直秘閣、知房州司馬倬知德安府。

右朝請郎張松知郢州，見任人伏深、邢舜舉並罷。

起復宣州觀察使、殿前司護聖軍統制王琪帶御器械。

左朝奉大夫、提舉江州太平興國宮周方崇復集英殿修撰致仕。

22 丙申，興元都統制姚仲聞原州圍急，乃令統制官姚志、李在量留兵屯德順，盡以精兵同所自將常從兵，以是日發德順，往援原州。

是月，大雨，淮水溢數百里，漂溺廬舍人畜，死者甚衆。

初，金國爲契丹耶律窩斡所擾③，有衆數萬，漸逼居庸關。金主亮大懼，召同知保州紇石烈志寧爲右翼統軍以討之④。亮與其下謀，以謂窩斡兵勢如此，若南宋乘虛襲我國，其危哉！設有所求，當割河以南與之。此事五月⑤。既而窩斡之衆内叛，金國得窩斡而戮之，裂其體於燕京、汴京及長安三處。契丹之患既息，其割地歸本朝之意亦寢矣。此據宋翌金亮本末及范成大攬轡録參修。

1 五月戊戌，右朝奉大夫、知大宗正丞孟充爲尚書工部郎中。

太府寺丞朱商卿爲金部員外郎。

秘書丞劉儀鳳守禮部員外郎。

右朝散大夫、新提舉淮南東路常平茶鹽公事吴巘入辭，乞兩淮殘破處知縣京官終任者與陞擢，選人減舉主員。又乞倚閣下户見欠官私債負。詔吏、户部看詳申省。巘又言：「淮民復業之初，稅賦既免，鬭訟亦稀，乞量差保正長以寬民力。」從之。

是日，四川宣撫使吴璘自河池往鳳翔視師。都統制姚仲遣統領官趙詮引馬軍七百至開邊寨，克之，獲其知寨成茂。而金人千餘自原州來求戰，詮賈衆力戰，北兵敗走。金二百餘騎又駐開邊寨河灘，右軍統制盧仕閔戰退之，追擊至九龍泉。仲令統制姚公輔同統領張詔、趙詮領兵七百赴原州。又令統制姚公興駐原州北嶺，與金人合戰，奪其隘口。守將段彦知大軍將至，勢少壯。金人是日攻城亦稍緩。

2 己亥，總領四川財賦王之望乞根括民户嫁資及遺囑田合納契税錢，應副贍軍支用。從之。按白契事行之已久，今又有此申明，恐與宣諭司異論故也。今年十二月戊寅白劄子所云可參考。

3 庚子，監察御史陳良祐守尚書司封員外郎，亦以汪澈所薦有請也。

秘書省正字兼國史院編修官周必大守監察御史。

4 壬寅，翊衛大夫、利州觀察使、權主管鎮江府屯駐軍馬劉鋭添差兩浙西路馬步軍副總管，平江府駐劄。從所請也。

是日，興元都統制姚仲以大軍至原州之北嶺，與金人合戰，官軍大敗。前一日，仲未至開邊寨之十里，將以次日由九龍泉上北嶺，令諸軍弓弩盡滿引行前，輜重隊居後。平旦遇敵萬餘求戰。仲以統制官盧仕閔所領馬步軍及陝西兵合爲頭陣，次以己所統部軍六千四百十有八爲四陣，隨勢便利分列之。又以統制官姚志所部兵爲後拒，列於隘西。官軍盡力鏖擊，陣面開合凡數十。敵兵每一衝陣，率三千餘衆，迭爲進退。會輜重隊隨陣[6]，亂行不整，第一第二陣方交鋒，而第三第四已爲金敵破拒馬而入，陣心衝潰，輜重中隔，莫可應接。第五陣乃仲牙兵，死鬭最久，自辰至未，人馬死亡，枕籍滿道，軍遂大潰。志陣居第六，已踰兩隘，行前者還報諸陣盡爲敵兵所敗。志謂其徒曰：「前軍既敗，我輩進亦死，退亦死。等死耳，進猶可生也。」遂悉其軍，各務死戰。未幾，金人馬軍直前衝擊，志令左軍第四正將張傅傳令，槍手盡坐，神臂弓先發，平射弓次之，起伏凡五，敵兵引退約二百步，志遂趣陣踰七八里，敵乃歸南山原。當時詢求姚仲不得，頃之有報，仲已至開邊寨。志遂令將官楊立領神臂弓甲兵各五隊，據九龍泉大川路，以備敵邀擊。是役也，武顯大夫、興州前軍同統制鄭師廉與統領官七、將官三十、隊將七十有三並死於陣，隊兵以下不與焉。仲既至開邊寨，猶諱言五陣之敗，惟推姚志爲奇功，以捷報。宣撫司統制官姚公輔聞仲遇敵，乃引兵次原州城爲策應，遇敵與戰，至午各退保於故壘。時吴璘在軍前，方遣仲書問原州敵勢。且曰⑦：「合喜孛堇次鳳翔⑧，堅守不出，勢不易取，雖原州圍未解，可且赴德順。」書未至而仲已敗矣。

5 癸卯，言者論：「大理寺推獄，多取賄賂。凡以罪赴寺者，率縛之暗室，以木爲拳，或用藤杖擊之，必厭所欲而後已，貧者至鬻妻子以爲賄賂。」詔刑部長貳覺察，許越訴。

6 甲辰，宰執奏：「近探報皆言黄河南北蝗蟲爲災，今已數年，天意可見。而江、淮之間，蠶麥大稔，此實聖德所召。」上愀然曰：「去歲完顔亮興師無名，彼曲我直，豈無天理？朕德不足以動天，祖宗仁澤所致。今幸蠶麥告登，更望有秋。設或邊事未息，必可枝梧。」

太府寺主簿魏杞行太府寺丞。右奉議郎吕擢爲太府寺主簿。

是日，太府卿、總領四川財賦王之望再乞在外宫觀，不許。之望又遺大臣書言：「近緣宣諭司令本所樁管吴璘所得敵人米斛價錢，别聽支用。本所會問宣撫司，悉無實數，與吴璘幾生間隙。幸而相照有素，所以無事。渠於朝廷所撥二十萬引激犒錢，只敢受其一半，蓋知初無此一項錢物也。此一事，三司紛紛累旬，而卒無一錢，却二十日内，只宣撫一事，取撥過錢物幾一百五十萬引，以此知前此新疆所得，之望一切不問，而隨取隨予，渠亦不肯過當。蓋暗相乘除於其間，人情周旋，於國事亦濟，誠策之得也。」又遺葉義問書言：「蜀中人材，如茶馬王弗老成更練，精力未衰，總計之任，自當次補。知潼川趙沂廉介孤立，意不在私，憂國愛民，深曉財賦，有先儒循吏之風，又嘗從軍，亦能調護將帥，見今職事，亦可陞擢。虞尚書久在川蜀，乍自東南還，不深知近來事體，而其人疎通果決，鋭於立功。凡有所聞，推行奏請，惟恐不及，而於虚實之際，未暇審詳，竊意朝廷皆以爲然，一一施用，或别致抵牾。兵戎財賦，事關安危，不可不審也。」

7 乙巳，詔今舉禮部奏名進士，依祖宗故事，更不臨軒策試。

監察御史袁孚守右正言。

左朝請大夫、知通州陳漢爲兩浙路轉運判官。

左朝散大夫、知荆門軍姚岳爲京西路轉運判官。

左朝散郎、知鄂州章服提舉兩浙西路常平茶鹽公事。

右朝散郎、京西路轉運判官姚邵直秘閣，知鄂州。

8 丙午，秘書省正字芮曄兼國史編修官。

9 丁未，右諫議大夫梁仲敏充敷文閣待制，提舉江州太平興國宮，從所請也。

左宣教郎龔茂良爲秘書省正字。茂良，莆田人，以薦對而有是命。

殿中侍御史張震入對，言：「古之觀天下者，不觀其勢而觀其人之志。志强，天下之勢雖弱必强。況今東傅海，西抵秦，北拒淮，南極閩、廣，脅荆、襄，跨江、漢而負全蜀，不可謂弱，特在乎所以用之者何如耳。願陛下體乾之健，自强不息。講内治之策，急内修之政，振威權，整法度，拔英俊，獎忠直，退姦佞，擇將帥，核軍實，充國計，謹名器，信號令，治戰守，日夜摩厲，以充其志，持之以決，而後舉天下惟所欲爲，無不可者。惟陛下留神省察。」

10 戊申，太傅、寧遠軍節度使、御營宿衛使、和義郡王楊存中復爲醴泉觀使⑨。御營宿衛使限五日結局。

右武大夫、和州防禦使、入内内侍省押班林肇爲入内内侍省副都知。肇尋以解帶恩陞領福州觀察使。肇轉遥察在是月壬子。

武顯大夫、鼎州團練使、帶御器械、幹辦皇城司徐伸爲入内内侍省押班，提點皇城司。伸尋以解帶恩陞和州防禦使。伸爲遥防在是月癸亥。

11 己酉，總領四川財賦王之望得宣諭使虞允文書，論買馬招兵及吴璘、姚仲出師事。之望答書略曰：「適領使檄，買馬以百運爲限，亦得中數，乞罷招兵，尤爲至論。南北通使，和議必成。亦須一再往返，移書宣威。且議休息，生靈之幸。師老鋭挫，若遇大敵，豈不可憂？此乃安危所係，用度不足言也。姚帥年來數奇，不可委以要地，更宜與宣威議之。因糧事不敢必，只得不至過當足矣。」先是，之望聞璘再出散關，移書曰：「頃聞此行，士卒鋭氣不及前時，果否？方此大暑，師旅征行，百姓轉餉，皆是危事，自非萬全，豈可輕舉？若果未可動，且宜待時，雖聞於朝廷可也。」書未達，仲已敗，璘亦無功而還。

12 辛亥，右奉議郎、鄂州都統司主管機宜文字向汋知房州。

是日，鎮江都統制張子蓋與金人遇於石湫堰，敗之。先是，敵以數萬衆圍海州，詔子蓋率兵往援，仍聽張浚節制。浚受命，即爲書抵子蓋，勉以功名，令出騎乘敵敝。子蓋至京口，整軍渡江，亟趨漣水，擇便道以進。前一日，至石湫堰，敵萬騎陳於河東。子蓋曰：「彼衆我寡，利在速戰，不可令敵知吾虛實。」於是，率精鋭數千騎馳馬先入，諸將皆進。復州防禦使王友直以所部力戰。御營宿衛前軍統制張玘爲流矢中其腦，没於陣。士卒死鬭，敵遂大敗，擁入河溺死幾半，餘騎遁去。

13 壬子，奉安顯仁皇后神御於景靈宫。先一日，上齋於内殿，及自射殿步導至麗正門外奉辭。

詔武功大夫、閤門宣贊舍人、統制忠義軍馬、兼知海州魏勝歷時暴露，忠義可嘉，可除山東忠義軍都統制、兼知州事，給真俸。

14 癸丑，吴璘聞姚仲之敗，乃逮繫左軍第四正將張傅下吏以鞫之，始得其實，遂追請仲赴軍前議事。翌日，又令統制官姚公輔、趙詮守原州，聽候中軍統制吴挺節制，不得自爲摘發，若擅離所守地，稍失枝梧，並處斬。

15 甲寅，詔吴氏可復封才人。日曆不書，此據會要。吴氏以紹興二十八年七月廢。

皇叔眉州防禦使、權知濮安懿王園令士程爲宣州觀察使，以積閥遷也。

詔：「葉義問、汪澈昨往江上督視軍馬，撫勞將士。一行官吏等第，並特轉兩官資。第二等轉一官資，更減二年磨勘。第三等轉一官。礙止法人依條回授，選人改合入官。」

遣内侍以金匣茶賜吴璘。

權户部侍郎吴芾入對，上因論財賦在得人，遂言：「川、陝用兵，朕全得一王之望之力。大軍十餘萬衆，數月與虜角敵[10]，而蜀人不知，他人安能辦此？之望在蜀，幾如蕭何之在關中。」芾曰：「之望與臣有連。其人爲政尚嚴，平日在蜀，令行禁止，故於財賦亦不督而辦。」上曰：「朕初不知與卿有連。見大臣言之望婚嫁未畢，亦欲令歸，但蜀中不可無之望，姑令在彼，候事稍定，朕當大用之。卿因發書[11]，宜道此意。」

降授右朝奉大夫徐宗説卒。

16 乙卯，帶御器械趙廓幹辦皇城司，專切提舉訓練所。

忠州團練使、知順昌軍孟昭率部曲來歸，居固始縣。詔以昭爲光州兵馬鈐轄，其徒皆授田居之。

是日，吴璘趣姚仲詣軍前，其原州敗兵並詣河池。

夏人百餘騎寇禿頭嶺，掠牛馬，又以五十騎駐於鎮戎最高嶺，射傷軍民。宣撫司令知鎮戎軍秦弼遣官説諭夏國沿邊兵馬司，各守舊疆，毋得侵犯。

17 丁巳，天申節，罷上壽。先是，權禮部侍郎黄中乞依元豐八年例，宰臣率百官拜表稱賀，上不許。

起居舍人、充大金國賀登寶位使洪邁等出境，金人遣工部侍郎龐顯忠接伴。顯忠，契丹人。其父爲常勝軍校，母耶律氏美，梁國王宗弼納之而殺其夫，後封王妃。

是日，海州圍解。張浚以去歲淮上奏功例不以實，有功者擯不録，而庖人厮卒悉沾濫賞，使士卒無以勸，欲革其弊。及是論功，乃命統制官下至旗頭押隊，公共保明，期以三日，有冒濫者，重罪之。於是，復州防禦使王友直以功特遷滁州觀察使。時朝廷聞敵退，有旨犒解圍軍兵，而鎮江府前軍之右軍與太平州之武鋒軍，以在圍中，獨不預。總領淮東財賦洪适從權比附，且倍其賞。适又奏：「沿邊已招降人，若使之饑寒失所，則必怨望。如蕭鷓巴一家踰二十口，券錢最多，日不過六千餘錢，尚不給用，則其餘可知。乞將有官人與給料曆，進勇副尉與依武勇給券，四口或五口以上，亦與添給口食。」人謂适知變。

18 戊午，欽宗小祥。上詣几筵殿行禮，百官進名奉慰。

19 己未，親衛大夫、果州團練使、御營宿衛前軍統制張玘贈容州觀察使，與恩澤九資，即其地立廟，以海州戰死也。

20 辛酉，入内供奉官鄺詢賜號白雲處士，名守寧。詢，建炎中馳騎至天長軍詗北人，因得肺氣病，至是自請也。

21 壬戌，詔：「視師江上扈從一行官吏軍兵諸色人等，並轉一官資。令檢正檢詳審量實有職事之人，依此施行，不得泛濫。」先爲議者所格，上以緩急之際，休戚所同，復有是旨。

徽猷閣直學士、知平江府洪遵復爲翰林院學士。熊克小曆遵自龍學除，蓋誤。

定江軍承宣使、改添差江南東路馬步軍副總管張振，乞依正官例支破全分請給。許之。權户部侍郎吴芾執奏，上以振采石有勞，詔特依已得指揮，餘毋得援例。

右朝請郎、荆湖北路轉運判官兼京西招討使司隨軍轉運判官吕擢直秘閣，賞勞也。

直秘閣韓璡知和州。

右朝奉大夫、新改知高郵軍楊師中主管台州崇道觀，從所請也。

權兵部侍郎陳俊卿使淮東還，入見，上言：「軍事尚嚴，故兵人逃叛，在法當誅。今乃一切寬縱，不加窮治，轉相招納，使人人臨敵逗撓不進，又遁逃而無罪，其誰肯爲國家出戰者？願戒飭諸將，毋得互相招納，以隳軍政而長亂階。其有保姦納亡，重置之罪，然後申嚴出軍逃叛之法，斷在必行，庶幾此風稍革。」從之。

22 癸亥，上謂大臣曰：「自去年完顔犯順之後⑫，中原士民，不忘祖宗之德，歸正者不絶。朕恐士大夫分南北彼此，浸失招徠之意。卿等可審處，如有官能辦事者，與沿邊差遣。士人從便入學，及令應舉，其餘隨宜收恤。如此則非惟已來者得安，未來者聞之，必欣慕而至。」於是陳康伯等次第行之。

崇信軍節度使、開府儀同三司、領殿前都指揮使職事趙密充萬壽觀使。密乞解兵柄，故有是命。仍詔請給人從紹興三十年四月七日已降指揮。給事中金安節、中書舍人唐文若、劉珙等言：「前此指揮係密主管步軍司職事日陳乞，今既除觀使，只合依觀使體例，難以統兵官禄格支破。近田師中屢曾陳乞真俸，臣等並行繳奏訖。今來趙密請給望依見任觀使條法支破，所有差撥使臣效用軍兵等，乞照田師中所得人數施行。」從之。

保信軍節度使、領閤門事、提舉皇城司鄭藻爲太尉。

舒州團練使潘清卿爲容州觀察使，用吴國長公主請也。

觀文殿大學士、判建康府張浚言：「軍籍日益凋寡，補集將士，必資西北之人，能戰忍苦，方爲可仗。臣體訪得東北今歲蝗蟲大作，米價湧貴，中原之人極艱於食。欲乞朝廷多撥米斛或錢物付臣，措置招徠吾人。人心既歸，虜勢自屈⑬。」詔以米萬石予之。浚以爲淮楚之人，自古可用，乘其困擾之後，當收以爲兵。乃奏曰：「兩淮之人，素稱强力。而淮北義兵尤爲忠勁，困於虜毒，亦已甚矣，讎虜欲報之心，蓋未嘗一日忘也。特部分未嚴，器械不備，雖有赤心，不能成事。自强虜恣爲殘虐，十室九空，皇皇夾淮，各無所歸。臣恐一旦姦夫鼓率，千百爲羣，别致生事可慮⑭。因其嫉憤無聊之心，而招集之，欲置御前萬弩營，募民壯年十八已上、四十五以下堪充弩手之人，並不刺臂面，以御前效用爲名，各給文帖，書鄉貫居住之處，及顔貌年甲姓名，令五人結一保，兩保爲一甲，十甲爲一隊，遞相保委，有功同賞，有罪同罰，於建康府置營寨安泊。」詔皆從請。浚即下令曰：「兩淮比年累被荼毒，父子兄弟夫婦，殺傷虜掠，不能相保。今議爲必守之計，復耻雪怨，人心所同，有願充者，宜相率應募。至於淮北久被塗炭，素懷忠義，欲報國恩，亦當來歸，共建勳業。」於是兩淮之人欣然願就，率皆强勇可用，浚親訓撫之。又奏差陳敏爲統制。敏起微賤，聲迹未振，浚擢於困廢中。敏感激盡力圖報，未幾成軍。按陳敏元係左武大夫、興州刺史、侍衛馬軍司破敵軍統制，不知此時爲何官也。方召募之初，浮言鼓動，欲敗成績。數月間，來應者不絶，衆論始定。浚謂虜長於騎，我長於步，制騎莫如弩，衛弩莫如車，乃令專制弩治車。又謂「三國以後，自北窺南⑮，未有不由清河、渦口兩道，以舟運糧。蓋淮北廣衍，糧舟不出於淮，則懼清野無所得，有坐困之勢。於是東屯盱眙、楚、泗以扼渦、潁，大兵進臨，聲勢連接，人心畢歸，精兵可集」，即奏言之。又多募福建海船，由海窺東萊，由清泗窺淮陽。有旨下福建選募。浚累奏終非一日事，朱熹所作行狀皆於浚未赴召以前書之，則必在此月也。日曆全不載，會要止載賜浚米萬石在此月二十七日癸亥，故且並附本日，俟考。

是日，權工部侍郎許尹還，入見。

23 甲子，内降詔曰：「朕以不德，躬履艱難。荷天地祖宗垂裕之休，獲安大位，三十有六年。憂勞萬幾，宵旰靡怠。屬時多故，未能雍容釋負，退養壽康。今邊鄙粗寧，可遂如意。皇子瑗，毓德允成，神器有託，朕心庶幾焉。可立爲皇太子，仍改名昚。所司擇日備禮册命，其宮室、官屬、儀物、制度等，疾速討論典故以聞。」

慶遠軍節度使、龍神衛四廂都指揮使、主管侍衛馬軍司公事成閔爲太尉，主管殿前司公事。

寧國軍節度使、龍神衛四廂都指揮使、建康府駐劄御前諸軍都統制、淮南西路制置使、京畿河北西路淮北壽亳州招討使李顯忠爲太尉，主管侍衛馬軍司公事。

入内内侍省押班李綽主管往來國信所。

是月，四川宣撫使吴璘遣將攻熙州⑯，拔之，熙州之破，不見本月日，蜀口用兵録亦全不載。按王之望文集此月二十九日與吴璘書，已稱姚師之敗，熙河之捷。故且附月末，更須考。獲其都總管劉嗣。

初，三大將之出也，興州路得秦、隴、環、原、熙、河、蘭、會、洮州、積石、鎮戎、德順軍，凡十二郡。金州路得商、虢、陝、華州，凡四郡。獨虜以重兵扼鳳翔⑰，故散關之兵未得進。

校勘記

① 聽候當司取撥支遣　「遣」，原作「遺」，據叢書本改。

② 熊克小曆全不載事初　「初」，原作「祖」，據叢書本改。

③ 金國爲契丹耶律窩斡所擾　「窩斡」，原作「鄂哈」，據金人地名考證改。

④ 召同知保州紇石烈志寧爲右翼統軍以討之　「紇石烈」，原作「赫舍哩」，據金人地名考證改。

⑤ 此事五月　此四字原闕，據叢書本補。

⑥ 會輜重隊隨陣　「會」，原作「命」，據宋史卷三六六吴璘傳改。

⑦ 且曰　「且」原闕，據叢書本補。

⑧ 合喜孛堇次鳳翔　「合喜孛堇」，原作「喀齊喀貝勒」，據金人地名考證回改。

⑨ 太傅寧遠軍節度使御營宿衛使和義郡王楊存中復爲醴泉觀使　「泉」，原作「陵」，據叢書本改。

⑩ 數月與虜角敵　「虜」，原作「金」，據皇朝中興繫年要録節要改。

⑪ 卿因發書　「因」，原闕，據叢書本、皇朝中興繫年要録節要補。

⑫ 自去年完顏犯順之後　「犯順」，原作「侵擾」，據叢書本改。

⑬ 虜勢自屈　「虜」，原作「北」。按，本條據朱熹所作張浚行狀修入，查晦庵先生朱文公文集卷九五下所載少師保信軍節度使魏國公致仕贈太保張公行狀下，此句作「虜勢自屈」，因據改。此條下文「虜」字原均作「敵」，亦據行狀改。

⑭ 别致生事可慮　「可慮」，叢書本作「可即」，朱熹所撰張浚行狀作「謂可」，皆屬下句。

⑮ 自北窺南　「窺」，原作「歸」，據晦庵先生朱文公文集卷九五下少師保信軍節度使魏國公致仕贈太保張公行狀下改。

⑯ 四川宣撫使吴璘遣將攻熙州　「遣將」，原闕，據叢書本、皇朝中興繫年要録節要補。

⑰ 獨虜以重兵扼鳳翔　「虜」，原作「北」，據皇朝中興繫年要録節要改。

建炎以來繫年要録卷二百

1 紹興三十有二年六月丙寅朔，皇叔和州防禦使士石爲泉州觀察使，以積閥遷也。

四川宣撫使吴璘次大蟲嶺。保寧軍節度使、龍神衛四廂都指揮使、御前諸軍統制、兼知興元府姚仲自原州至軍前，璘先已命夔州路安撫李師顔節制興元軍馬，盡奪其兵矣。仲以戎服見於庭下，璘欲斬以徇，參議官有止之者。按：階州通判、兼參議官成伃，五月十八日已申致仕，此恐是趙不愚。乃繫河池獄，旋送文州知管。統制姚公輔引兵出城北，次於北原，與敵兵遇，戰焉。金人自五月至於今，增兵凡萬五千騎，調丁夫五千餘衆，以牛車運砲座六十有餘所，增置憨皮袋、搜城車、呆樓洞子十餘所，自城東至於西南隅，共爲六寨。守將段彦來告急，一日書五至，公輔告急亦繼至。

是日，總領四川財賦王之望得吴璘書，報姚仲失律。之望即以書寬譬之，且貽書宰執曰：

仲貪鄙庸人，殊不曉事。天資狠戾，難可保信。前此粗有矢石之勞，全無謀略，本非大將之才。知金州、興元，所至掊克，雖贍軍常平窠名，亦皆侵用，抱認酒税，擅置坑冶，多占官軍義士，以充其役，民不聊生。邊事纔動，乘時怙亂，便欲凌轢總所，以肆其所欲。之望雖孱懦，略不少假。而吴璘動加箝制其猖獗，故不得逞其奸凶。或謂吴璘挾私憾而沮抑之，是不然，事果適於權宜，不當探其迹而疑之也。

識者以爲此人得志，必爲川蜀大患。向來吴璘疾病，之望所以累具申稟者，正慮朝廷以名位高卑、軍旅寡衆，次授兵柄，則四川之禍，可跨足而待。兹者原州之敗，雖失亡可惜，以之望觀之，實爲國家之幸，一方之福也。使斯人而少立功效，朝廷何以處之？正使無功，其衆亦未可遽奪。今自取敗撓，天去吾疾。兵雖潰散，而餘衆可收，私役可復，虚籍可覈，則此一軍，自此當振。興元大府，田疇沃衍，民勤於農而有勇，得人撫之，事力沛然，豈非國家之幸，四川之福乎？竊恐朝廷聞其喪師，不無驚懼，而未知有此曲折，故敢冒昧上聞。矧吴璘熙州之捷，足以取償，而得地過之，諸事但且委吴璘措置，自可以無它慮也。之望前此扼腕於姚仲久矣，時方用武，若輒按一路帥臣，在朝廷亦所難處，故隱忍而未有云也。大抵其人貪縱過於劉寶，誤國不減王權。去冬及春，吴璘所以欲止又不敢輕出者，密料其意，蓋有所牽制，憂姚仲之在後也，欲使獨出，又懼其敗事。常使其部曲或其子息參行，既爲之助，又陰制之。姚仲既至德順，吴璘亦便親往。金人聞姚仲之在德順也，出鋭師以攻之。姚仲已欲移寨，適吴璘到，遂能破敵，若遲一日，事又狼狽矣。

2 丁卯，昭慶軍節度使、提舉佑神觀劉懋致仕，從所請也。

右宣教郎、樞密院計議官李坤特換武功大夫、忠州防禦使，依舊樞密院計議官。坤初見去年八月，其補官改秩及除差遣，日曆並不載，當求他書參考增入。

3 戊辰，名望僊橋東新宮曰德壽。

4 己巳，詔立皇太子。

詔故福國夫人郭氏可追封皇太子妃，用禮部請也。

宗正少卿史浩守起居郎、兼太子右庶子，將作監張闡爲宗正少卿、兼太子右諭德。故事，官僚進見當拜，奏事當稱姓名，侍立不坐，太子悉命復故。

右朝散郎王炎行司農寺丞，用汪澈薦也。

龍神四廂都指揮使、隨州觀察使、主管侍衛馬軍司公事李捧罷爲武泰軍承宣使、兩浙東路馬步軍副總管，紹興府駐劄。

龍神四廂都指揮使、鎮南軍承宣使、荆南府駐劄御前諸軍統制李道罷爲捧日天武四廂都指揮使，知荆南府。

中亮大夫、鄂州駐劄御前左軍副統制、兼知襄陽府王宣領郢州防禦使，權主管荆南府駐劄御前諸軍都統制職事，仍兼知襄陽府，賞確山之捷也。

直秘閣、都大主管四川茶馬監牧公事王弗提舉台州崇道觀。先是，王之望嘗薦弗代己，不果用。

直顯謨閣、知荆南府續觱都大主管四川茶馬監牧公事。

5 庚午，龍神衛四廂都指揮使、潭州觀察使、鄂州駐劄御前諸軍都統制、充湖北京西制置使、京西北路招討使吴拱爲安遠軍承宣使，主管侍衛步軍司公事，賞茨湖之捷也。

時復與北人議和，故三招討並除管軍而結局。呂中大事記曰：「是時北方大亂，内有耶律之變，而我師之出興州路，得十二郡，金州路得四郡。吴璘復大散關，入德順軍。父老擁拜，幾不可行。命張浚判建康，措置兩淮。浚出入將相三十年，衛士見之，以手加額。士卒聞之，皆樂爲用。於是，屯盱眙、楚、泗以扼渦、潁，又募海舟由海窺東萊，由清泗窺淮陽。而海州之役，浚勉張子蓋以功名。子蓋率精鋭先入，金大敗於石湫堰。國勢非復前日矣，奈何金欲和則與之和，金欲地則與之地？成閔、吴拱、李顯忠領三衙而三招討結局矣，王之望奏吴璘回興州而宣撫限五日結局矣。意者聖心倦勤，復仇之義將有待於後耶？」

詔延福宫使、安德軍承宣使張去爲落致仕，提舉德壽宫，行移如内侍省，仍鑄印賜之。

保義郎成彦節爲閤門祗候。彦節，閔之子也。

集英殿修撰、知潭州董苹獻錢四萬緡以裨國用。

6 壬申，永州防禦使、侍衛馬軍司中軍統制趙撙充鄂州駐劄前軍都統制①。

武節郎、閤門宣贊舍人、知壽春府郭振爲蘄州防禦使，權主管建康府駐劄御前諸軍都統制職事。

詔减崑山縣歲額苗米六千五百石有奇，以翰林學士洪遵言「此皆經界逃民隱户之田，無所從出」故也。

7 癸酉，以立太子告天地宗廟社稷。

修武郎高琦、李福、蒙隱，保義郎時承、馬佺、王雲，並對於内殿。

8 甲戌，詔皇太子賜字元永。

詔故宗室子偁并妻合行加封，令侍從、臺諫、禮官討論典故聞奏。翰林學士洪遵等言：「欲依國朝封贈宗室近屬體例，高官大國，極其尊榮，庶於人情義理皆爲宜。稱子偁欲稱皇兄，贈官追封王，賜謚。子偁妻封王夫人。」

詔皇兄故左朝奉大夫、秘閣修撰、贈太子少師子偁加贈太師、中書令，追封秀王，謚安僖，妻宜人張氏封王夫人。

右朝奉郎、監無爲軍商税務徐宗偃依所乞與在外宫觀。金之未入也，宗偃通判楚州，數言北方事。梁仲敏爲諫官，論：「宗偃妄傳制司之命，令本州清野。」坐斥去。朝廷知其枉，故遂復之。

殿中侍御史張震、右正言袁孚同班入見，論宰相朱倬之罪。倬聞，亦丐免。是時鎖院。乙亥，尚書右僕射、同中書門下平章事朱倬罷爲觀文殿學士，提舉江州太平興國宫。制曰：「君子邦家之基，曾未聞於成效；元良天下之本，乃欲覬於疇庸。」翰林學士洪遵之詞也。倬尋落職。朱倬罷相，日曆全不載，今以他書參考追書之。制辭又云：「千秋無閾閱功，蚤緣悟意；公孫避賢者路，遽上封章。」以此知其嘗乞退也。

太常博士鄭聞爲秘書丞。

軍器監丞楊民望爲太常博士。民望，成都人也。

是日，上出御劄曰：「朕宅帝位三十有六載，荷天地之靈，宗廟之福，邊事寖寧，國威益振。惟祖宗傳序之重，兢兢焉懼弗克任，憂勤萬幾，弗遑暇佚。思欲釋去重負，以介壽臧，蔽自朕心，亟決大計。皇太子賢聖仁孝，聞於天下，周知世故，久繫民心。其從東宫，付以社稷，惟天所相，朕非敢私。皇太子可即皇帝位，朕稱太上皇帝，遷德壽宫，皇后稱太上皇后。應軍國事，並聽嗣君處分。朕以淡泊爲心，頤神養志，豈不樂哉！尚賴文武忠良，同德合謀，永底於治。」詔洪遵所草也。中興聖政：臣留正等曰：「堯以天下禪舜，舜以天下禪禹，揖遜相繼，可謂盛矣，然其傳也非父子。至於成周，自文王傳之武王，武王傳之成王，父作子述，亦云美矣，然而未嘗親授受也。故夫以父子之親，行揖遜之道，其惟我國家乎？仰惟高宗以知子之明，順承天意，濬發神斷，全以所付，畀之壽皇。而我壽皇，荷付託之重，十閏之間，兢兢業業，終始如一，用能增光大業，馴致丕平。及夫倦勤萬幾，則又復舉神器，授之聖子。三聖矩疊規重，蓋自開闢以來所未有也。於皇休哉！」何俌龜鑑曰：「或謂揚子雲五百歲而聖人出，有諸？子雲曰：『堯舜君臣也，而並；文武父子也，而處。』因往而推來，雖千百世可知也。吁！世之相去，如彼其久也；聖人繼作，如此其少也。堯舜文武之盛，其可以數數見之乎？我朝自建隆至紹興，相去纔二百年。太祖太宗以兄弟相禪，高宗孝宗以父子相傳，載之琬琰，蔚爲首稱。留衛公正贊之曰：『堯舜揖遜，盛矣，然其傳也非父子。文武述作，美矣，然其授受也不親。』以父子之親，行揖遜之禮，是高孝之美，又將有光於堯舜文武矣，顧不偉歟？」

9 丙子，上行内禪之禮，有司設仗紫宸殿下。先是，上嘗諭太子以傳禪意，太子流涕固辭。至是，遣中使召太子入禁中，復加面諭。太子推遜不受，即趨殿側便門，欲還東宫。上勉諭再三乃止。於是，上御紫宸殿，百官起居畢。尚書左僕射、同中書門下平章事陳康伯，知樞密院事葉義問，參知政事汪澈，同知樞密院事黄祖舜陞殿。康伯奏言：「臣等輔政累年，罪戾山積，聖恩寬貸不誅。今陛下超然高蹈，有堯舜之舉，臣等不勝欣贊。但自此不獲日望清光，犬馬之情，無任依戀。」因再拜泣下。上亦爲之揮涕曰：「朕在位三十六年，今老且疾，久欲閑退。此事斷在朕意，非由臣下開陳也。卿等宜悉力以輔嗣君。」康伯等復奏曰：「皇太子賢聖仁孝，天下共知，似聞謙遜太過，未肯即御正殿。」上曰：「朕已再三邀留，今在殿後矣。」上即入宫，百官移班殿門外。宣詔畢，復入班殿庭。頃之，皇太子服袍履，内侍扶掖至御榻前拱手側立不坐，應奉官以次稱賀，内侍扶掖至於七八，乃略就坐。宰相率百僚稱賀，上遽興。康伯等陞殿，奏言：「願陛下即御座正南面，以副太上皇帝付託之意。」天顔愀然曰：「君父之命，出於獨斷②。此大位，懼不敢當，尚容辭避。」中興聖政：臣留正等曰：

「堯命舜以位，舜遜於德弗嗣。非獨謙德之美如此，蓋以天下重任，授之者且不敢輕，受之者其可以易乎？臣竊觀壽皇之初受禪也，壓於慈訓，不得已而踐尊位。側立拱手於黼扆之側，已坐復興，不敢遽即南面。迨夫輔臣懇請再三，猶有『此大位，懼不敢當』之語，真可與舜匹休矣。彼漢文帝之即位也，東鄉遜者三，南鄉遜者再。而其臣袁盎者，猶且以高世之行推之，況於謙畏之心出於真誠者乎？是宜大書特書，以垂示萬世者也。」

班退。太上皇帝即日駕之德壽宮。上服赭袍玉帶，步出祥曦殿門，冒雨掖輦以行，至其宮門，弗肯止。上皇麾謝再三，且令左右扶掖以還，顧謂曰：「吾付託得人，斯無憾矣。」左右稱萬歲。百官扈從上皇至德壽宮。

呂中大事記曰：「歷觀高宗之所以立孝宗者，雖出於范宗尹之造端，岳飛之密疏，張浚之建請，趙鼎之贊決，然以藝祖之後爲嗣，必本於選人婁寅亮之一言，適有以契乎高宗之心，藝祖在天之靈，可以慰矣。自六歲育於宮中，起居飲食，未嘗離膝下，則其保之也至矣。九歲封建國公，置資善堂。范沖爲翊善，朱震爲贊讀，令建國公見翊善、贊讀必拜，則其教之也嚴矣。年十六封普安郡王，時紹興十三年也。秦檜雖有動搖國本之心，而孝宗之聖德著明，高宗之聖心堅定，非檜所得容其私。三十年立爲皇子，上曰：『朕志素定已九年矣。』三十二年立爲太子。未幾，是月丙子，上遂內禪，皇太子即皇帝位，太上皇帝居德壽宮。又曰：『此事斷自朕意，非由臣下開陳。』嗚呼盛哉！太祖、太宗兄弟相傳，以開創業之基。高宗、孝宗父子相禪，以植中興之業。創之於先，固所以爲二百年太平之治。興之於後，又所以遺萬世無疆之休也。」

校勘記

① 永州防禦使侍衛馬軍司中軍統制趙撙充鄂州駐劄前軍都統制　「司」，原作「使」，據本書卷一九七「正月壬子」條改。

② 出於獨斷　「於」，原作「入」，據叢書本改。

附録一

中興聖政草①紹興三十二年六月至十二月

丁丑，車駕詣德壽宮起居。承明集曰：「初，上欲率百官朝太上皇帝於德壽殿，以大雨免。百官入見，上就宮中行禮。」

戊寅，有旨：「朕欲每日一朝德壽宮，以修晨昏之禮。昨日面奉太上皇帝聖旨，謂恐廢萬幾，勞煩羣下，不蒙賜許。可委禮官重定其期。」承明集曰：「如前代朔望，甚爲疎闊，朕不敢取。」禮部侍郎黄中奏：「謹按漢高皇帝五日一朝太上皇，今欲乞依前項故事。」詔從之。

大赦，制曰：「春秋法五始之要，聿嚴受命之符；天地之大德曰生，盍下維新之令？太上皇帝慈儉爲寶，遹駿有聲。垂精三紀之間，圖治百王之上。神謨獨運，總一日萬幾之繁；聖武旁昭，極四海九州之廣。未嘗暇逸，久積倦勤。黄屋非帝堯之心，居懷負重；泰元增漢武之策，欲介長年。顧睿訓之博臨，懼眇躬之弗稱。凡今者發政施仁之目，皆得之問安侍膳之餘。爰舉舊章，式覃曠澤。可大赦天下。節文。於戲！有天下傳歸於子，敢忘付託之恩；建皇極敷錫厥民，允副邇遐之望。尚賴股肱同德，中外協謀，共期底於中興，以益光於永世。咨爾有衆，體朕至懷。」臣留正等曰：「談者類曰，承敝政者務更革，繼治世者尚循守。是大不然。治世獨無可更革之政乎？夫天下之事，貴於隨時而變通，不可執一而偏徇。」承明集曰：「苟當變通之時，而專拘循守之説，不幾於膠柱鼓瑟乎？唯夫雖務循守，而不害其爲更革。雖有更革，而不失其爲遵承。得繼述之意，而不泥其迹，斯爲盡善。臣等竊觀壽皇初政，雖不能不少變於紹興，然其大要，則未嘗不以遵奉太上德意爲説。且曰，凡今者發政施仁之目，皆得之問安侍膳之餘。此壽皇所以能繼高宗之大業也。」龜鑑曰：「凡今者發政施仁之目，皆得之問安侍膳之餘。此非即位之詔乎？進而得之諄諄之訓，退而得之渾渾之書。此非聖教之序乎？炎興詔令，命官裒集，必欲恪意奉承，是一政一事，無不遵之也。稽山宸翰，分賜宰執，且使奉以周旋，是一字一畫無不敬之也。侍從臺諫，條陳事務，重言責也，亦檢舉紹興之制而行之也。卿監百執事，日輪面對，廣言路也，亦舉行紹興之典而用之也。述太上之意，以責守臣令佐。承太上之問，而擇監司郡守。知光堯之念岳飛，則亟復元官。聞光堯之召尹焞，則亟訪巖穴。不愆不忘，率由舊章，吾於孝宗見之。」又曰：「祖宗朝尊禮舊弼，優待故老，有任在京宮觀及入侍經筵者甚衆。至於過闕入覲，郊祀陪位，并歸第就醫之類，所以示眷禮，便詢訪者，惟恐不至。承明集曰：「遇有大疑，亦或賜手札就問，俾之條對。」故一時人臣立朝之節，雍容可觀。宜令國史院檢討聞奏，當議遵用。」臣留正等曰：「臣聞之書曰：『尚猷詢茲黄髮，則罔所愆。』蓋老成之人，其更事也多，其慮事也審。國有大疑，從而咨訪，所益固多。而況待遇耆舊，優之體貌，亦足以見人主尊賢敬老之意。皤然壽俊，儼容在列，又可以增重朝廷，表儀搢紳。祖宗所以眷禮舊弼元老，留之内祠，寘之經筵，意蓋如此。壽皇初政，首命史官討論故實而遵用之，誠知所先務矣。」又曰：「應諸路出産時新口味果實之類，所在州軍，因緣貢奉煩擾。承明集曰：「道上疲費過所，至於數外取索，多歸公庫，更相饋遺，習以成風。或假貢奉爲名，漁奪民利。果實則封閉園林，海錯則强奪商販。至於禽獸昆蟲珍味之屬，則抑配人户。」致使所在居民，以出産之物爲苦。不唯因口腹之故，廣害物命，亦使斯民冒犯險阻，或至喪失軀命，豈不甚痛？太上皇帝已降詔禁約，切慮歲久，未能遵奉。承明集曰：「仰州軍條具土産合貢之物，申尚書省、禮部參酌。天地、宗廟、陵寢合用薦獻，及德壽宮甘旨之奉，當議指揮，止許長吏修貢外。」自今一切並罷。如州縣奉行滅裂，因緣多取，以違制論。」臣留正等曰：「昔人有言：『以一人治天下，不以天下奉一人。』是故聖人菲飲食，薄滋味，不敢恣口腹之欲。自奉養有節者，懼其或至於擾民也。何者？人主意向所在，下皆奔走而奉承之唯恐不及。嗜一味之甘，需一品之珍，初若細事耳，孰知夫奉承者之巧於夤緣，乃至彊於抑配，過於搜求，煩費道路。大而病民，小而害物，爲患若此之甚哉！此高宗之所以屢嚴禁約，而壽皇之所以首務遵行者也。至於命有司參酌宗廟、陵寢薦獻之物，及德壽宮甘旨之奉，許長吏修貢，又不失所謂致孝乎鬼神，以天下養之義。嗚呼，休哉！」又曰：「國家愛養士卒，非不優厚。訪聞軍中管轄人等，或使資倍工價，或令科買物色，多方尅剥。比至請錢，除減幾盡。承明集曰：「遂使軍人婚嫁喪葬，多不以時，朕所矜憫。」自今主帥，仰各體國。務加優恤，以養士氣。如尚不悛，當議顯戮，以勵諸軍。」臣留正等曰：「自兵農分而爲二，國家財賦，費於養兵者十之八，然而列行伍者，猶有不足之歎。蓋主帥不得其人，巧爲減尅而困之也。所謂資倍工價科買物色之類，蓋不一端。壽皇素知此弊，故於赦令申飭將帥，且言，如有不悛，將顯戮以勵三軍，諸將宜知所警矣。」承明集曰：「歲月既久，此弊復出。故陛下於即位之初，既降詔旨，又申之以嚴憲。繼自今諸將，或有尚循故習，朝廷苟懲一以警百，使詔令不爲虚文，則軍政自然嚴整矣。」又曰：「昔太祖皇帝創業之初，親制軍政，以遺後世。如南北倉請糧之制，平時固欲習其筋力，以戒驕惰，然禁約私役，至爲嚴切。承明集曰：「自今諸軍，除繕築城壁，立寨柵，打造戰具，搬請糧草，應干工役外。」不許私役戰士，蓋造私第，營葺房廊，修築園圃及興販工作等。承明集曰：「太上皇帝累降指揮約束。」如敢更有違犯，委御史臺彈奏，當重寘典憲。庶幾仰合祖宗優養士卒之意。」臣留正等曰：「夫兵不可使太勞，亦不可使太逸。太勞則瘁，太逸則惰。是故役於公可也，役於私不可也。太祖皇帝命軍士於南北倉請粮，使之舍近而就遠，欲以習其筋力，是所謂役之於公也。至於將帥私役，則禁之甚嚴。今壽皇首舉此以戒諸軍，深得藝祖之意。既重減尅之令，又申私役之禁。想夫三軍之士，知上之所以撫存之者如此，莫不感激奮興，人百其勇矣。」

癸未，宰臣奏事，陳康伯因奏：「臣等以前二日朝德壽宮，太上皇帝宣諭，車駕每至宮，必於門外降輦。已再三諭之，既以家人之禮相見，自宜至殿上降輦，令臣等奏稟此意。」上曰：「夜來太上皇帝有旨，令朕只朝朔望，朕於子道問寢侍膳，尤宜勤恪，承明集曰：「聖諭丁寧，朕心未安。」卿等詳議以聞。如宮門降輦，在臣子之於君父，禮所當然。太上皇帝雖曲諭，朕端不敢。」臣留正等曰：「本朝有自古所無者三，藝祖皇帝受命之日，市不改肆，一也。祖宗以來，世傳仁厚，雖甚威怒，未嘗妄殺，故論者謂不嗜殺人，惟本朝有之，二也。徽廟、光堯兩行內禪，皆出睿斷，三也。至於自外無虞，王室奠安，耄期之年未迫，遽以神器授之嗣聖，攝衣去之，不翅脫屣，則今日太上皇帝之盛，尤非前代可擬也。臣嘗拜首稽首曰：自伏羲至於堯，聖人之王天下者多矣。仲尼敘書，斷自堯典，而不道其前，欲以彰聖德之事，而史遷論者，猶謂其傳天下若此之難也。今太上皇帝，超然獨斷，極帝堯之甚盛，得人而授，無帝堯之所難，道同乎天，其孰得而名之哉？矧我主上，孝通乎天地，誠極乎尊養，一日三朝，宮門降輦，先意承志，惟道之循。歡愉洋溢，福慶流衍。雖大舜之大，又未聞若此其盛也。猗歟休哉！善并美具，焜耀八極，書傳所載，敻無所比。使仲尼復生於今，不知何如其形容云。」又曰：「聖人之德，無加於孝。舜德之盛，後世所以不可及者，爲其能盡事親之道而已。仰惟壽皇，真無愧於舜者。彼漢高祖因家令之言，乃始朝太上皇，視我壽皇，蓋萬萬不侔矣。孝道始於躬行，刑於四海，是以其教不肅而成，其政不嚴而治也②。」

甲申，詔曰：「朕欽承聖訓，嗣守丕基，猥以眇躬，託於王公士民之上。兢兢業業，懼德菲薄。不敏不明，未燭厥理，將何以緝熙初政，稱太上付託之恩？永惟古先極治之朝，置鼓以延敢諫，立木以求謗言，故下情不塞於上聞，而治功所以興起也。朕甚慕之。況今薦紳之士，咸懷忠良，芻蕘之言，豈無一得？朕躬有過失，朝政有缺遺，斯民有休戚，四海有利病，凡可以佐吾元元，輔朕不逮者，皆朕所樂聞。朕方虛懷延納，容受直辭，言而可行，賞將汝勸，弗協於理，罪不汝加。悉意陳之，以啓告朕。毋隱毋諱，毋憚後害。自今時政闕失，並許中外士庶直言極諫，詣登聞檢鼓院投進。在外於所在州軍，實封附遞以聞。」臣留正等曰：「自古帝王之興，其初未有不以直言爲先。蓋以一人耳目之所見，不若合天下耳目所見之多；以一人智慮之所及，不若兼天下智慮所及之廣。而人主之尊如天，威如雷霆，苟非屈己降心，出於至誠，而有以感動人心，則忠言無自而進。臣竊覩壽皇求言之詔，辭旨明切，可謂出於至誠，而不爲虛文者矣。至曰『言而可行，賞將汝勸；弗協於理，罪不汝加』，則凡在臣子，孰不欲各效所見，各輸厥忠，以應上之求乎？是宜當時上封事者至以千數也。」

監潭州南嶽廟朱熹上封事言：「聖躬雖未有過失，而帝王之學，不可以不熟講。朝政雖未有闕遺，而修攘之計，不可以不早定。利害休戚，雖不可偏以疏舉，然本原之地，不可以不加意。帝王之學，必先格物致知，以極夫事物之變。使義理所存，纖悉畢照，則自然意誠心正，而可以應天下之務。」又曰：「今日之計，不過修攘。然計不時定者，講和之説疑之也。」又曰：「四海利病，係斯民之休戚；斯民休戚，係守令之賢否。監司者，守令之綱。朝廷者，監司之本。本原之地，亦在朝廷而已。」

丁亥，詔曰：「朕惟太上皇帝，臨御三紀，法令典章，粲然備具。其議設官裒集建炎、紹興以來所下詔旨，條列以聞。朕當與卿等恪意奉承，以對揚慈訓。」臣留正等曰：「聞之董仲舒曰，道之大原出於天，天不變道亦不變。是以禹繼舜，舜繼堯，三聖相承，授受以道，無變道之實也。洪惟高宗皇帝行堯之道，與天同功，萬世之下，猶一日也。肆我壽皇聖帝紹堯之統，與舜同符。嗣位之初，首先設官，裒彙建炎紹興詔令，欲恪意奉承，以對揚慈訓。二十八年之間，刑清而政平，德翔而恩溥，其守道不變，明效大驗如此。」

詔胡銓復元官，差知饒州。臣留正等曰：「敵國外患，天之所以愛人主也。法家拂士，人主之所以自愛也。人主敬法家拂士，所以自愛者至，然後天無所施其愛我之意。苟爲不知自愛，輕去其法家拂士，則天始愛之，於是乎警之以敵國外患。警之而又不悟，則昔之愛我者移而爲棄我矣，可不懼哉！壽皇嗣服之初，首褒前日骨鯁之士，一以振作士夫敢言之氣，一以尊王室而壯國威，其自愛之術至矣。宜其內修外攘，功成治定，基泰岳之高而源洪河之長也。」

禮部侍郎黃中等劄子：「奉聖旨，太上皇帝有詔，却五日之朝。朕心未安，有司宜詳議以聞。臣等今詳議，除朔望皇帝詣德壽宫朝見外，欲乞與每月初八并二十二日朝見，並如宫中之儀。」詔從之。臣留正等曰：「謹按三輔黄圖，漢高祖初居櫟陽，故太上皇因在櫟陽。漢六年，高祖自南宫歸櫟陽，始五日一朝太公。高祖既侍太公於櫟陽，雖晨至寢門，而日三朝亦不爲過。顧乃五日而一朝，則於禮爲已疎。今東内在禁城之外，數蹕煩民，而猶循漢制，五日一朝，則於禮爲已數。參稽厥中，距朔望之後七日而朝，則不疎不數，而中於禮矣。是宜率履不越，以彰前美，而垂懿範於無窮也哉。」

司農少卿朱夏卿奏：「今來德壽宫合支供米炭，未承所屬報到數目。」詔劄與提舉官，據每月合用米炭，前期報所屬，依數支供，付户部施行。臣留正等曰：「周官膳夫掌王及后、世子之膳羞，歲終則會，唯王及后、世子之膳不會；外府掌王及后、世子衣服之用，歲終則會，唯王及后之服不會。夫以天下而奉一人，唯恐不極其至，況可從有司之會計哉？惟王不可會，故等而下之，后及世子亦不可會，所以尊王也。夫等而下之且不可會，則推而上之其不可會抑又明矣。蓋爲天子父，尊之至也。以天下養，養之至也。不如是，何以昭至養而奉至尊哉？」

壬辰，殿中侍御史張震奏：「竊見紹興二年詔書略曰：『昔我太祖皇帝，嘗令百官輪次面對，自今後，行在百官，日輪一員面對。朕當虚佇以聽其言，且觀其行。』陛下初承聖緒，欲望舉行舊典，特降詔旨，許令百官日以序進，則數月之間，議論畢陳，而賢愚可以概見。俟其既周，即復依舊五日輪對，亦不爲煩。」詔從之。臣留正等曰：「唐太宗問魏徵曰：『爲君何道而明，何失而暗？』徵對曰：『君所以明，兼聽也。所以暗，偏信也。』此無他，偏信則私，私則暗。兼聽則公，公則明故也。肆我太祖皇帝之肇基，高宗皇帝之再造，雖倥傯不暇給之日，而首先延見百執事之臣，使悉其所聞以對，用能成創業中興之美。我壽皇聖帝嗣守家法，當始初清明之際，亟欲講求民瘼。輟五日輪對之班，詔百官日以序進，非特使位於朝者亟獲瞻望清光，展盡底藴，而天日所臨，賢否畢陳，進退用舍，莫不各盡其分矣。」吕中大事記曰：「自即位初年，詔百官五日一輪對，自是引見一班或三四班，而視其所由，退而考察所行。故王曉以朝見而除郎官，王藺以陛辭而除御史，鄭聞、沈度以歸輔藩而除樞掾宰屬。賈光祖論州郡不當獻羨餘，則曰：『議論人物，有似楊輔。』近臣問郡守得對者孰爲稱旨，則曰：『潘慈明氣寒，周頡又下慈明一等。』或内召小臣，或特引布衣，如朔，如光朝，如掞之，皆以議論剴切，即蒙擢用。其後生氣驕，言論卑鄙，一經奏對，悉了其爲人。故有晨奏事而暮批除，夕引見而朝放辭者，而碌碌者頗以輪對爲憂。此百官陛對之制，而天日照臨，賢否畢見也如此。」

是月，劄下工部長貳，先將軍器所私役、占破、借使工匠，盡令改正，專一造作軍器，務要精緻。如敢依前違戾，監官取旨黜責，合干人重行決配，委御史臺覺察。

上手書召判建康府張浚。既見，上改容曰：「久聞公名，今朝廷所恃惟公。」浚言：「人主以務學爲先。人主之學，以一心爲本，一心合天，何事不濟？所謂天者，天下之公理而已。必兢業自持，使清明在躬，則賞罰舉措，無一不當，人心自歸，强鄰自服。」上竦然曰：「當不忘公言。」浚見上天錫英武，力陳和議之非，勸上堅意以圖事功。於是加浚少傅，進封魏國公，除江淮宣撫使，節制屯駐軍馬。

右正言袁孚言：「乃者六月中旬，霖雨累日。浙西州郡，以山水發洪，壞廬屋舟楫，而人被其害。近又聞江、浙之間，飛蝗爲害。此二者同出於一月之内，天其或者仁愛陛下之深，警戒陛下之切，欲陛下修德以應之乎？」

秋七月壬寅，詔曰：「永惟邦本，實在斯民。民之休戚，實繫守令。太上皇帝精擇循良，留神惠養。垂及眇躬，其敢怠忽？咨爾分土之臣，毋滋訟獄，毋縱吏姦。毋奪民時，以重土木。毋掊民財，以資餉遺。有一於此，必罰無赦。至於俾民安其田里，愁歎不生，增秩賜金，若古令典。」臣留正等曰：「舜之臣堯，咨十二牧，在命九官之前。

蓋民者邦之本，牧民者政之本也。堯之時，黎民既已時雍，天下既無窮人矣。及其咨舜，猶首及於困窮之民，此舜之咨牧，所以必首之以食哉惟時也。壽皇臨御之初，首述太上之意，戒守令以四事，嚴之以必罰，而勸之以厚賞。聖聖相承，專務惠養，真堯、舜之用心，而有宋之家法也。」

丁未，賜知臨安府趙子潚御劄，罷京尹供饋營辦。上曰：「更宜子細求訪，應有擾民之事，一一條具聞奏。如今次停罷供饋等所省錢二萬餘貫，可以盡與民間除去科擾。」臣留正等曰：「京師，諸夏之根本也。風俗之美惡，民情之慘舒，天下皆於此乎視傚。是以人主施仁，必先於此致意焉。壽皇聖帝至仁一視，溥博如天，將欲風示四方郡國，皆知以恤民爲心，以擾民爲戒。故一劄之頒，首及天府罷供饋營辦之私，以革掊取科擾之弊。復詔守臣訪求民瘼，悉以條上。至哉，仁聖之用心也！豈惟輦轂之下民被其惠，凡膺牧民之寄者，孰不精白一意，以承休德，敢有一毫病民者哉？播告之修，發於至近，形於至遠，環天下皆如在畿甸中矣。」

戊申，詔：「追復岳飛元官，以禮改葬。訪求其後，特與録用。」

是日地震，大風拔木。

癸丑，詔：「御前激賞庫並撥歸左藏庫，今後諸路發到綱運準此。」

己未，詔：「職田米自今輒敢折納見錢，並計贓坐罪。」臣留正等曰：「興廉黜貪，帝王所以善俗也。古者卿以下有圭田，以圭田名取於純潔，欲其食之以養廉，今之職田是也。月俸之外，有此歲入，可以自養，然猶未滿其欲，而高其直以取錢，將以勸廉而反以資貪，可謂背戾之甚！此宜明聖所必加誅也。」

辛酉，詔進士李琦議論可採，召赴都堂審察。又詔今後直言上書，並付中書門下後省看詳，有可採者，申尚書省取旨。

壬戌，詔：「將來聖節，諸路監司州軍，應合進金銀錢絹等，緣天申聖節已行進奉，合進之數，權與蠲免。」

臣留正等曰：「聖人之德，莫大於仁孝。孝故不以天下儉其親，仁故必欲損上以益下。壽皇之初履位也，致孝於親，以天下養，四方進奉同於祝堯。至於會慶誕節，預下明詔以止之，示不專於天下自奉焉。孝以事親，仁以厚下，一舉而二者兼。聖人之德，亘古鮮儷，雖舜之爲法於天下，可傳於後世，亦何以加此？」

判建康府張浚奏：「臣面奉聖訓，令措置收糴米斛。今來江、浙豐稔，宜趁時措置，其糴本乞從御前支降。」詔内庫支降銀三十萬兩。臣留正等曰：「預備之道，有國之所宜先。漢文帝時，休養生息，寖富實矣。賈誼則曰：『不幸有方二三千里之旱，國胡以相恤？卒然有急，數千百萬之衆，國胡以餽之？』壽皇嗣政之初，任大臣以北方之寄，諭使市糴以廣儲蓄，不用大農之錢而出少府之藏，約己愛民，聖慮深遠矣。」

癸亥，殿中侍御史張震奏：「四川有名無實之錢，遞相積壓。州縣各據本年分所收錢物，具鈔赴總領所送納。而總領所即據其已前年分所欠之數，批改鈔旁，理作舊欠，則舊欠雖足而新欠仍在。恭覩登極赦文，積年未納之錢，截自紹興三十年以前，並與除放，甚大惠也。應州縣納總領所鈔旁，若已改批作三十年以前所欠，並聽執用元鈔，作本年分改正豁除。」從之。

先是，金遣孛散忠義及紇石烈志寧經略四州地③，爲我師所敗。於是以檄至盱眙軍，云既有通和之意，自宜各守元立封疆。邊臣以聞，乃下詔曰：「敵人求索故禮，從之則不忍屈辱，不從則邊患未已。中原歸正人源源不絶，納之則東南力不能給，否則絶向化之心。宰執、侍從、臺諫各宜指陳定論以聞。」羣臣繼有論列，而宰執獨無奏章。上以問參知政事史浩，浩奏：「累云先爲備守，是謂良規。若謂議戰與和，則亦在彼不在此。彼戰則戰，彼和則和。和不忘戰，姑爲雪耻之後圖；戰不忘和，乃欲緩師而自治。」又曰：「第當堅壁，力禦攻衝，謹俟乘機，以圖恢復。」先是，史浩議欲城瓜洲、采石。下張浚議，浚謂如此，是示敵以削弱之形，不若先城泗州。浩既參知政事，浚所規畫，浩必沮撓。如不賞海州之功，屈死驍將張子蓋，散遣東海舟師，皆浩之爲也。命參知政事汪澈視師湖北、京西。是時，劉珙使金不至而復。先是，洪邁、張掄使回，見張浚，具言金不禮我使狀，且令稱陪臣。浚謂不當復遣使，而史浩議遣使報金以登寶位，竟遣珙行，至境，金責舊禮，不納而還。

八月乙丑朔，詔：「知閤門事孟思恭奉使受賂，可罷見任。」

丙寅，詔曰：「永惟民之休戚，繫於牧守。咨爾部使者，其悉乃心，察列城之政，舉循良，劾貪暴及疎怠曠職者，以聽陞黜。至於任非所長，無他大過者，亦條列以聞，朕當命以他官。其令諸路帥臣監司，限兩月悉具部內知州治行臧否，連銜聞奏。」臣留正等曰：「唐虞建官，內有百揆四岳，外有州牧侯伯，所以綱維乎內外。國朝慶曆間，欲肅清州縣，亦必選用一時風采才幹之臣，分布諸路，以爲監司。所以綱維外治，布宣君人之德意，而民情之休戚利病得以上聞者，此職僅不廢耳。故其人不可以不擇，而其權不可以不重也。壽皇臨御，既詔守令以惠養，復詔部刺史以察舉。且述祖宗所以分道遣使，寄之耳目，而民安於田里之效。聖意所出，坦然明白，始終在位，遴選使軺，丁寧懇惻，必屬以民事。其致治之本原，深仁厚澤，滲漉中外，端在是矣。」

丁卯，詔：「祖宗格法，差破禁軍自有定數。比年三省、樞密院諸房及百司，例作名目差占，抽强壯披帶之人，以充擔擎看管雜役，實爲蠹兵之弊。仰諸房百司，除依數目差破，餘令拘收，如敢影占，重寘典憲。」

辛未，諫議大夫任古奏：「孟思恭奉使受賂，而朝廷不能正其典刑。夫人之有過而不能治，在國法爲可廢。國之有法而不能施，在朝廷爲可羞。願陛下澄源塞流，使斯輩貪利敗國之心，潛銷於冥冥之中，則專對於外，可以無辱命之憂。」乃降授武功大夫、吉州刺史。臣留正等曰：「法行必自近始，人主所以整齊天下也。思恭奉使而以貨取罰，其可逭哉！故雖上閤親近之臣，即加罷斥，可謂不牽於私矣。諫臣抗疏，以爲未厭於人心，則又鐫秩以勵其餘。用法之公如此，左右之人，孰敢憑恃以壞紀律哉？」

戊寅，上詣德壽宮，奉上光堯壽聖太上皇帝、壽聖太上皇后尊號册寶行禮。臣留正等曰：「舜受堯之天下，作堯典，繫之虞書，歸尊之義也。蓋上古簡朴，禮文闕焉。漢高祖始尊太公爲太上皇，典章抑未備。自唐開元、至德以來，乃議隆徽號，備禮儀，燦然可覩矣，而實有不稱乎文者。惟我高宗之於壽皇，以父子之親，行堯舜之事，雍容於揖遜之餘，故舉行大典，盛禮備樂，和氣薰塞。士生斯時，以身親見之爲幸。然此猶一時禮文之盛也，追夫篤愛敬之誠，盡尊養之至，承顏養志，二十八年之間，曾微間言，則壽皇事親之孝，根於天性之自然，而海寓乂安，中外悦服，蓋正家而天下定矣。三聖授受一道，再講縟儀，生民以來，未有盛於此時也，豈特下陋漢唐，殆將上軼虞夏矣。」

追册皇后郭氏。初，后歸于潛邸，愭、愷、惇皆其所生云。

九月丁酉，詔：「朕仰稽祖宗故事，開講其日，可召輔臣觀講。」臣留正等曰：「有一言可以盡爲君之道者，其惟學乎？揚雄曰：『學之爲王者事，其已久矣。』何者？人君以一心之微，而當天下事物之衆，苟非延禮名儒，朝夕講學，求以救其所偏，解其所蔽，則詆欺之言入，是非有或失其真；私比之言入，好惡有或失其正者矣。太宗嘗謂近臣曰：『人君當澹然無欲，形見於外，則姦佞無自而入。朕年老無他欲，但喜讀書，用鑒古今成敗耳。』真宗之時，益修太宗之業。仁宗在位四十二年，學問未嘗暫廢。邇英閣講讀，蓋仁宗之成規也，可謂知所先務矣。壽皇不以上智之天縱，亟思聖德之日躋，肇纘洪圖，若稽古訓。既詔有司趣勸講之日，又延輔臣與從容之觀，君臣上下，相與講摩乎此，則正心誠意之説，與夫治國平天下之道，固已溢黈聰而積淵慮矣。在位垂三十載，所以承高宗安静不擾之福，垂今日揖遜無疆之休，蓋本諸此而已。」

戊戌，詔：「比下求言之詔，欲急聞過失，四方有獻言者，並付後省看詳。今已踰月，未聞推擇來上，可令催促。」臣留正等曰：「天下之治亂，係乎言路通塞而已。本朝慶曆元祐之際，聖度汪涵，容受讜直。方是時，朝廷政事微有過差，上自公卿大夫，下及州縣小吏，皆得以盡言而無諱。故其治效卓然，有三代純懿之風。一弊於熙豐，再弊於宣政，而後知言路之不通，其患有不容弭者。壽皇於祖述憲章之際，聖意固知所擇矣。肇啓重熙之運，誕布惟新之政。薄海内外，翹首望治，固未覩夫闕政之可陳也。而乃下詔求言，急於聞過。既命後省推擇，又令催促來上。皇皇汲汲，惟恐一言之或失也。雖大舜舍己從人，禹聞善言則拜，何以上諸？」

詔：「蜀去行都萬里，人才豫當儲蓄，以備緩急。欲舉一忠慤明敏之士，周知蜀利害者爲都轉運使。可令集侍從、臺諫，各舉所知，以俟採擇。」臣留正等曰：「聖人一視同仁，初無遠近之間。然以天下之勢言之，近之可憂，未若遠之可憂之深也。蜀去天萬里，雖未嘗罹兵革之禍，而渡江以來，養兵之費，皆於此乎取給焉。民力之困，至是最極，則與嘗罹兵革之禍，無以大相過也。而況乎吏之賢否，朝廷未易以亟知，則斯民之冤抑，果何所從以爲赴訴之地乎？此壽皇登極未幾，所以首頒詔旨，急於擇蜀之都轉運使者，其慮遠也，蓋詳矣。孟子曰：『武王不泄邇，不忘遠。』可謂異世而同符也。」

甲辰，侍讀洪遵進讀三朝寶訓，至「太宗問君子少，小人多，何也？呂蒙正曰：『此繫時運盛衰。』」上曰：「朕以爲不然，正在人君如何。」臣留正等曰：「大哉壽皇斯言，真可爲萬世法也。人君一心之取舍，君子小人消長之機也。何則？君子所向者爲公正，爲忠直。小人所向者爲私邪，爲佞柔。君子所守者一定而不移，小人則觀望希合，隨時上下而無所主。是以君子之道常直而難合，小人之言常遜而易從。自非聖智不惑之君，未有不屈彼而伸此者。昔者，舜、禹、共、兜雜處堯朝，堯能賢舜、禹而退共、兜，故治。孔子與季孟皆仕於魯，魯公賢季孟而退孔子，故大亂。由是觀之，君子小人之消長，果何繫乎時運盛衰哉？特在人主取舍何如耳。」

壬子，户侍周葵等言：「臣僚於合得請給數外，陳乞援例增添，今後並從本部稽察。雖有畫降指揮，許執奏不行。」詔從之。

甲寅，詔：「胡銓、王十朋並召赴行在。」

周操除右正言。臣留正等曰：「舜、湯選舉，不仁者遠。人君即政之初，天下特觀其一舉措之間，足以逆覘其治象之爲何如也。壽皇嗣登大寶，妙揀人材，如銓，如十朋，如操者，固未可亟以皋陶、伊尹之事業期之，然其砥節礪行，實當時海内之所傾心者也。乃於一日之頃，或賜之命召，或擢之諫垣，使朝廷凡所召用，類皆如此，豈不足以大慰天下之望哉？舜、湯得其一，壽皇有其三。其光明盛大之舉，不止加前哲一等矣。易曰：『聖人作而萬物覩。』萬物之覩，覩此而已，顧不休哉！」龜鑑曰：「敬觀高宗尊號之上名曰光堯。是以堯尊其父而以舜處其子也。重華協帝之事，亦嘗講聞其大略乎？舜典一篇，乃舜即位初年之事，而紹興已受禪之後，隆興未改元之前，孝宗初政，即此而論之，真可同日語。是故戊寅大赦，其與眚災肆赦同一心。丁亥寬恤，其與欽哉惟恤同一意。時政有闕，許令直言，其明四目達四聰之義歟？咨爾分土之臣，明示朕意，其咨四岳咨十二牧之舉歟？循良貪暴，陞黜有詔，是何異三考之黜陟？貪利受賂，明正典刑，是何異四凶之誅殛？尊禮舊弼，如勉留康伯，再相魏公，即因堯輔佐之遺意也。收召善類，如起胡銓，叙王十朋，擢周操，即十六子，堯不能舉而舜舉之也。瑟之方絃，玉之始琢，聳人觀聽，表表若是，以即位之一年考之，則二十八年之聖政，皆可自是而推矣。」

庚申，給事中金安節等奏：「奉聖旨，福州居住致仕王繼先已經大赦，可令任便居住。臣竊以王繼先罪惡稔積，羣情久憤。太上皇帝用公議逐之，天下稱快。欲乞寢罷令任便居住指揮。」詔王繼先依赦任便居住，不得輒至行在。臣留正等曰：「聖人之治天下，恩與法並用，而後可以相繼於無窮。諸葛亮曰：『吾今威之以法，法行則知恩。』二者未嘗使之偏勝而已。肆我壽皇登極，引大宥之文，許之從便，此恩也。而給舍之論，猶且以爲殊駭物聽，未厭公議。壽皇於是裁之以聖斷，曰：『王繼先依赦任便居住，不得輒至行在。』一以開其自新之路，使之知朝廷之恩。一以杜其僥倖之門，使之不敢玩朝廷之法。不偏不倚，如持衡然。壽皇所以御天下之道，至是無餘藴矣。」

壬戌，詔：「吴幬、劉藻、黄開、陳騤、陳岩肖、周允聞、沈堯聞、沈堯咨、汪必明、褚觀、劉祖禮上書，皆已親覽，有補治道。京朝官可減二年磨勘，選人與循一資，布衣進士與免將來文解一次。」

是月，封皇子愭爲鄧王，愷爲慶王，惇爲恭王。

冬十月丙寅，侍讀洪遵讀三朝寶訓，至「真宗論政理，曰朝廷但守清静之理，凡事務詳酌而行，勿使庸人擾之」，上曰：「天下本無事。」遵對曰：「誠如聖訓。」臣留正等曰：「聖人之治天下，惟循乎自然之理，初無容心於其間，此其所以爲清心省事之要也。嘗觀帝舜之治天下，明目達聰，舉賢去惡，事無不舉。而孔子之稱舜，則曰無爲。禹之治水，瀹濟漯，決汝漢，害無不去。而孟子之論禹則曰，行其所無事。是二者雖不同，其循乎自然之理則一而已。故舜雖無爲，而見於施爲者未嘗不詳；禹雖行其所無事，而見於事功者未嘗不著也。後世如老聃、莊周不明乎此，乃欲一切取仁義禮樂而棄置之，遂流於空虛寂滅之地，此其與舜、禹相去豈不萬萬哉！至尊壽皇聖帝深明乎真宗清静之訓，而有天下本無事之語，此正與帝舜之無爲、大禹之行其無事者，若合符節也。」

詔：「侍從、兩省、臺諫、卿監各舉可任監司、郡守之人，分爲二等，一見今可用，一將來可用，限一月聞奏。如所舉增秩賜金，舉主同之，不如所舉，罰亦同之。及見任監司、郡守才與不才，亦限一月内，逐一具姓名臧否品目來上。」

左僕射陳康伯乞解機政，御筆曰：「太上皇帝儲卿以佐朕，卿遽力請，豈朕凉菲不足與爲治？况今邊陲未爲無事，卿縱欲捨朕而去，寧忍違太上皇帝之意耶？」太上御筆曰：「皇帝來奏，卿上章力乞解罷，欲吾親筆諭卿。皇帝以卿元老耆舊，方委任機務，留卿之意甚堅，卿可體至意，不得再有陳請。」

丁卯，大理少卿李洪引見奏事。上曰：「陸廉公事，候將來結案。」曰：「更來奏知。」臣留正等曰：「舜正四凶之罪，冒賄者必誅之。商立三風之戒，狥貨者必刑之。夫天下之理，清濁異塗，貪廉異趣。濁者進則清者必退，貪者用則廉者必去，如冰炭之不可得而合也。故聖人謹刑賞以御之，所謂舉直錯諸枉則民服也。皇朝自祖宗以來，所以繩贓吏者，其法甚密。紹興之末，陸廉以貪墨繫於有司，而壽皇所以深切注意者如此，至論理官，俾之更來奏知，竟正廉之罪而無所貸。天下之人，苟有貪者，其敢不知懼乎？」

江淮宣撫使張浚劄子奏：「臣近措置招集御前萬弩手，其所招人，多是莊農，間有稍稍出衆之人，耻與爲伍。臣昨乞別置武騎毅士三百員，以待謀慮過人、勇敢絶衆者，至今未蒙指揮。臣續體訪得淮北歸正忠義，及見今將佐之家，往往有武勇壯健曾習弓馬者甚多，以所請既薄，不願前來。契勘諸軍見招武勇效用，每月食錢九貫、米九斗，皆是旋刺南兵，艱於教習，今來大約可將武勇效用三人請受，以給毅士二名。」詔從之。

庚午，侍讀洪遵進讀寶訓，至「太祖嘗視朝罷，坐便殿俛首不語者久之，内侍王繼恩請其故，太祖曰：『爾謂帝王可容易行事乎？朕早來乘快指揮一事，史官必書於簡册，故不樂也。』」上曰：「若朽索之馭六馬，何敢輕忽？」又曰：「爲人上者，奈何不敬？」臣留正等曰：「孔子之論興邦曰：『爲君難。』夫以萬乘之尊，四海之奉，其貴無敵，其富無倫，而聖人乃以一言蔽之曰難，此萬世人主所當致思焉者也。是故聖人之治，躬示儉約，茅茨土階而不以爲陋。身履憂勤，胼手胝足而不以爲勞。容受忠直，犯顔逆耳而不以爲忤。損上益下，泛愛博施而不以爲過。皆所以全聖德而祈天之永命也。皇朝之興，藝祖開創大業，澤流億載，功冠百王，可謂盛矣。當時一事，雖或差軼，似未爲害，而聖情不怡如此。壽皇遠遵神謨，而有取於大禹朽索之訓，垂諸萬世，足爲憲法。況聖王以禹紹舜，其可不念之哉？」又讀寶訓至「太平興國九年，太宗謂宰相曰：『朕每日所爲，自有常節。行之已久，甚覺得力。凡人食飽，無不昏濁，儻四肢無所運用，更復就枕，血脉凝滯，諸疾自生，欲其清爽其可得乎？』」上曰：「祖宗不特明治道，又達養生之理，所以治道清静。」又讀至「綾錦使王贇上織錦匠兇濫之罪。上令引對，反言贇私役工傭，鞫之皆實。特詔杖贇降秩，賜織匠采帛。」上曰：「祖宗精於治道如此。」遵奏云：「願陛下以祖宗爲法，天下幸甚。」臣留正等曰：「自古國家之久長者，未有不由子孫遵守祖宗之訓也。夫繼體守文之世，前聖之法，見於已爲，而驗於既往，遵而行之，以克永世，理有灼然不易者。故司馬光有言曰：『使三代之君，常守禹湯文武之法，雖至今存可也。』壽皇講論治道，動以祖宗爲法，所謂監於先王成憲，其永無愆者哉！」

右正言周操奏：「國家内設百官，必資久任，以責成效。今則不然，自丞簿不數月望爲郎，自郎不數月望爲卿監。利於速化，人則幸矣，職業不修，國家何賴？若乃監司、郡守之數易，則其害又有大於此者。監司一易，則擾一路。郡守一易，則擾一州。臣願陛下，面諭大臣，自今内外除授之際，恪意精選，務在久任。」詔令三省遵守。臣留正等曰：「貪爵禄而利於速化者，人之私情也。惜名器而務於久任者，國之公法也。私情公法不能兩立，其所從來遠矣。壽皇用諫臣久任之説，豈非欲爲臣者，皆知以公而滅私乎？」

編類聖政所詳定官徐度劄子：「討論慶曆至建中靖國所載勳臣名次，或有未盡，悉令添入。元祐、靖康、建炎以後有合籍記者，已降指揮，令聖政所接續編纂。今申請乞下吏部盡數抄録，併移文諸路搜訪勳勞實迹繳申朝廷。」詔從之。

壬申，右正言周操言：「三省有六房，其屬爲六部，而御史臺有六察，所以相爲表裏也。祖宗之意，正欲御史糾六房六部之稽違者。今之六房六部人吏，積習玩侮，情弊百出。欲望申嚴行下六察官，每月糾參所隸官司，親加詢究，小事具奏，大事隨長貳上殿，庶幾察官各舉本職。」詔令檢舉見行除令施行。

甲戌，詔：「諸路州縣老疾貧乏乞丐之人，在法以常平米斛養濟，自十一月一日起，支至次年三月終。令户部檢坐條法指揮，申嚴行下，務行實惠。」

丁丑，殿侍張震奏：「兩宮册寶，執事者蒙慶賜，奉承於兩宮者，皆已拜官爵，而吏胥無知，舞文巧請，尚書省人吏，大者轉官，與減二年磨勘，小者減半，而太常寺等處人吏又不與焉，此何爲者？願明降指揮，並行追寢。」詔從之。臣留正等曰：「舞法者，胥吏之常。守法者，人臣之職。壽皇使臺臣得舉其職，而胥吏無所容其姦，治功豈有不成者乎？」

戊寅，殿中侍御史張震奏：「切見去年李顯忠所保明横澗山賞并采石賞，與吴璘保明方山原、隴州賞，厚薄不侔。如臣愚見，欲立爲功賞格式，頒下諸將。如拔某城、斬某將、破某衆者，謂之奇功。其次爲第一、第二、第三等，各當轉若干官。並須各有實狀，就其軍中以次保明推恩。」詔令檢正左右司同共看詳，立格聞奏。

右正言周操奏：「去冬敵騎退歸，諸將貪天之功以爲己力，節次奏功，數目浩瀚，略無限節。欲乞下張浚、陳俊卿公共商議，如何措置，以杜僥倖。」詔令張浚、陳俊卿覆實聞奏。臣留正等曰：「臣聞之范祖禹有言：『官爵者，人君所以馭天下，不可以虚名而輕用也。』君以爲貴則貴之，君以爲賤則賤之，難得而加於君子則貴，易得而加於小人則賤，此理昭昭不可誣也。壽皇内修外攘，當舍爵策勳之際，而能用議臣之言，愛惜爵賞如此，蓋知先聖所謂名器不可以假人者，方之漢置武功爵，唐給空名告身，豈不相千萬哉？」

是月，以王之望爲川陝宣諭使。時金將合喜與吴璘争德順軍④，或上棄三路之議。宣諭使虞允文力請勿棄，章十餘上，乃罷允文而命之望。詔璘審度事勢，從長措置，務要保護川蜀，蓋示以棄地之意也。尋詔允文往璘軍前計事畢赴行在。

賜樞密院編修官陸游、尹穡進士出身，以權知院史浩、同知黄祖舜之薦也。

十一月甲午，殿中侍御史張震奏論：「國子監已減員，不宜復置。」上曰：「館職學官，祖宗設此儲養人材。朕欲待方來之秀，不可定員。」臣留正等曰：「官冗之弊，人皆欲省之，省之誠是也。然官之設，有若不急而實急者，一切損之，不亦過乎？自非聖意高遠，孰知所省者有大不可省者存焉。且學官之員亦夥矣，損一正録之職，宜若未過。明詔乃謂學官與館職均爲祖宗儲養人材之地，將以此待方來之秀，不可定員。大哉王言！豈徒爲儒生光寵，宸衷欲培壅人材，爲國家無窮之用，彼議者豈知所輕重哉？」

丙午，臣僚言：「近日於淮東西總領司各樁苗米一百萬石，備宣撫司移屯支用。内撥浙西常平米一十三萬二千餘石往淮東，江東常平米三十七萬四千餘石往淮西。切惟常平一司，蓋備水旱、盜賊緩急之用。積年陳腐及移易、借兑，殆居其半，一旦三分取一，兩路所積幾無餘矣。間遇水旱、盜賊之變，將何以爲備乎？」詔户部看詳。户部乞於兩浙漕司和糴米撥一十三萬二千餘石赴淮東。江東西漕司和糴米并江西上供米、建康中納米九千石共三十七萬四千餘石往淮西。其江、浙常平米更不取撥。從之。

庚戌，進呈方滋論沙田疏。上問沙田事，或以爲可取，或以爲可捐。陳康伯等奏曰：「君子小人各從其類，小人樂於生事，不惜爲國斂怨。君子務存大體，惟恐有傷仁政。此所以不同。」上曰：「然。」乃詔措置沙田蘆場指揮更不施行。臣留正等曰：「人主之心，惟虛而明，故君子之言，易以入焉。漢唐之君，利欲之私先實其中，雖有忠言至論，終莫能奪，武帝、德宗蓋可見矣。今夫沙田之議，或曰可取，或曰可捐。爲取之之説者，不過曰以利吾國也。爲捐之之説者，則曰不若以利吾民也。聖明在上，一於厚下，固有定見矣。輔臣一言，適動其機，欣然開納，已行之命，旋即寢之，非聖心虛明而然哉！是宜大臣誦歎，而吾民相與鼓舞也。」

甲寅，殿中侍御史張震言：「竊見乾德四年詔曰，自今内臣年及三十以上，兼見在朝廷繫職，方許養一子。至皇祐五年，詔内侍以一百八十人爲額。嘉祐中韓絳奏内臣員多，請住養子。至治平以後，始復許奏薦。而熙寧中神宗諭輔臣曰：『方今宦者數已多，而隸前省官又入内侍，絕人之世，仁政所不取，且獨不可用三班使臣代其職事乎？』吴充對曰：『此盛德事，臣等敢不奉行。』至於自來條例，又須限以年甲，試以詩書，籍定姓名，遇闕撥填，宜立爲定制。」詔令内侍省開具見在人數聞奏，今年會慶節權免進子。

乙卯，臣僚言：「祖宗時，贓罪削籍配流者，雖會赦不許放還叙用。近覩登極赦，應命官除名追降官資及勒停并永不收叙人，並與叙元官，甚失祖宗痛繩贓吏之意。乞自今官吏嘗經勘斷犯入已贓並不許收叙，如有已放行收叙者，即爲改正。」從之。

辛酉，御史中丞辛次膺奏：「臣恭奉詔書，除常朝便殿引對外，應行事陪位，立班從駕，及非從朝謁，並許請假。并已降指揮，殿下令閤門人扶掖。今後如遇德壽宫起居，臣欲乞趁赴立班，許臣就用本臺知班二人扶掖。」從之。又詔：「張燾朝謁禮數，依辛次膺已得指揮，仍許乘轎入出皇城門，至宫内上下馬處。」臣留正等曰：「七十不俟朝，八十杖於朝，著在《禮經》，此待老臣之異數也。秦穆公一霸者，猶能以番番良士爲貴，不以膂力既愆爲嫌，況於聖明之朝乎？我壽皇聖帝之初政，延登故老皤然在位，資啓沃之崇論，略朝謁之常儀。其敬賢貴老之意，實與《禮經》同符矣。然此豈私爲二臣之榮？蓋所以增朝廷之重也。」

參知政事、督視湖北京西軍馬汪澈言：「荆、鄂兩軍屯守襄、漢，糧斛浩瀚，悉泝漢江，霜降水落，舟膠不進，舟人逃遁，官物耗散，而軍食又不繼。臣今者相視得襄陽古有二渠，長渠溉田三千頃，水渠溉田千頃，自兵火後，悉已湮廢。臣今先築堰開渠，并合用牛具糧種，或募民之在邊者，或取軍中之老弱者，雜耕其中。來秋穀熟，量度收租，以充軍儲。既省餽運，又可安集流亡。乞以措置京西營田司爲名，令姚岳兼領。」從之。

十二月戊辰，詔：「今日早朝，集侍從、臺諫赴都堂，條具方今時務，仍聽詔旨。」詔曰：「朕覽張燾所奏，犁然有契於衷，已令侍從、臺諫集於都堂。今賜卿等筆札，宜取當今弊事，悉意以聞。退各於聽治之所，盡率其屬，諭以朕旨，使極言之，毋得隱諱，朕將有考焉。」初，張燾以故老召除知樞密院事，上問爲治之要，燾因奏言：「太上皇帝紹興初嘗舉行祖宗故事，詔百官赴都堂，令條具當今弊政，與夫捄之之宜。乞檢舉行之。」故有是詔。臣留正等曰：「自昔帝王之興，必先開廣言路，詢於芻蕘。蓋所以通下情，達幽隱，雖四方萬里之遠，靡不周知。而況侍從以論思獻納爲職，臺諫以輔君德糾官邪爲任，可使其情不通於軒陛之間乎？我仁宗皇帝慶曆間，慨思治道，既御天章閣，詔輔臣言事，復御迎陽門，召知制誥至臺諫官別賜手詔，使條陳闕政。是以士氣振起，紀綱修明。嘉祐之治，流澤至今，良有以也。壽皇納張燾之奏，給札都省，令侍從臺諫條當今弊事，且俾率屬諭旨，極言無諱。夫人臣居可言之地，凡朝之闕違，時之利病，忠誠鯁亮者，固當披露忠赤，不待詔而後言，其畏懦蓄縮者，迫於上命，亦將有所激發而不得默矣。故當時士大夫爭言時政得失，壽皇親加披閱，擇其切於時務者，標識其上，次第見於施行，其於初政豈小補哉！」

癸酉，給事中金安節言：「承指揮，成彥忠皇城司任滿賞，并兩任翰林司滿賞，特與遙郡上轉行兩官。按尚書省右選令，諸武功大夫實歷邊任，有五人保舉磨勘，轉遙郡刺史已後，並理十年，轉遙郡團練使，至遙郡防禦使止。祖宗之法，不輕以授人如此。彥忠今年五月方轉遙郡刺史，今來半年，於刺史上轉行兩官，則是二十年磨勘，五月之内一旦得之，於考績之法，無乃戾乎？欲望付有司依格施行。」詔從之。臣留正等曰：「漢初置中常侍官，亦引用士人，以參其選。其後明帝永平中始限員數，通中、常侍小黄門不過十餘人。至和帝以後，紆朱懷金者，布滿宫闈，漢之禍實基焉。唐太宗始定制，内侍省不置三品官，黄衣廩食守門傳命而已。至明皇以後，除三品將軍者寖多，衣緋紫者尤衆，唐之亂實始焉。史册所載，炳炳如丹。誠以宦閹昵近君側，蓋周家閽寺之官，其職掌自有量，如使寵任益隆，權勢益張，則紀綱寖以敗壞，朝廷寖以陵夷，非小故也。壽皇聞侍御史張震之言，則稍裁宦者之恩；覽給事中金安節之奏，則申嚴遥郡刺史遷轉之法。彼漢、唐之厲階，何自而生哉？成憲具在，傳之億載，萬年所當法也。」

給事中金安節繳駁劉允升皇城司濫賞曰：「凡外之將帥，效命邊庭，亦必有功而後加爵，豈可以僥倖一時微賞，而反過於親臨行陣出入萬死一生者乎？今劉允升幹辦皇城任滿，比之去年立軍功者，勞逸異矣。遽以一官轉承宣使，其以承宣爲皇城任滿，遂將轉節使乎？竊恐行之則將士解體，望愛惜名器，以待勳勞。」從之。臣留正等曰：「傳曰：『惟名與器不可以假人。』言國家之所當謹惜也。上從而輕予之，下亦從而輕視之矣。一命令之出未審，一爵賞之施未當，於君道若未甚闕，而其端不可啓。給舍之職，所以平處可否，駁正違誤，蓋防微杜漸，愛護紀綱之深意。故人臣必守法，置君於無過，然後爲稱職。人君必聽諫，使臣得行其言，然後爲盡道。劉允升以皇城司秩滿遷官，有紊成憲。給舍論奏至再，不憚於抗尊。壽皇開懷納忠，不嫌於反汗。君臣以誠相與，斯無形迹之間矣。如是而名器之不重，朝廷之不尊，紀綱之不立，治道之不進，臣不信也。此壽皇所以爲聖明也與！」

庚辰，臣僚言：「國朝檢校官一十九員，上者曰太師、太尉、太傅、太保、司徒、司空，而除授則自司徒遷太保，各以序進。陛下方講修聖政，宜下有司討論，立爲定式。」給事中黄祖舜等言：「看詳臣僚所陳六事，其一曰，六等檢校官，舊制也，今則皆無有，而自節度徑除太尉，歷開府儀同三司以至少保。其二曰，節度以移鎮爲恩寵，舊制也，今則一定而不易。其三曰，承宣分大中小鎮，觀察分大小州，舊制也，今則皆徑作一官矣。其四曰，横行自右武大夫以至通侍爲十三等，以待年勞及泛恩者，非有功效顯著不帶遥郡，舊制也，今則自右武大夫當遷官者，率於遥郡改轉輔，纔五遷即至遥郡承宣，一落階遂爲正任承宣使。其五曰，武功大夫實歷十年，用七舉主始轉行，舊制也，今或自小使臣爲宣贊舍人，纔遷一官，徑至右武郎。其六曰，總管鈐轄都監分六等差遣，非正任觀察使及管軍不以爲總管，舊制也，今降此而得之者，紛紛皆是。逐項所陳，委得允當。欲乞施行，自降指揮日爲始。」詔並從之。

辛巳，起居郎、兼權中書舍人周必大奏：「皇叔蘄州防禦使士袠湊用恩平郡王璩減年磨勘轉官。竊見南班正任，十年一轉，初無回授之法，又宗室歲得減年，依條許與子孫遥郡刺史以下收使。今士袠於恩平郡王璩實爲叔祖，乃用侄孫減年，於法爲不合，於體爲不順，一也。法許用之於郡刺史以下，今乃施之於正任防禦使以上，相去遼遠，二也。欲望追寢前命。」從之。

上曰：「昨聞臣僚言，秦檜誣岳飛，舉世莫敢言，李若樸爲獄官，獨白其非罪。吕忱中發王晌，所司皆迎合，林待問爲勘官，獨直其冤狀。章傑捕趙鼎送葬酒，又搜其私書，欲傅致士大夫之罪，翁蒙之爲縣尉，毅然拒之。沈昭遠爲王鈇家治盜⑤，欲煅煉富民，多取其賠償，王正己爲司理，卒平反之。此皆不畏强禦，節概可稱。三省詳加訪問其人，如在，可與甄録。」臣留正等曰：「天下之公論，有根於人心而不可易者。然而公論在上則治，在下則否。君子之觀治忽，每於此占焉。夫天下之枉直，朝廷皆知之。天下之忠邪，朝廷皆聞之。是謂公論在上，此治道之所從出也。如使天下自以爲忠直，而朝廷莫之察也，則公論在下矣，雖欲治也，其可得乎？李若樸諸人，以鯁亮聞於當代，不爲權勢所移，可謂難矣。而壽皇獨因臣僚之言而知之，至謂其節概可稱，温旨下頒，俾令甄録，是聖主持公論於上，以風厲天下也。爲羣臣者疇，敢不踴躍自奮以承休德乎？」

丁亥，内降付下寬恤事十八條，内一項：「訪聞諸路鄉村惡少無賴，以販鬻私茶鹽爲業，良善之民多被强賣，稍不聽從，日後犯販，必行供指，逮得賄賂，乃與除免。自今應犯販私茶鹽，不得信憑供指，妄有追呼。違者許越訴，承勘官吏，宜重寘於法。」又一項：「訪聞州縣捉獲盜賊，獄吏輒教令廣引豪富之人，指爲窩藏，至有一家被盜，鄰里富室爲之騷然。賊情未得，而胥吏之家賄賂充牣。平居富民或與吏輩，小有睚眦，一得賊徒，使之通注，其禍尤酷。自今除緊切干證外，不得泛濫追呼，如違，許越訴，別移所司推勘。指教情節，吏人反坐，官員重作施行。」臣留正等曰：「昔史臣論漢宣帝興於民間，具知閭里姦邪，吏治得失。及親政，孜孜民事，選良二千石，與之共理。詔旨惻怛，爲民而下者大半。卒之吏稱民安，爲漢中興之主。壽皇即位未三月，內出寬恤十八事。凡民情之疾苦，纖悉委曲，無不周知。如州縣秋苗，官吏規取溢數，以濟貪暴。如豪右兼并，圖免過割，致貧民產去稅存之害。與夫一時搶攘甫定之際，所以勞來安集之策，未易以概舉。至於治私販，鞫盜賊，有司並緣爲姦，尤切致意，可謂憂民之憂矣。二十八年之間，撫摩愛養，民安閭里，道洽政治，豈非知所先務哉？今二者之弊，州縣積習，民猶以爲病，申敕之可也，故特詳著焉。」龜鑑曰：「讀寬恤十八事之詔，真見其有勤求民瘼之心。讀毋縱吏姦、毋奪民時之語，真見其有勤恤民隱之心。聞林機之論，則責以不體朕意。聞王大寶之對，則諭以不可擾民。江東之和糴既免，福建之上供復蠲。官司之貼換纔除，而芻藁之樁積繼罷。出內帑銀絹以輸民租，出爵募民以激富室。或賜僧牒，或賜米斛，以恤饑荒。或置社倉，或置屯田，以備水旱。江東得劉恭父而民不饑，浙右遣朱文公而民得飽。矜憐惻怛，是其仁民之實者然也。」又寬恤事內：「一，省部係政令之原，人吏他日出職，當在民上，所宜廉謹，以立基本。訪聞積習成弊，官員士庶理訴公事，賄賂未至，則行遣迂回，問難不已。所求如欲，則雖不可行，亦必舞法以遂其請。有此等被抑之人，許詣登聞鼓院陳訴，當議重寘於法。」臣留正等曰：「昔蘇軾論省府胥吏，有曰：『舉天下一毫之事，非金錢無以行之。』又謂招權鬻法，長吏心知而不問，以爲當然。蓋吏强於官久矣，外而郡縣，內而省部，往往而是。然外之監司守令，一或得人，猶足以行其政。至若省部之吏，風成弊積，蓋有肆爲欺慢而莫之誰何者。其弊始於法令之繁多，而成於居官者之苟且。夫以不素解暫臨之官，馭長子孫之吏，文法之日滋，吏又得以並緣出入，其勢固易於爲欺，而爲之官者，復狃於習俗，樂於因循，以寬縱爲識體，以振厲爲生事，偷安歲月，受成吏手，黷貨撓法，將何憚而不爲？是毋惑乎吏之强矣。壽皇條寬恤事，有及於吏胥之弊，告戒訓飭，曲盡情僞，且議重寘於法，彼寧不知所懼哉？然則欲革吏姦，當自內始，是以表而出之。」

是月，命宰相陳康伯兼樞密使。

詔吴璘班師。詔下，僚屬交諫曰：「將在軍，君命有所不受。此舉所繫甚重，奈何退師？」璘知朝論主和，於是棄德順軍，倉卒引退。金乘其後，正兵三萬，得還者僅七千人，偏裨將佐所存無幾。上尋悔之。

是冬，上召陳俊卿及張浚子栻赴行在所。浚請臨幸建康，以動中原之心，用師淮堧，進舟山東，以遥爲吴璘之援。上見俊卿等，問浚動静、飲食、顔貌，曰：「朕倚魏公如長城，不容浮言摇奪。」時金以十萬屯河南，聲言窺兩淮。浚以大兵屯盱眙、泗、濠、廬，金不敢動，第移文索海、泗、唐、鄧、商州及歲幣。浚言金詐，不當爲動，卒以無事。栻之見上也，即進言曰：「陛下上念宗社之讎耻，下閔中原之塗炭，惕然於中，而思有以振之。臣謂此心之發，即天理也。願益加省察，而稽古親賢以自輔，毋使其少息，則今日之功，可以立成。」上大異之。

校勘記

①此附録原接排於紹興三十二年六月丙子條後，今移作附録。叢書本在「丁丑」條敘事前有「中興聖政草」五字，並有案語：「案：在『丁丑』以下，原本採取中興聖政附入，以終紹興三十二年之事，今仍其舊，蓋修永樂大典時所附。」底本此案語在

「丁丑」條後，無「蓋修永樂大典時所附」一句。

② 自正文「如宫門降輦」至此小字注末原本無，據叢書本補。

③ 金遣孛散忠義及紇石烈志寧經略四州地　「孛散」、「紇石烈」原作「布薩」、「赫舍哩」，據金人地名考證回改。

④ 時金將合喜與吴璘爭順德軍　「合喜」，原作「喀齊喀」，據金人地名考證回改。

⑤ 沈昭遠爲王鈇家治盜　「王鈇」原作「鐵」，「治」作「冶」，據鄂國金佗續編卷一三訪問李若樸等旨揮改。

附録二

宣取高宗皇帝繫年要録指揮

正奉大夫守吏部尚書兼修國史兼實録院兼太子詹事曾晚、中奉大夫試尚書吏部侍郎兼同修國史兼實録院同修撰兼太子右庶子汪逵、朝請大夫試太子詹事兼同修國史兼實録院同修撰兼秘書監戴溪、朝請大夫權尚書禮部侍郎兼同修國史兼實録院同修撰兼太子左諭德兼權中書舍人曾從龍、朝散大夫新除軍器監國史院編修官兼實録院檢討官兼禮部郎官黄景説、朝奉郎守起居郎兼國史院編修官兼實録院檢討官兼侍講充賀金國生辰國信使黄中、朝請大夫新除起居舍人兼國史院編修官兼實録院檢討官兼權中書舍人李撰、朝請郎尚書吏部員外郎兼國史院編修官兼實録院檢討官錢文子、奉議郎守軍器少監兼國史院編修官兼實録院檢討官兼國子司業陳武、文林郎秘書省正字兼國史院編修官兼實録院檢討官兼莊文府教授陳貴謙劄子：

晚等竊見太常博士李道傳之兄心傳，裒次高宗皇帝一朝長編，已繕寫成浄本，未敢自擅投進，欲乞朝廷特賜敷奏，令道傳繳進。仍乞降付國史院，以備參照，編修正史。伏候指揮。

嘉定三年九月二十八日，奉聖旨：依。（武英殿聚珍本建炎以來朝野雜記卷首）

付出高宗皇帝繫年要録指揮

朝請郎、顯謨閣待制、新潼川路安撫使、知瀘州臣許奕狀奏：臣竊惟士有懷才抱藝，遠莫能自致者，方清明之世，顧使之終老無聞焉，臣實惜之。臣伏見隆州鄉貢進士李心傳，博通羣書，尤熟本朝故事。嘗謂中興以來，明君良臣，豐功盛烈，雖已見之實録等書，而南渡之初，一時私家記録，往往傳聞失實，私意亂真，垂之方來，何所考信？於是纂輯科條，編年記載，專以日曆、會要爲本，然後網羅天下放失舊聞，可信者取之，可削者辨之，可疑者闕之，集衆説之長，酌繁簡之中，久而成編，名曰建炎以來繫年要録。故兵部尚書楊輔，前年蒙命召，嘗取其所録高宗皇帝一朝，凡一百卷，繕寫成五十册，欲以進上，會中道改除，不果。臣頃蒙恩，兼修玉牒，求得此書。觀其所立凡例，類多暗合。綱目詳備，詞義嚴整，足以備史官采擇。兼心傳志行高潔，久棄場屋，該免舉不復就，非近來上書進策僥覬賞典之比，實無一毫希望意。臣謹昧死繳進，伏乞睿慈賜以乙夜之覽，仍宣付史館，豈惟心傳半生辛勤專一之功不遂泯没，其於一朝大典，實非小補。所有上件高宗皇帝繫年要録五十册，謹隨狀上進以聞。干冒天威，臣無任震越惶懼之至。謹録奏聞，伏候敕旨。

奉議郎、太常博士臣李道傳狀奏：準尚書省劄子，吏部尚書、兼修國史實録院修撰曾喚等劄子：竊見道傳之兄心傳，裒次高宗皇帝一朝長編，已繕寫成浄本，乞賜敷奏，令道傳繳進。仍乞降國史院，以備參照，編修正史。奉聖旨：依。臣今遵依聖旨指揮，所有上件高宗皇帝一朝編年之書，名繫年要録，計一百卷，修寫成五十册，隨狀上進。干冒天威，臣下情無任惶懼震越之至。謹録奏聞，伏候敕旨。

貼黄：臣照得新知瀘州許奕，已曾繳奏上件繫年要録，伏乞睿照。

嘉定五年五月日，奉聖旨降付國史院。（所引同上）

朝省坐國史院劄子行下隆州取索孝宗光宗繫年要録指揮

臣竊惟國家典章，莫重史册。唐朱敬則初成藁史，見者推爲董孤，然敬則方請別求名才，以重史選。張説就家修史，李元紘謂史事秘嚴，請令以書就館，參會撰録。然則史職至重，名才難逢，館閣纂修，事存國體。以敬則有董狐之稱，猶以求才爲請，則不逮敬則者，盍亦推賢而遜能？以張説居通顯之極，而元紘必欲其就館纂修，則匹夫之有志於斯者，宜使輸能而求獻。臣以謏聞，幸逢盛時。偶被采葑，與聞汗簡。伏凖近旨，重修孝宗皇帝、光宗皇帝實録，疊矩重規，鉅跡盛美。如日月之照明，而莫窺其經緯；如海岳之涵負，而莫究其高深。雖聖世多才，宰司遴選；人劘班馬，家效沈吴。其間如臣，實爲濫叨。欲效遜能之義，少輸報國之忠。竊見隆州進士李心傳，刻志前聞，究心史學。嘗著高宗繫年要録，見謂該詳。繼聞採討阜陵典章，亦有端緒。累朝聞見，會粹實多。苦心忘疲，歷歲滋久。若蒙聖朝兼收博採，下本州取其續成之書，以備考訂，誠網羅放失之意。或令身自齎帶，來獻闕下，俾諸史官，參會撰録，恐於兩朝大典，必有裨補。用敢僭言，冒干聰聽。若心傳農馬之智，得略效於明時，則微臣鶚特之羞，亦少逃於譏議。干冒天威，臣無任惶懼隕越之至。取進

止。准，批送禮部行下隆州，取索李心傳上件要録，繳申尚書省。（所引同上）

國史院遵奉聖旨指揮下轉運司鈔録孝宗皇帝光宗皇帝繫年要録公牒

國史實録院牒成都府路轉運：

勘會本院恭奉聖旨指揮，改修三朝正史、孝宗皇帝、光宗皇帝御集、光宗皇帝寶訓，并改修孝宗皇帝實録，并合要文武臣僚、内侍、士庶之家及僧道等處，應被受或收藏聖語聖訓、御製御筆、手詔、注解經義、詩頌、題跋、雜文等，照使内行在從本院取索鈔録，其臨安府及諸州軍，欲乞令諸路轉運司嚴切遍下所管州軍縣鎮等處搜訪，如有被受之家，借本鈔録，委官點對無差漏，申繳赴縣，不得因而騷擾。仍出賞募人投獻。如稍多者，乞從本院保明，優典推賞。今來所修正史、御集、寶訓、實録，事體至重，全藉搜訪。移文於内外官司取索，但於合用文字，參照攢類。其所承官司視爲文具，不即依應，是致難以辦集，候指揮。七月二十八日，奉聖旨并依劄付院。

當院今訪聞隆州井研縣李宗簿宅，鄉貢進士李心傳住所，述續孝宗皇帝朝繫年要録，請貴司移文行下隆州，疾速齎紙札，差人前去李宗簿宅鈔録，委官點對無差漏，裝背成册，申發赴院，以憑參修照用。若或續曾編類到光宗皇帝朝繫年要録，一就鈔録，赴院照用，勿得違滯。須至公文牒，候到請遵從。今降聖旨指揮，疾速移文行下，鈔録前項所要文字，裝背成册，申發赴院，守等參照使用，幸勿違滯。仍先希依應公文回示，謹牒。

嘉定十六年九月日牒。

朝請大夫、起居舍人、兼國史院編修官、兼實録院檢討官吴；
中奉大夫、行起居郎、兼國子司業、兼國史院編修官、實録院檢討官喬；
朝請郎、試秘書少監、權直學士院、兼國史院編修官、兼實録院檢討官徐；
朝散大夫、守太常少卿、兼國史院編修官、兼實録院檢討官魏；
朝奉大夫、權尚書工部侍郎、兼國子祭酒、兼國史院編修官、兼實録院檢討官葛；
中大夫、權尚書刑部侍郎、兼同修國史、兼實録院同修撰朱；
朝請大夫、權尚書兵部侍郎、兼侍講、兼同修國史、兼實録院同修撰杜；
中奉大夫、權尚書吏部侍郎、兼權中書舍人、兼同修國史、實録院同修撰程；
中大夫、守尚書禮部侍郎、兼中書舍人、兼同修國史、兼實録院同修撰胡。（所引同上）

按：雜記卷首於此諸文牒後有按語云：「秀巖李氏所著建炎以來朝野雜記，乃三朝繫年要録之張本也。高廟一朝，成書既久，已爲金匱石室之藏。阜陵、崇陵之書，述續有緒，行上送宮學，士大夫恨未之見也。雜記甲乙凡二集，總四十卷，其間中天百年，豐功盛烈，與夫禮樂刑政之條目，典章制度之沿革，兵戎食貨之源流，莫不咸在。三朝要録之綱要，實備於此。宣取指揮，史院文牒，且著於右，使引用者，知是書之所載，皆已經進之事實，不復致疑焉。」

李氏思終亭記

樓鑰

淳熙八年，歲在辛丑，鑰預考南廟試，蜀人李君子思以審計司聯事。先是，固已得其江東十鑑讀之，一見如平生歡。既而出所著易解，相與講明，警發爲多。竣事，鑰叨丞外府，君代主宗正簿。鑰尋丞司宗，方以同僚爲幸，而君忽焉亡矣。哭之盡哀，且與諸蜀士經紀其家。君之父年已八十，諸子皆幼，弔者無不傷盡，送其西去，哭以二詩，殆不勝情。今三十有二年矣，間者闊焉，不相聞知。慶元之初，鑰既投閒，明年閲登科記，見君之子道傳在乙科。又一紀而復來，則已聞其召命。同朝五年，寖登館學，上著庭，攝考功，時時相過，以先友故厚我。其季性傳，又擢嘉定四年第來見，獨未識長子心傳。聞其嘗名薦書，一不上第，年未四十，棄舉業而著書。朝廷取其建炎以來繫年要録百卷，寘館中，嘗得其副而盡讀之，然後知天之報施，本無差忒，而子思家學日盛，爲不亡矣。子思之論易，專究心於卦畫，其言甚富，如中孚、豚魚等説，前未有發明及此者。十鑑極陳南北朝戰守勝敗，如指諸掌。書有小傳，又有諸經解義，皆其節目之大者。吐其所見，論議過人，一宰饒之德興，治行有循吏之績。其所抱負，十未見一二，此識與不識，所以恨其蚤歿也。

五年七月癸亥，考功涕泣而謂鑰曰：「先君子之葬，兄弟尚弱，萬里亦無由相告。已得後谿劉先生爲之銘矣。墓前有亭，取終身慕父母之義，以致深長之思，非敢自言能盡此也。名以思終，併致昆仲之意，俾記之。」凡子思文學事業與其家世履歷，後谿之志已詳，不復書。語之曰：「先公有子如此，固已不悼其不幸於土中矣。終之義，豈云小哉？近方爲金華季氏爲古文孝經詳説後序，因論古自天子至於庶人，孝無終始，而患不及者，未之有也。」爲之言曰：

聖人一經，立教之要，專在此數語。孩提之童，無不知愛其親者，是人之於孝，未有無其始者。夫子作此一經，正欲人之有終也。自天子以至庶人，孝之大小，固自不同，於此復言，若孝有始而無終，未有不及於禍患者。此則無貴賤之別，上下一體，俱當盡心焉。末篇云：孝子之事親終矣，止爲喪祭之終，猶未爲孝之終也。夫所謂孝之終，與孝無終始之終，蓋謂立身行道，死而後已者也。故雖曾子既啟足手，以其能全而歸之，自以爲知免矣。然而易簀一節，猶在其後。蓋大夫之簀，猶非其正也。嗚呼，聖言可謂深切，而能有終者，亦豈易易乎？鑰餘生無幾，深知兢懼，得正而斃，所願加勉，故以告有志之士云。鑰老退學落，加以病餘，輒拾前説，以慰孝思之切，惟昆仲勉之。（攻媿集卷六〇）

回李校勘心傳

劉宰

庚伏在中，霖雨繫望，恭惟影纓册府，主盟斯文，神聽勞之，台候動止萬福。某寒鄉賤士，猶記與果州使君別時，出舊聞正誤一編，曰：「此吾兄所著。吾兄杜門不爲時學，所著書甚多，恨子未之見也。」某歸讀之，凡所辯證，皆某平日所習聞以爲可垂信萬世而繆誤乃爾。因思時之至近，莫如本朝，事之易考，莫如故實者尚爾，況蘊奧難見者乎？不有博聞精識之君子，誰其正之？繼又得繫年録，讀一再過，故雖萬里相去，一見無從，而每一展卷，即心開目明，如親晤對，用慰遐想。應聘而出，薄海傾瞻。某願拜下風，豈落人後？顧以衰疾，入山益深，無階際遇，一箋之敬，亦無從遣。春間，侄子歸自都，忽拜手書，辭之謙，若施之所敬；情之親，若施之所厚，某不足當也。但深愧感出處事之大，皤然而起。竊惟盛心，惟一代之典是爲。昔太史公以史記未就，受天下之大辱而不辭。今執事之出榮矣，固應不憚遲留，成一家言，使祖功宗德，萬世如見。斯事未竟，而來書已動浩然之志，何也？向來果州使君出，與校書事異，可久可速，固各有攸當，試審思之。某書生命窮，年僅四十，即得奇疾，形容如鬼，不可復仕。中間再叨誤恩，具以質言。荷蒙公朝察其非欺，賜之從欲。今年益老，志益頹矣，無足爲執事道。蜀客兄弟在本朝，南渡以來殊少。近時李季璋、季允雖相繼登朝，恨不同時。今昆仲並登華貴，足爲盛事。令弟郎中會次，敢告叱名起居。果州令似審已登科，足爲門下賀。頃亦及見果州有子如此，生計厚薄，不必計也。某偶遣僕過親友王山陰處，因得謝先施之辱。繼此有端便，尚當嗣音。當暑，謹上爲世道壽重之祝。（漫塘集卷一〇）

郡齋讀書志附志

趙希弁

建炎以來中興繫年要録二百卷，右陵陽布衣李心傳微之所修也。知瀘州許奕奏進之。修國史曾喚又嘗乞令其弟太常博士道傳繳進，得旨降付國史院。然其中闕疑尚多，希弁嘗爲補註一書，頗爲詳備云。（郡齋讀書志附志卷一）

直齋書録解題

陳振孫

建炎以來繫年要録二百卷，工部侍郎陵陽李心傳微之撰。蓋與李巽巖長編相續，亦嘗自隆興後相繼爲之，會蜀亂散失，不可復得。（直齋書録解題卷四）

玉海

王應麟

嘉定建炎以來繫年要録，李心傳撰，一百卷。嘉定五年五月付國史院。（玉海卷四七）

題繫年録

劉克莊

炎紹諸賢慮未精，今追遺恨尚難平。區區王謝營南渡，草草江徐議北征。往日中丞甘結好，暮年都督始知兵。可憐白髮宗留守，力請鑾輿幸舊京。（後村大全集卷四）

讀繫年録紹興八年以後事

樂雷發

婁敬金繒滿去輈，便看雷雨潤遐陬。諸賢自抗排雲議，宰相方深偃月謀。湘國乍聞悲鵩鳥，秣陵還聽唱符鳩。九原晏老今知否？搔首青編恨未休。（雪磯叢稿卷三）

寶章閣待制李心傳

黄震

心傳字微之，隆州井研人。寶慶二年，以布衣補官，詔入史館，專修中興四朝帝紀。甫成其三，言者去之，添差通判成都府。尋除著作佐郎，兼四川制置司參議官。詔無入議幕，許辟官置局，踵修十三朝會要。端平三年書成，會有狄難，召赴闕。明年冬，復以言去，奉祠霅上。淳祐元年罷祠，既復予之，又復罷。三年致仕，明年卒，年七十八。

所著成書，有繫年録二百卷、學易編五卷、誦詩訓五卷、春秋考十三卷、禮辨二十三卷、讀史考十二卷、舊聞證誤十五卷、朝野雜記四十卷、道命録五卷、西陲泰定録九十卷、詩文一百卷。

立朝論諫，亦多切直。初，心傳父舜臣嘗主宗正寺簿，以文名。生三子，道傳悦文公朱熹之學，不遠數千里出蜀，將從之游，至則文公已下世，遂博采力學，盡得文公爲書而裒之，用以代面承。蜀之會粹文公書，自道傳始，世所謂李果州者也。性傳亦第進士，嘗參大政，有名於時。心傳最長，慶元乙卯歲，以明經薦於鄉，既下第，獨絶不復應舉，閉户著書。晚因許奕、魏了翁、崔與之等合前後二十三人之薦，自制置司津發至闕下，授之官，又賜進士出身，歷官至工部侍郎、寶章閣待制。其書家藏而人誦，殆將爲我宋信史，所就益遠矣。世尊稱曰秀巖先生云。

史臣震擬贊曰：史臣自漢遷固後無聞焉，至我朝而後有心傳，該總通達，遂成一家。嗚呼盛哉！（四明

叢書之戊辰修史傳）

賈似道跋

臣恭惟高宗皇帝受命中天，功德巍煌，布在方册。而廣記備言，有裨一朝巨典，則惟臣心傳撰次建炎以來繫年要録首爲成書。臣嘗拜手稽首，伏讀竟編。其間大綱目，固非可一二數。竊謂大駕初南，駐廣陵者年餘，天步方艱，旲食不暇。乃於斯時開經筵，召楊時，臨軒策士，汲汲惟恐後。其緝熙聖學，扶持道統，通天下言路，以迓續我宋無疆大曆服實始於此。臣載惟藝祖皇帝肇造區夏，親平淮南，後因御營作章武殿。臣既改築而新之，中興舊事，故老相傳，雖有能彷彿者，然文不足證也。乃以臣所藏蜀本繫年録二百卷刊於州治，與臣傳良所述建隆編並傳云。

寶祐元年，歲在癸丑，秋八月既望，資政殿大學士、光禄大夫、兩淮制置大使、兼淮南東西路安撫使、知揚州軍州事、兼管内勸農營田屯田使、馬步軍都總管、兼提領措置屯田專一措置提督修城、節制本路河南屯戍軍馬、兼兩淮屯田大使、臨海郡開國公、食邑二千一百户、食實封三百户臣賈似道恭跋。（文淵閣本四庫全書）

孫原湘跋

建炎以來繫年要録二百卷，陵陽李心傳撰。心傳於端平中，嘗修十三朝會要，通知掌故，特就高宗一朝之事，重加纂述，以國史日曆爲主，而參之以稗史家乘。其有纖悉異同之處，臚採諸説，折衷以求其當，或云不取，或云當參考，詳審精密，較之李巽巖長編，用心尤過之，無論熊克、張鑑也。蓋當時南北隔絶，傳聞異詞，即案牘奏報，亦多失實，得心傳此編，而是非褒貶，使人尋繹自見，此即春秋傳信傳疑之法也，夫豈繁稱博引，以自誇漁獵之富哉？至其直書張浚之事，於舉朝附和之中，存三代直道之意，可以抗劉時舉之風節，破朱紫陽之門户，斯猶不愧儒林矣。惜隆興以後續編，蜀亂散失，不可復得耳。（天真閣集卷四三）

宋史李心傳傳

李心傳字微之，宗正寺簿舜臣之子也。慶元元年薦於鄉，既下第，絶意不復應舉，閉户著書。晚因崔與之、許奕、魏了翁等合前後二十三人之薦，自制置司敦遣至闕下，爲史館校勘，賜進士出身，專修中興四朝帝紀。甫成其三，因言者罷，添差通判成都府。尋遷著作佐郎、兼四川制置司參議官，詔無入議幕，許辟官置局，踵修十三朝會要。

端平三年，成書，召赴闕，爲工部侍郎，言：「臣聞大兵之後，必有凶年。蓋其殺戮之多，賦斂之重，使斯民怨怒之氣，上干陰陽之和，至於此極也。陛下所宜與諸大臣掃除亂政，與民更始，以爲消惡運迎善祥之計，而法弊未嘗更張，民勞不加振德，既無能改於其舊，而殆有甚焉。故帝德未至於罔愆，朝綱或苦於多紊。廉平之吏，所在鮮見，而貪利無恥，敢於爲惡之人，挾敵興兵，四面而起，以求逞其所欲。如此而望五福來備，百穀用成，是緣木而求魚也。臣考致旱之由，曰和糴增多而民怨，曰流散無所歸而民怨，曰檢税不盡實而民怨，曰籍貲不以罪而民怨。凡此，皆起於大兵之後，而勢未有以消之，故愈積而愈極也。成湯聖主也，而桑林之禱，猶以六事自責。陛下願治，七年於此，災祥饑饉，史不絶書，其故何哉？朝令夕改，靡有常規，則政不節矣。行齎居送，略無罷日，則使民疾矣。陪都園廟，工作甚殷，則土木營矣。潛邸女冠，聲焰兹熾，則女謁盛矣。珍玩之獻，罕聞却絶，則包苴行矣。鯁切之言，類多厭棄，則讒夫昌矣。此六事者，一或有焉，猶足以致旱。願亟降罪己之詔，修六事以回天心。羣臣之中，有獻聚斂剽竊之論以求進者，必重黜之，俾不得以上誣聖德，則旱雖烈，猶可弭也。然民怨於内，敵逼於外，事窮勢迫，何所不至？陛下雖謀臣如雲，猛將如雨，亦不知所以爲策矣。」帝從之。未幾，復以言去，奉祠居湖州。淳祐元年罷祠，復予，又罷。三年致仕，卒，年七十有八。

心傳有史才，通故實，然其作吴獵、項安世傳，褒貶有愧秉筆之旨。蓋其志常重川蜀，而薄東南之士云。所著成書有高宗繫年録二百卷、學易編五卷、誦詩訓五卷、春秋考十三卷、禮辨二十三卷、讀史考十二卷、舊聞證誤十五卷、朝野雜記四十卷、道命録五卷、西陲泰定録九十卷、辨南遷録一卷、詩文一百卷。（宋史卷四三八）

文淵閣四庫全書總目提要

建炎以來繫年要録二百卷，永樂大典本，宋李心傳撰。心傳字微之，井研人，官至禮部侍郎。事迹具宋史儒林傳。是書述高宗朝三十六年事蹟，仿通鑑之例，編年繫月，與李燾長編相續。寧宗時嘗被旨取進。永樂大典別載賈似道跋，稱寶祐初曾刻之揚州，而元代修宋、遼、金三史時，廣購逸書，其目具見袁桷、蘇天爵二集，並無此名，是當時流傳已絶，故修史諸臣，均未之見。至明初，始得其遺本，亦惟文淵閣書目載有一部二十册，諸家書目則均不著録。今明代秘府之本，又已散亡，其存於世者，惟永樂大典所載之本而已。

其書以國史、日曆爲主，而參之以稗官野記、家乘志狀、案牘奏議、百司題名，無不臚採異同，以待後來論定。故文雖繁，而不病其冗；論雖岐，而不病其雜。在宋人諸野史中，最足以資考證。宋史本傳稱其重川蜀而薄東南，然如宋人以張栻講學之故，無不堅持門户，爲其父張浚左袒。心傳獨於淮西富平之僨事，曲端之枉死，岳飛之見忌，一一據實直書，雖朱子行狀，亦不據以爲信，初未嘗以鄉曲之私，稍爲回護，則宋史之病是書者，殆有不盡然矣。大抵李燾學司馬光，而或不及光，心傳學李燾，而無不及燾。其宏博而有典要，非熊克、陳均諸人所能追步也。

原本所載秦熺、張滙諸論，是非顛倒，是不待再計而删者，而並存以備參稽，究爲瑕纇。至於本注之外，載有留正中興聖政草、吕中大事記、何俌龜鑑諸書，似爲修永樂大典者所附入。然今無別本可校，理貴闕疑，姑仍其舊。其中與宋史互異者，則各爲辨證，附注下方。所載金國人名、官名、地名，音譯均多舛誤，謹遵欽定金史國語解，詳加訂正，別爲考證，附載各卷之末。仍依原第，析爲二百卷。至其書名，文獻通考作繫年要記，宋史本傳作高宗要録，互有不同。今據永樂大典所題，與心傳朝野雜記自跋及王應麟玉海相合，故定爲繫年要録，著於録焉。（四庫全書總目卷四七）

按：文淵閣四庫全書於建炎以來繫年要録一書之前所載之提要，於收入總目時多有修改。且於提要之後署有撰寫提要之時間，極具參考價值。要録提要之撰寫時間爲乾隆三十八年十一月，與其他諸書之撰寫時間多在四十六年到四十九年之間不同。

孔繼涵跋

是書爲同年程吏部魚門晉芳自永樂大典中抄出，抄值一百八十金。予借其底本抄副，而未能校也。書三十四册，字一百八十萬有奇，抄書錢三十六千有奇。於乾隆四十一年丙申十有二月廿六日癸亥立春之日裝葺完好，記此以志同年流傳秘帙之美。

闕里孔繼涵書於小時雍坊之壽雲簃。（遼寧圖書館藏清抄本）

愛日精廬藏書志

建炎以來繫年要録二百卷，文瀾閣傳抄本，宋李心傳撰。（愛日精廬藏書志卷九）

藝風樓藏書續志

重編建炎以來繫年要録，殘本二卷，是館臣從大典中鈔出，編纂殘稿。（藝風藏書續志卷四）

柳詒徵跋

此係據乾隆三十一年閣本抄録，與仁壽蕭氏刻本多有不同。蕭書係據乾隆三十九年四庫未定本抄出，不知付刻時，何以未求得最後定本一校。

廿四年十一月二日，柳詒徵記。（南京圖書館藏清抄本）

蕭藩跋

右建炎以來繫年要録二百卷，吾鄉宋工部侍郎李微之先生所撰。是書記高宗一朝故事，編年紀月，蓋以日曆、小曆爲本，廣收博采，最爲贍富。參稽鉤考，非但足以補證宋史，事實具備，尤有裨於經世之學，故四庫全書亟稱之。畢尚書沅續資治通鑑高宗朝亦全以此書爲藍本。舊與李燾通鑑長編、王偁東都事略稱爲吾鄉三史，有以也。

賈似道序云曾刻於揚州。元初修宋史，采用書目不見著録，則流傳已少。元明以後，更無刊本。卷帙繁重，抄録綦勞，吾鄉舊家皆所未見。丙子秋，從毛庶常蜀雲、吴進士祉蕃、廖孝廉季平得南皮張侍郎家藏四庫傳抄本，鳩合鄉人，分卷繕寫，倉促竣事，不少舛誤。嗣長兄賓周司馬復從嚴中丞家假得上海郁氏海山仙館抄本，精加讎校，補正張本不下數萬字。會南海譚編修督學川中，慫恿付梓。因於己卯仲冬校録開雕，迄壬午歲盡，始克成印。凡歷三載，手自披校，日無停慮。又集同志，分帙互勘，積日累月，僅乃告成。第傳抄既久，魚魯滋多。但就二本釐其得失，蜀中別無善本可證，且篇帙繁浩，周覽爲艱。間以守痾，丹黄暫輟，掃葉之歎，益用憮然。顧海内時賢争欲先睹，不敢遲出，特爲開印。冀以傳之通國，藉取正於高明。凡百名流，共匡不逮。惠然下教，美善庶臻。先生尚有建炎以來朝野雜記、舊聞證誤二書，與是書相出入，俟當刻附是書之後，使學者得盡讀焉。

光緒八年壬午冬十有二月，欽加同知銜山西候補知縣仁壽蕭藩自跋於松柏山莊。（上海圖書館藏清刻本）

圖書在版編目(CIP)數據

建炎以來繫年要録 /（宋）李心傳撰；辛更儒點校
. —上海：上海古籍出版社，2020.10（2025.8重印）
（中國古代史學叢書）
ISBN 978-7-5325-9734-5

Ⅰ.①建… Ⅱ.①李… ②辛… Ⅲ.①中國歷史—史料—宋代 Ⅳ.①K244.066

中國版本圖書館 CIP 數據核字(2020)第 160048 號

中國古代史學叢書
建炎以來繫年要録
（全八册）
〔宋〕李心傳 撰
辛更儒 點校
上海古籍出版社出版發行
（上海市閔行區號景路159弄1-5號A座5F 郵政編碼 201101）
(1) 網址：www.guji.com.cn
(2) E-mail：guji1@guji.com.cn
(3) 易文網網址：www.ewen.co
上海世紀嘉晉數字信息技術有限公司印刷
開本 700×1000 1/16 印張 233 插頁 40 字數 2,576,000
2020 年 10 月第 1 版 2025 年 8 月第 3 次印刷
ISBN 978-7-5325-9734-5
K·2895 定價：1 200.00 元
如有質量問題，請與承印公司聯繫